本书获得

湖南商学院优秀学术著作出版资助

国家社科基金项目“城郊集体建设用地隐形市场的形成机理与管控机制研究（14BJY041）”资助

中国土地资源配置中的隐形市场研究

罗湖平　著

Research on the Invisible Market in China's Land Resource Allocation

中国社会科学出版社

图书在版编目（CIP）数据

中国土地资源配置中的隐形市场研究/罗湖平著．—北京：中国社会科学出版社，2018.8

ISBN 978－7－5203－1946－1

Ⅰ．①中…　Ⅱ．①罗…　Ⅲ．①土地资源—资源配置—研究—中国　Ⅳ．①F323.211

中国版本图书馆 CIP 数据核字(2018)第 004798 号

出 版 人　赵剑英
责任编辑　侯苗苗
特约编辑　明　秀
责任校对　周晓东
责任印制　王　超

出　　版　中国社会科学出版社
社　　址　北京鼓楼西大街甲 158 号
邮　　编　100720
网　　址　http：//www.csspw.cn
发 行 部　010－84083685
门 市 部　010－84029450
经　　销　新华书店及其他书店

印　　刷　北京明恒达印务有限公司
装　　订　廊坊市广阳区广增装订厂
版　　次　2018 年 8 月第 1 版
印　　次　2018 年 8 月第 1 次印刷

开　　本　710×1000　1/16
印　　张　22
插　　页　2
字　　数　328 千字
定　　价　89.00 元

序：发现别人没发现的发现

正确地提出问题是正确地解决问题的前提。从论文写作来看，正确地提出问题也就是正确选题的前提。那么，何为正确的选题呢？

2017年12月8日，在华中师范大学《村组法》研讨会期间与几位在读博士生聊天时，我就谈到"'社会需要、别人没写、我就能写'的题目是正确的选题"这一话题。

第一，关于"社会需要"，可分两类，即解决操作性问题的需要和解决理论性问题的需要。这就要求以问题为中心，没有问题不成论题，且要的是真问题不是伪问题。换句话说，要的是能解决实际问题且能推动社会进步的问题。

第二，关于"别人没写"，也可分为两类，一是别人没写过的，二是别人没写对、没写全、没写好的问题。也就是说，是有写作主体创新空间的课题或论题。

第三，关于"我就能写"，这是写作基础的自我肯定，也是写作能力的自我评估，还是写作效果的信心彰显。如没有"勘察"到可能的创新空间，切勿选题，切莫定题。

一旦定了题，就要有一个从朦胧的想法，到清晰的思路，到完满的篇章，到精美的文字的研究和写作的逻辑行程。这又是一个艰辛的、艰苦的、艰难的过程。当然，一旦进入了科研的创新境界，也就到了一个得意的、兴奋的、愉悦的境界。

七年前，罗湖平在念博士的时候，经历过毕业论文选题的困惑。作为导师，我曾对他说过："不用急于选题，要做真学者就得先沉下心来，脚踏实地地钻进去，将博士论文写在祖国的大地上，久而久之方能成为该领域的专家——这需要也能够仰专家视世眼界，体专家处世胸襟；学专家专业术语，习专家思维方法；仿专家语言风格，行专家言说气势；悟专家创新精神，达专家济世情怀。”

直到2012年年底，他才兴奋地告诉我：“老师，我要研究中国土地隐形市场！这是一个真实的并且有意义的问题。”果然，不到一年时间，他就完成了毕业论文。

又是一个四年，再次看到这本著作时，倍感熟悉和亲切，发现内容有了富有新意的修改、补充和完善，从中也看到了一个年轻学者在通往专家路上的蹒跚历程和欣喜变化。

通观全书，作者不仅紧紧抓住了土地隐形市场这一核心问题，围绕着土地隐形市场“是什么、为什么、怎么办”进行了精细的谋篇布局，而且也从理论与实践的结合上对其现实形态、形成机理及生成规律进行了创新性探索和尝试性解答，还进一步探寻了土地隐形市场显形化的优化路径及政策建议。总体看来，思路清晰、逻辑缜密，且问题导向性强、研究开拓性强、内容可读性强。这“三强”可供土地政策、三农问题等相关研究者提供学术参考，也可供政府相关部门决策者和管理者等提供决策参考，还可供相关市场行为主体提供行为甄别参考。换而言之，上述的“三强”具体体现在以下方面。

一是抓住了社会急迫却难于破解的现实问题。面对普遍存在的土地隐形市场，国家既不能任其自发成风或泛滥成灾，也不能在特定时期内将其完全浇灭或使之消失殆尽。现行公共施策陷入了“既不能一味地限制又不敢放任自流”的两难境地。早在20世纪末，就有安徽芜湖等地试点集体建设用地流转。集体建设用地隐形交易活跃的地方，如广东省，2005年就出台了《集体建设用地使用权流转管理办法》，尔后其他省份或城市也出台过类似办法。尽管如此，全国各地城中村、城郊村、经济发达村的集体建设用地隐形交易量还是有增无减，社会各界亦曾高期望值地寄予集体建设用地“同地、同权、同价”入市，以此诱致该隐形市场显形化。可是，这一制度变迁愿景终因利益牵涉太大、步子迈得太宽而未能纳入中央政策决议，仅仅是在占比不到5%的集体经营性建设用地上谨慎地划了一个试点口子，有效破解该隐形市场问题还有很长路要走。面对有的地方80%以上的集体建设用地均属违法用地的情况，国土资源部的管控行动从未停息过，特别是对小产权房隐形市场的整治、打击一直保持着高压态势，却也未能有效扭转高房价背后日趋活跃的小产权房隐形交易趋势。可见，这是一个从中央到地方、从政界到学界、从理论到实践都亟待解决却又难于破解的重大课题。该书抓住了当前国家土地制度改革中的这一实际问题和现实难题，从资源配置视角研究土地隐形市场中的发育失序、交易失范、管制失灵、制度失衡等问题，具有典型的问题导向性。

二是发现了时代赋予研创空间的重要领域。土地是人类生存和生产的源泉。半个多世纪以来，中国的土地政策一直在变化着。在土地革命战争时期，毛泽东同志就曾指出："农村土地政策是中国共产党赖以发展的基础"、"谁赢得了农民，谁就会赢得中国，谁能解决土地问题，谁就会赢得农民"；在新中国成立前后，一场"耕者有其田"的土地改革为新民主主义革命目标的最终实现划上了完美的句号；之后，通过社会主义改造又实现了"农民个体所有制"向"劳动群众集体所有"的制度转型，逐渐奠定了中国农村土地所有制的基础；1978年以来，以农村家庭联产承包责任制为发端的农村改革拉开了中国改革开放时代的序幕，为建立社会主义市场经济体制奠定了基础。从某种意义上讲，一部土地政策史就是一部中国革命、建设与发展史，也是一部党的奋斗史。在有中国特色社会主义发展的新时代，以土地为基础的乡村振兴战略实施即将开启农业现代化新征程。因此可以大胆地说，谁能研究透中国土地问题，谁就是破解中国"三农问题"的大专家。罗湖平博士的这本书从土地隐形市场角度切入，紧扣国家关于"深化农村土地制度改革，完善承包地'三权'分置制度"所赋予新时代的历史使命，在中央协同推进"三块地"改革试点背景中，发现了现行土地制度环境下的产权效率不高、政府双层垄断治理结构下的无谓损失巨大、土地管制失灵现象较为普遍等问题所蕴含的巨大研创空间。作者敏锐发现并及时躬耕于这一重要领域，结合既有文献资料梳理和“接地气”的实证考察，重新定义土地隐形市场概念，梳理划分其现存形态，分析并揭示其形成机理、运行规律，辩证思考其双重效应，理性看待其利益纷争，积极探寻其破解路径，大胆预测其未来发展，从某种意义上助推了该研究领域的深入。同时，全书洋洋洒洒，一气呵成，也写出了一个想做学问的人应有的学术自信。

三是提出了解决土地隐形市场问题的政策建议。全书在新制度经济学的效率解释框架下，沿着宏观制度环境效率、中观治理结构效率和微观资源利用效率的三维考察，提出了土地隐形市场显形化的三阶优化路径，即以制度安排为内核的土地制度环境优化、以契约设计为内核的土地治理结构优化和以规范政府行为内核的土地行政管理优化路径；同时，基于土地隐形市场的双重效应，或可采用强制性惩罚治理措施，或可采用诱致性制度改进举措；也因应了基层国土执法者的行动逻辑而区别看待分类实施下的隐形市场问题，或可柔性执法，或可刚性执法。进一步地，作者立足于中国城镇化和工业化双轮驱动经济发展的现实土壤，提出了解决土地隐形市场问题的系列政策建议，如应注重顶层设计与基层创新相结合，加快征地制度改革，推进土地产权制度和土地行政管理体制的改革与创新，使其步入土地资源配置效率最大化的优化路径；注重土地隐形市场的双重效应，通过诱致性的制度改进和强制性的制度规制及其动态转换协同，使其步入正负向激励组合效用最大化的制度诱导路径；注重情理与法理的路径依赖，通过柔性执法和刚性执法的细分，使其步入土地行政刚柔相济的分层分类实施路径。

最后，诚如作者也清晰地意识到的，由于土地隐形市场的复杂性使然，本书在对全国土地隐形市场的基本现状评估、诱发后果及危害、公共施策路径保障等方面的研究还有待深入。但我坚信，有了本书的研究基础，凭着湖平博士对现实问题研究的执着态度和表达研究成果的辩证思维，随着时间的推移、空间的变换，湖平博士一定会在这个问题的研究上有更新的成果，也会对党和政府提出更有操作效用的决策建议。

是为序。

朱有志

2017 年 12 月 16 日

“乡村振兴战略视野下的集体经济发展”学术研讨会期间

于中山大学紫荆园 B402 室

目　录

图目录

表目录

第一章　绪论

新中国成立后，我国较为成功地实现了土地私有制向社会主义公有制的转变，并在当时的社会制度背景下逐步建立起了城乡分异的土地所有制，即城市土地全民所有制和农村土地集体所有制，但是在如何管理和经营土地问题上，却走了一段不短的弯路（黄小虎，1994）。改革开放以来，中国土地产权制度发生了深刻变革。在农村，通过实行家庭联产承包责任制，实现了土地所有权与使用权的分离，从而成为世界上最重要的土地改革之一（韩俊，2009）；在城市，通过国有土地使用制度改革，实现了土地使用权的有偿、有限期和有流动利用，从而形成了国家垄断征购市场和一级市场的土地制度。然而，农村土地两权分离的制度激励在20世纪80年代中期即已释放（林毅夫，1992）；而城乡分治、国家垄断的城市土地使用制度，虽然为20世纪90年代末以来的高速工业化和快速城镇化做出了重大贡献，但是也带来了土地市场发育不完善、土地利益矛盾加剧等问题。[①] 这也使中国土地使用权的市场化一直在推进（陈锡文，2011）；与此同时，另一条非正式的路径也在自下而上地推进，这就是中国土地隐形市场的日渐活跃之路。

① 蒋省三、刘守英、李青：《中国土地政策改革：政策演进与地方实施》，上海三联书店2010年版，第18页。

第一节 研究背景、目的及意义

一 研究背景

城镇化是一个国家实现现代化的必由之路，也是社会经济发展中的必然现象（曲福田，2010）。改革开放以来，中国进入了城镇化的正常发展时期，先后经历了两个快速增长期：第一个快速期从20世纪70年代末到80年代中期，主要是因为政策效力的释放以及农村乡镇企业的兴起；第二个快速期从20世纪90年代中后期至今，符合世界城镇化进程的一般规律。[①] 与这种快速发展相对应的是区域要素的快速流动，主要是人口和土地的流动。然而，中国尚有2.1亿进城农民工并未变成真正的城里人，这种城镇化不够彻底，表征为城市面积的扩展快于城市人口的增加。[②] 这些问题反映了中国快速城镇化进程中的诸多不适应、不协调，背后凸显的正是转型期中国经济社会发展中深层次的体制机制问题，即城乡二元体制下的户籍制度、地籍制度及其衍生的相关制度已然成为中国城镇化有序发展的制度“瓶颈”，并在现实中不可避免地引发了诸多经济社会矛盾，土地问题便是其中之一。

城镇化和土地制度改革正是中国下一轮改革的动力所在（李克强，2012）。快速的城镇化成为拉动中国经济腾飞的重要引擎，而土地则是20世纪90年代以来加速中国城镇化的经济基础（周其仁，

① 美国地理学家诺瑟姆（Northam，1979）发现世界各国的城镇化发展进程大致是一条稍微拉平的“S”形曲线，具有明显的阶段性，即分为早期、中期和后期三个阶段。一般认为，城镇化率在30%以下为早期阶段，70%以上为后期阶段，两者之间为中期阶段；在早期阶段，城镇化发展比较缓慢；在中期阶段，即步入快速发展轨道，一直要到后期阶段才逐渐趋于平缓（谢文蕙等，1996）。1996年，我国开始步入城镇化快速发展轨道，城镇化率的阈值为30.48%（郝寿义等，2004）；到2016年，城镇化率达到57.35%，20年增长了26.87%，年均增长率为1.34%，远高于同期西方发达国家的增速，这一高速发展态势仍将持续。

② 张曙光：《博弈：地权的细分、实施和保护》，社会科学文献出版社2011年版，第2页。

2010），既成了中国城镇化快速发展的助推器，也成了地方政府的金袋子。然而，在一国土地总量和可用耕地面积有限的情况下，快速的城镇化必然导致耕地面积的大量减少，从而出现粮食安全、生态破坏等新的问题。目前，中国正陷入了这种二律背反的城镇化：一方面，中央不得不实施最严格的耕地保护政策，其代价是城镇化速度放缓；另一方面，中国又不得不依赖于城镇化提速以拉动内需，其代价是耕地被破坏。这种两难选择，导致中央土地政策的左右摇摆或前后矛盾，也导致地方政府的变通实施或执行乏力，从而为中国农地隐形市场打开方便之门。而更为严重的是，围绕不断上涨的土地增值收益，国家（中央政府、地方政府）、集体、个人之间的不一致性被空前放大，各种利益纷争此起彼伏，各种社会矛盾日益尖锐复杂，一起成为中国快速城镇化的掣肘。中国土地隐形市场便也在其中酝酿和发酵。

作为财富之母的土地，能够尽快兑现其财富的“捷径”只有两条：改变用途和改变所有权（陈锡文，2011）。由此，中央政府、地方政府、开发商、村集体、农民等利益主体围绕土地财富的获取“捷径”展开了多重博弈，一种无序的、价格机制扭曲的、畸形发育的土地隐形市场在各地自发形成。事实上，从 20 世纪 80 年代开始，农村集体土地隐形市场便已悄然生成（林毅夫、杨建平，1993），主要包括农用地和建设用地两大隐形市场（朱明芬、常敏，2011）；而在城市，从 1988 年国有土地有偿使用制度实施开始，便有了行政划拨土地的隐形交易，且日趋活跃，到 20 世纪 90 年代初，已经到了“俯拾即是”“屡禁不止”的地步（叶玉国，1992），所造成的危害[①]引起了社会各界的高度关注。经过 20 多年的利益博弈和制度创新，城市国有划拨土地隐形市场得到了一定的治理和规范，但农村集体非农建设用地隐形市场变得更加错综复杂，且数量庞大（李元，2002；钱忠好、马凯，2007），甚至在有的地方，80% 以上的农村集体建设用地均属违法用地（黄小虎，2009）。由此引发的社会问题日益严重，成

---

① 据国家土地管理局的调查数据显示，在 1994 年，土地隐形交易造成国家土地收益流失达到 300 亿元。

为当前的社会焦点和难点之一。

实际上，国家早已关注于此，并尝试通过诱致性制度变迁破解集体建设用地隐形市场管控难题。早在 1999 年，安徽芜湖就已进行了建设用地流转试点探索，相关试点区域还有苏州、湖州、顺德等；2005 年，广东省率先出台了《集体建设用地使用权流转管理办法》，之后，湖北省、河北省、成都市、长沙市、南京市等省市或地区纷纷效仿，颁布了各自的管理办法。但是，有关集体建设用地入市交易的规范性文件尚未上升到中央决策，现实中大量存在的集体建设用地流转行为仍不在法律保护范围之内。近年来，也只有少数试点地区可以尝试入市，但必须是“符合规划、用途管制和依法取得”的存量集体建设用地，且“封闭运行，风险可控”。

在党的十八届三中全会中，中央明确提出要“加快完善现代市场体系”“建立城乡统一的建设用地市场”“在符合规划和用途管制前提下，允许农村集体经营性建设用地出让、租赁、入股，实行与国有土地同等入市、同权同价。”2014 年中央一号文件要求“引导和规范农村集体经营性建设用地入市”“完善农村宅基地管理制度”。2015 年中央一号文件提出要“审慎稳妥推进农村土地制度改革”“分类实施农村土地征收、集体经营性建设用地入市、宅基地制度改革试点”。2016 年和 2017 年中央一号文件均要求“深化农村集体产权制度改革”，“推进农村土地征收、集体经营性建设用地入市、宅基地制度改革试点”。2017 年党的十九大报告更是要求从实施乡村振兴战略高度“深化农村土地制度改革，完善承包地‘三权’分置制度”。

根据中央要求和全国人大授权，2015 年年初，国土资源部启动了农村“三块地”改革试点，即在全国选取了 33 个县（区）进行农村土地征收、集体经营性建设用地入市和宅基地制度三项改革试点；2016 年 9 月，中央进一步统筹协调推进三项改革试点，即将土地征收制度改革和农村集体经营性建设用地入市改革扩大到现有 33 个试点地区，宅基地制度改革仍维持在原 15 个试点地区，力图就农村土地问题长期存在的重点难点进行探索突破和研究总结，如缩小征地范围、统筹入市和征地的土地增值收益分配、明确集体经营性建设用地入市用途、规范宅基地有偿使用和流转范围等问题。从时间表来看，2017 年年底已完成试点工作，大多已进入督察评估和经验总结阶段。

这实际上说明中央在城乡土地资源市场化配置上，特别是农村集体土地隐形市场问题处置上，已经由局部试点、基层创新摸索阶段逐渐上升到经验总结和理论自信阶段，并在统筹协调推进“三块地”改革试点中有了更加系统性、整体性、协同性的顶层设计考量，即通过统筹协调推进农村土地征收、集体经营性建设用地入市、宅基地制度改革试点工作，在强制性制度变迁中缓解各参与方的利益分配失衡性，从而诱致各类集体土地隐形市场逐渐显形化。

二　研究目的

针对中国客观存在且日趋活跃的土地隐形市场，已有文献研究虽然多有涉及，但是大多停留于宏观叙事或现象描述阶段，鲜有单列出来深入研究或系统分析，尤其是针对土地隐形市场形态及归因的深入研究更是稀缺，这显然与“理论研究服务于社会实践”的初衷不相吻合。张五常说：“解释现象是经济学的唯一途径，没有其他。”[①] 面对现存的这样一个巨大的非正规土地市场，我们不禁要问：它为什么会存在？又是怎样存在的？下一步，该怎么办？本书的研究目的就在于试图打开这个“黑箱”，围绕上述问题进行系列探讨，为推进中国土地隐形市场的规范化乃至显形化提供部分理论与实践的参考。

三　研究意义

中国城镇化、工业化背景下的土地问题，一直以来都是理论的热点、社会关注的焦点和公共政策的难点（曲福田，2010）。本书从土地隐形市场角度切入，入题新颖，视角独特，以问题为导向，针对当前中国土地市场中的不规范现象以及非正规土地市场中的问题进行系统分析，本书具有重要的理论价值与实践意义。

（一）理论价值

1. 有利于夯实土地隐形市场的研究基础

中国土地隐形市场研究仍是一个全新的领域，从概念的内涵到外

① 张五常：《五常学经济》，中信出版社 2010 年版，第 209 页。

延，从表现的形式到特征，从产生的历史到现状，从出现的时段到地段，从发生的规模到危害，从形成的逻辑到归因，从运行的机理到规律，以及从现象解释到政策取向等方面都迫切需要理论界做出回答。基于此，系统梳理并深入分析土地隐形市场中的各种现象和问题，无疑将夯实我国土地隐形市场的研究基础并助推理论研究的飞跃。

2. 有利于拓展土地市场理论的研究视野

已有研究关注的焦点主要在于正规的土地市场，而对这种非正规的土地隐形市场却很少关注，任其自由发展，尽管它在事实上已经导致了大量国土资源收益流失、土地市场秩序混乱以及政府土地管理失灵等问题。实际上，日趋活跃的土地隐形市场，正是政府失灵与市场失灵的公共域，市场价格机制、竞争机制、供求机制在这里被严重扭曲。同时，在法不责众的现实取向下，中央的土地政策也只能在这里被变通实施或干脆不予执行；相反，却是乡规民约或“潜规则”在长期地维系着平衡。如果能够从土地隐形市场角度来研究土地市场理论，通过上述现象，深入探究其背后的运行机理和规律，无疑将拓展土地市场理论的研究视野。

3. 有利于创新土地产权制度的实现形式

作为城乡分割的二元土地所有制下的产物，土地隐形市场的出现自有其存在的合理性，却也颇具暂时性的特征，政府若能权衡利弊，均衡各方利益，对这一现象进行有效的引导，或许就像 20 世纪 70 年代末的家庭联产承包责任制一样，能够形成一股自下而上的基层制度创新动力。本书意在捕捉并透析这一现象，认真归纳总结和演绎升华，以便形成新的理论成果，及时引导或推进土地产权制度实现形式的基层创新。

（二）实践意义

1. 有利于土地隐形市场的规范化

通过理论梳理，分门别类地分析土地隐形市场的形成及其危害性，从而对分层分类推进土地隐形市场规范化或显形化，显然是具有重要的实践意义。具体而言，城市国有土地隐形市场的出现，导致国家土地资源收益的大量流失，亟待清理整顿；农村集体建设用地隐形市场的快速发育，导致国家、集体和个人的土地收益都受到损失，而且由于农民个人非法使用土地，在纠纷发生后又不受法律保护，最后农民是两头受损，因此需要进行重点规范和引导；农地非农化过程中的土地隐形市场屡禁不绝，对中国耕地面积“红线”和粮食安全政策形成了极大的挑战，需要政府加大打击力度；农用地隐形市场的零星存在，损害了农民的土地承包经营权，需要进行规范并强化农民的维权意识。

2. 有利于推动土地显形市场发育

在现有的土地产权制度下，土地隐形市场与土地显形市场是同时形成却又此消彼长的，城市国有土地市场的兴起与国有划拨土地隐形市场的逐渐淡去正好可作注释。客观地说，土地隐形市场是在土地显形市场发育不健全的背景下自发形成的。由于交易过程不规范，交易中普遍存在信息不对称、不确定性和道德风险等问题，从而导致土地交易价格被扭曲，政府、集体和个人的土地收益都在受损；同时，由于交易土地使用权的非正规性、原初合约的不规范性，往往导致后期众多的土地纠纷，并造成了诸多的后续社会问题。因此，对土地隐形市场的深入研究必将推动土地正规市场的发育和完善。

3. 有利于城乡统一建设用地市场建设

在城乡二元土地产权制度下，城市国有土地市场逐渐形成，而农村集体建设用地市场却从未开禁，因而催生了集体建设用地隐形市场。积极研究这一领域，可为建立健全农村集体建设用地市场奠定理论与实证的基础，并最终助推城乡统一建设用地市场的形成。

4. 有利于推进征地制度改革

农村集体土地隐形市场的形成，在一定程度上反映了当前农民对政府在土地增值收益分配中的不满意状况，从而基于经济人理性而做出的一种现实选择。如果农民能在土地增值收益中分享到更多的利益，或超过擅自建房出租等土地隐形市场行为所得到的收益时，理性的农民自然就会放弃该隐形，自觉地走向正规市场进行公开、合法交易。这就需要通过理论研究，反思当前征地制度中的非合理性因素，寻求更好的办法来推动征地制度改革和利益补偿机制的完善。

第二节　国内外研究综述

一　关于隐形市场的研究

“隐形市场”（Implicit Markets）在国外的相关文献中，通常被翻译为“隐形市场”，是与“显性市场”（Explicit Markets）相对应的。迈克尔·波拉尼（Michael Polanyi，1958）在《个人知识：迈向后批判哲学》中认为：“隐性知识是自足的，而显性知识必须依赖于被隐性地理解和运用。因此，所有的知识不是隐性知识就是根植于隐性知识。一种完全显性的知识是不可思议的”。[①] 隐形市场的概念是杰弗瑞·威廉姆斯（Jeffrey C. Williams，1986）在他的博士论文《期货市场的经济功能》中首次提出来的，指没有现实的、有组织的正式交易场所进行商品或服务的购买或销售，其商品或服务的价格只能以间接机制来发现。文章认为，在满足交易需要的前提下，为降低交易成本，市场的数量应尽可能地少。有些商品或服务没必要出现在有组织的现实交易市场中，它可以在隐形市场上交易。比如纺纱服务就出现在隐形市场中，即交易主体可以通过两笔交易来购买这种纺纱服务，即在棉花市场上卖出棉花，再到棉纱市场上买进棉纱，二者之间的差价即纺纱服务的价格。也就是说，棉花市场与棉纱市场的组合产生了一个隐形纺纱市场。最后，杰弗瑞·威廉姆斯总结道：任何两个或两个以上的有形市场（Explicit Markets）交易必然会衍生出一个隐形市场交易。[②] 然而，他并没有对这一论断进行论证。朱国华、李雪静（2008）通过对金融市场的实证和模型化研究证实：两个或两个以上的显性市场可以衍生出一个隐形市场交易。同时认为，在满足一定的时间和条件下，这种隐形市场会慢慢显形化，整个市场体系乃至制度

---

① ［英］迈克尔·波拉尼：《个人知识：迈向后批判哲学》，许泽民译，贵州人民出版社 2000 年版。

② Jeffrey C. Williams，*The Economic Function of Futures Markets*，London：Cambridge University Press，1986.

演进规律都是如此。这里的隐形市场是指具有特定的市场功能，但却没有现实的、正式的、有组织的直接交易场所来购买或销售某种商品，只能通过间接机制来发现价格的市场。[①] 对于隐形市场是否要求显形化，董兴志（2012）认为关键是取决于显形化后对经济的贡献与其交易成本的大小比较。[②]

也有学者将“Ambush Marketing”译为隐形市场行为（易健雄，2011），它起源于体育赛事中的赞助活动，后来逐渐扩散到文艺、教育、医疗、展览、慈善等公共领域。在我国，隐形市场行为还被称为“隐性营销”“埋伏式营销”“寄生市场行为”等，通常认为是“一些公司在赞助商付费的情况下，与主题事件的一定特性相联系，围绕主题事件侵入公众意识，从而避开昂贵的赞助费获益的营销推广活动”。[③] 在奥运体育赛事中，张鹏（2009）认为，它是指未获得授权的经营者，在商业上通过各种营销行为使人误认其与奥运会或奥运会组织者之间可能存在赞助关系，企图从中获取商业利益，损害奥运会赞助者利益的行为。[④] 在国外，一般认为是“某公司在未经有关主办方的允许，也未支付费用成为官方赞助商的情况下，在自身与特定活动之间建立某种关联，以图利用该活动的信誉或声望获益”。[⑤] 总体来看，隐形市场行为是一种未获授权的商业行为，它会使受众“误认为”行为主体与特定活动之间存在某种联系，利用这点在特定活动中可以为隐形市场行为主体带来商业利益，但客观上又会损害官方赞助商的利益。对隐形市场的危害性，原国际奥委会市场总监迈克尔·佩恩（Michael Payne，1998）认为是不能容忍的：“隐形市场侵权者有意识地去窃取不属于他们自己的东西，通过欺骗大众，实际上是在榨

---

① 朱国华、李雪静：《隐形市场显形化理论研究：以衍生品市场为例》，载《财贸经济》2008 年第 2 期。

② 董兴志：《市场经济条件下隐形市场显形化探析》，载《商》2012 年第 21 期。

③ 周建设：《埋伏式营销》，载《企业管理》2005 年第 12 期。

④ 张鹏：《奥运隐形市场行为基本法律问题辨析》，载《体育科技文献通报》2009 年第 5 期。

⑤ Edward Vassallo，Kristin Blemaster and Patricia Wemer，“An International Look at Ambush Marketing”，*Intellectual Property Journal*，Vol. 22，2009.

取体育组织的价值和信誉。他们就像水蛭一样，从公共机构中非法吸取血液和信誉。”[①] 但在对隐形市场的定性时，学界不乏争议。李军岩（2009）认为，不管是非法隐形市场还是合法隐形市场，都是不允许的，后者是违反道德规则的行为。谢潇（2007）认为，由于处于法律的“真空地带”，将其界定在道德领域内是不足以遏制其不利影响的。王笑冰（2008）认为，由于在操作中难以认定其违法性，它往往是处于合法与非法之间的“灰色地带”。易健雄（2011）认为，隐形市场行为的合法性问题不能一概而论，既不能简单地定性为“规则允许下的不道德行为”而使其脱离法律的管束，也不能将其笼统地归结为违法行为以图“一网打尽”，应视具体情形而将其分别归于违法、违约、不道德等范畴，从而区别对待。[②]

也有学者将灰市场（Gray Markets）视作隐形市场。“灰市场”一词来源于一些有关苏联的经济报道。樊纲（1988）在《灰市场理论》中提出了“灰市场”的概念，它是指现实中存在的那一类既不是按照国营商业流通的原则和方式进行的，也不是按照竞争市场的原则和方式进行的物品交易关系。[③] 这里的“灰市场”是相对于国营商业（红市）、地下非法交易（黑市）而言的，在当时中国计划经济主导下主要是指那些拉关系、“走后门”以获取紧俏短缺商品的交易方式和一系列经济现象。客观地说，灰市关系本身是“合法”还是“非法”，在一定程度上是“不青不白”的，即主观分析中是价值中性的，樊纲的这一理论对解释改革开放初期，我国消费价格提高，而社会消费需求规模不但不减少，反而还扩大的社会现象提供了重要的理论依据。在后来的研究中，学者们将其扩展到金融证券市场、商品贸易市场等领域，是一种介于正当的“白色市场”和非法的“黑色市场”之间的“非正式”交易行为。比如，兰宜生（2001）认为，国际灰市场

---

① P. O. Sullivan & P. Murphy, “Ambush Marketing: The Ethical Issues”, *Psychology & Marketing*, Vol. 15, 1998.

② 易健雄：《论隐形市场行为及其影响》，载《重庆理工大学学报》（社会科学版）2011 年第 1 期。

③ 樊纲：《灰市场理论》，载《经济研究》1988 年第 8 期。

既不是正式授权的销售渠道（白市场），也不能算作非法交易行为（黑市场），而是介于两者之间的中间形态，但是灰市交易频繁，打乱了国际企业的生产和供货计划，扰乱了市场价格和秩序，损坏了产品声誉和企业形象，无偿占取经销商的广告利益和售后服务等，同时，它又照章纳税，往往很难依法追责，只能是企业自身来调整其营销策略以减少灰市交易发生的可能性。[①] 关于中国土地流转领域的灰市场，管清友在《中国的农地制度：收益和成本》（2005）一文中指出："中国农地制度所付出的最大成本可能来自其内生的冲突，是隐性的，那就是土地流动的'灰市场'"。这里的"灰市场"主要是指土地流转中的权力介入和"寻租"市场。

在新制度经济学的概念体系中，没有出现"隐形市场"这一词汇，但在分析非正式制度规则和劳动力市场理论时出现了两个相关词汇，即隐性协议和隐性合约。弗鲁博顿和芮切特（Furubotn，E. G and Richter，1996）认为，制度框架要获得稳定，制度内部结构的建立就必须为必要的非正式过程和执行规则的发展敞开大门；[②] 意识形态可以被理解为针对社会行动的非正式规则的隐性协议，这些非正式规则有助于减少不确定性。[③] 隐性协议（如社会关系）的形成最后会演变为一种长期固化的结构。阿罗（Arrow，1974）认为，这种隐性的社会协议要比个人决策更难以改变。在现代契约理论（contract theory）中，有一种与显性契约相对比的契约叫默认契约（Implicit Contracts）或隐契约，是指用以阐述雇主和雇员之间各种心照不宣的复杂协议的。[④] "隐性合约"（Implicit Contracts）一词首先是由阿扎利艾迪（Azariadis，1975）引入的，意指当事人对不确定性和收入稳定进行

---

① 兰宜生：《国际灰市场的发展及其影响》，载《国际贸易问题》2001 年第 4 期。

② ［美］埃里克·弗鲁博顿、［德］鲁道夫·芮切特：《新制度经济学：一个交易费用分析范式》，姜建强等译，上海三联书店 2006 年版，第 32—33 页。

③ 同上书，第 35 页。

④ ［美］科斯、哈特、斯蒂格利茨等著，［瑞］拉斯·沃因、汉斯·韦坎德编：《契约经济学》，李风圣主译，经济科学出版社 2003 年版，译者前言第 15 页。

交换所达成的交易合约。[①]“在不确定性条件下，劳动力不是像新鲜水果那样竞价出售。相反，劳务同某种形式的隐性合约相交换，也就是所谓的隐性劳动合约，根据这个合约，企业在一个‘合理的’期限内、根据事先达成的协议来雇用这些劳务的提供者（Azariadis，1975）。”[②]一旦自然状况真的出现，企业、工人都不得不默许遵守“隐性合约”（Furubotn，E. G and Richter）。在贝利（Baily，1974）、戈登（Gordon，1974）和阿扎利艾迪（Azariadis，1975）所创立的隐性合约理论中，通过对完全信息和不对称信息下的隐性合约探讨，较好地解释了导致实际工资刚性的原因以及由实际工资刚性所引发的失业现象。该理论在20世纪70年代以来得到了较大发展，罗森（Rosen，1985），格罗斯曼、哈特（Grossman，Hart，1986），泰勒（Taylor，1987），以及哈特、莫尔（Hart，Moore，1988）等学者对此进行了相关研究。其中，泰勒（Taylor，1987）认为：“隐性劳动合约理论并不以现场拍卖的劳动力市场为模型，而是以雇主和工人签订双赢、非书面、长期的合约的劳动力市场为蓝本。”[③]罗森（Rosen，1985）强调：“对隐性合约进行经济分析，实质上相当于探讨事关不确定性条件下工资与就业问题的显性合约的细节。因此，要用‘似乎是’显性合约的概念来阐释隐性合约，在商业合约中，就是说雇员和雇主间通过看不见的握手（Okun，1981）来形成共识。”

通过上述与隐形市场相关的文献综述，要给隐形市场下个精确定义并非易事，尽管这似乎是一个约定俗成的概念，即便不给出精确定义，我们也能凭经验感觉到它的存在。从本书的研究对象来看，是针对非正式土地市场而言的，因而与樊纲的灰市场颇有几分关联，但比后者要宽泛得多；同时，并未采用上述“隐形市场”的学术用语，是因为这一国际术语在中国土地市场中应用仍有词意出入，更为主要的是因为中国改革开放以来的土地改革实践仍在支撑着“土地隐形市

---

① ［美］埃里克·弗鲁博顿、［德］鲁道夫·芮切特：《新制度经济学：一个交易费用分析范式》，姜建强等译，上海三联书店2006年版，第294页。

② 同上书，第294页。

③ 同上书，第290页。

场”，众多学者（后面的研究将提到）乃至国土实践工作者（调查访谈中询问到）都在约定俗成这一概念，本书意在顺其自然而取之。

二 关于土地市场的研究

在西方经济学的生产要素市场理论中，土地与劳动、资本等一起构成了重要的生产要素，它由市场供求均衡来决定价格的。威廉·配第（William Petty，1662）最早提出土地是生产要素的思想：“土地为财富之母，而劳动则为财富之父和能动的要素。”亚当·斯密（Adam Smith，1776）认为劳动、土地、资本是三个基本的生产要素，并将土地看作是一种资源，是有价格的。在萨伊看来，购买土地要素的代价是地租（土地的价格），它是土地要素所有者（地主）的收入。在曼昆（1998）看来，土地或资本的购买价格是一个人为了无限期地拥有那些生产要素而支付的价格。[①] 在马克思主义的生产要素市场理论中，土地构成具有二元性，即由土地物质和土地资本组成，由此带来了土地价值的二元性，故地租是由土地物质所要求的地租（马克思称之为“真正的地租”）和由土地资本所带来的利息所组成。

地租理论是开启早期土地市场研究的一把钥匙。西方经济学不乏地租理论研究，威廉·配第（William Petty，1662）在劳动价值论的基础上考察了地租的性质和来源，他在《赋税论》中指出，地租是由劳动产品扣除生产投入和维持劳动者生活必需之后的余额。安·罗伯特·雅克·杜尔哥（Anne Robert Jacques Turgot，1766）在《关于财富的形成和分配的考察》一文中指出，地租是由农业劳动者用自己的劳动向土地取得却被土地所有者占有的财富。亚当·斯密（Adam Smith，1776）在《国民财富的性质和原因的研究》中更是系统地研究了地租，他认为地租是土地使用的代价，是为使用土地而支付给地主的价格，它最终来源于工人的无偿劳动。大卫·李嘉图（David Ricardo，1817）在《政治经济学与赋税原理》一文中系统地阐述了他的差额地租思想：土地的占有产生地租，它是为使用土地而付给土地所有者的产品，这种产品是由劳动创造的。具体来说，是由农业经营

① N. Gregory Mankiw, *Principles of Economics*, Chicago: The Dryden Press, 1998.

者从利润中扣除并支付给土地所有者的那部分。现代西方经济学沿袭和发展了古典经济学的地租理论，保罗·萨缪尔森（Paul A. Samuelson，1948）认为，土地的租金是为在一定时期内使用土地而支付的价格；由于土地供给数量是固定不变的，地租量则完全取决于土地需求者的竞争。[①] 雷利·巴洛维（Raleigh Barlowe）在《土地资源经济学——不动产经济学》一文中认为，地租可看作一种经济剩余，是由总产值（总收益）减去总要素成本（总成本）之后的余额，各类地租额取决于产品价格水平与成本之间的关系。在马克思、恩格斯的地租理论中，地租是由于使用土地而缴给土地所有者的超过平均利润以上的那部分剩余价值，它是土地所有权的实现形式，确切地说，一切形式的地租，都是土地所有权在经济上实现自己、增值自己的形式；依据地租产生的原因和条件，可将地租分为级差地租、绝对地租和垄断地租三种类型。

产权理论是土地市场研究的切入点和内核。1937 年《企业的性质》的发表，开启了现代西方产权理论研究的先河，罗纳德·科斯（Ronald Coase）被认为是奠基人，他在《社会成本问题》（1960）一文中发现，只要产权界定清晰，交易成本就不存在；在交易成本为零的情况下，传统的市场机制是充分有效的，外在性也就根治了。后来，乔治·斯蒂格勒（George Joseph Stigler，1966）在《价格理论》一文中将其概括为科斯定理，尽管科斯本人并未认可。沿着科斯的思想，学界在 20 世纪 60 年代以后形成了三个分支，即以威廉姆森（Oliver Williamson）为代表的交易成本经济学、以布坎南（James Mcgill Buchanan）为代表的公共选择学派和以舒尔茨（Theodore W. Schultz）为代表的自由竞争派。不管是哪个学派，都在致力于交易成本最小化研究，私有产权的清晰界定成为他们共同的主张。在马克思主义产权理论中，产权是所有制的法律形态，是与财产有关的各种法定权利，它包含了所有权、使用权、占有权、经营权、支配权、索取权、继承

① ［美］保罗·萨缪尔森、［美］诺德豪斯：《经济学》，萧琛主译，人民邮电出版社 2008 年版。

权、不可侵犯权等一系列权利。马克思本人着重研究了资本主义的财产关系，他在揭示经济领域中资本和雇佣劳动之间对立关系的基础上，将价值增值过程表述为法学和产权理论中的所有权关系及其占有过程，从而论证了资本主义财产关系和产权制度的阶级对抗性质。[①]

土地产权制度是现代制度经济学研究的前沿阵地之一。张五常（Steven Cheung，1974）在《佃农理论》中系统研究了不同土地租佃形式下的资源配置效率问题，认为在私人产权条件下，无论是地主自己耕种土地，雇用农民耕种土地，还是按一个固定的地租把土地出租给他人耕种，或地主与佃农分享实际的产出，这些方式所暗含的资源配置都是相同的。[②] 也就是说，在界定清晰的私人产权下，不同形式的合约安排并不意味着资源使用的不同效率，从而颠覆了“分成租佃制会导致资源配置无效率”的传统观点。米切尔·卡特（Michael Carter，1993）等在《土地制度与农业绩效》中指出产权的界定及分配是土地制度的核心，土地产权的保障成为影响农业绩效最重要的因素。姚洋（2000）在研究可流转的土地产权权能时发现，土地自由流转可能产生边际产出拉平效应和交易收益效应，从而有助于提高土地资源配置效率。洪名勇（2011）在研究马克思土地产权权能理论时认为，土地产权商品化是土地产权市场化的前提条件，而土地产权商品化必须以土地产权明确界定和权能为基础，土地股份理论从某种程度上讲是土地商品化和市场化配置的实现形式之一。[③]

在有关中国土地产权制度的研究中，Wei Hu（1997）指出，中国土地产权结构不但模糊，而且含混不清。[④] 路易斯·比德曼（Louis Putterman，1995）认为，与其说是一种农村集体所有权，不如说是一种地方政府的所有权，在这种土地所有权制度下，农地资源的过度开

---

① 吴易风：《产权理论：马克思和科斯的比较》，载《中国社会科学》2007 年第 2 期。

② 张五常：《佃农理论——应用于亚洲的农业和台湾的土地改革》，易宪容译，商务出版社 2002 年版，第 2—3 页。

③ 洪名勇：《马克思土地产权制度理论研究——兼论中国农地产权制度改革与创新》，人民出版社 2011 年版，第 74 页。

④ Wei Hu, “Household Land Tenure Reform in China: Its Impact on Farming Land Use and Agro - Environment”, *Land Use Policy*, Vol. 3, 1997.

发与低效利用具有必然性。何·皮特则认为这是一种“有意的制度模糊”，它在农村土地集体所有制改革中，取得了非常卓越的成效，无疑是得到了中央政府的支持。在现有的社会经济状况下，这种“有意的制度模糊”恰好是农村土地集体所有制得以稳定的原因。[①] 刘守英、卡特、姚洋（Shouying Liu，Michael Carter，Yang Yao，1998）认为，中国农村的产权问题比起家庭联产承包责任制更为复杂，个人、集体和国家之间的潜在利益冲突非常严重，在社会经济条件尚未成熟的情况下，任何改变产权结构之举纯属徒劳，这些问题的解决最终依赖于对各方折中现实性的仔细探究。[②] 但何·皮特（Peter Ho，2005）认为，刘守英、卡特和姚洋忽略了一个非常重要的问题，即制度安排，而这正是产权私有化进程的起始点。[③] 尽管中国政府未来并不可能把土地资源的私人所有权制度化，[④] 但是在转型时期如果国家不能建立一种正确的制度以跟上政治经济因素的变化，就会导致“空制度”的出现。

世界各国不乏转轨时期的土地产权制度改革与市场化理论和经验。萨克斯、皮斯特（Sachs，Pistor，1997）通过研究俄罗斯的私有化改革时发现，产权私有化改革的成功依赖于宪政秩序的转轨。Peter Murrell（1991）、David Stark（1996，1998）等则认为，产权私有化的进程只能在适当的社会、经济和法律条件下循序渐进地进行。杨小凯（Yang，2003）认为，在中国台湾与韩国，20 世纪 80 年代末以前只是模仿资本主义法律体制和产权结构，但之后他们意识到这样做是行不通的，从而最终开始实施向宪政民主转轨。[⑤] 转轨时期的诸多经

① 何·皮特：《谁是中国土地的拥有者？——制度变迁、产权和社会冲突》，林韵然译，社会科学文献出版社 2008 年版，第 62 页。

② Shouying Liu，Michael Carter and Yang Yao，“Dimensions and Diversity of Property Rights in Rural China：Dilemmas on the Road to Further Reform”，*World Development*，Vol. 26，1998.

③ 何·皮特：《谁是中国土地的拥有者？——制度变迁、产权和社会冲突》，林韵然译，社会科学文献出版社 2008 年版，第 19 页。

④ 同上书，第 255 页。

⑤ 杨小凯：《发展经济学——超边际与边际分析》，张定胜、张永生译，社会科学文献出版社 2003 年版，第 449 页。

验表明，制度是长期成功的经济发展的根本（Yang，2003）。关谷俊作（2004）在总结日本土地产权制度改革经验时认为，从属于市场力量的政府功能定位很重要，在土地私有产权建立过程中，要注重土地法权的建设、农地产权制度的完善以及有效发挥农业中介机构的作用。在印度，近 50 多年来，包括租佃改革、取消中间人改革、控制土地上限改革和土地权整理改革等在内的城市土地改革一直在进行，但收效甚微，蒂莫西·贝斯利、罗宾·伯格斯（Timothy Besley，Robin Burgess，2005）认为，这得归因于农地产权制度本身的不完备和政府制约力的不完善。在越南，自 1986 年推出经济结构调整的政策改革后，他们在土地法中先后确定对农业土地（1987 年）和城市土地（1993 年）实施土地使用权证书政策。然而，直到 2001 年，越南大多数土地还没有法律意义上的产权。虽然国家在 20 世纪 90 年代的土地改革中提供了一些转型国家中最弱的私人产权，但是胡志明市等大城市的住房市场依然蓬勃发展。Truong Thien Thu 和 Ranjith Perera（2011）研究认为，在不同制度环境下，没有物质实体和法定所有权的产权交易在房地产市场中是可以操作的。中间层次的产权是胡志明市住房市场繁荣背后的驱动力。①

在中国土地制度改革与市场化进程研究中，杨小凯、王建国、威尔斯（Yang，Wang，Wills，1992）认为，尽管从 1984 年起，政策已经允许村民进行集体所有土地的使用权转让，但实际上村干部依据村庄人口变化在控制着土地的重新分配。普拉斯特曼、汉斯坦德和李（Prosterman，Hanstand and Li，1996）在调查中也发现，许多地方官员并没有真正地贯彻中央政府关于延长农民集体土地承包期限的政策，导致农民普遍存在对未来土地使用权的不确定性，从而解释了中国农村土地市场流而不转的长期困惑。作为主张中国土地私有化的领军人物，杨小凯和他的合作者曾就中国农村土地所有权私有化的潜在收益进行了估算：如果在 1987 年允许土地自由贸易的话，中国农民

---

① T. Thien Thu and R. Perera，"Intermediate Levels of Property Rights and the Emerging Housing Market in Ho Chi Minh City，Vietnam"，*Land Use Policy*，Vol. 28，2011.

的人均真实收入将增加 30%（Yang, Wang, Wills, 1992）。萨克斯、胡永泰（Sachs, Woo, 1999）也曾断言：尽管在双轨制下，中国农业经济发展绩效显著，但如果双轨制被完全的私人所有制所取代的话，中国的经济绩效将会更好，当前的农业停滞不前也就不会发生了。吴介民（Wu Jieh - min, 1998）在其博士论文中也记载了由中国土地所有权的双轨制所产生的土地有效商业化使用与社会公正之间的两难冲突现象。杨小凯（Yang, 2003）认为，在缺乏宪政秩序的市场取向改革下发展起来的双轨制制度化了政府官员的腐败和机会主义行为，并造成了宪政转轨的更多障碍。[①] 并指出，适当的道德准则、行为规范以及打破执政党的政治垄断是宪政秩序形成的根本。[②] 而钱颖一（Qian, 1999）则认为，中国渐进式和双轨制转轨的成功，是对那种认为宪政转轨是经济改革之根本的传统看法的挑战。林毅夫则在反思中提出了新结构经济学，他在总结当今世界各国经济发展的成败得失中得出："中等收入陷阱多源于政府与市场关系失位"，"一个发展成功的国家必然是以市场经济为基础，再加上一个有为的政府"，[③] 从而强调了"有效的市场"与"有为的政府"相互结合的重要性。

目前，西方经济发达国家的土地市场运行模式大体可归纳为两大类：一是土地私有制为基础的市场运行模式，二是以土地国家所有制为基础的市场运行模式（毕宝德，2006）。前者以美国、日本、法国等为代表，土地私有，可自由买卖，价格机制、供求机制和竞争机制顺畅；后者以英国和英联邦国家或地区为代表，虽然土地的终极所有权为国家所有，但丝毫不影响土地使用者对土地产权的权利享有。在我国，20 世纪 70 年代末以来，实施的是城乡二元土地所有制，即城市土地全民所有制和农村土地集体所有制。80 年代以来，学界围绕土地产权制度改革方向的探讨，大致形成以下四种主张：一是土地国家所有制，主要学者有杨勋（1984）、张海渔（1993）、曹振良

① 杨小凯：《发展经济学——超边际与边际分析》，张定胜、张永生译，社会科学文献出版社 2003 年版，第 453—454 页。

② 同上书，第 457 页。

③ 林毅夫：《有效市场也需要有为政府》，载《金融时报》2013 年 11 月 27 日。

（1994）、陆学艺（2003）、何炼成（2004）、周天勇（2004）等；二是坚持和完善土地集体所有制，主要学者有梁秩森等（1987）、孙自铎（1988）、马炳全（1988）、骆友生等（1988）、刘书凯（1989）、周诚（2000）等；三是土地私有化，主要学者有李庆曾（1986）、李永民等（1989）、姜广东（2002）、牛若峰（2004）、文贯中（2004）、蔡继明（2005）、许崇正（2005）等；四是土地产权制度的多元化，主要学者有钱忠好（1999）、张新光（2004）、贾金荣（2004）、白永秀等（2005）、刘守英等（1998）、姚洋（2000）、叶剑平（2000）等。随着研究的深入，当前不少学者已意识到，泛泛而谈土地所有权姓"公"还是姓"私"并无助于问题的解决，而是需要朝着中国土地市场发育的可预期方向进行更加务实的努力。朱有志、向国成（1997）运用唯物史观和唯物辩证法剖析了中国农地制度变迁，发现"一国是否能摆脱土地产权争夺以及政府不断调整分配土地产权的不良循环，关键取决于人地矛盾解决到何种程度。如果人地矛盾不解决，不同的制度只改变争夺土地产权的形式，而不消除争夺土地产权本身。"① 张曙光认为："从制度变迁的现实来看，产权的公有还是私有，是国家所有还是集体所有，并不是问题的实质和关键。重要的也许在于产权的实施能力，在于处置权和收益权。"② 秦晖（2009）指出，中国现在的产权制度问题，不在于是国有制、集体制，还是私有制，而是在于那种只许官圈不许民卖的制度不能再持续下去了。否则，不管采取什么政策，都会产生不利于农民的结果。

通过上述梳理，可以发现土地市场的形成是一个长期的历史过程，与初始产权配置、土地制度安排、土地法律法规保障、社会经济发展等密切相关，并非一蹴而就那样简单。而且，人们对土地的认知也是比较漫长的，经历了一个从土地资源到土地生产要素，再到土地资本化的认知过程，尤其是对土地产权理论的认知仍在路上。转型期

---

① 朱有志、向国成：《中国农地制度变迁的历史启示》，载《中国农村经济》1997年第7期。

② 张曙光：《博弈：地权的细分、实施和保护》，社会科学文献出版社2011年版，第5页。

国家的土地制度改革和市场化是一个非常艰难的过程，学界沿着初始产权配置的制度分析依然充满争议，不管是科斯定理，还是马克思主义产权理论，都远非完善，存在诸多理论与实证的困惑，难以给人信服的答案。当前，中国的土地市场化正在演绎着，城市土地市场早已放开，然而农村家庭承包经营土地市场发育迟缓，集体经营性建设用地入市仍在试点，而集体非经营性建设用地入市远未启动，公共政策的犹豫和徘徊仍在继续，所以中国土地市场的发育只能是继续“摸着石头过河”。

三　关于土地隐形市场的研究

（一）土地隐形市场概念界定

在改革开放前，以土地所有权、使用权为对象的隐蔽交易活动不多，还不能说已经形成了“隐形市场”。但在此之后，特别是随着农村集体土地承包制的推行和城乡商品经济的迅速发展，土地隐形市场逐渐形成，且日益活跃起来。① 这种时代背景催生了中国土地隐形市场的研究高潮，学者们虽然在概念表述上各有千秋，但都毫无例外地涉及了土地权能的私下、非法交易这一核心问题。叶玉国（1992）、黄中显（2006）等认为，土地隐形市场是指违反国家法律、法规的规定，以隐蔽形式进行土地所有权或使用权交易的活动；② 孙玉奎（1992）认为，土地隐形交易是指不符合国家土地法律、法规规定，通过隐蔽的形式所进行的土地买卖；③ 赵森、何远山（1995）认为，土地隐形市场是指使用者之间的土地交易通常都在其他合法形式掩护下隐蔽进行的市场，也是国家未正式认可的土地交易行为；④ 罗迎新（1995）认为，土地隐形市场是指拥有国家或集体土地使用权的单位或个人，未经政府同意，未到县级以上国土部门办理任何手续，私自

---

① 叶玉国：《论土地隐形市场的表现、成因、危害和对策》，载《杭州大学学报》1992 年第 4 期。

② 同上。

③ 孙玉奎：《试探“隐形”土地交易》，载《长白学刊》1992 年第 5 期。

④ 赵森、何远山：《城市经济中的土地隐形市场初探》，载《石油大学学报》1995 年第 3 期。

将土地使用权转让、出租、抵押给其他单位或个人使用的市场行为；① 周玲、杨钢桥（2004）、郜永昌（2007）、王鑫（2010）等认为，土地隐形市场是指现实中存在的非国家正式认可的那一类土地产权权能流动过程中发生的经济关系的总和。②

在20世纪90年代初期，由于城市国有土地划拨使用权的非法交易猖獗，不少学者直接将其界定为土地隐形市场概念。雷和平、刘永发（1992）认为，土地隐形市场是指一些单位和个人自由转让、出租、抵押划拨土地使用权，或者以转让、出租、抵押地上物、建筑物和附着物的形式而转让、出租、抵押土地使用权，从中获取大量土地级差收益的行为；③ 金俭（1994）认为，土地隐形市场就是指将国家行政无偿划拨的土地在不向国家补交土地批租价金的前提下，以有偿方式或变相有偿的方式让渡所形成的不规范的土地使用权私下交易市场；④ 范怀超、陈涛（1997）认为，土地隐形市场是指在市场经济条件下，受利益机制的驱动，以隐蔽的或变相的方式进行国有土地使用权的非法转让、出租、抵押等交易活动。⑤ 鉴于土地隐形市场存在于公开市场的对立面而透明度低，难以在政府有关部门的正式统计数字中显示，唐丽娟（2005）将其界定为：处于政府管理与监督之外，以公开合法的房屋买卖、租赁联营等形式为掩护，进行事实上的城市土地使用权转让或租赁，以及其他各种利用城市土地获取暴利的畸形交易活动。⑥ 杜法峥（2005）认为，土地隐形市场是指以隐蔽或变相的形式将划拨取得的城市国有土地使用权通过出租、转让或改变土地用

---

① 罗迎新：《我国土地隐形市场的现状、危害及其对策》，载《嘉应大学学报》1995年第4期。

② 周玲、杨钢桥：《土地隐形市场的经济学分析》，载《国土资源科技管理》2004年第1期。

③ 雷和平、刘永发：《城镇土地隐形市场亟需整顿》，载《农业经济问题》1992年第7期。

④ 金俭：《浅论土地隐形市场的法制化》，载《法治论丛》1994年第3期。

⑤ 范怀超、陈涛：《城市隐形土地市场探讨》，载《国土经济》1997年第4期。

⑥ 唐丽娟：《浅析城市土地隐形市场状况及整改措施》，载《交通科技与经济》2005年第1期。

途等方式获取收益的非法交易行为的地下市场或灰色市场。①

需要指出的是，部分学者在土地隐形市场界定时引用了灰色市场、地下市场或黑色市场等概念，意指该市场的隐蔽性和非法性，显然不在樊纲（1988）的灰市场理论框架之内。比如，王玉堂（1999）定义的灰色土地市场，是指不具有可转让性的残缺土地产权的交易活动，② 它是相对于公开土地市场而言的，主要包括集体土地所有权的转让、使用权的流转和划拨土地使用权的流转；贾生华、张娟锋（2006）定义的灰色市场，是指在目前产权制度和法律环境下，土地开发过程中所出现的非法占用、出让和转让行为。③ 部分国外学者在研究中国土地市场问题时也采用灰色市场概念，意指合法市场以外的土地非法开发、占有、交易和使用行为。④

综上所述，完整的土地隐形市场概念应具有以下共性：①隐蔽性。交易双方缺乏固定的公开场所，采用私下交易、地下交易等形式，或者以房屋买卖等合法形式为掩护变相地进行土地交易。②非国家正式认可性。交易双方游走在法律边缘或与国家政策相悖，通常表现为土地产权的实际使用者绕开其他土地产权权能主体而擅自交易的行为，从而侵占了其他权能主体的用益物权。③产权权能流动性。利益主体在土地产权权能流动过程中完成交易，即让渡土地产权权能以换取经济收益。基于此，笔者认为，土地隐形市场是指在我国特殊的土地产权制度下，各利益主体在土地产权权能流动过程中绕开现行土地法律法规擅自行动而形成的一切土地交换关系之和。

（二）土地隐形市场表现形态

依据土地所有权形态，可将中国土地隐形市场划分为城市国有土

① 杜法峥：《天津市河北区土地隐形市场治理研究》，硕士学位论文，天津大学，2005年。

② 王玉堂：《灰色土地市场的博弈分析：成因、对策与创新障碍》，载《管理世界》1999年第2期。

③ 贾生华、张娟锋：《土地资源配置体制中的灰色土地市场分析》，载《中国软科学》2006年第3期。

④ George C. S. Lin and Samuel P. S. Ho, "The Sate, Land System, and Land Development Processes in Contemporary China", *Annals of the Association of American Geographers*, Vol. 95, No. 2, 2005.

地隐形市场和农村集体土地隐形市场。其中，根据土地使用权的获取方式，又可将城市国有土地隐形市场划分为划拨土地隐形市场和出让土地隐形市场；对农地隐形市场继续细分，又可依据现实中的农地流转形态来划分，主要包括农用地的隐形流转、农村集体建设用地和宅基地的隐形流转、政府征地行为中的隐形交易以及农地非农化过程中的土地隐形转换等隐形市场。

1. 城市国有土地隐形市场的基本表现形态

我国城市国有土地有偿使用制度虽然从1982年就开始试点，并于1987年全面推行，但是土地使用权的市场化改革却异常艰难，主要表现为行政划拨与出让转让的“双轨制”长期并存，且以行政划拨为主，即便是有偿出让，也主要是以协议方式出让（占比在95%以上），直到2001年，地方政府才开始真正执行有偿出让土地使用制度；[①] 同时，在“双轨制”并存格局下，行政划拨土地使用权隐形市场交易异常活跃，形式多样，学者们及时归纳总结，助推了学术繁荣。

叶玉国（1992）将土地隐形市场中的土地交易活动归纳为以钱买地、以物易地、以房易地、以地易地、以“联建”为名转让土地、以“联营”为名转让土地、以房屋买卖为名变相卖地、以出租为名非法转让土地、以土地使用权作抵押、以空地建房出租十种表现形式。陈洪博（1992）将国有划拨土地隐形交易分为房屋买卖或出租、场地出租、以地抵债、以地易物、土地入股合作经营、联合建房等形式。苍黎（1995）将国有土地隐形交易归纳为五种：将土地使用权随同地面建筑物一起出售或出租、将土地使用权作为合资联营联建的资本、将土地使用权私自进行直接交易、将土地使用权连同商品房开发一起出售、将土地价格优惠作为改善投资环境的重要因素。姜龙才、李毓和（1995）将城市土地隐形交易分为直接进行土地买卖、变相土地交易、出资出地联合建房、自行开发商品房、直接或间接出租土地等方式。周李平（2000）将城市隐形土地市场分为隐蔽型的地产市场和半遮半

① 管清友、郝大明：《第四轮圈地潮袭来》，载《资本市场》2013年第4期。

掩的土地交易市场，前者的交易形式主要有联建联营土地入股、土地投资、以地易货、以地易房、以地抵债、企业兼并等。徐然林（2003）将城市隐形地产市场交易分为“交易型”“经营型”“投资型”。张撑民、陈拴（2004）将城市国有划拨土地隐形市场交易形象地概括为金蝉脱壳、瞒天过海、玉衣裹身、偷梁换柱、借尸还魂、借刀杀人、舢板逃生等形式。唐丽娟（2005）依据土地交易形式将城市国有土地隐形市场分为土地交易型和房产交易型，前者包括土地出租、土地入股、让地建房；后者包括高价房屋买卖、房屋租赁、房产抵押。

尔后，一些实践工作者对城市国有土地二级市场中的隐形交易问题倾注了较多关注。付青山、沈富春（2006）认为，在二级市场交易中，存在着利用土地的转让、中介拍卖机构的土地拍卖、土地资产抵债的司法协助、房地产开发建设项目实质性的转让或公司法人的变更等方式规避土地交易税费的隐形交易。[①] 在《国土资源案例分析》（刘允洲主编，2007）一书中显示，在实际工作中存在着一些更为隐蔽的规避法律的行为，如开发商将办公楼改为住宅销售、将住宅底层作为商业店面出售、将职工房屋入股整体改成酒店经营等。

2. 农村集体土地隐形市场的基本表现形态

早在20世纪80年代初期，就有了一些农村家庭承包经营地流转现象，由于这些流转都是农民自发形成的，没有政策制度依据，因此也都是隐蔽的、非法的。[②] 但在1988年宪法修正[③]之后，农用地承包经营权的流转已经合法化，这在一定程度上导致了农用地隐形市场研

---

① 付青山、沈富春：《关于新时期土地隐形交易若干问题的分析与对策思考》，载《国土资源导刊》2006年第6期。

② 刘淑春：《改革开放以来中国农村土地流转制度的改革与发展》，载《经济与管理》2008年第10期。

③ 1982年《中华人民共和国宪法》规定：“任何组织或者个人不得侵占、买卖、出租或者以其他形式非法转让土地。”在1988年修改后的《中华人民共和国宪法》中则表述为：“任何组织或者个人不得侵占、买卖或者以其他形式非法转让土地。土地的使用权可以依照法律的规定转让。”这就意味着土地使用权的转让具有合法地位，从而奠定了农地交易权的法律基础，但仅限于农业用途。

究的淡出，更多的关注则聚焦于农村集体建设用地隐形市场（李印峰，1993；黄小虎，1995；罗迎新，1995；黄贤金等，2001；李元，2002；黄中显，2006；钱忠好、马凯，2007；王小映，2008；霍美玉、闵海波，2009；张振勇，2012）。

李印峰（1993）通过调查发现，集体建设用地隐形交易数量多，呈逐年上升趋势，主要表现形式有变相买卖土地、出租房屋、联营联建、以地作价担保抵贷等。黄小虎（1995）调查发现，城郊农村集体土地使用权的出让、转让极为活跃，大量隐藏在房屋交易之中，除了以出售、出租房屋形式出让、转让土地使用权外，还有两种形式也很普遍，即以地入股吸引外来投资办第二、第三产业和以地作价联合建房，各方分成。[①] 黄贤金、尼克·哈瑞柯、鲁尔特·卢本、曲福田（2001）认为，农村集体非农用地使用权交易是禁而不止的，其存在方式主要有：通过出售或购买土地上的建筑物间接转让土地使用权、在合资企业中将土地作为一项投资、利用土地使用权间接获得贷款、利用土地使用权还债。[②] 马朝群、马彦琳（2006）发现，大量农村集体建设用地进入农村房地产市场并实质充当着城市建设用地，宅基地私下交易盛行，土地变相开发形式多样，普遍存在联营联建、以租代售、建房出租、自行开发商品房等形式。黄中显（2006）发现，各种规避现行法律而进行集体建设用地使用权流转的行为非常普遍，大致可归纳为直接“转让”型、“出租”型、“房屋转让”型、“合营”型、“建房”型、“抵押”型六种隐形流转形态。郜永昌（2007）认为，农地隐形市场主要产生于城郊，主要形式有农村集体经济组织直接出租或反租倒包以助推农地非农建设、以联营联建为名从事房地产开发以及乡镇企业用地的自发流转等。王小映（2008）发现，集体建设用地以转让、出租、土地使用权作价出资入股、联营、兼并和置换等形式隐形流转入市的现象大量发生。霍美玉、闵海波（2009）认

① 黄小虎：《关于农村非农用地进入市场问题》，载《中国农村经济》1995 年第 2 期。

② 黄贤金、尼克·哈瑞柯、鲁尔特·卢本、曲福田：《中国农村土地市场运行机理分析》，载《江海学刊》2001 年第 2 期。

为，集体建设用地隐形流转主要表现为土地买卖、土地使用权租赁、以地入股和联营等。中央党校课题组（2009）调查发现，在经济发达的长三角、珠三角、北京周边地区，集体建设用地以出租、转让、联营、入股和抵押等多种模式进入市场。[①] 蒋省三、刘守英、李青（2010）认为，在农地非农化隐形市场中，一些地方的乡镇政府或村委会擅自将农用地转为经营性建设用地，直接向企业出租，或盖厂房、商铺出租，甚至兴建农民新村、农家乐、度假村、小产权房等。[②]

虽然说在20世纪80年代末农用地流转就已合法化，但是合法化的农用地流转经过近30年的实践依然徘徊不前，流转乱象种种。有幸的是，以农用地使用权流转为核心的农村土地市场发育及其制度建设一直是学界关注的热点（林毅夫、杨建平，1993；张照新，2002；赵阳、王宾，2006；杨学成、赵瑞莹，2008；党国英，2010；朱敏，2011；朱明芬、常敏，2011）。[③] 在实践中，大量存在改变农用地用途、强制发包、承包经营权入股有限责任公司等非法交易方式（朱明芬、常敏，2011），具体表现有：擅自改变农用地用途，违背农民意愿强制流转（张照新，2002）；村集体借土地股份合作制、两田制、反租倒包等方式侵犯农民的土地收益权（赵阳、王宾，2006）；中央“增人不增地、减人不减地”政策在许多地方落空，农用地的调整权旁落到村干部手里，村庄预留地被长期外租（杨学成、赵瑞莹，2008；党国英，2010）；乡村干部操控农用地流转，任意收回和越权流转农民承包地（朱敏，2011）；等等。这些与现行法律法规相悖的现象，已经构成了农用地流转的隐形交易。马朝群、马彦琳（2006）将农用地隐形交易分为自发交易市场和有组织的交易市场，前者包括“租赁”型、“代耕”型、“倒贴”型、“抛荒拾种”型等类型，后者

---

① 中央党校课题组：《当前我国征地制度存在的主要问题及对策建议》，载《发展研究》2009年第4期。

② 蒋省三、刘守英、李青：《中国土地政策改革：政策演进与地方实施》，上海三联书店2010年版，第306页。

③ 朱明芬、常敏：《农用地隐形市场特征及其归因分析》，载《中国农村经济》2011年第11期。

主要包括乡镇组织型和村组牵线搭桥型。朱明芬、常敏（2011）依据土地隐性交易行为触犯相关法律法规的实际程度将农用地隐形市场分为违法市场、触法市场和失范市场三种表现形态，其中违法市场主要包括强制调整农民承包地、实施“股田制”流转、擅自改变土地农业用途等；触法市场主要包括农用地发包过程中权证不全、项目建设中采用“以租代征”方式取得农用地后长期用于绿化用地等；失范市场主要包括农用地流转过程中手续不齐备、流转方式不当、农用地整理过程中耕地指标回购定价不合理等。①

总体来看，随着中国城市土地管理制度和法律的不断完善以及城市土地市场的进一步发育，国有土地隐形交易问题得到了一定程度的遏制；而农用地的隐形流转市场也随着国家农地流转法律的修正完善而逐渐地显形化，但是农用地流转过程中的种种乱象也表征了这一隐形市场的长期客观存在；不一样的是，随着中国工业化和城镇化进程的加快，不尽合理的政府征地行为正在催生着另一个隐形市场的自发形成，即农村集体建设用地、宅基地以及农地非农化的隐形市场交易正在遍地开花，尤其是在城郊、“城中村”以及交通干线两侧等特殊地域范围内，交易更频繁、更隐蔽、更复杂，危害性也更大。

（三）土地隐形市场形成原因

1. 城市国有土地隐形市场形成的诱因

在改革开放初期，随着城乡商品经济的发展，城市建设用地需求大大增加，而政府垄断下的土地供给非常缓慢，由此导致土地供需矛盾加剧，从而为土地隐形市场的出现提供了条件（叶玉国，1992）。由于商品经济的蓬勃发展、法律法规不配套、部门管理工作滞后以及国土管理机构力量薄弱等因素的诱发，城市土地隐形市场日益活跃（张国祥，1992）。李印峰（1993）进一步将其原因归结为体制上的非市场化配置、经济上的土地增值及供需失衡、管理上的缺失及失范。实际上，城市土地隐形市场是我国城市土地两种分配机制并存的

---

① 朱明芬、常敏：《农用地隐形市场特征及其归因分析》，载《中国农村经济》2011年第11期。

产物（陈洪博，1992），其形成是体制转换时期必然会出现的现象（赵森、何远山，1995），因为原来的行政划拨土地制度改革并不彻底，新的土地出让制度尚未成熟。

2001 年以来，随着中国土地使用权有偿出让制度的有效实施以及相关法律法规的配套完善，改革开放初期的那些城市土地隐形交易方式已经有了微妙变化，行政划拨土地隐形交易有所收敛，也更为隐蔽，但土地供给市场中的隐形交易变得更加凸显。征收＋国有土地一级市场的垄断体制，为“寻租”提供了条件（马朝群、马彦琳，2006）；城市土地供给的双轨制，成为土地隐形交易的制度根源（刘晓英、南灵，2005），因为共存的市场配置与行政配置方式之间的巨大利益差异诱发刺激了土地隐形交易的形成（张撑民、陈拴，2004）。在具体操作中，全国各地采用协议方式出让土地使用权的行为较普遍，市场秩序不规范，使隐形市场得到发育（徐勇，2007）。[①] 概言之，城市土地隐形市场的形成可归因于土地市场的垄断、不合理的利益驱动以及政府管制的失灵（郜永昌，2007）。

2. 农村集体土地隐形市场形成的诱因

我国土地要素市场还不完善，土地要素市场在城乡之间发展不平衡、不统一，特别是集体建设用地基本被排斥在土地市场之外（韩俊，2008）。按照钱伯华的划分标准，我国土地尚处于非市场化阶段。[②] 在农村，由于对集体建设用地流转实行限制，对集体农用地转用仍然实行统一征收的管理方式，使城乡建设用地市场人为分割，一体化的土地市场体系没有建立起来（王小映，2008）；[③] 由于缺乏明确的可以遵循的法律依据和规则，农村集体非农建设用地市场仍然大多处于自发、隐形状态（钱忠好、马凯，2007）。[④] 事实上，集体建

---

① 徐勇：《地租理论与土地调控》，载《河南广播电视大学学报》2007 年第 4 期。

② 胡亦琴：《农村土地市场化进程中的政府规制研究》，经济管理出版社 2009 年版，第 16 页。

③ 张晓山、李周主编：《中国农村改革 30 年研究》，经济管理出版社 2008 年版，第 176 页。

④ 钱忠好、马凯：《我国城乡非农建设用地市场：垄断、分割与整合》，载《管理世界》2007 年第 6 期。

设用地已经大量进入市场（中央党校课题组，2009），“法外活动”（周其仁，2001）十分活跃，“虽然躲躲闪闪，却也屡禁不绝”（胡亦琴，2009），形成了一个错综复杂的农村集体土地隐形市场。

面对现实中的农村集体建设用地流转，政府各部门没有统一、规范的管理措施与办法，只能任其处于自发和无序状态（韩俊，2008）。库特、尤伦（1994）从立法的滞后性出发进行了解释：由于上位立法严重滞后于经济、社会的发展，虽然法律层面上严格限制集体建设用地入市流转，但对现实层面中的集体建设用地隐形市场却没起到真正的规制作用。① 刘芳等（2006）、钱忠好等（2007）认为，尽管现行法律限制非农建设用地自发入市，但是现行政策保留的例外又为经济当事人在制度边际上进行创新提供了可能性，在巨额的土地增值收益诱使下，农民自发地将集体非农建设用地投放到土地市场中。

胡亦琴（2009）从政治体制视域出发，认为土地中央所有制和政治中央集权制的耦合，在创造国有土地利润空间的同时，也将政治体制的外部性渗透到土地市场，从而引发比较严重的政府、集体、农户间的市场利益冲突与博弈，引致隐形交易和“灰市场”的普遍存在。② 并进一步指出：在管理上，由于土地问题往往连着个别乡村干部越权批地等违法行为或少数国家工作人员的腐败，因此，有关部门有时对农地的“隐形市场化”不敢管，也不愿管。③ 吴晓燕、周京奎、王伟（2011）从博弈论视角分析，认为在单阶博弈中，在政府的惩罚力度不足或者惩罚措施难以执行的情况下，农民的最优选择是进入土地隐形市场。④

在城市土地市场巨大效益的刺激下，农村集体建设用地自发流转的“黑市”十分活跃（黄小虎，2009）。刘圣欢（2001）从交易成本

---

① ［美］R. 库特、T. 尤伦：《法与经济学》，上海三联书店 1994 年版，第 134 页。

② 胡亦琴：《农村土地市场化进程中的政府规制研究》，经济管理出版社 2009 年版，第 174 页。

③ 同上书，第 154 页。

④ 吴晓燕、周京奎、王伟：《土地隐形流转、福利损失与市场模式选择——一个不对称信息框架下的博弈分析》，载《广东商学院学报》2011 年第 1 期。

出发，认为城市政府与农村基层组织的同时介入导致交易的信息成本、谈判成本、契约成本等大幅提高，为了规避交易成本，便以变通的方式直接进行多种形式的集体土地使用权交易，从而促成了土地权属隐形市场的兴起。张慧芳（2005）从政府征地行为出发，认为强制性征地中的买卖关系偏离了价值补偿的公平要求，也与农民追求自身利益最大化目标相去甚远，在巨大的土地级差收益驱动下，集体经济组织和农民于是擅自以多种隐蔽形式处置农地。①

也有学者从产权视角出发，认为是集体土地产权制度所存在的问题为集体土地隐形市场的形成留下了制度缺口（黄中显，2006），模糊的土地产权界定滋生了利益驱动下的违章建设行为（郑文含，2007），村级土地管理的实际缺位助长了农村土地隐形市场的形成（马朝群、马彦琳，2006）。现实中，正是因为农地产权在法律上没有资格作为土地交易的一方，无权参加讨价还价（周其仁，2001），成为一个没有受到应有的正面尊重的权利，所以只有另寻他径来释放自己的权能（黄中显，2006）。

相对集体建设用地隐形市场而言，农用地隐形市场的形成和发展诱因则显得更为复杂多样，它既是中国经济社会转型过程中各种制度安排非均衡的结果，也是各种利益集团权益博弈的结果。朱明芬、常敏（2011）从法律、制度、市场、监管四个方面进行了分析，认为中国土地立法滞后、法律漏洞、法律之间的相互矛盾等法律困境在促发农用地隐性交易，中国土地产权制度的横向断裂等制度空隙在衍生农用地隐性交易，中国农村土地市场建设滞后在诱致农用地隐性交易，地方政府的自我操纵和监管失灵在放任农用地隐性交易。② 而在农地非农化隐形市场的诱因分析中，郜永昌（2007）认为是由于缺乏可替代性的农地转用机制，导致农地转用过程中的权力高度集中，利益分

① 张慧芳：《土地征用问题研究——基于效率与公平框架下的解释与制度设计》，经济科学出版社 2005 年版，第 313—314 页。

② 朱明芬、常敏：《农用地隐形市场特征及其归因分析》，载《中国农村经济》2011 年第 11 期。

配严重失衡，从而诱发农地产权人自发参与流转。①

总体来看，经过30多年的土地制度改革与创新实践，城市国有土地出让二级市场已逐渐形成，农用地流转市场也得到了一定的发育，但是农村集体建设用地流转市场却从未开禁过，政府依然垄断着土地供给一级市场并牢牢控制着土地征收权。作为这种制度安排的必然结果，中国土地隐形市场得以悄然生成，尤其是农村集体建设用地隐形市场变得异常活跃。通观农村集体土地隐形市场的形成过程，它正折射了中国社会转型期各种社会因素、各种利益集团之间的激烈争夺与利益博弈，也折射了旧的集体土地法律制度在新的经济形式下的严重滞后与无奈。②

（四）土地隐形市场的防范治理

1. 城市国有土地隐形市场的防范治理

（1）清理整顿城市土地隐形市场。隐形土地市场是一种无序的、非平等竞争的市场，对于社会主义市场经济的发展具有破坏性（黄小虎，1994）。鉴于目前土地隐形市场严重失控的现状，各级政府要根据实际情况，依据现有法律法规，突出重点，分类指导，加强整顿（苍黎，1995）。面对城市土地隐形市场，不管是理论研究者，还是实践工作者，都认为要进行清理整顿，这也是促进土地市场健康发育和土地使用制度改革的保证（姜龙才、李毓和，1995）。在实践中，应运用行政、经济、法律等手段进行清理整顿（叶玉国，1992；李印峰，1993；张撑民、陈拴，2004），大致形成了以下观点：①积极引导，疏堵并举。所谓"疏"，是指在承认土地是商品的前提下，允许有偿转让土地使用权；所谓"堵"，是指对违法转让土地使用权者严加查处。③ 在清理整顿城市土地隐形市场中，应疏堵结合，以"疏"

① 郜永昌：《城市化进程中土地隐形市场法律规制研究》，载《求索》2007年第10期。

② 黄中显：《集体土地"隐形"市场的法律对策》，载《经济与社会发展》2006年第12期。

③ 叶玉国：《论土地隐形市场的表现、成因、危害和对策》，载《杭州大学学报》1992年第4期。

为主（叶玉国，1992）；不能简单地禁止或取缔，而应采取趋利避害、疏堵并举的原则，积极引导土地隐形市场正常化（刘晓英、南灵，2005），使其隐形交易变为公开合法的地产市场交易，这也是整顿城市隐形地产交易的基本要求（张蕾、杨润清，2009）。其要点就是通过清理整顿，加强法制建设、地籍管理、土地市场管理，依法开放，逐步以公开合法的土地市场代替隐形市场（唐丽娟，2005）。②完善立法，严格执法。由于国家控制的合法土地市场没有形成，对土地交易还缺乏具体的法律调控，面对各种土地投机倒把行为，又缺乏具体的可操作性的法律规章可循而难以有效制裁，从而导致土地隐形市场十分活跃（叶玉国，1992）。因此，需要完善土地立法，强化执法监察（罗迎新，1995）。既要抓紧立法，形成国家立法与地方法规相辅相成的土地市场法规体系，也要强化土地监察工作，及时发现并制止违法行为，从而保证土地市场的健康运行（赵森、何远山，1995）。为解决执法难的问题，除加强土地管理部门监督本身的工作外，还应与地方法院联合成立合议庭以共同查处土地违法案件，并与公安、检察、纪检、监察等部门合作（比如成立土地隐形交易专案组），以提升国土执法监督效力（李印峰，1993；张撑民、陈拴，2004）。③强化管理，规范交易。加强土地法规建设和地籍管理，强化城市土地管理机构及其职能，是整治城市隐形地产交易的基本保证（唐丽娟，2005；张蕾、杨润清，2009）。强化管理，重点是要加强土地合同管理、土地登记管理、土地价格管理和中介服务管理（罗迎新，1995），应在土地管理部门增设一个地产管理机构，专司土地使用权出让和转让、出租、抵押、赠予、继承等土地交易行为的业务管理工作（李印峰，1993），并对土地存量资产进行详查登记和归类建档（张撑民、陈拴，2004）。规范土地市场，重点是要限制土地买卖的投机行为和价格垄断（丰旭升，2003），要严厉打击土地投机倒把行为，尤其是要打击那些炒买炒卖土地、牟取暴利的“地皮商人”，严肃查处各种类型的土地违法案件（叶玉国，1992）。

（2）培植发育城市土地市场。我国城市土地市场发育先天养分不足，虽经改革开放历练，依然表现得特别迟缓，这也在客观上诱发了城市土地隐形市场的兴盛。有效推进城市土地市场发育，无疑是一种积极的防范方式。培植发育城市土地市场，需要强化土地所有权，搞活土地使用权（孙玉奎，1992），即需要推进国有土地有偿使用，力促土地使用权从“双轨制”向有偿出让方式顺利过渡，以形成健康的城市土地二级市场。叶玉国（1992）认为，要建立起由国家垄断的土地出让市场和由国家统一管理下的土地转让市场。陈洪博（1992）认为，应以二级市场启动一级市场，积极发育土地二级市场。具体而言，需要调整土地使用税，使双轨地价逐步接近；协调土地市场与房产市场的关系，建立统一的城市房产市场；严格控制减免，扩大城市土地有偿使用的覆盖面。[①] 赵森、何远山（1995）认为，建立一个在政府领导下的全方位、多层次、开放式、规范化的社会主义地产市场，需要严把产权登记关以制止非法交易，征收土地增值税以抑制土地投机，提高土地使用税以使“双轨”地价的差距逐步缩小，建立有效的地价评估系统以形成合理的价格机制。刘晓英、南灵（2005）认为，要不断完善市场机制，充分发挥市场对土地资源的基础性配置作用，显化土地资产价值；在全面推行国有土地使用权有偿使用制度的基础上，健全土地交易市场管理规则，初步建立起以招标拍卖出让为主的新型土地供应体系和“政府主导型”的土地储备交易管理格局。[②]

（3）推进城市土地使用制度改革。土地使用制度改革是经济体制改革的重要组成部分（姜龙才、李毓和，1995）。土地使用制度改革的成败，关系到社会主义市场经济体制能否最终确立。[③] 叶玉国（1992）认为，要进一步完善土地有偿使用和土地使用权有偿转让制度；赵森、何远山（1995）认为，要逐步废除土地市场的“双轨”制，向全面有偿、有限期的土地使用制度过渡。张撑民、陈拴（2004）从完善土地产权制度出发，认为要取消土地资产配置上的

---

① 陈洪博：《城镇土地使用的双轨制及隐形市场》，载《经济研究》1992 年第 3 期。

② 刘晓英、南灵：《城市土地隐形市场的浅要分析》，载《特区经济》2005 年第 11 期。

③ 黄小虎：《土地与社会主义市场经济》，中国财政经济出版社 2008 年版，第 63 页。

“双轨制”，实行单一的土地出让“招拍挂”方式；同时，要完善现有的存量划拨土地使用权管理制度，明确划拨土地使用权的产权主体、权利义务、收益分配、买卖交易条件等。郜永昌（2007）从完善产权制度和土地公共权力管制机制出发，认为应明确城市土地产权主体，禁止具有公共属性的划拨用地直接或间接进入市场，积极推进房权与地权的分立。王鑫（2010）认为，应积极建立划拨土地定期清算制度，对单位闲置土地征收高额租金，针对闲置土地应改无偿为有偿用地，给划拨土地使用者增加压力，以促使其提高土地利用效率。鉴于国家直接分配土地带来的种种弊端，谢正峰、董玉祥（2011）在总结诸多学者观点时指出：必须废除土地配给制，建立土地市场。①

2. 农村集体建设用地隐形市场的防范治理

作为中国土地制度改革中的必然现象，农村集体建设用地隐形市场有其存在的合理性和必然性（黄贤金、尼克·哈瑞柯、鲁尔特·卢本、曲福田，2001；贾生华、张娟锋，2006）。它是现有制度供求失衡的结果，盲目地取消土地隐形市场只是一种治标不治本的做法，远非国家的制度创新，其治理之道在于以国家的强制性制度变迁来规范和发展公开的土地市场，弥补现有的制度供求缺口，从而使制度结构重新达到均衡。②

（1）探索建立集体建设用地市场。目前，集体建设用地自发地进入市场流转的现象已普遍发生（韩俊，2008），并成为土地资源配置体制中的重要力量（贾生华、张娟锋，2006）。与其隐性和非法流转，不如让集体建设用地直接进入市场（蒋省三、刘守英、李青，2010）。学界主流观点是让农村集体建设用地直接进入市场，不用再“变性”转为国有土地后进入市场，政府的责任只是做好土地用途管制并确保土地规划和城市规划的法律效力。当务之急，国家应制定规范集体建设用地流转的法律，结束集体建设用地大量非法流转的局面（蒋省

① 谢正峰、董玉祥：《我国城市土地优化配置研究演进与展望》，载《经济地理》2011年第8期。

② 王玉堂：《灰色土地市场的博弈分析：成因、对策与创新障碍》，载《管理世界》1999年第2期。

三、刘守英、李青，2009；赵亚莉、吴群，2010；张振勇，2012）。但也有学者指出，在实践中，几乎所有规划都会被不断地调整，尤其是有了利益之后。地方政府若要推动更多农地直接入市，他们就会有意愿来调整规划以适应这种要求。中国应保持现行制度的严格性，谨防土地食利阶层的出现（贺雪峰，2013）。[①]

推进集体建设用地直接入市，主要是建立集体建设用地使用权交易市场，允许集体建设用地以多种形式进入市场，可以进行转让、抵押，并逐步实现与国有土地“同地、同权、同价”。同时，需要规范集体建设用地市场，其关键是要用好土地利用总体规划和城市建设规划这个龙头，强化规划的权威性，一切用地要以规划为蓝本，严格防止地方变相大面积圈占农地，坚决禁止私下流转的土地黑市；[②] 应以科学规划引导农村建设用地有序入市，强化对违规（法）流转惩罚措施，[③] 防止在极为稀缺的建设用地指标与巨额的土地收益激励下诱致农村建设用地盲目、隐形入市流转交易。[④] 对已发生转让、出租的集体土地要分类处理，即对符合规划和管制要求的，要依法审批，办理变更手续，其他的则应统一征收并让利于集体经济组织；同时，还应不断完善土地管理制度，积极培育为农地流转服务的市场中介组织。

（2）推进征地制度改革。现行农地征用制度已经到了非改不可的地步（汪晖，2002）。主流观点认为，必须根本改革征地制度，打破政府垄断土地一级市场的局面，真正发挥市场在土地资源配置中的作用；但也有学者认为，当前我国征地制度的基本方面具有合理性，应该是完善而不是改革征地制度，主要是要科学地制定征地补偿标准和完善征地补偿方式（贺雪峰，2012）。2008 年，党的十七届三中全会已明确提出要改革征地制度，严格界定公益性和经营性建设用地，逐

---

① 贺雪峰：《深圳土地利用的僵局与困境》，载《中国老区建设》2013 年第 2 期。

② 蒋省三、刘守英、李青：《中国土地政策改革：政策演进与地方实施》，上海三联书店 2010 年版，第 248 页。

③ 唐莹、王玉波：《土地财政驱动农村建设用地入市程度及区域调控政策》，载《经济地理》2016 年第 2 期。

④ 王玉波：《农村建设用地入市影响土地财政区域效应》，载《经济地理》2016 年第 5 期。

步缩小征地范围，完善征地补偿机制。然而，近年来，在提高征地补偿标准和落实被征地农民的社会保障等方面虽有明显进步，但关于严格界定公益性和经营性建设用地、逐步缩小征地范围的改革则尚未启动。①

在主流观点中，如何推进征地制度改革仍是见仁见智。刘圣欢（2001）提出了以土地产权分离为核心的市场化土地转换制度安排，即保持现有土地所有制形态不变，缩小征地范围，扩大市场化范围，政府退出市场化土地转换交易环节，授予集体土地所有者、农村集体组织以农地使用权的转换经营管理权。② 汪晖（2002）提出，我国现行的征地制度改革应分两阶段进行，即在过渡阶段，应严格区分公共目的征用和其他目的征用，并据此执行不同的土地征用补偿办法；在最终目标阶段，通过修订法律法规，严格限定土地征用的公共用途和范围，在符合规划下，应允许集体土地直接入市。也有学者提出建立单一的集体土地征购制度来取代征收制度，即使用集体土地进行建设应该全部采用市场化的手段。③ 王小映（2008）认为，应先改革集体建设用地使用制度，建立和完善集体建设用地市场流转机制，在此基础上再逐步缩小土地征收范围。韩俊（2009）认为，要改革现存的政府强制征地的法律体制，通过明确界定“公共利益”来缩小土地征用范围，使农村建设用地市场化，即首先要取消所有非农业建设用地（包括商业用地）必须使用国有土地这一法律条款，然后通过新的立法或采取监管措施来明确界定“公共利益”和限制其范围。④

3. 农用地隐形市场的防范治理

农用地隐形市场由来已久，几乎与农用地显性市场相伴而生（朱明芬、常敏，2011）。针对农用地隐形市场，朱明芬、常敏（2011）

① 陈锡文：《当前我国农村改革发展面临的几个重大问题》，载《农业经济问题》2013 年第 1 期。

② 刘圣欢：《集体所有制土地向城市房屋用地转换的制度分析》，载《经济体制改革》2001 年第 6 期。

③ 黄中显：《集体土地“隐形”市场的法律对策》，载《经济与社会发展》2006 年第 12 期。

④ 韩俊：《中国农村土地问题调查》，上海远东出版社 2009 年版，第 27 页。

认为，需要进行分类引导和规范，即严厉清查违法市场，重点引导触法市场，有序规范失范市场。具体而言，应严厉制止“农转非”“股田制”等交易行为，严格控制“以租代征”的规模和范围，有效规范政府自身行为，积极引入市场机制，创新农用地流转机制，搭建产权交易平台，以此推进城乡一体化土地市场的形成。也有部分学者虽未系统研究农用地隐形市场，但也不乏直陈积弊之言论，吕亚荣、王春超（2012）认为，工商业资本通过大规模承包、租赁等形式长期占有农用地，并通过改变农地用途以非法牟利，这不仅引发了社会矛盾和冲突，而且因为利益关系调整使农村社会经济关系更加复杂化，对地方政府和组织治理社会的能力提出了更为严峻的挑战，需要警惕。

（五）中国土地隐形市场有待深入研究的问题

改革开放以来，随着中国城镇化、工业化的快速发展，土地资源的资本价值日益显现。在政策、法律、制度等相对滞后的情况下，各产权主体围绕土地资本化所带来的巨大收益进行了明争暗斗，一种不规范的土地市场交易在全国各地自发形成。在城市，自国有土地有偿使用制度实施开始，国有划拨土地隐形市场便逐渐形成，在活跃了近20年后，随着国有土地有形市场的发育和完善而逐渐淡去，但是存量国有划拨土地隐形交易依然存在。在农村，特别是在经济发达地区的“城中村”或城郊，集体建设用地自发流转蔚然成风，除国家在有限的几个地方进行试点外，集体建设用地流转尚未开禁，由此形成了一个规模庞大、利益巨大、纷争激烈的全国性的农村集体建设用地隐形市场；而农用地流转在20世纪80年代开禁后得以合法化，经过近30年的市场发育，其使用权依然是流而不转，但各类工商资本下乡“圈地”、改变农业用途的自发流转却大量存在着。

围绕上述隐形市场现象，学界在20世纪90年代初形成了一个国有划拨土地隐形市场的研究高潮，有效支持了国有土地市场化进程。然而，面对城郊日益严重的集体建设用地隐形交易乱象，理论研究相对滞后，学界至今仍未达成一致意见或形成富有指导意见的理论体系；已有研究中大多囿于宏观叙事，却缺乏微观机理分析，诸多的政策建议虽然指出了大的发展方向，却也因缺乏可操作性而难以实施，即便是中央的土地政策，也要遭到实践部门的抵制或变通实施。而农用地隐形市场的系统研究更是缺乏，已有文献中的零星研究尚未引起社会应有的关注，这些都有待我们深入思考。鉴于此，笔者认为以下几个方面的研究仍充满期待。

1. 系统梳理并夯实中国土地隐形市场研究基础

中国土地隐形市场异常复杂，既是一个经济问题，也是一个政治问题，还是一个社会问题，站在不同的研究视角往往会得出截然不同的结论，这就需要我们仔细分辨，站在科学的立场，系统地梳理和分析，认真厘清概念的内涵和外延，抓住问题的表象和实质，透视形成的历史及现状，调查发生的规模及危害，分析运行的机理及成因，寻找可行的路径及对策。具体来说，以下五个方面亟待系统梳理和深入探讨：一是要厘清土地隐形市场概念的内涵和外延。学界虽多有界定，但与可供实践部门规范执行的要求仍有距离，对不规范操作留有空隙，需要深入研究。二是要系统梳理并细分土地隐形市场的基本形态。土地隐形市场现实形态复杂多样，需要探寻客观标准，准确划分并能为实践部门提供指导。三是要广泛调查土地隐形市场发生的规模、范围及危害。既有研究大多局限于定性描述，缺乏必要的定量工具支持，尚不足以支持并引起社会应有的关注。四是要深入分析土地隐形市场形成的制度根源。需要结合我国土地产权制度、法律制度、管理制度及其改革历程，深入探究土地市场发育与土地隐形市场形成的关系，透视其形成机理及归因。五是要积极探寻现行土地制度改革中的可行路径及突破口。需要积极试点，努力探索，及时总结经验，有效提升并适时推广实施。

2. 积极探寻并建立中国城乡统一建设用地市场

作为城乡二元制度安排的产物，中国土地隐形市场一直就与土地有形市场纠缠，在政府尚未放弃经营性用地征收权和允许集体建设用地全面入市之前，土地隐形市场还将长期存在，其化解之道在于建设统一开放、竞争有序的土地市场体系，使市场在土地资源配置中起决定性作用和更好地发挥政府作用，其落脚点在于建立城乡统一的建设用地市场。因此，需要做到以下几点：一是理顺政府与市场在土地资源配置中的关系，深入推进土地资源市场化配置，改革计划思维下的土地供给模式，形成政府与市场有效搭配的混合治理结构。二是理顺中央与地方在土地行政中的权责关系，规范政府土地管制行为，优化土地行政管理体系，逐步建立以权属管理和用途管理为核心的现代土地管理体制。三是推进土地产权制度改革与创新，通过还权赋能的制度试点与实践，有条件地推进集体建设用地入市，依法保障农民宅基地用益物权，探求多种所有制并存下的土地供给机制、交易机制和保障机制。四是推进征地制度改革，规范征地程序和征地范围，探寻合理的土地增值收益分配机制和征地补偿机制。五是推进土地财税体制改革，适时开征房产税，寻找新的可替代性税源，逐步取消土地指标分配和管控模式，力促城乡统一建设用地市场的对接与生成。

3. 统筹谋划并切实推进中国土地隐形市场显形化

中国土地制度及其背后利益链的复杂性决定了土地隐形市场显形化的艰巨性和渐进性。以近些年的土地确权登记颁证工作为例，可以认为这是中央推进土地隐形市场显形化的第一步，是最为基础性的重要步骤，然而在实际操作中却遇到诸多棘手问题，诸如土地边界模糊、四至不清、无案可查，因确权而导致诸多隐形矛盾显形化等问题，虽有国土部、财政部、农业部三部委的联合发文（2011 年 5 月），但都不同程度地遭到基层力量的反对和抵制，国家只能暂缓执行，在 2013 年中央一号文件中只要求在今后 5 年内完成即可。因此，就其现实可操作性而言，下一步，政府理应分层分类分阶段地推进中国土地隐形市场朝着显形化方向发展，即针对不同层面、不同区域、不同产权的土地隐形市场问题，应实施差别化的引导、规范、清理、整顿等推进措施；与此同时，还应出台一系列相配套的政策来支持。这些本身就是一个系统工程，需要设计者通观全局，整体谋划，精细实施，实非一日之功。

第三节　研究思路与方法

一　研究思路

遵循“提出问题—分析问题—解决问题”的一般理路，针对中国土地隐形市场为什么能够存在、又是以什么样的形态存在以及未来如何显形化这三个问题进行思考和回答，实际上构成了本书的一条主线。在具体谋篇布局时，本书首先通过文献研究和理论梳理以明确研究目标，并在新制度经济学的框架下建构一种旨在解释中国土地隐形市场何以形成或存在的理论框架；其次，对中国土地资源市场化配置的现状进行效率考察以发掘其效率损失之中的土地隐形市场；进一步地，从土地市场化配置效率损失中剖析隐形市场形成的主要归因，即回答中国土地隐形市场为何存在的问题；再次，对中国土地隐形市场的现实形态进行系统梳理和考察，即回答第二个问题；最后，针对中国土地隐形市场的显形化问题进行路径探索，并在思考总结与研究展望中结束全书（具体研究思路见图 1 – 1）。

二　研究方法

（一）宏观考察与微观分析相结合

中国土地隐形市场是一个较为宏大的课题，需要从宏观立意，通观全局，从土地市场及其市场化进程中谋篇布局，故需要进行宏观考察；同时，中国土地隐形市场的现实形态又是以各种具体的私下交易、擅自交易行为等构成，因而又需要从微观层面进行细致的分析和考察，二者相互结合，才能更为准确深入地思考土地隐形市场理论问题。

（二）文本实证与调查实证相结合

由于土地隐形市场是一个中国“特殊品”，在不尽完善的土地产权制度下，与土地管理相关的法律法规极其复杂，执行效力各地不尽相同，因而对研究者提出了更高的文本实证与调查实证要求。而且，面对日趋复杂的土地隐形市场交易行为，不管是核心概念的界定，还

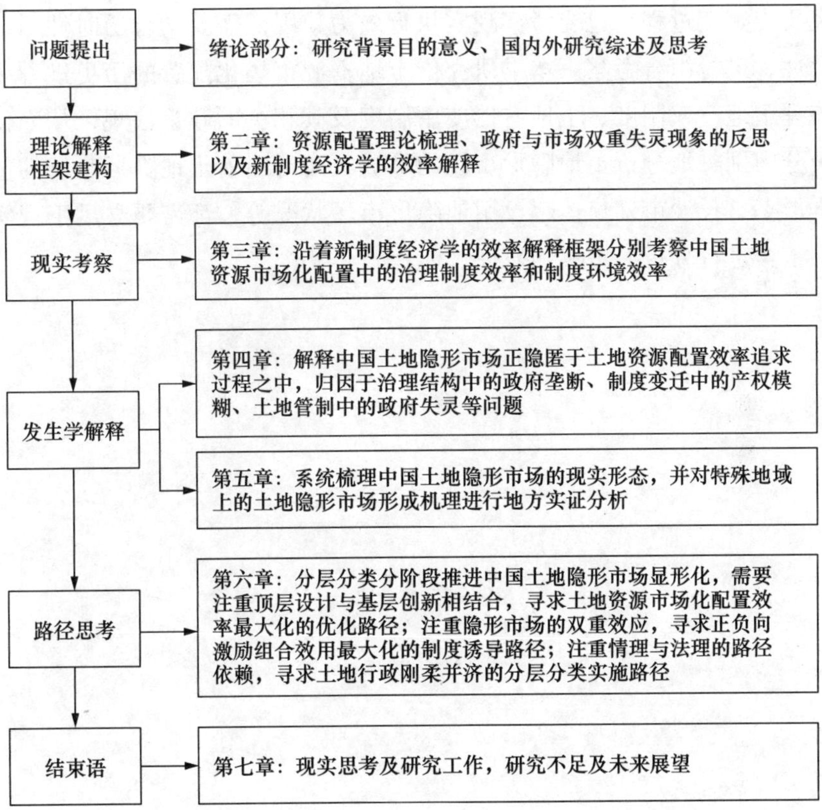

图 1－1　研究思路

是隐形市场现象的梳理，抑或是问题的解决，都需要借助已有研究的积极成果，又需要立足实际，“用脚投票”，深入事物的本质。本书对狭义的土地隐形市场概念界定主要来自实践调查中的灵感；在进行隐形市场分类和形态描述时又需要依托于法律文本、已有研究成果和调查实践的综合；为深入了解城郊区这一特殊地域中较为突出的土地隐形市场及其形成机理，笔者选取湖南省会城市长沙的市郊进行了实证调查，对其凸显的集体建设用地隐形市场问题开展了相关研究。

（三）历时性考察与共时性考察相结合

在中国土地资源市场化配置背景下研究土地隐形市场问题，必然要系统考察现有土地产权制度、土地政策法规等的前因后果，既要考究历史嬗变过程，也要考察现实执行效力，因而需要结合历时性与共时性，进行综合考察。本书研究依土地资源市场化配置的历史进程来梳理土地产权制度、土地有偿使用制度及其相关的政策法规，从而便于分门别类地分析土地隐形市场的形成；而对当前土地隐形市场的基本形态、长沙市郊集体建设用地隐形市场状况等，都需要立足于现实的土壤进行分析、考察和研究。

第二章　资源配置及其经济效率追求：理论解释框架

每个人都在力图应用他的资本，来使其产品能得到最大的价值。一般来说，他并不企图增进公共福利，也不知道他所增进的福利是多少。他所追求的仅仅是他个人的安乐，仅仅是他个人的利益。在这样做时，有一只“看不见的手”引导他去促进一种目标，而这种目标并不是他本意追求的东西。由于追求他自己的利益，他经常地促进了社会利益，其效果比他自己真正想促进社会利益时所能产生的效果还要大。

——Adam Smith《国民财富的性质和原因的研究》

第一节　资源配置：基本假设及理论回顾

现实社会中的经济现象复杂多变，而理论研究则相当纯粹，往往是基于一系列的前提假设而提出。尽管很多现象在严格的假设条件下很难存在，但这不妨碍我们对纷繁复杂世界的认知，毕竟“假设可以使解释这个世界更为容易”（N. Gregory Mankiv，1998）。西方经济学理论大厦正是建立在理性经济人、资源稀缺性、信息完全性等基本前提假设之上的。

作为一门社会科学，经济学自然离不开人性的假设。在所有的人性假设中，影响最为深远的莫过于西方经济学的经济人假设。这一假设首先是由约翰·穆勒（John Stuart Mill）提炼出来，并由帕累托（Vilfredo Pareto）最先引入经济学。在理性经济人的世界里，所有经济主体都是自利的和有理性的。自利性是经济学中人性的基本出发点，它强调经济主体都是以自身利益最大化为目标，其行为逻辑是利己但并非要损人，故其理性的自利动机在不经意间满足了社会或他人利益。实际上，自利性与自私性是两个完全不同的概念，后者强调只顾自身的利益而不考虑其他人的利益；而经济理性则强调经济主体在经济行为中因受市场规则、法律制度、道德规范和社会秩序等外部约束而产生理性的自律，在追求自身利益最大化的同时不以损害他人利益为代价。换言之，这种理性是在“看不见的手”约束下进行互利共赢的经济活动。

资源的稀缺性（Scarcity）是经济学研究的又一逻辑起点。如果社会经济资源不再稀缺，而是多得可以浪费了，那么经济学也就失去了其存在的必要性。事实上，人的欲望是无穷的，而社会经济资源总是有限的，这种供需矛盾迫使人们不得不务实地思考：在有限的社会经济资源状态下，如何才能使自身利益达到最大化？实际上，这就是经济学需要研究的资源优化配置问题。

究竟是市场还是政府来主导资源配置，学界不乏争议。在（新）古典主义经济学中，以理性预期、市场出清和自然率假说为基本假设，崇尚自由主义，强调市场机制的作用。在1929年世界经济危机之后，（新）凯恩斯主义以理性预期、非市场出清和经济人最大化为基本假设，推崇政府干预主义，强调市场失灵中的政府调控作用。20世纪60年代以来，以布坎南（James Mcgill Buchanan）为代表的公共选择学派进一步地揭示了资源配置中的政府及其决策行为，他们运用经济学的分析工具来解释公共产品供应和分配的政治决策过程，从而将政治学问题纳入了经济学的分析框架。在公共选择学派的假设中，政府不再是“大公无私”的政治人，而是一个“理性的人”，一个“谋求最大发展自我利益”的经济人。具体而言，其理性人假设包括：①在权衡一系列选择值时，常常取决于个人意志；②按照自己意愿排列众多选择值的顺序；③依据自己的选择顺序以此类推；④从可能的选择值中甄选出中意度最高的；⑤在面临相同选择值的情况下，经常是不分彼此地全部抉择。[①]

在现代经济学的语境下，人们并不满足于古典或新古典经济学的理性经济人假设，相继出现了西蒙（Herbert Simon，1957）的有限理性、威廉姆森（Oliver Williamson，1975）的机会主义、道格拉斯·诺思（Douglass North，1981）的意识形态等颇具挑战性的假设条件。①在西蒙看来，现实社会中的决策者是介于完全理性与非理性之间的"有限理性"的"管理人"，其获取的知识、经验、信息等都是有限的，因而不可能达到绝对的最优解，只能转向其次，以寻求满意解为满足。②在威廉姆森的机会主义假设下，经济生活中人的本性都是自私的，即为了利己，可能不惜损人，这种一有机会就会不惜损人而利己的本性就是机会主义；人的机会主义行为倾向往往要受到法律的制约，一旦违法就要受到法律制裁，这也使损人利己的机会主义行为因受到一定节制而不至于泛滥成灾；在市场交易活动中，由于信息不对称、人的理性有限等，可能存在交易欺诈、隐瞒等机会主义行为或道德风险，从而可能导致交易成本的增加。对于机会主义假设，威廉姆森认为，它"拓展了经济人在自身利益考虑的指导下允许战略性行为的传统假设……对于在其他契约关系之间的选择有着深远的影响"。[②]正是基于此类假设，威廉姆森开创了一门新的学科，即交易成本经济学。他将有限理性和机会主义这两个假设看成是交易成本经济学所依赖的行为属性（Oliver Williamson，1993），[③] 并在《经济组织的逻辑》（1993）一文中指出，交易成本经济学采用了两个极为重要的行为假设：第一个是认知的假设，假定人的动因是意欲合理的，但只是有限地做到，这是通常所说的有限理性；第二个是人的行为假设，假定人的动因天生就是机会主义，这是人们为实现目标而寻求自我利益的一个深层次条件。对这两个行为假设——二者单独地，但特别是二者结

① ［日］小林良彰：《公共选择》，杨永超译，经济日报出版社1989年版，第3页。

② ［美］奥利弗·威廉姆森：《市场与层级制：分析与反托拉斯含义》，蔡晓月等译，上海财经大学出版社2011年版，第31页。

③ 也有学者将有限理性和机会主义行为看成是"契约人"假设的行为特征，由此导致了契约不完全。

合起来——使经济组织的研究大大地简化了。[①] ③在道格拉斯·诺思看来，意识形态是由相互关联的、包罗万象的世界观构成，它是一套决定个人观念转化为行为的道德伦理体系，对人的经济行为具有强有力的约束作用，从而有助于克服人的机会主义行为倾向。由于“社会强有力的道德伦理法则是使经济体制可行的社会稳定的要素”，这将使人们的行为决策更为经济，从而成为一种降低交易费用的制度安排。

在新制度经济学看来，交易成本为零是从未被西方经济学察觉的一个隐性假设。交易成本（Transaction Costs）概念的雏形是由托斯丹·凡勃伦（Thorstein Veblen，1904）提出的；约翰·康芒斯（John Commons，1934）将交易作为基本的分析单位纳入制度经济学的框架；科斯（Ronald Coase，1937，1960）最早发现了交易成本的客观存在，指出了使用价格机制是有代价的，市场机制运行是有成本的；但真正使用交易费用（Transaction Costs）概念的是经济学家阿罗（Arrow，1969），他是在研究保险市场中的逆向选择行为和市场经济的运行效率时提出的，意指“经济系统运行的费用”，即“经济世界里的摩擦力”；威廉姆森干脆将新制度经济学定义为交易成本经济学，在他的交易成本来源中，主要包括了有限理性（Bounded Rationality）、机会主义（Opportunism）、资产专用性（Asset Specificity）、不确定性与复杂性（Uncertainty and Complexity）、少数交易（Small Numbers）、信息不对称（Information Asymmetric）以及气氛（Atmosphere），其中前两项属于人性因素，其余项则属于交易环境因素，它们在交互影响下导致市场失灵，从而使交易变得困难，最终引起交易成本的增加（Oliver Williamson，1975）。

在大多数社会中，资源配置并不是由一个唯一的中央计划者来做出，而是通过千百万家庭和企业的共同行动来完成。[②] 在科斯的新制

① ［美］奥利弗·威廉姆森、西德尼·温特编：《企业的性质：起源、演变和发展》，姚海鑫等译，商务印书馆2008年版，第119—120页。

② ［美］曼昆：《经济学原理》（上），梁小民译，机械工业出版社2005年版，第4页。

度经济学中，不管是政府还是市场、企业或家庭，都是经济组织形式，其运行并非无须代价，究竟选择哪种组织形式更有效率并非重点，他更关心的是产权的初始配置与交易成本问题。这些思想在以科斯命名的三个定理中可以得到充分体现：①科斯第一定理："如果产权被明晰地界定，且所有的交易成本为零，那么资源的利用效率与谁拥有产权无关"（Ronald Coase，1960）。这意味着在没有交易成本的理想状态下，产权制度安排对资源配置效率是没有影响的。②科斯第二定理："一旦考虑到进行市场交易的成本……合法权利的初始界定会对经济制度运行效率产生影响"（Ronald Coase，1960）。这意味着在交易成本为正的现实世界中，不同的初始产权界定会产生不一样的资源配置效率；初始产权权利的调整只有在调整带来的收益大于交易成本时才会出现，通常是以企业组织或政府管制来代替市场交易方式。③科斯第三定理直接表述为："在存在交易成本的状态下，产权的清晰界定将有助于交易成本的降低和经济效率的改进"（Ronald Coase，1960）。沿着科斯的上述思想，在有限理性和机会主义的前提假设下，新制度经济学进一步发展了不完全契约理论，从而形成了以威廉姆森为代表的交易成本经济学（Transaction Cost Economics）和以哈特（Hart）为代表的产权理论（Property Rights Theory）。

第二节　资源配置的原则及方式

一　资源配置原则

如何配置有限的经济资源一直以来都是经济学的热点和难点。狭义的资源配置优化主要是指经济学的三个基本问题：有限的生产要素应用来生产什么、如何生产以及为谁生产。对这三个问题的回答即是资源配置的效率问题，然而这种强调效率的资源配置并未考虑初始要素如何分配，也未考虑生产成果即收入又是如何分配等问题，这就涉及一个公平问题。虽然公平问题取决于一个社会的价值判断，但在经济学中却无法回避，收入分配不公必将反过来决定着生产要素分配状态，进而影响整个经济系统的运行。不仅如此，一个良性运转的经济系统还更需要宏观经济运行环境的“稳定”。广义的资源配置优化正是用于协调和解决效率、公平与稳定之间的关系及问题，从而构成了资源优化配置的三原则。

（一）效率原则

资源配置的效率原则是指以帕累托最优（Pareto Efficiency）状态为目标，即资源配置已经达到了这样一种境地，无论作任何改变都不可能使一部分人受益而没有其他的人受损。① 换言之，当经济运行达到了高效率状态时，一部分人处境的改善必然要以另一部分人处境的恶化为代价。该原则为实行市场经济的社会提供了一种合理配置资源的理想状态，在经济实践活动中通常难以企及，一般是以帕累托改进（Pareto Improvement）和卡尔多—希克斯改进（Kaldor - Hicks Improvement）状态出现。前者是指在不使其他人福利减少的情况下增加了一个人的福利；后者是指得者所得多于失者所失的资源重新配置状况，因而是一种潜在的帕累托改进，即在失者得到了相应补偿之后就成了一种帕累托改进。这两种改进都是有效率的，其实质就是通过对资源的重新配置而朝着理想的帕累托效率状态靠近。

资源配置效率的实现有赖于以下两个条件：一是资源配置后的产品净社会收益非负，二是净社会收益最大化。用数学表达式表示为：

$$F_{max}(x) = TSR - TSC \quad (2-1)$$

$$\text{s.t.} \quad TSR - TSC \geqslant 0 \quad (2-2)$$

式（2-2）是实现帕累托改进的基本条件，必须满足，不然就没有研究必要了；问题转化为在 $F(x) = TSR - TSC \geqslant 0$ 的情况下求其最大值，于是构建拉格朗日函数，并令其一阶导数为零，从而有：$TSR' - TSC' = 0$

即 $MSR - MSC = 0$

$$\therefore \quad MSR = MSC \quad (2-3)$$

上述 TSR 指社会总收益，TSC 指社会总成本，MSR 指社会边际收

① 樊勇明、杜莉等编著：《公共经济学》，复旦大学出版社 2015 年版，第 21 页。

益，MSC 指社会边际成本。式（2－3）的含义是：当资源配置在每一种产品上的社会边际收益等于社会边际成本时，可实现该产品总的社会净收益最大化。

实际上，在完全竞争市场上，式（2－3）也是成立的：因为每一种产品需求曲线上的任一点都表示消费者购买意愿下的支付价格 P_d，而这个价格同时又反映了该产品一定数量下的边际效用 MU，因此理性消费者对该商品的需求曲线与他的边际效用曲线是一致的，即消费者均衡的条件成立：$P_d = MU$。现在只要将单个消费者的需求量加总就可以得到市场需求曲线。同理，可以得到生产者均衡的条件：$P_s = MC$，以及由单个生产者供给量加总得到的市场供给曲线。如图 2－1 所示，当供需曲线相交时，市场达到均衡，在均衡点 $E(q^*, p^*)$ 处有：

$$P_s = P_d \tag{2-4}$$

$$MU = MC \tag{2-5}$$

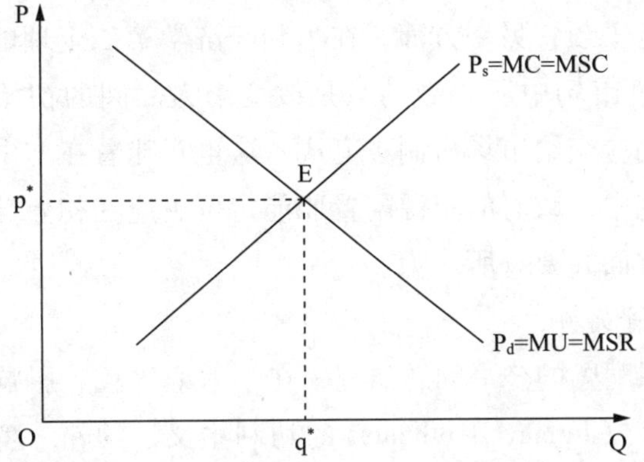

图 2－1　完全竞争市场与帕累托最优状态的实现

在完全竞争市场上，由于不存在外部性，所以私人边际效用即为社会边际收益，私人边际成本即为社会边际成本，故有：

$$MU = MSR \tag{2-6}$$

$$MC = MSC \tag{2-7}$$

联立式（2-5）、式（2-6）、式（2-7）可得：MSR = MSC

这就说明在完全竞争市场条件下，资源配置可以达到帕累托最优状态。实际上完全竞争市场也是判断经济效率能否实现的一个规范条件，并进一步导出福利经济学的第一定理和第二定理。①

（1）福利经济学第一定理：如果每个消费者有凸偏好，每个厂商的成本函数是凸的，则完全竞争均衡必然导致帕累托有效配置。

（2）福利经济学第二定理：假设消费者有拟线性效用函数。对任何帕累托有效配置下的效用水平（U_1^*，…，U_n^*），存在商品 q 的一个转移向量（T_1，…，T_n），$\sum T_i = 0$ 使在禀赋（$\omega_1 + T_1$，…，$\omega_n + T_n$）下达到的完全竞争均衡中个体所得的效用正好是（U_1^*，…，U_n^*）。

需要指出的是，上述两个定理为市场经济发展和政府干预经济行为提供了合法性的理由，一方面，由福利经济学的第一定理可知，完全竞争市场必然导致帕累托最优配置，一旦严格意义上的完全竞争市场条件失真，则必然导致市场失灵，资源配置处于无效率状态，由此需要政府进行干预；另一方面，在福利经济学第二定理的指引下，政府在完全竞争市场中所要做的只是改变个人之间的初始禀赋分配状态，其余的则应交给市场机制去完成，这也意味着在本书后续的土地隐形市场研究中，政府的资源配置职能定位更应在初始分配结构、所有权结构等方面并要有所作为。

（二）公平原则

有关资源配置的公平问题研究，在学术上比较有影响力的主要有杰瑞米·边沁（Jeremy Bentham）的功利主义、约翰·罗尔斯（John Rawls）的自由主义正义论、罗伯特·诺齐克（Robert Nozick）的自由意志主义机会平等论以及福利经济学的公平效率观。①功利主义反对政府在资源配置中的平均主义，认为其目标是使社会每一个成员的效用总和最大化，公共政策的落脚点是为了取得最大多数人利益的最大

① 罗光强、曾福生：《现代经济学高级教程》，中国经济出版社 2008 年版，第 136—137 页。

化。②约翰·罗尔斯从“无知的面纱”出发，认为公正原则是公正协商或谈判的结果，只有社会处境最差的人得以改善时，社会福利才有增长，因此主张最小效用最大化，即政府的目标应使社会状况最差的人福利最大化，公共政策应致力于收入分配平等化。③罗伯特·诺齐克认为自由权利至高无上、不可侵犯，机会平等远比收入平等重要，主张过程公平而不管结果是否公平，提出政府的公共政策目标应致力于个人权利的实现和保护，以确保个人获取财富的机会平等。

福利经济学在一定的价值判断的基础上将资源配置的公平原则引入了经济学框架，由此提出了社会福利目标及社会福利判断标准，从而能够对经济系统的运行效率及资源配置优劣进行客观评价。在其发展过程中主要有旧福利经济学、新福利经济学以及新福利经济学的发展三个阶段。①以庇古（Arthur Cecil Pigou，1920）为代表的旧福利经济学家从基数效用论出发，提出了社会福利的三个基本命题：一是国民收入越大，社会福利越大；二是国民收入中穷人所占份额越大，社会福利也就越大；三是规模收入增长越稳定，社会福利越大。[①] 进而他们主张将国民收入最大化、分配平等化以及国民收入增长稳定化作为经济政策的基本目标。②以帕累托为代表的新福利经济学则从序数效用论出发，认为公平会妨碍效率，但同时指出公平是自由竞争的必要前提，没有公平就没有效率，二者的同时解决才能促使社会福利最大化。③以阿玛蒂亚·森（Amartya Sen）为代表的“关注社会最底层的经济学”发展了新福利经济学的公平效率观，他从人的基本能力（Basic Capacities）出发，提出了实质自由的基本能力公平观，认为社会应当根据一个人所具有的基本能力即个人赖以进行某些基本经济活动的能力，而不是他所拥有的资源来分析公平正义和判断个人处境。因此，阿玛蒂亚·森的正义评价基础既不是效用、物品，也不是个人权利，而是一个人选择有理由珍视自己生活的实质自由，即基本能力，其平等正是“基本活动的能力”的平等。

在公平与效率的选择上，公共政策的制定必然要以二者兼顾的社

---

① 樊勇明、杜莉等编著：《公共经济学》，复旦大学出版社 2015 年版，第 28 页。

会福利最大化为出发点。如果说资源配置效率是指社会能从其稀缺资源中得到最多的成果，那么资源配置公平就是指这些资源的成果能平等地分配给每个社会成员。前者是社会福利最大化的必要条件，后者是社会福利最大化的充分条件，二者之间实际上就是如何做大蛋糕与如何切分蛋糕的关系。然而，这一对命题始终困扰着经济学界，几乎所有的经济学家都认为二者不可兼得。但从哲学视野来看，二者实则是辩证统一的。“效率不是决定制度选择与变迁的唯一因素；没有社会公平，将不会有持久的社会经济效率；任何只顾效率而忽视公平的政策制度最终会走向否定自身的反面；在一个社会，需要形成把效率与公平有机统一起来的功能上互为补充的政策制度体系；如果两种制度具有同等的效率，更能实现社会公平的制度，应处于政府主导性制度变迁的优选位置。”① 笔者认为，从公共政策制定层面出发，关键是需要寻找到资源配置中的那个有效制衡点，以此切入，动态调适，循序渐进，由此达到公平与效率组合效益的最大化。

（三）稳定原则

稳定原则是指经济资源配置应使宏观经济运行有序，经济处于可持续发展之中。西方各国由于长期推行凯恩斯的政府干预主义，在20世纪60年代以后相继出现了不同程度的宏观经济运行问题，诸如通货膨胀、国际收支恶化等状况，由此将宏观经济的稳健运行纳入了资源配置的基本范畴，即要求达到稳定物价、充分就业、经济增长以及国际收支平衡四大目标。①稳定物价：要求在一定时期内，物价水平保持基本稳定，即零通胀或低通胀。②充分就业：由于摩擦性失业和自愿性失业的不可避免，自然失业率为零也不现实，因此充分就业即意味着在不影响宏观经济有序运行下的低自然失业率。③经济增长：是一国人力、物力、财力的增长水平，至少应保证充分就业的经济产出。④国际收支平衡：要求国际货币收支大体平衡，避免长期性的大量收支顺差或逆差。鉴于此，在我国资源配置的稳定原则设计中，应

① 朱有志、向国成：《中国农地制度变迁的历史启示》，载《中国农村经济》1997年第7期。

积极地纳入上述思想，在保证宏观经济运行的基础上，还应考虑快速转轨过程的社会稳定和政治稳定因素。

需要指出的是，上述三个原则是现代政府公共决策的出发点或基本目标，必须统筹兼顾地纳入考量范畴。然而，在新古典经济学的分析框架下，鲜有公平与稳定的微观工具分析，大多是出于经济效率的追求；即便是新制度经济学的分析框架将公平与稳定纳入了制度分析范畴，但是其主线依然是交易费用最小化的经济效率追求。不失一般性，本书也将以追求经济效率为主线，对公平与稳定的考量将主要出现在公共政策的选择应用中。

二　资源配置方式

资源配置方式是指人们决定稀缺资源生产的形式和方法，它决定着一国资源配置的基本格局，影响着一个地区资源开发利用的整体走势。一般而言，资源配置方式主要指市场机制配置和政府计划配置。在现实经济体中，极端的市场机制或政府机制都不存在，往往是混合型的，它们相互补充、协同发展，共同致力于经济效率。在具体经济运行中，要使市场在资源配置中起决定性作用和更好地发挥政府作用。

（一）“看不见的手”：市场机制

资源的市场配置主要是发挥市场在资源配置中的决定性作用，其核心在于市场机制。所谓市场机制是指市场经济运行的实现机制，即价值规律作用的机制或实现形式，通常包括价格机制、供求机制、竞争机制和风险机制。其中，价格机制是市场机制的核心，也是实现市场交换的前提，更是市场运行的“晴雨表”，它通过价格信号调节市场供求关系，引导资源配置的方向，从而推动经济良性发展。供求机制是商品供求关系使市场价格围绕价值波动的作用方式，是一种驱使供求平衡的市场机制；在供求规律作用下，它与价格机制一道推动资源的优化配置。竞争机制反映了不同市场交易主体之间复杂的经济利益关系，既是市场机制发挥作用的重要条件，也是实现价格机制和供求机制的重要途径。风险机制是市场活动与企业盈亏相互联系和作用的机制，它是市场机制作用下的必要后果，对推动经济发展起着至关重要的作用。上述四种机制相互依存，共同作用，有效保障了市场机制在资源配置中的决定性作用，进而显示出市场机制在资源配置效率方面的巨大优越性。

在两百多年前，亚当·斯密（Adam Smith，1776）就已意识到了市场机制这只“看不见的手”的作用：“每一个人……既不打算增进公共福利，也不关心他所增进的福利是多少。他所追求的……仅仅是他个人的利益。但是，他在这样做的时候，有一只看不见的手引导他去促进一种目标，而这种目标并不是他本意追求的东西。这样，由于追求他自己的利益，他经常地促进了社会的利益，其效果比他自己真正想促进社会利益时所能产生的效果还要大。”① 也正是这只“看不见的手”推动了稀缺经济资源配置效率的提升，正好回答了上一节所提出的经济学的三个基本问题：①生产什么：取决于消费者的货币选票。每个消费者在做出购买决策之时，就已经给了生产厂商一个有效的需求信号。在利润与需求的导向下，生产厂商自然会做出理性的供给决策。②如何生产：取决于生产者之间的竞争。在价格竞争和利润最大化导向下，各生产厂商必然要改进生产技术，提升生产效率，降低生产成本。③为谁生产：取决于生产要素市场的供求。在劳动、土地、资本、企业家等生产要素市场上，其供求状况直接决定了工资率、地租、利息率、利润等，而这些恰恰又是人们的收入，既取决于他们所拥有的生产要素的价格和数量，又决定了他们的消费能力和消费水平。

（二）“看得见的手”：政府机制

在完全竞争市场中，市场机制的自发调节作用可以达到资源配置的帕累托最优，实现经济效率。然而，现实经济生活中完全竞争市场的前提条件并不能得到全面满足，存在各种市场失灵的因素，诸如不完全竞争、垄断、外部性、信息不对称等，从而导致市场失灵的广泛存在。为了消除这些市场失灵所造成的资源配置效率的损失，必然要

① ［英］亚当·斯密：《国民财富的性质和原因的研究》，唐日松等译，华夏出版社 2008 年版，第 213 页。

求发挥“看得见的手”的作用，即要求政府实施经济干预。

所谓资源配置的政府机制主要是指政府通过命令机制或计划机制来做出经济资源的生产和分配决策。它是政府通过行政机构的层层设置与行政命令的逐级下达来配置资源，由此决定着社会资源在企业间和产业间的分配和生产组合，并决定着资源配置格局的变化。[①] 在比较极端的计划机制作用下，政府精心安排着社会经济生活中的方方面面，甚至微观到衣食住行的指标分配。然而，现代市场经济的发展已在事实上摒弃了这种极端的政府资源配置方式，并逐渐还政府在资源配置中应有的角色定位之本义。一般而言，政府在资源配置中是对市场机制的有益补充而非替代，特别是在1929年世界经济危机之后，经济学家更加意识到了政府职能定位及其经济干预的重要性，它不仅应该在诸如维持法制、保护产权、限制垄断、强制合同的履行、提供公共产品、减轻负外部性等传统领域发挥积极作用，还应通过财政、货币政策调控宏观经济，促进充分就业，维持物价稳定和可持续的经济增长，而且在实施社会保障、失业救济、收入再分配等领域也要有所作为。近年来，一些经济学家认为政府还应负起减少乃至根治贫困和饥饿的任务。鉴于知识经济或新经济正在崛起，政府理应创造条件使公民拥有发展自身才能的平等机会（Vinod Thomas et al.，2000）。[②] 简言之，现代公共政府应该充当守夜人、仲裁人、管制人、公益人和调控人的五大角色。在我国，党的十六大报告已明确提出政府的职能定位是经济调节、市场监管、社会管理和公共服务，党的十八届三中全会进一步将环境保护纳入了政府职责范围。

在明确了现代公共政府的基本职能及其角色定位之后，不难发现，其经济资源配置权限实际上是很有限的，它还需要借助于行政权力、行政手段和行政机制来实现配置目标，在配置手段上要借助于财政政策、货币政策、税收政策、产业政策、区域政策等来实现宏观经

---

① 郭小聪：《政府经济学》，中国人民大学出版社2010年版，第74页。

② 文贯中：《市场机制、政府定位和法治——对市场失灵和政府失灵的匡正之法的回顾与展望》，载《经济社会体制比较》2002年第1期。

济调控，在配置程序上有赖于形成一整套规范的法律、监督、制度体系，更为关键的是要形塑成一个廉洁而高效的政府，这也是其有效性的根本保障。因为政府一旦超出其经济干预的“度”，不但不能有效地匡正市场失灵，弥补市场机制的不足，反而会走向其反面，即引发新的政府失灵，其后果似乎比市场失灵更具破坏性（文贯中，2002）。

第三节　资源配置与效率损失

一　资源配置与市场失灵

（一）市场失灵及其表现

当福利经济学第一、第二定理的假定不再成立时，通过市场均衡便不能导出帕累托最优结果。换言之，当完全竞争市场这一理想状态下的某些假设条件不存在或不具备时，帕累托最优效率就无法实现，于是出现市场失灵（Market Failure）。所谓市场失灵，是指由于内在功能性缺陷和外部条件缺陷引起的市场机制在资源配置的某些领域运作不灵的现象。[①] 在市场失灵状态下，市场机制表现得无能为力，价格信号失真，“自由之手”失控，资源配置失效，从而导致某些产品供给效率低下甚至是资源浪费。

通常的市场失灵即狭义的市场失灵主要表现在外部性、公共产品、垄断、市场不完全、信息不对称、收入分配等方面的市场调节失效；而广义的市场失灵还包括由宏观经济总量失衡所导致的失业、通货膨胀、经济失衡等问题。针对市场失灵的上述表现，大体可以分为以下六种类型：①外部性失灵。当某些市场主体的生产或消费活动给其他经济主体或社会带来经济损失或收益时，市场机制的自发调节无法达成有效的资源配置目的，即放任负外部性或无视正外部性。比如化工厂，将污水不加处理地排放，所造成的危害或治理成本则由社会或纳税人埋单。②公共性失灵。公共产品非排他性和非竞争性的特性

① 郭小聪：《政府经济学》，中国人民大学出版社2010年版，第23页。

决定了它在私人市场是无法被提供的：因为非排他性，私人部门无法用收费方式来弥补其产品的成本；因为非竞争性，公共产品的边际成本为零，在边际成本定价原则下，这些产品必须免费提供才有效率，这显然是私人部门难以接受的。③垄断性失灵。在垄断市场上，由于只有少数几家厂商甚至是独家垄断，从而操纵价格，牟取暴利，造成消费者剩余损失，最终导致市场均衡作用失灵。④信息性失灵。在市场交易过程中，由于交易双方对产品、市场等方面的信息了解不对称，往往导致市场机制下的优胜劣汰法则被破坏，甚至出现“劣币驱逐良币”的现象。⑤分配性失灵。由于收入分配也是一种特殊的公共产品，具有公共性和外部性等特征，由市场本身是无法保证其公正性的，因而容易出现失灵。⑥宏观性失灵。当一国或一地区的市场总供给超出充分就业的总需求时，将引起宏观经济总量的失衡。20 世纪 70 年代，在资本主义国家发展过程中出现的经济“滞胀”现象正是这种宏观性失灵的注解。

（二）外部性及其效率损失

外部性也叫外部效应（Positive Externalities），是指在市场经济条件下，某种产品的生产与消费会使这种产品的生产者与消费者之外的第三者无端受益或受损，即一个人的行为对旁观者产生了影响。用数学表达式表示为：

$$U^A = U^A(X_1, X_2, \cdots, X_n, Y_1)$$

其中，U^A 表示个人 A 的效用，X_1，X_2，…，X_n 表示由个人 A 所控制的活动，Y_1 是由个人 B 所控制的活动，此处个人 B 的行为对个人 A 产生了影响，即存在外部性。

一般而言，只要私人收益（成本）与社会收益（成本）不一致，外部性就会发生，即判断是否存在外部性就看私人收益（成本）与社会收益（成本）是否一致。依此可将外部性分为正外部性（Positive Externalities）和负外部性（Negative Externalities），当私人收益 < 社会收益时，消费具有正外部性；反之则具有负外部性；当私人成本 < 社会成本时，生产具有负外部性；反之则具有正外部性。

在存在生产的负外部性情况下，如图 2 - 2 所示，DD 线为某产品的需求曲线，它与消费者的边际效用曲线一致，即 d = MU = MPB = MSB；s 曲线为生产厂商提供产品的供给曲线，即边际私人成本曲线 MPC；边际社会成本曲线由边际私人成本与边际外部成本组成，即 MSC = MPC + MEC。市场均衡在 E_1 处，即价格为 p_1，产量为 q_1；由于存在负外部性，实际的社会边际成本应由边际私人成本与边际外部成本共同组成，因此，为了实现帕累托最优，实际均衡点在 E_0 处，即价格为 p_0，产量为 q_0。其中，p_0 的价格由两部分组成，一部分为补偿生产厂商的内部成本 p_1，另一部分为补偿那些承受负外部性的群体的损失（$p_0 - p_1$）；同时，$q_0 < q_1$，说明负外部性造成了生产厂商的市场供给过度，由于社会边际收益不足以补偿社会边际成本，所以造成了三角形 E_0AE_1 部分的效率损失。对收益的负外部性所造成的效率损失与此相似，如图 2－3 所示，造成了 ΔE_0AE_1 面积的效率损失，且造成了（$q_1 - q_0$）数量的产品供给过度。因此说，无论是生产的负外部性，还是消费的负外部性，都导致了经济效率的损失，使资源配置无效率，即使该产品的生产或销售都多于最佳配置水平。

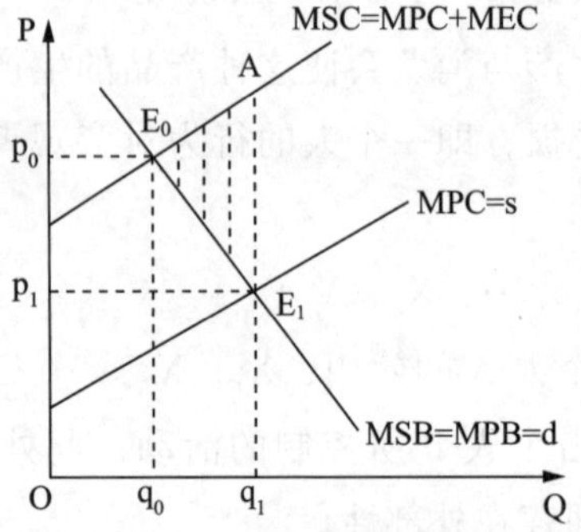

图 2－2　负外部成本及其效率损失

与负外部性相反，正外部性的存在恰恰又使市场供给不足，即使该产品的生产或销售少于最佳配置水平，因此也导致资源配置的无效率。因此说，不管是正外部性还是负外部性，在市场机制作用下其供给的产品不是过度就是不足，总不能达到最佳配置水平。简言之，外部性的存在，使市场配置资源无效率。

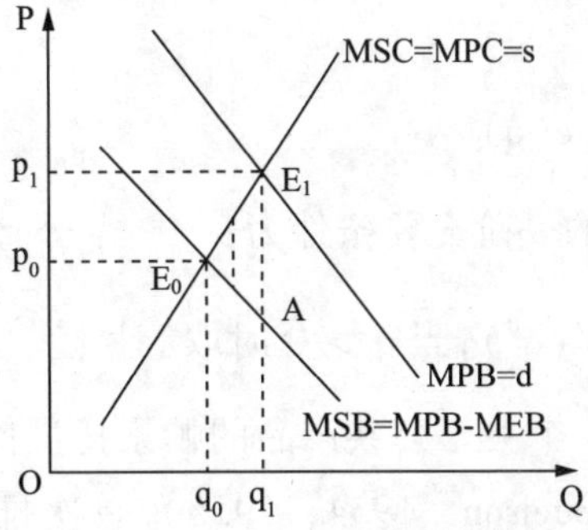

图 2-3　负外部收益及其效率损失

（三）公共产品及其市场供给不足

1. 公共产品的概念

公共产品是指这样一种商品，某一经济单位在消费一单位该产品时并不排除其他经济单位对该产品的享用。① 纯粹的公共产品具有两个基本特征，即非排他性（Non - excludability）和非竞争性（Non - rivalness）。非排他性是指某一经济单位在消费公共产品时并不排除其他经济单位消费同样数量的公共产品；非竞争性是指某经济单位在消费公共产品时并不会减少其他经济单位对该产品的消费。

2. 公共产品的帕累托最优条件

在满足局部均衡条件下，有 L 种私人产品和一种公共产品及 I 个消费者，假定同样的商品对每一消费者的效用函数都是拟线性的，且公共产品的数量不影响 L 种私人产品的交易价格。令 x 表示公共产品的数量，$\phi_i(x)$为消费者 i 的公共产品效用函数，假设$\phi_i(x)$二阶可微且对$\forall x \geqslant 0$，都有$\phi'_i(x) < 0$；供给 q 单位公共产品的成本为 c(q)，假定 c(·)是二阶可微且对$\forall q \geqslant 0$，都有$c''(q) > 0$；再假定对$\forall i$，都有$\phi'_i(\cdot) > 0$，$c'(\cdot) > 0$。在这个拟线性模型中，任何帕累托最优配置都必须使总剩余最大化，故必须求解公共产品的数量最大化

① ［美］安德鲁·马斯－科莱尔、迈克尔·D. 温斯顿、杰里·R. 格林：《微观经济学》，刘文忻等译，中国科学出版社 2001 年版，第 500 页。

问题：

$$\underset{q\geqslant 0}{\mathrm{Max}}\sum_{i=1}^{I}\phi_i(q)-c(q) \tag{2-8}$$

则关于最优 q^0 的一阶充要条件为：

$$\sum_{i=1}^{I}\phi'_i(q^0)\leqslant c'(q^0)\text{，当 } q>0 \text{ 时取等号。}$$

式（2－8）是一个关于公共产品的帕累托最优条件，由保罗·萨缪尔森（Paul A. Samuelson，1954，1955）首次推导出来的。对内点解，有：$\sum_i\phi'_i(q^0)=c'(q^0)$。①因此，公共产品的最优供给量是“使消费者从该公共产品所得的边际收益之和等于它的边际生产成本”。

3. 公共产品私人供给的无效性

假设公共产品的供给是由消费者的私人购买来实现，于是在一个假定的公共产品市场中，每个消费者 i 在给定的市价 p 下决定购买公共产品的数量 $x_i\geqslant 0$，则消费者购买的公共产品总数 $X=\sum_i x_i$。再假定供给方的成本函数是 $c(\cdot)$，在给定的市场价格下，他依据利润最大化目标来决定自己的供给量。于是，在一个价格为 p^* 的竞争均衡中，每个消费者 i 所购买的公共产品量 x_i^* 必须达到效用的最大化，故须求解：

$$\underset{x_i\geqslant 0}{\mathrm{Max}}\phi_i\left(x_i+\sum_{k\neq i}x_k^*\right)-p^*x_i \tag{2-9}$$

对消费者 i 而言，在决定自己的最优购买量时，其他任意一个消费者所购买的私人产品的数量都是给定的。因此，消费者 i 所购买的公共产品量 x_i^* 必须满足一阶充要条件：

$$\phi'_i\left(x_i^*+\sum_{k\neq i}x_k^*\right)\leqslant p^*\text{，当 } x_i^*>0 \text{ 时取等号。}$$

现在令 $x^*=\sum_i x_i^*$ 表示公共产品的均衡量，则对任意消费者都必须满足：

---

① ［美］安德鲁·马斯－科莱尔、迈克尔·D. 温斯顿、杰里·R. 格林：《微观经济学》，刘文忻等译，中国科学出版社 2001 年版，第 501—502 页。

$\phi'_i(x^*) \leqslant p^*$，当 $x_i^* > 0$ 时取等号　　(2-10)

对厂商而言，其供给量 q^* 必须满足 $\text{Max}_{q \geqslant 0}\ [p^* q - c\ (q)]$，因而必须满足标准的一阶充要条件：

$p^* \leqslant c'(q^*)$，当 $q^* > 0$ 时取等号　　(2-11)

在市场竞争均衡中，$q^* = x^*$。当 $x_i^* > 0$ 时，令 $\delta_i = 1$；当 $x_i^* = 0$ 时，令 $\delta_i = 0$。联立式（2-10）和式（2-11）可知：$\sum_i \delta_i^* [\phi'_i(q^*) - c'(q^*)] = 0$。在 $\phi'_i(\cdot) > 0$ 与 $c'(\cdot) > 0$ 时，只要 $I > 1$，且 $q^* > 0$，则有：

$$\sum_{i=1}^{I} \phi'_i(q^*) > c'(q^*) \qquad (2-12)$$

式（2-12）说明私人厂商的供给意愿达不到人们从公共产品中所获得的效用需求。我们再联立式（2-8）与式（2-12），不难发现：只要 $q^0 > 0$，且 $I > 1$，公共产品的供给量就会很低，即 $q^* < q^0$。这就说明由私人来提供公共产品，其数量会明显低于有效供给量，从而出现供给不足或供给效率低下的状况。① 实际上，对公共产品这种带有正外部性的物品，“免费搭乘”现象不可避免，即每个消费者都有动力去享受别人所提供的公共产品所带来的好处，而他们自己并不乐意提供这些公共产品。

（四）市场垄断及其福利损失

垄断（Monopoly）源于商品的专卖权，用以描述某个厂商是某个特定市场中某种商品的唯一生产者的情形。在这个特定市场上，垄断厂商具有某种商品的排他性控制权，充当着价格和产量的决定者角色。

在利润最大化行为取向下，垄断者的定价行为有其内在的规律性。在局部均衡分析框架下，不妨令 $x(p)$ 为某商品在价格 p 时的需求函数，对 $\forall x(p) > 0$，$x(p)$ 都是 p 的连续函数且严格递减；同时，假定 $\exists \hat{P} < \infty$，对 $\forall p \geqslant \hat{P}$，都有 $x(p) = 0$；再假定垄断厂商知道市场

---

① ［美］安德鲁·马斯-科莱尔、迈克尔·D. 温斯顿、杰里·R. 格林：《微观经济学》，刘文忻等译，中国科学出版社 2001 年版，第 502—503 页。

对他产品的需求函数，且生产 q 量该产品的成本为 c(q)。①

垄断者的决策问题实际就是选择一个价格 p 以使其利润最大化的问题，即：

$$\max_{p} px(p) - c(x(p)) \tag{2-13}$$

如果从产量决策出发，也可以得到一个等价的表达形式，即垄断厂商可以选择一个他希望卖出的产量 q，同时他的产品售价是通过反需求函数 $p(\cdot) = x^{-1}(\cdot)$ 来决定，于是垄断者的最优决策问题可表述为：

$$\max_{p \geq 0} p(q)q - c(q) \tag{2-14}$$

假定在 $q \geq 0$ 的情况下，$p(\cdot)$ 和 $c(\cdot)$ 都是连续和二阶可微的，$p(0) > c'(0)$，且存在唯一的产出水平 $q^0 \in (0, \infty)$，满足 $p(q^0) = c'(q^0)$，此时，q^0 便是该市场上唯一的社会最优产出量。进一步，还可以求出这一最优产出量，不妨设为 q^m，则在上述假设条件下满足一阶条件：

$$p'(q^m)q^m + p(q^m) \leq c'(q^m)\text{，当 } q^m > 0 \text{ 时取等号} \tag{2-15}$$

式（2-15）的左边是在 q^m 处增加微量产出所能带来的边际收益，而右边则是在 q^m 处相应的边际成本。因为 $p(0) > c'(0)$，所以式(2-15)只有在 $q^m > 0$ 时才成立。因此，垄断厂商的最优出产量必须满足边际收益等于边际成本：

$$p'(q^m)q^m + p(q^m) = c'(q^m) \tag{2-16}$$

在通常情况下，对 $\forall q \geq 0$，都有 $p'(q) < 0$，结合式（2-16）可知，$p(q^m) > c'(q^m)$，因此，垄断厂商的定价必然超过边际成本。相应地，其最优产出量 q^m 必然会低于社会最优产量 q^0，即垄断定价导致了产量扭曲，② 并由此带来了无谓的福利损失（也称无谓损失）。这可以通过马歇尔社会总剩余的变化来测度：

---

① 罗光强、曾福生：《现代经济学高级教程》，中国经济出版社 2008 年版，第 174—177 页。

② 扭曲的原因在于垄断厂商可以通过减少产品的销售量，以促使其对余下的销售量加价，从而将售价定到边际成本之上，并由此带来了 $p'(q^m)\ q^m$ 的丰厚利润。

$$\int_{q^m}^{q^0}[p(s)-c'(s)]ds>0$$

为了形象化说明上述无谓的福利损失，绘制图 2－4，$c'(q)$为边际成本曲线，$p'(q)q+p(q)$为垄断厂商的边际收益曲线，$p(q)$为其反需求函数即社会需求函数；q^0 为社会最优产出量，q^m 为垄断产出量；在垄断均衡下，产出量为 q^m，低于社会最优产出量 q^0，而垄断定价 $p(q^m)$则又高出社会市场均衡价 p^0，由此造成图中近似三角形区域 E_mE_0F 的福利损失①（记作 DWL）。

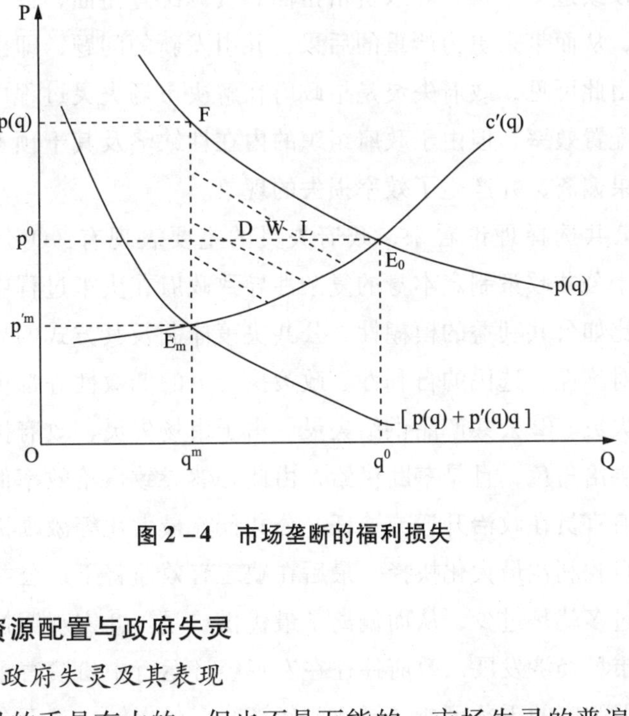

图 2－4 市场垄断的福利损失

二 资源配置与政府失灵

（一）政府失灵及其表现

看不见的手是有力的，但也不是万能的，市场失灵的普遍性正好可以注解。这也同时为政府干预经济提供了必要条件，有些时候，公

① ［美］安德鲁·马斯－科莱尔、迈克尔·D. 温斯顿、杰里·R. 格林：《微观经济学》，刘文忻等译，中国科学出版社 2001 年版，第 533—535 页。

共政策可以解决这些市场失灵问题并增加经济福利。[①] 但并不意味着政府干预下的公共政策就是解决问题的灵丹妙药，毕竟政府也不是万能的。保罗·萨缪尔森（Paul A. Samuelson）认为："当政府政策或集体行动所采取的手段不能改善经济效率或道德上可接受的收入分配时，便产生了政府失灵。"事实上，政府的经济干预也要面临着政府失灵问题。

公共选择理论认为，政府本身就是理性经济人，其经济干预政策要服务于自我收益最大化目标。在信息不对称的决策中，有时会出现不当干预或过度干预，导致价格扭曲和资源配置扭曲，甚至是市场秩序紊乱，从而带来更为严重的后果，并引发新的问题，即出现了政府失灵。由此可见，政府失灵是指政府在解决市场失灵过程中，本想提高资源配置效率，但由于政府组织的内在性缺陷及其干预不当而导致行为结果偏离，并产生了效率损失的现象。

在公共选择理论看来，政府失灵的主要表现有：①公共政策失灵。由于公共政策制定本身的复杂性导致政府在决策过程中容易出现偏差，比如公共利益的模糊性、公共决策体制及其方式的局限性、信息的不对称性、选民的自利性、政策执行上的低效性等都可能导致公共政策失灵。②公共产品供给失灵。由于市场失灵，政府担当了公共产品的供给角色，且是垄断供给，由此必然导致供给效率低下。实际上，政府官员在政治升迁或连任、公共预算最大化等激励机制下往往会做出自我利益最大化抉择，最后在缺乏有效监督下，公共产品供给量不是过多就是过少，从而偏离了最优供给量。③宏观调控失灵。为了促进市场经济发展，政府往往在宏观经济运行中扮演着重要的调控角色，但政府的干预可能会导致对经济效率的侵蚀，甚至会使结果更糟，如西方国家出现的经济发展"滞胀"现象。④公共规制失灵。为了保持一个良好有序的市场发展环境，政府往往要对垄断性企业、外部性行为等进行规制，但由于规制政策本身设计及规制俘获、利益集

① ［美］曼昆：《经济学原理》（上），梁小民译，机械工业出版社2005年版，第130页。

团的操纵、“寻租”现象的发生、信息的不对称等原因，可能会导致政府规制的失灵。⑤“内部性”失灵。内部性是指公共组织自身的目标，是公共组织用以指导、规制和评估机构运行和机构人员行为的准则（查尔斯·沃尔夫，1988）。由于存在“内部性”，政府部门及其工作人员往往都在追求着自身的组织目标而非公共利益目标，由此一方面导致公共利益被搁浅，另一方面导致政府部门机构臃肿、公共支出扩张以及官僚主义作风盛行，从而导致严重的政府失灵。在负内部性下，政府倾向于挥霍纳税人的钱，甚至是不计成本的，而纳税人却无以监督政府部门；同时，由于信息不对称，下级政府也倾向于有选择性地贯彻上级的指示，从而发生较大偏差，甚至与初始目标南辕北辙。

由此看来，政府的经济干预作用是有限的，既不能完全解决资源配置问题，也不能充分纠正市场失灵问题。相反，在缺少法治的国家，政府失灵后果往往比市场失灵还要严重（文贯中，2002）。因此，一般需要慎用政府的经济干预政策。实际上，单纯的市场机制或单纯的政府干预都是不可取的，两者虽然都有优越性，但也都有其自身不可克服的缺陷。[①]“选择越倾向于市场，其体制就会面临着更多导致市场缺陷的危险；选择越倾向于非市场，其体制就会面临更多导致非市场缺陷的危险。”[②] 因此，一方面需要克服市场失灵问题，另一方面又要防止政府失灵发生。如何将两种机制进行有效结合，使之相得益彰，仍是各国需要面对的一个重大现实课题。一条可能的路径正在各国实践，即通过法律、制度、监管等方面的实质性建设来寻求破解之道。

（二）政府公共供给的效率损失

科斯定理认为，如果私人各方可以无成本地就资源配置进行协

① 樊勇明、杜莉等编著：《公共经济学》，复旦大学出版社 2015 年版，第 41 页。

② ［美］查尔斯·沃尔夫：《市场或政府——权衡两种不完善的选择》，谢旭译，中国发展出版社 1994 年版，第 132 页。

商，那么私人市场总可以解决外部性问题，并有效地配置资源。[①] 问题是私人协商并非无成本。换言之，正交易成本的存在才是常态，因而私人协商一般都很难达成。此时，政府作为一个集体行动的组织机构，可能会起到一定作用。然而，政府在解决外部性或提供公共产品时，也并非无须交易成本。政府失灵现象正可以作为注解，即政府在进行公共供给或公共服务时，并未追求公共利益最大化，而是部门利益最大化。其结果是公共产品供给过度与供给不足的同时存在，即有助于部门利益最大化的公共产品将供给过度，而不符合部门利益最大化的公共产品则供给不足，从而导致供给效率低下，社会福利损失。

1. 寻租行为的效率损失

寻租（Rent Seeking）中的租，即租金，是指利益、利润、好处等；寻租即寻求租金，对经济利益的追求，通常是在一些非生产性行为中对经济利益的追求，即通过谋求权力以获得租金的活动。安妮·克鲁格（Anne Krueger，1974）认为，寻租是为了取得许可证与配额以获取额外收益所进行的疏通活动。这实际表明寻租本身并未创造财富，而是通过政策保护性来获取转移性的财富，因而会导致资源配置效率的损失。寻租者正是运用这些非生产性的寻利行为，来获得或保持自己的垄断地位或垄断租金。需要指出的是，寻租并不意味着就一定非法，它也可以采取合法的形式，比如通常的政府寻租行为就有政府的特许权、政府的关税与进出口配额以及政府订货三大类，它们都是合法的。

随着研究的深入，布坎南（James Mcgill Buchanan）等学者认为，寻租基本上是通过政治活动进行的，要限制寻租行为就得限制政府行为，从而将寻租行为与政府失灵问题结合了起来。在公共选择理论看来，寻租行为是指利益集团或个体通过影响公共选择与决策，从而为自己谋取利益的行为。利益集团或个体为了在再分配领域中保持自己的经济利益或垄断地位，往往趋向于用脚投票（发挥组织优势，将分散的个人组织起来）、用手投票（发挥选票优势，对政党与政治家施

---

① ［美］曼昆：《经济学原理》（上），梁小民译，机械工业出版社 2005 年版，第 177 页。

压)、用钱投票（发挥财政优势，对政党与政治家提供金钱物质捐赠)、用嘴投票（发挥信息优势，对议会与政府游说）等方式影响公共决策过程，从而获得更有利的垄断社会经济资源的公共决策。这种将时间、精力以及金钱用于再分配过程，虽然对自己可能会更有效率，但是间接地造成了资源配置的扭曲，也阻止了更有效率的生产方式实施，因而是在浪费社会经济资源。

对于这种社会经济资源的浪费，不妨绘制图 2－5 来看，寻租厂商为了获取垄断地位或垄断租金而造成的无谓损失。在自由竞争市场中，供需均衡将自动产生一种竞争价格，记为 p^0；但在垄断条件下，将会产生一个更高的价格，不妨记作 p^m，则有 $p^0 < p^m$。寻租厂商根据 MR = MC 来确定产出水平，即垄断价格所造成的产量只有 q^m，显然要低于竞争价格下的产量 q^0，即 $q^m < q^0$。由此，导致了无谓的消费者剩余损失，寻租厂商则获得了垄断价格下的租金。具体而言，在自由竞争市场中，消费者剩余为 $\Delta p^0E^0p^x$ 区域，由 ΔE_mE^0F、$\square p^0E_mFp^m$ 和 Δp^mFp^x 三部分组成，各部分面积分别记作 CSL、RS 和 CS，则 $S\Delta p^0E^0p^x = CSL + RS + CS$；而在寻租垄断市场中，消费者剩余则变成了 Δp^mFp^x 区域，即只剩下了 CS，说明消费者剩余减少了，其中 CSL 为消费者剩余损失，RS 为垄断厂商寻取的租金。

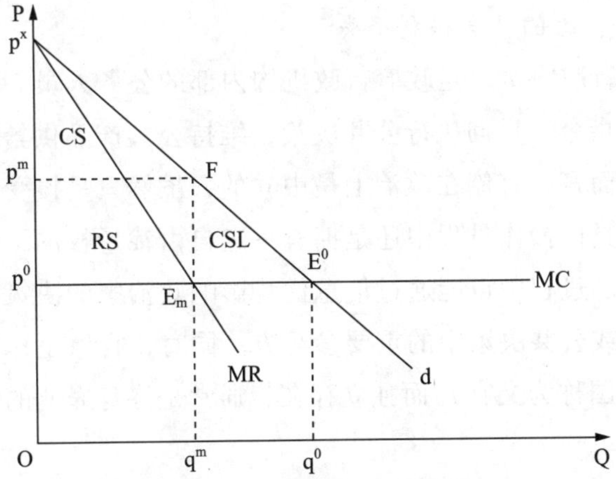

图 2－5　寻租行为的效率损失

对寻租厂商来说，为了得到 RS 的租金，前期必须疏通关系，由此要花费一定的费用 X，只有在 RS≥X 的情况下，其寻租才是有意义的。戈登·塔洛克（Gordon Tullock，1976）认为，在竞相寻租状态下，每个人都认为花费与其所期望的收益相近的费用是值得的。这实际上还涉及一个竞租风险问题，有时候花费了 X 去疏通关系并不一定就能得到 RS 的租金收益。希尔曼和凯茨（1984）的研究表明：当所获得的租金相对于寻租者的初始财富时，90% 以上的租金值就会因竞租而白白消耗掉。[①] 由此可见，在竞租激烈时，寻租者的代价已经在接近全部垄断利润 RS 了。在比较极端的情况下，这种租金 RS 被社会成本全部抵消，甚至还造成成本大于收益的状况。

公共选择学派认为，寻租所造成的损失还不仅如此。布坎南直接将寻租所造成的社会成本分为三大类，即保持垄断地位的支出、政府部门对这类支出做出反应的努力、寻租行为所引起的第三方的各种扭曲行为。如果把所有竞租者的寻租代价和上述三类寻租代价一起加总，则其损失无疑将是巨大的、严重的和深远的。总体来看，寻租行为可能导致利益集团或个体的经济福利提升，但对社会福利则是一种灾难性的损害：它既影响了收入再分配的公平性，又降低了资源配置的经济效率，还可能破坏政治秩序及政治发展，往往成为政治腐败、社会不公、经济失效和社会动乱之源。

2. 官僚行为的社会福利损失

官僚即行政官员，是政府行政机构内部的公务人员。其职责是接受政治家的指令，贯彻执行公共决策，维持公共产品供给。相对其主管人政治家而言，官僚在政治上是中立的，虽然只是接受政治家的指令，但是在具体操作过程中还是拥有一定自由裁量权的，而且在直接供给公共产品过程中也能通过信息优势影响政治家的决策，因此说它是公共选择或公共决策中的重要参与方。同时，官僚是作为一种技术性官员（英国称为文官）而独立存在，通常是终身雇佣的，它需要对

---

① ［美］丹尼斯·C. 缪勒：《公共选择理论》，杨春学等译，中国社会科学出版社 1999 年版，第 285 页。

官僚机构及他们的上级负责，而不是某个政治家，因而与政治家之间是一种既相互依赖又相互独立的关系。

官僚的目标既不是公共利益，也不是经济效率，而是个人利益最大化。在威廉·尼斯克南（William Niskanen，1971）看来，“官僚可能追求以下目标：薪金、职务、津贴、公共声誉、权力、任免权、机构的产出、做出改变的自由自在感和管理该部门的自豪感。除了最后两个以外，其他变量都是官僚在任职期间总预算规模的一个单调正相关函数”。[①] 可见，官僚在个人利益最大化的表现形式上主要由其获得的金钱、权力、升迁等组成，这些因素实质就是要求部门权力最大化及其所带来的预算规模最大化。因此，相对于竞争市场而言，官僚行为在公共产品供给中是缺乏竞争性、激励性和效率性的，由于公共产品供给的非利润化，官僚行为往往又与某些领导人的个人影响力密切相关，由此排斥了价格机制，导致资源配置效率损失，最终结果是政府机构不断膨胀，公共支出呈不断增长趋势。

在尼斯克南的官僚模型中，假如官僚和政治家分别代表公共产品的供给方和需求方，由于缺乏竞争性，官僚垄断了“卖方市场”，而政治家则代表全体选民从而垄断着“买方市场”，且是官僚预算拨款的唯一提供者，由此形成了一个双边垄断市场，双方所关注的是总预算拨款而不是单位价格。政治家审批预算额度时所考虑的主要是选民需求偏好及其对官僚供给量的预期，其边际评价即增加一单位预算拨款所带来的边际收益服从边际收益递减规律，从而形成了公共产品的需求曲线（记作 B′），即官僚机构的边际产出函数。公共产品的供给曲线（记作 C′）即官僚机构的边际成本函数，将随着产出的增加而增加。官僚机构的目标函数是预算规模最大化，其最优产出量将取决于官僚机构自身的成本开支与政治家的预算收入，因此只要预算收入还能弥补生产成本，就可以继续增加供给。

如图 2－6 所示，在竞争市场中，均衡点在 E^0 处，对应的产量为

---

① William A. Niskanen, Bureaucracy and Representative Government, Chicago: Aldine－Atherton, Inc., 1971.

q^0，这对政治家或选民而言应该是最佳的产出水平。但官僚行为的均衡点往往却在 E^0 点的右边，因为在右边时官僚的总收益还在继续增加，虽然在 B′ < C′时已经是缺乏经济效率了，但在双边垄断中更具自主权和垄断力的官僚将利用其信息优势说服政治家接受其供给量，更何况这种亏损（WL）最终浪费的是纳税人的钱。

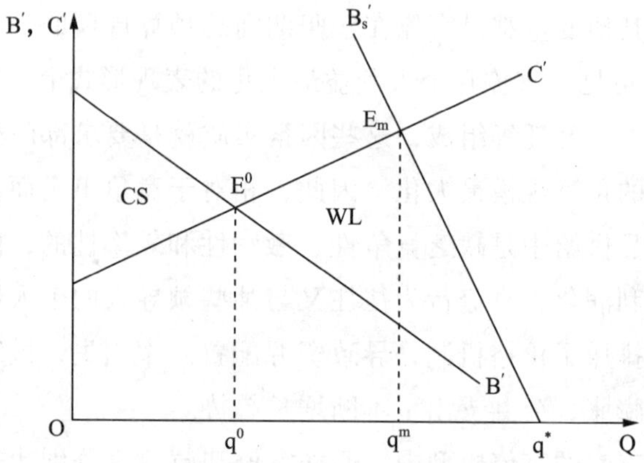

图 2 - 6　官僚行为的社会福利损失

如果官僚可以争取到的最大预算额度小于总成本支出，即曲线 B′以下的面积小于曲线 C′以下的面积时，官僚的产出量就受到了预算约束，则最后的均衡将出现在预算拨款与成本支出相等处，即产量为 q^m，由此给官僚带来的好处（WL）恰好等于 q^0 左边的消费者剩余（CS）。换言之，官僚所得到的好处 WL 恰恰是以消耗前期（当 B′ > C′时）的消费者剩余 CS 为代价的。由此来看，官僚本身并未得到更多的好处，政治家与选民更是没有收益，而是将消费者剩余浪费在生产过程中，造成了资源的白白浪费和社会福利的损失。

在考虑更加极端的情况，即政治家对官僚所提供的公共产品的需求极度地缺乏弹性时，官僚可以争取到比总成本还要多的最大预算额度，这将导致总预算等于总成本的约束条件不再发挥作用，此时只考虑政治家的意愿，并受到需求约束，最后的均衡将出现在 B′ = 0 处，

均衡产量达到 q^*。此时财政预算会有所结余，在不能据为己有的情况下，官僚将“理性”地选择挥霍和浪费，如增加人员、提高薪金水平、提供非必需的公共产品、购买不必要的设备等，从而导致公共产品过度供给、生产资本过度投入、仪器设备大量闲置、资源配置效率低下等问题。

三 资源配置“双重失灵”下的路径思考

市场失灵的出现为政府干预提供了学理的“合法性”，然而它并非充要条件。政府干预本身就需要代价，更何况政府也是一个理性经济人，有其自身的利益诉求。政府失灵的广泛存在就佐证了这一观点，同时也带来了新的挑战，即如何应对市场和政府的“双重失灵”问题？

20 世纪 60 年代以来，现代西方社会的第三部门迅速崛起，从而在市场与政府活动领域之外开辟了第三条道路。所谓第三部门，在联合国宪章中是指：“在国际范围内从事非营利性活动的政府以外的所有组织”，具体包括各种慈善机构、宗教团体、援助组织、青少年团体、合作协会、生态环保组织等。由于第三部门的活动领域正好处于政府与私人企业之间的那块制度空间，能够提供某些政府与市场不能很好提供的准公共产品和服务，因而在国际上被公认为是弥补市场失灵与政府失灵的有益补充。在我国，各种慈善机构、援助组织、社会团体、合作协会正在兴起，虽然还有着比较浓厚的政府依恋情节，但毕竟已经迈出了坚实的第一步，有望在市场与政府的“双重失灵”领域发挥一定的作用。

其实，在市场经济尚未形成之前，人们在进行资源配置的时候往往是依赖于既有的社会生活方式与传统习惯，如宗教的、族群血缘式的资源分配。这些习俗惯例是经过人们长期的社会经济活动而自发形成，并为区域群体共同接受或普遍遵守的惯例，具有准法律或道德的约束力，从而在社会经济资源配置中起到了约定俗成作用。在现代市场经济条件下，这些社会习俗惯例虽然不似市场或政府配置那样大行其道，但作为一种非正式制度仍在局部发挥着资源配置效力，尤其是历史文化底蕴深厚的国家，其非物质文化遗产的扬弃问题仍在困扰着现有的资源配置模式。

同样作为一种非正式制度的宗教信仰、伦理道德，也在实际的社会经济生活中影响了人们的资源配置。在信仰自由的国度里，人们基于自己的精神信念而不得不在其上耗费一定的人力、财力、物力，自然也就影响了社会经济资源的配置。而伦理道德往往是隐含在既有的资源配置过程之中，它在一定程度上影响着行为主体的资源配置决策，并具有一定的润滑消解作用。道格拉斯·诺思（Douglass North，1981）认为："一个社会的健全的伦理道德准则是使社会稳定、经济制度富有活力的黏合剂。"正因如此，在应对2008年世界金融危机时，中国官方多次强调"企业家身上要流淌着道德的血液"。这些实际上还可以归结于诺思教授的意识形态理论，属于降低交易成本的非正式制度范畴。

在"熟人社会"下的当代中国，如果能够有效地整合上述社会资源，或者说有效发挥非正式制度的积极作用，想必可以在一定范围内弥补市场失灵与政府失灵的缺陷，然而，这在新古典经济学的理论框架中却难以找到一个合适的解释路径。于是，学者们将研究视线转向中国经济社会转型这一特殊时期，将资源配置中的市场和政府"双重失灵"问题归咎于转轨中的体制不顺畅、制度不完善、法律不健全、操作不规范等，虽多有建言献策，但总体来说因缺乏厚实的理论基础和有效推导而难以说服当局者采纳，仅仅流于学术探讨。有幸的是，新制度经济学的兴起及其在中国的广泛传播为研究者提供了一个新的思考维度，以交易成本最小化来组织资源似乎可以重新解读新古典经济学的市场或政府的资源配置效率问题，从而为市场与政府的"双重失灵"问题提供了一个可以预期的路径选择。

在新制度经济学的交易成本理念中，不管资源配置方式是选择市场机制还是选择政府机制，抑或是二者的混合制，有效率的结果都应该是交易成本最小的配置方式。既然市场失灵与政府失灵都是客观存在的，那么制度实践就并不刻意去消除这些失灵现象，但是可以基于交易成本考量而选择一种危害程度更小的失灵方式，或者是选取交易成本更低的制度安排以降低其失灵的影响范围，甚至还可以走出"双重失灵”领域。因而，这也可以看成是资源配置失灵后的一种效率追求目标的理性回归。在这种务实的效率取向下，我们需要进一步思考的是，必要的制度安排及其资源配置效率追求的基本逻辑是什么？这也是下一节所要回答的问题。

第四节　资源配置的效率追求：一个新制度经济学的解释框架

罗纳德·科斯（Ronald Coase，1937）的《企业的性质》改变了人们思考经济组织的方式，企业并非新古典经济学中的生产函数，而是与市场一样，属于组织相同交易活动的可替代模式，“建立一个企业是有利可图的主要原因似乎是利用价格机制时存在成本”。正是交易成本的发现使新制度经济学走出了一条与新古典经济学（不考虑交易成本）发展迥异的道路，在道格拉斯·诺思（Douglass North）、阿门·阿尔奇安（Armen Alchian）、哈罗德·德姆塞茨（Harold Demsetz）、张五常（Steven Cheung）、奥利弗·威廉姆森（Oliver Williamson）、奥利弗·哈特（Oliver Hart）等的努力下，新制度经济学在1970—1980年得以快速发展，并逐渐形成了产权学派、交易成本经济学以及新经济史三个颇具特色的分支学科，同时在引入信息经济学的研究方法中加快了与主流经济学的融合，进一步发展了契约经济学和组织经济学。

一　社会分析的四个层次

威廉姆森（Oliver Williamson，2000）在《新制度经济学：回顾与展望》一文中将社会分析划分为四个层次，即“嵌入”（Embeddedness）、“制度环境”（Institutional Environment）、“治理制度”（Institutions of Governance）以及“资源配置和雇佣”（Resource Allocation and Employment）。后来，埃莉诺·奥斯特罗姆（Elinor Ostrom，2005）在划分不同级别的制度时，也将制度分为四个层次，即“超宪法层次”（Meta - constitutional Situation）、“宪法层次”（Constitutional Situation）、“集体行动层次”（Collective Situation）以及“执行行动层次”（Operational Situation），二者虽然名称各异，但是在内涵实质上是基本一致的，为现代制度分析或公共决策提供了新的思考维度。

在威廉姆森对社会分析的四个分层中（见图 2 -7），嵌入制度属于第一层次，它是指镶嵌于社会制度之中的非正式制度，主要包括文化、规范、习俗、习惯、传统、道德、宗教、信仰等。这些嵌入的非正式制度往往是自发形成的，具有较长的制度进化过程，它们大多数已经被社会接受和认可，并已嵌入人类行为的基本约束框架，从而“具有长期的对社会行为的监督作用”（Oliver Williamson，1998）。这一层次主要是社会理论研究领域，备受经济史学家与其他社会科学家的青睐；对大多数新制度经济学家来说，嵌入被视为给定的，因为一个进步型的非正式制度协调安排是非常困难的，它们一旦产生就会对社会某些方面长期持续地起作用。

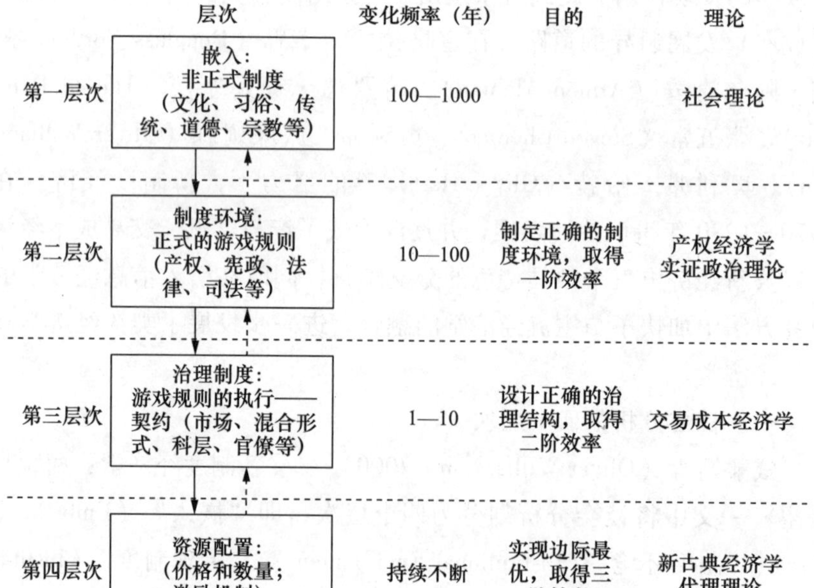

图 2 -7　社会分析的四个层次

资料来源：Williamson Oliver E，“The New Institutional Economics：Taking Stock，Looking Ahead”，*Journal of Economic Literature*，Vol. 9，2000.

制度环境属于第二层次，主要包括正式的游戏规则，诸如产权、宪政、法律、司法等正式制度，它属于产权经济学（Economics of Property Rights）和实证政治理论（Positive Political Theory）的研究范畴。这一层次的制度也是“通过进化形成，但有可能具有被人设计的机会”（Oliver Williamson，2000），从而使人们追求正式制度设计的一阶效率具有了可能性，不过时间周期可能比较长，一般需要10年到100年。产权经济学是这一层次中最重要的内容之一，通过建立排他性的初始产权，从而可以充分利用并有效保护稀缺资源。

第三层次是作为治理制度被提出来的，它是人类在第二层次的游戏规则下自发选择的各种竞争规则，主要包括市场、混合形式、科层和官僚组织等制度，属于交易成本经济学的研究领域，这也是威廉姆森研究工作的重心。无论是契约管理还是纠纷裁决，都是需要成本的，无成本的秩序运行只是一种虚构。正是因为制度本身的制定、执行和监督等需要成本，所以仅仅依靠第二层次中的制度一阶效率是不能满足经济学的效率追求需要的，由此需要在第三层次的治理制度研究下，找到正确的治理结构，即实现二阶的效率。这一层次的制度变化频率非常快，一般因交易属性而改变，或因交易合约更新速度而变化，因而比第一、第二层次的制度变化频率要高得多。由于第二层次的制度环境和第三层次的治理制度都是人类正式契约行为下的游戏规则，其研究领域通常被统称为新制度经济学。其实，许多公共政策问题都与此相关。

第四层次是资源配置和雇佣关系，属于新古典经济学和代理理论的研究领域。其基本特征是边际分析，研究目的是追求三阶效率，即满足边际条件。在这一层次上，第一、第二、第三层次的制度都视为给定的，即在静态制度环境中通过价格和数量的调整以实现边际效率，通常其变化速度是最快的，几乎是与市场变化同步，可以持续进行。

受布坎南（James Mcgill Buchanan，1975）的启发，威廉姆森（Oliver Williamson，2002）将经济学分为“选择科学”和“契约科

学”，上述第二层次的制度环境、第三层次的治理制度以及第四层次的代理理论属于契约科学，而主流的新古典经济学则属于选择科学。[①]由此可以看出，威廉姆森的划分反映了他对新制度经济学与新古典经济学之间的关系调和，即将新制度经济学界定为研究制度、组织或契约的选择的科学，而将新古典经济学界定为研究给定制度、组织或契约下关于资源配置的科学；同时也为其倡导的新制度经济学在社会科学分析中进行了理性定位，而且这种划分方法本身就是一种社会科学的研究范式，使现有的研究脉络更为清晰而顺畅。如果沿着第四层次到第一层次的方向“由下往上”递推，不难发现，这是一个经济学理论不断放松前提假设的方向，也是一个不断提升资源配置效率及其公共政策的制定或选择优化的思考方向。不同层次的制度效率是不一样的，依此顺序，治理不同层次的交易成本是逐阶递增的，即新古典经济学框架下的微观资源配置是交易成本最低的，而非正式制度对交易成本大小的影响是最大的，几乎是以数量级来衡量的，要改变起来当然会非常困难。这实际上也为上一节中有关资源配置过程中的市场和政府“双重失灵”问题提供了一个新的思考维度。

二　新制度经济学框架下的资源配置效率追求

新制度经济学是在不断放松新古典经济学的前提假设下逐步发展起来的，其理论体系主要是建立在以下三大前提假设基础之上：①存在交易成本；②契约人假设，即有限理性和机会主义的人类行为假设；③产权和市场都不是给定的。同时，新制度经济学主张通过现实中合理的制度安排和治理结构设计来尽量减少资源利用过程中消耗性的交易成本，从而在总收益一定的情况下，可以达到最高的资源利用效率，这在某种程度上也符合新古典经济学对效率的追求。[②]正是在交易成本最小化的目标取向下，新制度经济学力求探寻一条交易成本

---

① 聂辉华：《交易费用经济学：过去、现在和未来——兼评威廉姆森〈资本主义经济制度〉》，载《管理世界》2004年第12期。

② 曲福田、谭荣：《中国土地非农化的可持续治理》，科学出版社2010年版，第284页。

节约最大化的制度安排和治理结构设计的治理之道。

在对经济效率的追逐过程中，不失一般性，新制度经济学首先也要追求微观层面的资源配置效率，即借助于新古典经济学的边际分析方法、精确的数学计算、优美的模型建构，力求在一般均衡下达到合意的资源配置效果。只不过这些在新制度经济学的分析框架下，首先就已经预设了第一、第二、第三层次的制度是给定的，假定它们对资源配置效率没有影响。如果能在第四层次上实现资源配置效率（这是交易费用最小的组织方式），那么也就无须再考虑其他层次的制度改进了。然而资源配置过程中出现的市场和政府“双重失灵”问题足以说明第四层次的分析存在严重缺陷，仅仅停留于新古典经济学的微观边际分析或者说只要不断地调整价格和数量来追求边际效率，显然是于事无补的，一条可能的解决之道在于放松其预设条件。

新制度经济学通过尝试放松第三层次的治理制度是给定的预设，由此探寻一条提升资源配置效率的治理结构，进而发展了一门新的学科——交易成本经济学。在威廉姆森的“契约人”假设下，交易是一种契约，通过借助于资产专用性、交易的频率、不确定性三个分析维度，他将治理结构分为市场治理（古典契约）、三方治理（新古典契约）以及双方治理和统一治理（关系契约）。在这里，不管是市场，还是政府或企业，都只是一种组织方式，究竟选择哪种治理结构关键是要看哪种属于交易成本最小化的组织方式。市场和政府的“双重失灵”，只是说明市场治理和政府治理在某些情况下都被实际抛弃了，一条可行的路径是寻找合适的组织形式来实现经济效率。

如果需要继续治理资源配置效率，那么就需要考察第二层次的制度环境优化所带来的经济效率。这一层次主要是以法学、政治学、经济学等学科分析范式为基础来探讨相关的法律法规、公共政策等正式制度的影响。其中，产权制度的确定显得非常关键，它决定了谁有权利使用资源并获得收益，从而决定了资源利用效率（Harold Demsetz，1967）。正式制度的存在，有利于减少交易成本（David Martimort，

1996；Steven Cheung，2002），它不仅为第三层次的治理结构提供了制度保障，也为弥补或改变治理结构可能存在的不合理的地方提供了工具（曲福田、谭荣，2010）。

而第一层次的嵌入制度似乎已经超出了经济学的研究范畴，因而在新制度经济学看来，这一层次的非正式制度是给定的，这也招来了学界诸多批评。在这一层次上，所涌现出来的各种学说，诸如进化心理学、进化生物学、社会经济学等都对新制度经济学进行了激烈的批判，尤其是新经济社会学的批判更是激起了新制度经济学的反思，使其开始尝试将嵌入制度纳入自己的分析框架（Hurrelmann，2005），比如，将文化等嵌入制度作为内生变量进行制度分析（Hira & Hira，2000；Roland，2004），由此也产生了一些新思想，从而使各个学科相互借鉴和发展。

整个过程具体如图 2 -8 所示，新古典经济学微观层次的资源配置及其边际效率仍然是新制度经济学经济效率追求的起点，边际约束依然左右着经济个体的决策行为，但是在遇到市场失灵等问题时，需要转向新制度经济学的分析框架。为了取得第三层次的二阶效率和第二层次的一阶效率，新制度经济学需要通过政府的公共决策来施加影响，即通过正确的制度安排（如建立有效的产权和法律制度以及规范的行政和司法制度等）和契约设计（如古典契约下的市场治理、新古典契约下的三方治理、关系契约下的双方治理和统一治理等）以形成交易成本最为节约的制度环境和治理结构。同时，第二、第三层次的正式制度和治理结构也分别通过制度约束和契约约束作用于经济个体的行为选择。虽然新制度经济学将第一层次的非正式制度看作给定的，但它却实实在在地影响着经济个体的决策行为，起着软约束作用。当然，为了进一步追求经济效率可以尝试去改变第一层次的非正式制度，但这在事实上已被新制度经济学所抛弃，因为改变的阻力及其成本恐怕要远高于所带来的交易成本节约。威廉姆森（Oliver Williamson，1998）认为："经过有目的的计算后的选择几乎是不存在的"，因而放弃了试图改变非正式制度以主动追求该层次的经济效率的努力。

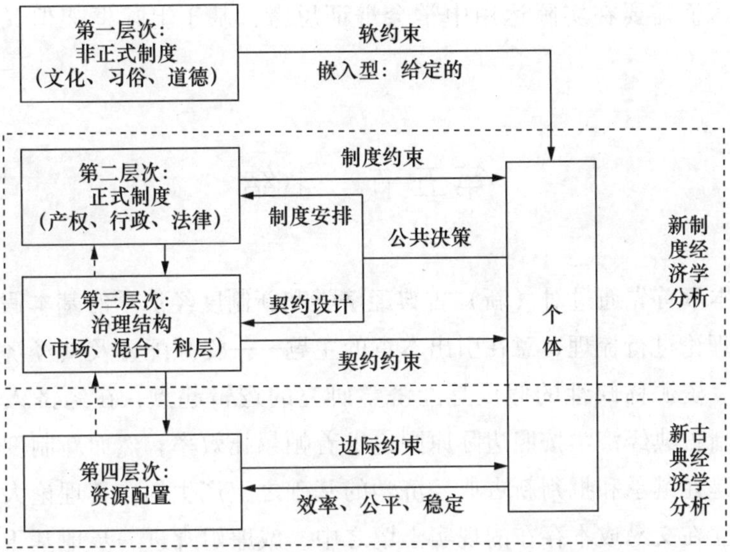

图 2－8　新制度经济学资源配置效率分析框架

由此看来，正是新古典经济学对交易成本的忽略以及由此带来的边际效率标准执行上的困难（Furubotn，1999），新制度经济学开始放松第三层次的治理制度和第二层次的制度环境是给定的前提假设，开始思考如何降低交易成本以及由此造成资源利用中的阻值耗散（Rent Dissipation），因而寻找正确的制度安排和治理结构设计就成了新制度经济学的历史使命，这也是现代服务型政府进行公共决策的立论之基。产权经济学首先扛起了这面理论大旗，强调初始产权设定的重要性及其对消除混乱的作用，但却忽略了产权制度设计本身也需要执行成本。交易成本经济学的兴起，在一定程度上弥补了上述不足，他们在"契约人"假设的基础上提出了治理结构理念。这两大学科相互补充，共同撑起了新制度经济学的理论大旗并为现代政府公共决策提供了理论支撑。然而，在新制度经济学看来，非正式制度依然是给定的，对嵌入制度研究仍驻足于社会学或新经济社会学范畴而难以逾越。所以，新制度经济学发展至今远非完善，其微观分析不似新古典经济学的精美，其宏观分析又难以将非正式制度纳入自己的分析框架，因而需要在实际运用中学会辩证思考：基于上述框架但又不囿于此。

第五节　小结

本章首先通过对（新）古典经济学和新制度经济学的基本假设及相关理论进行梳理，意在引出本章的主题——资源配置及其经济效率追求。资源稀缺性的假设是经济学研究的逻辑起点，在经济人假设下，新古典经济学按照边际原则追求着帕累托效率；然而新制度经济学却是在继承和批判新古典经济学的基础之上产生的，其理论大厦正是建立在交易成本存在的现实土壤之中，威廉姆森进一步地基于契约人假设，建立了交易成本经济学。

其次，从公共经济学的视角对资源配置问题进行一般性分析，分别阐述了资源配置的效率、公平与稳定原则以及资源配置的两大主要方式，即市场机制与政府机制。这为后续立论服务，即为中国土地资源市场化配置中的市场与政府混合治理结构的效率考察、结构优化及路径选择进行了必要的前期铺垫。

再次，在新古典经济学的效率框架下对资源配置中的市场失灵与政府失灵现象进行阐述，运用边际分析方法对其效率损失进行技术分析，并结合公共选择理论对市场与政府“双重失灵”问题进行必要的剖析与思考，认为需要制度安排做出必要选择，由此需要回到新制度经济学的框架下来寻求化解之道。

最后，借助于威廉姆森对社会分析的四个层次划分思想，进一步探讨新制度经济学的资源配置效率改进路径。在新制度经济学的分析框架下，基于交易成本最小化的目标取向，遵循契约人有限理性和机会主义的游戏规则，融合新古典经济学的边际分析方法并以资源配置的边际效率为起点，通过公共决策影响以形成正确的治理结构和制度环境，从而分别取得二阶效率和一阶效率，由此推进资源配置效率向着治理结构效率和制度环境效率方向改进。

需要指出的是，本章是全书立论之基，作为一种理论铺垫，它为后面章节研究土地资源市场化配置、土地管制失灵及其诱发的土地隐形市场问题指出了方向，也能更清晰地看到中国土地隐形市场的形成图景及其根源。

第三章　中国土地资源市场化配置中的效率考察

在新制度经济学的框架下，有效治理土地资源配置效率，既要发挥土地治理结构优化的功效，又要寻求土地制度环境所带来的效力，即从第三层次的治理制度和第二层次的制度环境中分别寻求二阶效率和一阶效率的改进。中国土地资源市场化配置正是沿着这一路径同时并进的，即在推进土地资源朝着市场治理结构方向迈进的同时也在进行着积极的土地制度改革，后者又集中表现于土地产权制度改革和法律制度的配套跟进，从而获得巨大阶段性的经济效率，但是这一路径至今仍未走完，其治理结构和制度环境仍远非完善，所带来的效率损失不容忽视，土地隐形市场就隐匿于其中。

第一节　中国土地资源的市场化配置

一　土地资源及其优化配置

（一）土地资源及其经济价值

马克思说："土地即一切生产和一切存在的源泉"，它既是自然的产物，也是人类过去与现在活动的结果。作为自然资源，土地具有位置的固定性、质量的差异性、面积的有限性和功能的永久性等特征，承载着人类的生态环保、粮食安全等生态效益和社会效益；作为"财富之母"，土地具有增值性，供给具有稀缺性，且遵循边际报酬递减规律，在利用方式上相对分散，变更也相对困难，因而需要科学利用、合理规划、强化管理，以提高土地资源利用的经济、生态和社会效益。

经济学意义上的土地是一种生产要素，能够给所有者带来租金，即地租，是土地经济关系的体现。在雷利·巴洛维（Raleigh Barlowe）看来，地租可以看成是一种经济剩余，是指总产值或总收益减去总要素成本或总成本之后的余额部分，各类地租额取决于产品价格水平与成本之间的关系。[①] 如图 3-1 所示，长方形 p^*Oq^*E 代表总产值，长方形 P^0Oq^*F 代表投入总成本，则长方形 p^*p^0FE 代表地租。这就是狭义的经济地租或理论地租。

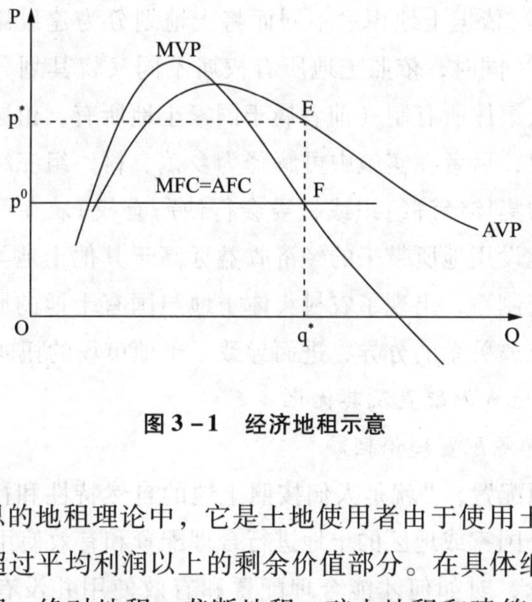

图 3-1　经济地租示意

在马克思的地租理论中，它是土地使用者由于使用土地而缴给土地所有者的超过平均利润以上的剩余价值部分。在具体细分中，它又包括级差地租、绝对地租、垄断地租、矿山地租和建筑地段地租等。其中，级差地租源于土地经营权的垄断，可继续细分为级差地租Ⅰ和级差地租Ⅱ；而绝对地租则源于土地所有权的垄断。在质上，它们都是超额利润的转化形式；在量上，又都表现为剩余产品的一部分。

在新古典经济学的分析框架下，土地供给是完全没有弹性的，即供给曲线是一条垂线，因此土地价格完全取决于土地需求者之间的竞

① ［美］雷利·巴洛维：《土地资源经济学——不动产经济学》，谷树忠等译，北京农业大学出版社 1989 年版，第 101 页。

争。作为一种特殊商品，土地价格是土地未来预期收益的资本化，往往呈现出总体上升趋势，同时具有很强的地域差异性。而作为一种资产，土地又能给人们提供恒久的产品和服务，其获取则以土地权利限定为基础。因此，产权意义上的土地交易实质是一种财产权利交割，包含了一个权利束，即土地的所有权、使用权、租赁权、抵押权和收益权等。

在我国，土地资源的商业价值除了与土地资源的基本属性有关以外，还与政府土地管制有关。不同的土地类型或用途所带来的商业价值不一样，不同的土地权属所带来的经济收益也不一样。比如，国家《土地管理法》依据土地用途不同而将土地划分为建设用地、农用地和未利用地。[①] 同时，依照土地所有权属不同又将其划分为全民所有制和劳动群众集体所有制（前者属于国家土地所有，由国务院代表国家行使所有权；后者在实施中可解释为乡镇、村、组三级农民集体所有，由各自的集体经济组织或村委会行使所有权）。在严格的土地用途管制下，建设用地所带来的经济收益远高于其他土地类型；而在土地所有权的管制下，出现了农村集体土地与国有土地的城乡分异及其土地价格和权属关系的分异，进而导致了土地市场的扭曲。

（二）土地资源配置及其优化

1. 土地资源配置理论回顾

土地资源配置，“就是人们按照土地的自然特性和社会对土地的需求，对一个国家或地区的土地进行合理配置和有效使用”。[②] 这是一个解释性概念，对如何才能合理配置和有效使用并没有给出更多信息。王万茂（1996）给出了一个时空多维互动的描述性概念：“土地资源配置是指对于人类所需要并构成生产要素的、稀缺的、具有开发利用选择性的土地资源在时间上和空间上的部门间或用途间的一种数

---

① 农用地是指直接用于农业生产的土地，包括耕地、林地、草地等；建设用地是指建造建筑物、构筑物的土地，包括城乡住宅和公共设施用地、工矿用地、交通水利设施用地、旅游用地等；未利用地是指农用地和建设用地以外的土地。在没有特殊规定下，本书后面涉及的农用地、建设用地和未利用地概念都依此标准划分。

② 曹振良等：《土地经济学概论》，南开大学出版社1989年版，第65页。

量分布状态。”[①] 这里至少蕴含了土地资源配置的时间、空间、用途和数量四个维度的基本要素。实际上，如何在时间上和空间上有效配置具有经济利用价值的土地资源一直是人类利益追逐的永恒课题。其中，时间上的配置属于土地可持续利用的范畴，涉及过去、现在和未来不同时期的配置状态；空间上的配置主要属于区域土地利用的范畴，涉及土地资源利用的不同方向和不同地区的配置状态，主要呈现出不同部门间或产业间以及不同地区间的土地资源配置状态，这恰恰是实用主义者主张的土地资源配置的核心内容。在理论追溯上，土地的时间配置主要建立在可持续发展理念之上，而其空间配置则是建立在区位布局理论基础之上的。

现代土地资源配置理论主要是在地理学或经济地理学的土壤中成长起来的。冯·杜能（Von Thünen，1826）通过对孤立国的产生布局研究，创立了农业区位理论，开启了古典区位理论研究之先河。阿尔弗雷德·韦伯（Alfred Weber，1909）为工业区位理论建立了一套完整的理论体系，创建了具有划时代意义的工业区位论。克里斯塔勒（Christaller，1933）和奥古斯特·廖什（August Losch，1940）先后提出了中心地理论，使区位理论研究从静态走向动态。在现代区位理论研究中，埃德加·胡佛（Edgar Hoover，1948）提出了运输区位论和产业集聚的最佳规模理论；沃尔特·艾萨德（Walter Isard，1960）进一步从空间经济论出发研究现代区位论，使之与社会实践相结合，从而提出了区域开发理论；美国学者布瑞恩·贝里（Brian Berry，1988）在《商业中心与零售业布局》一书中，系统总结了中心地理论研究，在结合现代商业中心布局现状和特点的基础上，创造性地提出了更接近真实情况的现代中心地理论，即零售区位理论，从而为现代商业网点及其选址奠定了理论基础；等等。

随着社会经济的发展，土地利用类型、结构及布局日趋复杂化，土地资源配置理论研究也不断发展，借助于现代遥感技术手段和方

---

① 王万茂：《市场经济条件下土地资源配置的目标、原则和评价标准》，载《自然资源》1996 年第 1 期。

法，在土地利用、土地规划、土地管理等方面有了长足进展。联合国粮农组织（1972）提出了土地适宜性分类系统，并公布了《土地评价纲要》（1976），使土地评价研究日趋成熟；20 世纪 70 年代以来，遥感技术、计算机技术在区域性土地利用中起到了技术支撑作用，有效推进了土地利用的调查与分类、规划与制图、空间布局与模式选择以及土地利用变化的分析与监测等方面的发展；1987 年《我们共同的未来》宣告可持续发展理念以来，土地资源的可持续发展与管理引起了世人关注，土地利用与环境变化、土地集约节约利用、土地利用的经济社会生态效益协调发展等成为研究热点；近些年来，“3S”技术的发展和广泛应用以及与之相关的数量模型建构等为土地资源的有效利用和科学决策提供了更为精微的技术支撑，也为实现土地资源在数量上和空间上的合理配置奠定了基础。因此，在地理学或经济地理学的框架下，土地资源配置主要是指通过确定一整套的土地布局技巧或活动来达到一定特殊目标的过程，[①] 或者说是对适合于特定的土地利用目标的多种土地利用类型的合理选择。[②]

现代意义上的土地资源配置实质上是一个土地资源的开发利用及其优化的过程，其开发利用主要是建立在区位理论、可持续发展理论、土地规划理论、土地资源系统理论等基础之上的，其优化配置和管理则离不开土地资源价值理论、产权理论、效率理论等相关理论的指导。已有理论研究主要聚焦于前者，从技术层面推进了研究发展并有效支持了土地开发利用实践，相比之下，在土地资源优化配置方面的制度研究或管理研究则略显不足。

2. 土地资源的优化配置

土地资源优化配置（Land Optimal Allocation）是为了达到一定的生态经济最优目标，根据土地特性和土地系统原理，借助于一定的科学技术和管理手段，对区域内有限的土地资源利用结构和方向，在空

---

① Tomlin C. D., Johnston K. M., “An Experiment in Land Use Allocation with a Geographic Information System”, Technical Papers ACSM – ASPRS Annual Convertion, 1998.

② Benabdallah S., Wright J. R., “Multiple Subregion Allocation Models”, *Journal of Urban Planning and Development*, ASCE, Vol. 1, 1992.

间尺度上进行多层次的安排、设计、组合与布局以提高土地利用效率和效益，维持土地生态系统的相对平衡，实现土地资源的可持续利用（Benabdallah S.，Wright J. R.，1992）。[①] 此时，配置只是一种过程或手段，其目的在于把一定的土地利用方式与土地的适宜性、社会经济性进行适当比配，形成合理的土地利用结构与布局，以最大限度地提高土地的综合效益；[②] 优化则是一种目标和期望，主要是针对不尽合理的土地利用问题而提出来的，其根本任务是寻求土地利用系统的结构效应，促使土地资源在地区间、产业间、部门间的合理分配与集约利用。通常情况下，一国或一地区的土地资源优化配置是一种长期改进的过程，需要不间断地进行，其实施主体主要是政府及其附属机构、社会组织、利益集团以及市场主体等。

在经济效率追求中，帕累托最优状态自然是土地资源优化配置的理想目标。在帕累托最优效率原则下，土地资源的最优配置状态应是一种“任何土地资源的重新配置都不可能使一部分人受益而没有其他人受损”的境地。由于完全竞争的土地市场在现实中不可能存在，因此，经济学意义上的土地资源优化配置所追求的往往是一种“次优状态”，这也导致实践中比较重视土地资源配置效率的改进过程，即在每次土地用途的转换或实体性的改变过程中都能提升土地的综合效益。上述定义正是土地资源配置效率改进中的一种务实性取向，即要求在遵循土地资源配置规律下，借助于现代科学管理中的技术手段，力求达成经济效益、社会效益和生态效益的协调和统一。

事实上，土地资源的优化配置不仅仅是一种运用技术性手段进行土地开发利用的效益追求过程，它更是一种长期的土地管理和制度建设的效率改进过程。在土地管理中，需要发挥地籍管理、土地规划、土地市场等的积极作用，运用行政、经济、法律等手段来统一管理，以此维护土地制度、调整土地关系、合理组织并监督土地利用，提高

---

① 陈梅英、郑荣宝、王朝晖：《土地资源优化配置研究进展与展望》，载《热带地理》2009 年第 5 期。

② 倪绍祥、刘彦随：《区域土地资源优化配置及其可持续利用》，载《农村生态环境》1999 年第 2 期。

土地综合效益。从新制度经济学来看，土地资源配置的经济效率与其治理结构及产权制度密切相关。

西方各发达国家大都经历了土地制度改革、创新及最终确立的土地制度变迁过程，这实际上是一个漫长的土地资源优化配置过程。其中，土地产权制度的确立以及由此形成的土地市场治理结构至关重要。在英国，全部土地在法律上属于英王（国家）所有，但这不影响土地持有者的使用权，他们在“土地保有条件”下可以自由买卖和租赁，从而成为非严格意义上的地主。在美国，土地产权制度经历了由原始的公有产权到现代私有产权的长期转变过程，但其土地并非全部私有，只有大约58%的属于私人土地，其他的则属于联邦政府、州政府或地方政府所有，但其土地市场比较发达，所有土地都可以自由买卖和出租。在德国，通过“普鲁士道路”的土地产权制度改革，使其土地产权制度带有浓重的封建性。其中，收益较小的土地往往归口于各级政府所有，政府为了公共利益需要可以按官方交易价进行征地，而私人土地则可以自由交易、租赁和抵押。结合各国国情不难看出，笼统地说一国土地是私有或公有无助于理解产权的实质，因为所有权和使用权是可以分离的，关键还是在于土地制度如何规定人们的土地使用权、收益权、抵押权等其他权能的权利范围。总体而言，西方各国的土地产权制度是在长期的制度变迁和历史选择中形成的，虽然说在所有制形式上表现不一，但是在土地产权界定上都是清晰的，故其土地市场发育相对较好，几乎是毫无例外地形成了政府与市场相结合的混合治理结构，从而成为土地资源配置效率的保障之源。

在我国，现阶段土地资源优化配置目标的实现，一方面需要积极寻求土地利用方式的根本性变革，即由粗放型转向集约高效型，以此推动社会经济的可持续发展；另一方面，需要努力优化土地资源利用的制度环境和治理结构，以此推进土地资源管理朝着科学化、规范化方向发展。在新制度经济学的框架下，中国土地制度环境和治理结构的优化成为土地资源优化配置的必然路径。中国20世纪80年代以来的土地市场化改革正顺应了这一发展趋势，先后通过农地产权制度改革、国有土地市场化改革以及农地征用制度改革等举措，从而有效支撑了中国经济的高速增长和稳定发展，并使之成为中国城镇化、工业化的重要引擎。

二　中国土地资源配置的市场化进程

土地市场化是指土地在市场经济运行过程中，与其他资源要素配置时按市场规则进行，土地要素获取和交易由市场供求来决定，从而决定市场成为土地资产价值货币表现的主导因素，而不是非市场的因素。[①] 其实质就是要通过一系列经济、社会和法律制度变革，为市场配置土地资源创造条件，以实现土地资源市场配置的公共政策目标，这是一个市场机制逐步建立和完善的制度变迁过程。[②] 新中国成立以来，我国土地资源配置经历了新民主主义革命时期、社会主义曲折探索时期和改革开放时期三个不同阶段的转变，即经历了由政府和市场混合配置到高度垄断的政府计划配置、再由单一型政府计划配置的松动到市场化配置的逐渐加强的不断转化过程。时至今日，这一市场化进程仍在继续，体现了中国土地资源市场化配置的效率追求。

（一）改革开放以前：土地市场化的路径依赖阶段

在计划经济时期，中国土地资源配置状况大体经历了两个阶段：一是从新中国成立后到生产资料私有制的社会主义改造的基本实现（1949 年 10 月—1956 年 9 月），这一阶段完成了由新民主主义时期的土地改革向社会主义建设时期的土地合作化的转变，人民当家做主成为土地生产资料的主人，此时并未排斥土地市场行为的存在；二是从全面建设社会主义开始，一直延续到改革开放前（1956 年 9 月—1978 年 12 月），这一阶段完成了土地生产资料的合作化到人民公社化的转变，实现了土地生产资料的国家高度垄断及其计划配置，导致土地市场配置行为真正消失。具体而言：

第一阶段中，在城市范围内，通过土地没收和征收，形成了城市国有土地；同时，承认民族工商业、个体劳动者和城市居民所拥有的

---

① 张琦：《关于中国土地市场化的思考》，载《经济研究参考》2006 年第 83 期。

② 钱忠好、牟燕：《中国土地市场化水平：测度及分析》，载《管理世界》2012 年第 7 期。

土地所有权，即形成了国有土地与私有土地并存的配置状态。在土地使用权配置方面，国家基本保留和沿袭了原来的土地租赁关系，诸如土地交易、租赁和抵押等市场经济行为依然存在，因此整个城市土地市场呈现出市场配置与计划配置并存的状态。在广大农村地区，主要是通过土地改革和农业合作化运动来推动农村土地合作社集体所有制的发展。在土地改革完成后，基本形成了土地个体私有制，其经济行为遵循着小农经济下的市场配置法则，但是在合作化运动后，开始转变为社员私有土地和社员集体土地，逐步形成了农村集体土地的产权配置雏形，显然是一种逆市场化的配置方式。

第二阶段中，在城市或城郊，从1956年开始对资本主义工商业进行社会主义改造，通过政策赎买、公私合营、国家经租和各种合作社形式，逐步使私有土地转为国家所有或集体所有。同时，在相关政策法律规定下，强化了土地国有化趋势，比如在1956年《关于目前城市私有房产基本情况及进行社会主义改造的意见》中规定："对一切私人占有的城市空地、街基等地产，经适当的办法，一律收归国有"。到1958年，城市中绝大部分土地已收归为国家所有。[①] 在农村，随着农业合作社不断发展升级，1956年6月，国家颁布了《高级农业生产合作社示范章程》，该章程规定社员必须将私有土地等主要生产资料转为合作社集体所有，但社员原有的坟地、房屋地基无须入社。由此，加快了农村土地合作社集体所有制的形成。1958年，高级合作社在成立不久就迅速演变升级为政社合一的人民公社化运动，在后来发展成为"队为基础，三级所有"的经营管理体制，从而形成了"集体所有、统一经营使用"的农地产权制度，其公有化程度并不亚于国有土地。总体来说，这一阶段的城乡土地资源配置方式属于单一型的行政计划型配置。

反观这一土地资源配置过程，在当时的社会意识形态影响下，选择了以马克思主义劳动价值论为其理论指导是有其积极意义的，但是

---

① 国土资源经济研究院编：《经营性土地使用权出让》，中国方正出版社2004年版，第24页。

在理论使用上却显得过于机械和教条，一旦绝对地、片面地认为土地只具有使用价值而不具有价值时，也就否定了土地资源配置中的市场功能，从而导致后来的土地政策及其制度效率偏离。在实际操作中主要表现为取消土地使用税，限制土地使用权流动，禁止转让、出租、抵押，在城市建立无限期、无流动、无偿使用的国有土地使用制度，实施高度集中的土地行政划拨管理体制；在农村通过农业合作化和人民公社化运动，改变了土地所有制和使用制，从而形成了“队为基础，三级所有”的农村集体土地制度。总体来看，这是一种典型的强制性制度变迁过程，在制度变迁的初期，显示了短时段内的制度效率，较好地支持了社会主义事业的全面建设，但是随着时间的推移，政府高度垄断下的土地资源配置所带来的交易成本逐渐上升。一方面，各种“搭便车”、机会主义行为及其监管成本在急剧增加；另一方面，有限理性和信息不对称下的政府行政计划配置失灵现象大量存在，从而一起导致了制度效率的极其低下和不可持续性，尽管它是很公平的。诚如赵阳（2007）所言：“产权对经济发展的激励作用是客观存在的，当国家意志违背经济规律时，在意识形态主导经济发展的原则上建立起来的农村土地产权制度及其激励机制没有经济效率，必然会阻碍甚至是严重阻滞经济的发展，最终结果只能是导致这种不切实际的产权制度自身的毁灭。”①

（二）改革开放以后：土地市场化的城乡分异阶段

1. 农村集体土地的市场化进程

（1）农地市场化的奠基阶段（1978—1988年）：家庭联产承包责任制的实施。这一阶段最为核心的在于农村“集体所有、家庭联产承包经营”土地制度的确立。自党的十一届三中全会以来，思想的大解放以及国家工作重心的转移为农地制度创新提供了良好的社会孵化环境。1978年冬，安徽凤阳小岗村18位农民冒着坐牢的风险，以按手印方式私下干起了“大包干”，以合约形式将土地分到户包干种地，

① 赵阳：《共有与私用——中国农地产权制度的经济学分析》，生活·读书·新知三联书店2007年版，第28页。

在次年取得产粮大丰收后，引起了政府部门关注。尽管在当时并未得到中央政府认可，甚至“不许分田单干”，但随着其制度绩效的彰显，中央政策逐渐转变为默认和支持（冀县卿、钱忠好，2010）。1980 年 9 月，中共中央在《关于进一步加强和完善农业生产责任制的几个问题》中，对生产责任制予以了充分肯定，并规定：“已经包产到户的，如果群众不要求改变，就应该允许继续实行。”随后，农业生产责任制在全国迅速推广，到 1981 年年底，全国 90% 以上的生产队搞起了不同形式的“包产到户”（赵阳，2007）。在 1983 年的中央一号文件中，已经明确指出农业生产责任制是农民在党的领导下的伟大创造，具有广泛的适用性，并要求实行生产责任制，特别是联产承包制，实行政社分离等。由此，这一农民自发组织的土地“大包干”行为经过近五年的实践和酝酿，最终得到了中央政府首肯并全面推行。1984 年中央一号文件进一步明确了土地承包期限，一般应在 15 年以上。截止到 1984 年，全国 97% 的生产队实行了包产到户（陈锡文，1993）。由此，以“包产到户”和“包干到户”为主要形态的农村家庭承包责任制得以全面实施和确立，从而以家庭承包责任制为主、统分结合的“双层经营”体制取代了人民公社后期“队为基础，三级所有”的经营管理体制，并成为当前农村土地制度改革和土地政策制定的现实基础。

在这一典型的诱致性制度变迁中，农村集体土地资源配置方式已经发生了微妙转换，政府计划型的土地配置得以彻底松动，市场机制的激励已彰显效力，家庭配置的主体地位得以确立，官僚机构的科层治理结构有了帕累托改进空间，从而使优化农村集体土地治理结构具有了现实土壤。赵阳（2007）认为，家庭在土地经营中的主体地位是一个重大突破，无论是从农业生产的客观要求来看，还是从我国人地关系紧张的现实国情来看，由农户家庭来承担土地的经营权和收益权都是社会交易成本最小的产权组织形式。[①] 农村集体土地资源配置在

---

① 赵阳：《共有与私用——中国农地产权制度的经济学分析》，生活·读书·新知三联书店 2007 年版，第 67—68 页。

获得治理结构效率的同时，其产权制度效率在转型中更是大为释放，虽然在由“集体所有，统一经营”向“集体所有，家庭联产承包经营”转型中土地所有权并未改变，仍归集体所有，但是已经与使用权发生了分离。此时，农民作为承包经营者，拥有明确而具体的土地使用权，由此产生了巨大的经济激励，并促使农业生产迅猛增长。林毅夫（1994）的研究表明：“中国农村由生产队体制向家庭联产承包责任制的制度变迁，使 1978—1984 年间的中国农业产出增长了 46.89%，大约相当于投入增加的总效应。”①

不过在 1984 年以后，“集体所有，家庭联产承包经营”的土地制度效率逐步释放完毕，新的农地制度改革需求也日益迫切。在未能突破集体所有和家庭联产承包责任制的情况下，现有的农地公共政策沿着土地使用权的稳定方向演变。正如冀县卿、黄季焜（2013）所言：“改革开放以来，中国农地制度从总体上看是朝着稳定农民土地使用权的方向演变。”② 为了赋予农民长期而有保障的土地使用权，中央在延长土地承包期、发放土地权利证书等方面又做了大量工作。1993 年，国家在《关于当前农业和农村经济发展的若干政策措施》中规定：“在原定的耕地承包经营期到期之后，再延长 30 年不变”“提倡在承包期内实行‘增人不增地，减人不减地’的办法。”在 2007 年新颁布的《物权法》中进一步规定，30 年承包期届满后，由土地承包经营权人按照国家有关规定继续承包，并发放土地权利证书。2008 年，《中共中央关于推进农村改革发展若干重大问题的决定》提出：“赋予农民更加充分而有保障的土地承包经营权，现有土地承包关系要保持稳定并长久不变。”2017 年，党的十九大报告进一步指出：“要坚持农业农村优先发展，巩固和完善农村基本经营制度，保持土地承包关系稳定并长久不变，第二轮土地承包到期后再延长 30 年。”可见，这些举措有效地保障了“集体所有，家庭联产承包经营”土地

① 林毅夫：《制度、技术与中国农业发展》，上海三联书店、上海人民出版社 1994 年版，第 95 页。

② 冀县卿、黄季焜：《改革三十年农地使用权演变：国家政策与实际执行的对比分析》，载《农业经济问题》2013 年第 5 期。

制度的有序改进，进一步稳定了农村家庭联产承包责任制，对促进当前农村经济发展和社会稳定具有重要而深远的意义。

（2）农地使用权流转市场的自发形成阶段（1988—2014 年）：两权分离的深化。由于农村家庭联产承包责任制的确立和长期稳定已成为中国农村土地制度改革最大的现实基础，在土地所有权不变的前提下，农民承包经营土地的使用权属问题自然成了农村土地制度改革的核心，实际也是农地使用权流转市场形成的制度基础。

在改革开放初期，农民所拥有的土地承包经营权（使用权和收益权）并不完整。在家庭联产承包责任制下，农民只是拥有有限的承包经营权，此承包经营权究竟属于承包权还是物权，一直存有争议，直到 2007 年新《物权法》出台，才明文规定承包经营权属于用益物权；最初对土地承包期限也比较短，一般是两到三年（温铁军，2000），后来才延长到 15 年以上、30 年不变、长久不变等；在农民与集体之间，承包关系不尽规范，随意性较大，缺乏合同基础，由此也导致土地调整比较频繁，即便是 1993 年中央实施“生不增、死不减”政策之后，各地方依然是在变通实施，许多地方的土地调整一直就没有停止过（赵阳，2007）；土地收益也并未完全归农民所有，而是“交够国家的，留足集体的，剩下的才是自己的”，这一状态直到 2006 年 1 月 1 日《中华人民共和国农业税条例》的废止，农民因农业税豁免才得以获取承包地的全部经营收益。

在家庭联产承包责任制实施之初，农民并不拥有土地交易权。在 1982 年国家《宪法》中规定：“任何组织或者个人不得侵占、买卖、出租或者其他形式非法转让土地。”说明在当时还不具备形成农地使用权流转市场的制度环境。到 1984 年政策开始有所松动，在当年的中央一号文件中就已提出，鼓励土地逐步向种田能手集中，在承包期内，经由集体同意后，社员可以自找对象协商转包，从而为农地使用权市场流转打开了一个小缺口。在 1988 年新修改的宪法中进一步提出，土地使用权可依照法律规定转让，从而为农地使用权流转市场的形成奠定了法律基础。但是，在此后一段时期内，农地使用权流转发生率并不高，农业部（1993）的抽样数据调查显示：在 1992 年，农户转包、转让农地现象的发生率仅为2.3%，发生流转的面积仅占全国承包农地总面积的2.9%。[①]

进入第二轮土地承包期后，中央政府力图赋予农民长期而有保障的土地使用权，并积极鼓励农地市场流转。[②] 1995年，国家在《关于稳定和完善土地承包关系意见的通知》中提出，在承包期内，经发包方同意，允许承包方对承包标的依法转包、转让、互换、入股，其合法权益受到法律保护。2002年《土地承包法》进一步指出，农地承包经营权可依法采取转包、出租、互换、转让或者其他方式流转，同时也对农地市场流转行为进行了规范，要求承包地不得买卖，不得改变土地的所有权形式以及农地的农业用途，集体经济组织内部成员在承包土地时享有同等条件下的优先承包权。2008年，党的十七届三中全会在《关于推进农村改革发展若干重大问题的决定》中指出，要完善土地承包经营权权能，依法保障农民对承包土地的占有、使用和收益等权利，对农地使用权流转市场提出更为系统的规范化要求："加强土地承包经营权流转管理和服务，建立健全土地承包经营权流转市场。"同时强调农地流转"不得改变土地集体所有性质，不得改变土地用途，不得损害农民土地承包权益"。

至此，有关农地使用权的市场流转已经完成了从禁止流转到鼓励流转和规范流转的公共政策转变。然而，农地使用权流转市场并未如预期所发展，叶剑平等（2006）的调查表明，在2005年大约有1/3的农户没有进行过土地流转，与2001年的调查结果没有显著差异，即便是发生的流转，也有几乎一半的不能算作是市场交易。赵阳（2007）也认为，中国农村土地使用权流转市场发展极为缓慢，农村土地使用权流转率总体上处于比较低的水平。[③]

---

① 中华人民共和国农业部：《中国农业发展报告1995》，中国农业出版社1995年版，第139—140页。

② 钱忠好、牟燕：《中国土地市场化改革：制度变迁及其特征分析》，载《农业经济问题》2013年第5期。

③ 赵阳：《共有与私用——中国农地产权制度的经济学分析》，生活·读书·新知三联书店2007年版，第33—34页。

在农村联产承包责任制下，土地所有权归于集体经济组织，在以社会福利形式平均分配给本集体经济组织成员的实践中，这种所有权并未获得经济上的收益，从而成了一种虚置的共有产权。此时，农地资源配置的经济效率追求关键则在于优化农地使用权的权能配置。在制度效率追求上，中央政府除赋予农民更为稳定的农地使用权外，还赋予了农民更多的收益权和更大的交易权，从而支持并推进了农地使用权流转市场的发育，有利于土地资源的优化配置，然而现实情况却并未如预期般地出现。一种可能的解释是，由于土地的处置权从来没有真正地赋予农民（赵阳，2007），同时各种行政性的土地调整一直都没有间断过，平均分配的农地社会福利性质仍是或隐或现，尤其是它所承载的就业、养老等社会保障功能使土地问题更趋复杂化。

（3）农地承包权和经营权的市场分异阶段（2014 年至今）："三权分离"的制度创新。在推进农业现代化的时代背景下，党的十八届三中全会开始"允许农民以承包经营权入股发展农业产业化经营"。2014 年中央一号文件明确提出："在落实农村土地集体所有权的基础上，稳定农户承包权、放活土地经营权，允许承包土地的经营权向金融机构抵押融资。"这标志着由农村家庭联产承包责任制所创立实现所有权与承包经营权的"两权分离"农地产权制度正式变迁为所有权、承包权、经营权"三权分离"的新型农地产权制度。2014 年 11 月，在《关于引导农村土地经营权有序流转发展农业适度规模经营的意见》中进一步要求："坚持农村土地集体所有，实现所有权、承包权、经营权三权分置，引导土地经营权有序流转。"2015 年 8 月，国务院关于农村承包土地的经营权抵押贷款试点工作正式启动，从而使农地"三权分离"政策步入了实践探索新阶段。

农地产权制度从"两权分离"到"三权分离"，是我国特色土地制度的再次创新，也是农村生产力发展的必然结果（张红宇，2014）。[①] 事实上，农地私营是经过历史检验最具效率的农地使用制

① 张红宇：《我国农业生产关系变化的新趋势——从"两权分离"到"三权分离"》，载《人民日报》2014 年 1 月 14 日第 7 版。

度。作为一种诱致性的制度变迁，“三权分离”的新型农地制度是对我国现有的农地制度和农村基本经营制度的完善和发展，其特征在于集体所有、家庭承包和多元经营。在土地承包权与经营权分离后，农户可以通过让渡经营权而直接获得财产性收益，尤其是对于土地被征收及退出后可以获得更多的财产性补偿，未来还可能获得继承权。而分离出来的独立经营权则更利于农业现代化发展，既可提高土地、劳动力等基本要素的配置效率，也可提高农产品生产效率，还可培育发展家庭农场等新型主体和新型职业农民，现阶段还可通过土地经营权的抵押获取贷款等金融支持。

不过，现行法律法规障碍仍客观存在，作为物权范畴的土地承包权，不可进行抵押担保融资；同时它又属于成员权，只能是集体经济组织成员才可获取，具有封闭性和不可交易性。而土地经营权在分离之后，仍要面对操作实施方面的问题。作为不动产租赁权范畴的债权，它可通过市场化的方式来进行配置，但是过度强调放活经营权也将导致农地“非农化”与“非粮化”问题，尤其是容易诱发工商资本挤压农民利益和信贷配给等风险（何湘凝、刘辉，2016）以及套取政策扶持资金和“被城镇化”等负面问题（刘晓玲，2017）；从法人财产权来看，它具有相对独立性，在合同期限范围内具有实际控制权作用，但是在占有权、使用权、收益权、处分权等权能配置上仍需综合考虑农户承包权的现实情况进行适当分割。因此，可以认为这是一条源于现实客观需要的自上而下的建立在农村土地集体所有权虚置基础上的农地产权有限市场化的制度变迁路径。

2. 城市国有土地的市场化进程

改革开放以来，中国土地制度改革首先发生在农村偏远山区，以农民自发组织形式出现而促成一种自下而上的诱致性制度变迁；而中国城市土地制度改革走的则是一条自上而下的强制性制度变迁的道路，即沿着“改革试点、总结提升、制度创新、推广实施、深化改革”的思路持续进行，也就是“摸着石头过河”式的探索。

在建立社会主义市场经济体制的改革目标取向下，劳动、土地、资本等生产要素必然要在微观层面发挥其资源配置功效，在价格杠杆下体现其市场价值。就土地要素价格而言，早在 1979 年通过的《中华人民共和国中外合资企业经营法》中就已经涉及了具有地租性质的“土地使用费”问题，从而开启了我国土地有偿使用制度探索之先河。次年，国务院在《关于中外合营企业建设用地的暂行规定》中指出：“中外合营企业用地，不论新征用土地，还是利用原有企业的场地，都应计收场地使用费。”在经济特区和沿海开放城市中，中外合营企业用地使用费问题显得尤为突出，除中央规定之外，它们还相应地颁布了一些地方性法规，比如深圳，在 1981 年颁布了《深圳经济特区土地管理暂行规定》，针对各类用地的使用年限及使用费标准问题做了明确规定。尔后，一些经济较为发达的城市如上海、广州等也相继对三资企业用地等使用费作了明文规定。

在土地有偿使用费提出后不久，就将征收范围从中外合营企业、外资企业、三资企业扩展到国有企业，由征收场地费或土地使用费改为征收城市土地使用费。在 1980 年 10 月的全国城市工作会议中，明确提出将征收城市土地使用费作为城市建设和维护的固定资金来源。1982 年，深圳市首先试点开征城市土地使用费，继而广州、北京、上海、抚顺、成都等城市也在一定范围内开始征收。然而，国家政策却一直在犹豫。在 1984 年 9 月国务院批转财政部的报告中，提出要征收土地使用税，但仅仅是要求保留税目却不征收，而财政部则又发文禁止地方开征城市土地使用费，由此导致城市土地使用处于既不能征税又不能收费的尴尬境地。在此背景下，各地方的自发改革暗流涌动。1984 年，抚顺市在颁布的《征收土地使用费的暂行办法》中就规定，除免收的土地外，凡在城市规划区内使用国有土地的，一律要缴纳使用费。北京、上海、济南、烟台等城市还相继组织了理论研究人员与实践工作者进行专门研究（黄小虎，2006），为推动我国城市国有土地有偿使用制度的全面改革做了理论与实践的准备。

1987 年下半年，深圳、上海、天津、广州、厦门、福州等城市开始试行土地使用权有偿出让制度改革。在 1987 年 12 月 1 日，深圳市率先敲响了我国拍卖国有土地使用权有偿出让的第一槌，突破了既有法律设置的“不允许土地使用权转让”的限定，使长期以来国有土地无偿、无限期和无流动的划拨制度限制开始解冻。随后，除了试点城市外，不少大城市也开始纷纷效仿，从而在全国范围内掀起了国有土地使用权出让和转让的一个小高潮，中国迎来了真正的土地市场。

1988 年，修改后的《宪法》进一步从法律上予以肯定：“土地使用权可以依照法律的规定转让”，这意味着国家的根本大法已经承认土地资源的商品属性，它既具有使用价值，又具有价值，从而可以参与市场交易，这也标志着中国土地市场在法律意义上得以诞生。与此相适应，国家《土地管理法》（1988）也进行了修改，在第二条中明确提出：“国家依法实行国有土地有偿使用制度。”但同时也给出了例外，即“国家在法律规定的范围内划拨国有土地使用权的除外。”由此，国有土地使用权的配置开始步入了有偿出让和行政划拨共存的“双轨制”时代。

1990 年，《城镇国有土地使用权出让和转让暂行条例》的出台，标志着我国土地市场的全面开放。它以行政法规的形式确立了城市国有土地的使用权出让、转让制度，明确提出在操作过程中可以采用协议、招标和拍卖三种出让方式，首次对土地使用权的出让、转让、出租、抵押、终止和划拨等问题做了具体规定，同时，对土地使用权的使用主体及权益保护范围等也做了细致说明。此后，各地方政府相应地制定了系列相关实施细则，进一步促进了中国城市土地市场的基本框架搭建。

然而，在“双轨制”并存的土地供给模式下，各种形式的圈地运动在全国盛行。1992 年，国家土地管理局专门颁布了《划拨土地使用权管理暂行办法》，对除出让以外的土地使用权管理做了具体规定。1994 年，《城市房地产管理法》首次从法律层面明确了土地划拨和土地出让的供地范围，这对当时全国盛行的房地产热和开发区热起到了一定的遏制作用。

1998 年，重新修订后的《土地管理法》指出：“国家依法实行国有土地有偿、有限期使用制度”。从此，全国多数城市和地区的土地都采取了有偿出让的方式。[①] 广东、浙江等市场经济发育程度较高的省份还确立了经营性用地一律采用招标拍卖制度。总体来看，在土地有偿使用制度实施后的近 10 年发展中，市场价格机制已经在土地资源配置中发挥了一定作用，有关土地有偿使用制度的建立和完善，为中国土地市场的形成奠定了坚实基础。

1999 年 1 月，国土资源部在《关于进一步推行招标拍卖出让国有土地使用权的通知》中要求商业、旅游、娱乐和豪华住宅等经营性用地，有条件的，都必须招标、拍卖出让国有土地使用权。由此，经营性用地使用权出让纳入了政策视域，市场配置机制逐渐得以建立。同年 5 月，国务院在《加强国有土地转让管理严禁炒卖土地的通知》中要求，经营性用地原则上必须以招标、拍卖的方式提供。2000 年 1 月，国土资源部颁布了《关于建立土地有形市场促进土地使用权规范交易的通知》，在推进土地有形市场建设的同时，也提出“凡属于经营性房地产项目和其他具有竞争性项目用地的交易，应采用招标、拍卖方式进行”。2002 年 5 月，国土资源部在《招标拍卖挂牌出让国有土地使用权规定》中提出，各类经营性用地必须以招标、拍卖或者挂牌方式出让。因其大力推行招拍挂制度，严禁经营性用地的协议出让，而被业内外称为一项重大的“土地革命”。此后，全国经营性用地的招拍挂出让面积和价款大为增加，从 2001 年到 2006 年，全国土地招拍挂面积由 0.66 万公顷增加到 6.65 万公顷，收入由 492 亿元增加到 5492 亿元，分别增加到原来的 10.08 倍和 11.16 倍。2007 年 10 月，国土资源部在修订了的《招标拍卖挂牌出让国有建设用地使用权规定》中对国有建设用地使用权的招标、拍卖、挂牌出让中一些重要环节作了新的规定，同时强调了工业用地的公开出让，这些规定更加符合《物权法》等有关法律法规的精神，对建设用地市场的规范、健康发展具有重要引导作用。与此相对应的是土地出让收入的飞涨。数据显示，全国招拍挂土地面积从 2006 年的 6.65 万公顷增加到 2012

① 蒋省三、刘守英、李青：《中国土地政策改革：政策演进与地方实施》，上海三联书店 2010 年版，第 24 页。

年的32.28万公顷，年均增幅达到80.90%；收入从5492亿元增加到2.69万亿元，年均增幅达到81.63%。

综上所述，近30多年来，中国城市国有土地资源配置经历了一条从无偿、无限期和无流动的划拨使用到有偿、有限期和有流动的市场化利用方式转型之路。在土地所有权属于全体劳动人民即由国家代表时，问题的核心在于如何体现国家所有者的土地资产收益；在所有权与使用权相分离后，则进一步转化为国有土地使用权的有偿出让问题，其关键点又在于如何理顺土地划拨与土地出让的关系。中国城市国有土地资源配置的市场化正是沿着“无偿划拨制度——以划拨为主的双轨制—规范化的双轨制和多轨制”这一轨迹进行演化，体现了土地资源配置效率改进的客观要求。

第二节　中国土地资源市场化配置中的二阶效率考察

一　土地治理结构状况

经过30多年的市场化改革探索，土地资源的市场配置方式业已形成。在现行法律下，国有土地属于全民所有制，由国务院代表国家行使。因此，国有土地所有权是不流动的，也就无法形成真正的国有土地所有权市场。一般来说，国有土地市场是指其使用权市场，因为“土地使用权可以依法转让”（2004年《土地管理法》第二条）。从实际规模和经济影响来看，国有土地使用权市场是我国土地市场的主体。同时，“国家为了公共利益的需要，可以依法对土地实行征收或征用”（2004年《土地管理法》第二条）。在实际操作中，政府垄断了国有土地市场供给，因为只有政府才足以代表国家以公共利益需要之名行使征收农村集体土地职能。由此，农村集体土地所有权交易也只能发生于政府和劳动群众集体之间，即只有政府才能以征地方式将农村集体土地变更为国有土地，且不可逆，故而农村集体土地所有权市场直指政府征地市场。在政府规制下，农村集体土地使用权交易可以在有限范围内存在，比如现行法律规定下的农地使用权流转市场、四荒地使用权拍卖市场、集体林地承包经营市场等。这种农地使用权的市场配置仍有很长的路要走，目前社会各界主要聚焦于“三权分离”下的农地经营权流转市场形成问题，对农村集体建设用地使用权也主要集中于农村集体经营性建设用地入市试点问题，其市场规模和经济效益仍是可圈可点。在中国城乡土地割裂状态下，一般意义上的土地市场主要是指城市国有土地市场，本部分意在顺其意取之。

在国有土地市场化配置形成过程中，我国土地使用权市场体系目前已初具雏形，土地供求关系业已形成，土地市场运行较为顺畅，基本上形成了由“土地征购市场—土地一级市场—土地二、三级市场”组成的土地市场治理结构（见图3－2）。首先，在征购市场中，政府通过征地方式将集体土地转变为国有土地；同时，以收购和收回等方式将存量国有土地收回，从而形成了土地市场储备，此时政府作为土地需求者，垄断了买方市场。然后，在土地一级市场中，政府通过出让、租赁、划拨、作价入股和授权经营等多种供地方式将土地推向市场，此时政府作为土地供给者，垄断了卖方市场。最后，在土地二、三级市场中，各土地使用者可根据需要选择转让、出租、抵押、置换等方式进行市场交易，这是一个相对自由的不完全垄断市场，市场机制和价格机制发挥了一定的作用。此时，政府的作用有所淡出，但仍保留部分权限管制，比如划拨用地不得自由交易。

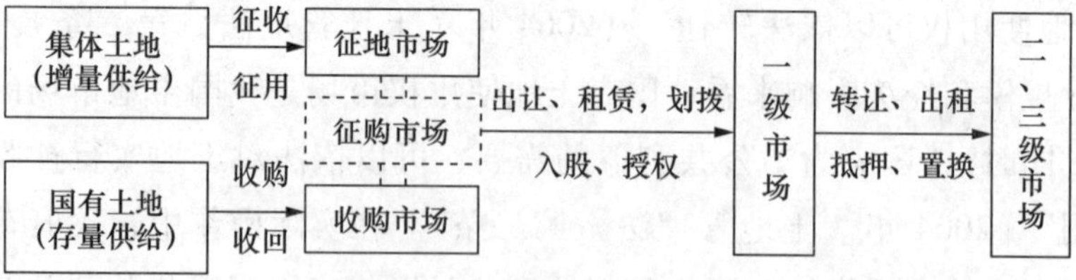

图3－2　国有土地市场治理结构

（一）土地征购市场状况

在征地市场中，所征收的土地，“按照被征收土地的原用途给予补偿”（2004 年《土地管理法》第四十七条）。如果被征收的是耕地，则其土地补偿费按该耕地被征收前三年平均年产值 6—10 倍来计算，农业人口的安置补助费则按 4—6 倍来计算，二者总和最高不得超过 30 倍。这显然是一个非常具有垄断性的法律规制，因而在实施中遭到了失地农民各种形式的抵制。在 10 多年的利益博弈中，为了缓和矛盾，政府有所让步。2007 年通过的《物权法》第四十二条中规定“征收集体所有的土地，应当依法足额支付土地补偿费、安置补助费、地上附着物和青苗的补偿费等费用”；在 2012 年年底，国务院常务会通过的《土地管理法修正案》草案中规定“征收农民集体所有的土地，应当依照合法、公正、公开的原则制定严格的程序，给予公平补偿。”然而，这依然是一些原则性的条款，具有可操作性的实施条款至今仍未能实现突破。实际上，在相关配套改革未能有效推进的情况下，政府征地改革仍不敢贸然行动，尤其是地方政府在对“土地财政”的严重依赖下，早已与中央政府的征地目标函数不一致。

（二）土地一级市场状况

在政府垄断下的土地一级市场中，土地出让和租赁属于市场化的供地方式，其经济收益可观；土地划拨属于非市场化的供地方式，实行无偿供给；处于二者之间的作价入股和授权经营则是准市场化的供地方式，仍属于有偿使用范畴。在市场化供地方式中，土地出让又包括协议出让、招标出让和拍卖挂牌出让三种。统计数据显示（见表 3－1），在土地一级市场中，以市场化配置方式为主，在 2001—2010 年总共出让了 200.89 万公顷，其比重高达 69.76%；非市场化的划拨用地方式次之，总占比为 28.36%；而准市场化配置或其他配置方式的比重显得非常低，仅在总量中占比为 1.88%。从走势来看，非市场化配置的比重呈下降趋势；相反，市场化的配置方式呈总体上升趋势，这又主要表现为占绝对优势的出让方式的上升，其占比在 10 年间走高了 17 个百分点，均值达到 66.10%；相形之下，租赁方式比重非常低，仅占 3.65%，且呈下降趋势。

表 3－1　　2001—2010 年土地一级市场配置方式统计

年份	市场化配置				非市场化配置		准市场化配置	
	出让		租赁		划拨		授权经营等其他	
	面积（千公顷）	比重（%）	面积（千公顷）	比重（%）	面积（千公顷）	比重（%）	面积（千公顷）	比重（%）
2001	90.39	50.59	10.13	5.67	73.98	41.40	4.18	2.34
2002	124.23	52.77	17.56	7.46	88.05	37.40	5.60	2.38
2003	193.60	67.59	10.55	3.68	65.26	22.78	17.02	5.94
2004	181.51	70.38	8.77	3.40	62.05	24.06	5.58	2.16
2005	165.59	67.79	8.04	3.29	64.62	26.45	6.02	2.46
2006	233.02	75.95	7.59	2.47	63.79	20.79	2.41	0.79
2007	234.96	68.71	29.40	8.60	76.09	22.25	1.53	0.45
2008	165.86	70.82	3.62	1.55	62.38	26.64	2.33	0.99
2009	220.81	61.06	9.03	2.50	122.29	33.81	9.52	2.63
2010	293.72	67.90	0.55	0.13	138.27	31.97	0.02	0.01
合计	1903.69	66.10	105.24	3.65	816.78	28.36	54.20	1.88

资料来源：《2011 年中国国土资源统计年鉴》。

在市场化配置的出让方式中，主要包括协议出让和招拍挂出让方式，就市场化程度而言，前者要低于后者。如图 3－3 所示，我国土地协议出让宗数在 2003 年以前数额很大，都在 14 万宗以上；在 2004—2007 年，交易量有所减少，大致在 10 万—14 万宗；到 2008 年以后，交易量已下降到 7 万宗以下，从而呈现出总体下降趋势。与此相反，市场化程度较高的招拍挂出让方式，则由 2001 年的 2.49 万宗的交易量增加到 2010 年的 8.04 万宗，增长了 222.48%，年均增长率达 24.72%，并呈现出总体上升态势。

进一步考察发现，各种配置方式的区域差异比较明显。在土地市场化配置中，土地出让方式在全国占比是最高的，然而其优势地位在各个省份却不尽相同，在有的省份甚至低于租赁供地。比如黑龙江

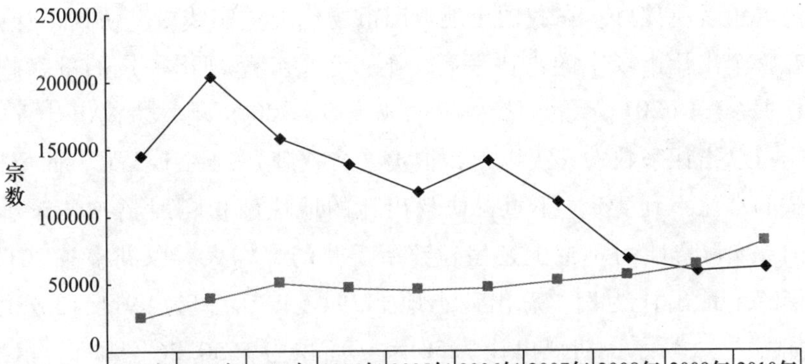

	2001年	2002年	2003年	2004年	2005年	2006年	2007年	2008年	2009年	2010年
◆ 协议(宗)	145228	203866	157381	138111	117642	140933	109748	68093	59372	61551
■ 招拍挂(宗)	24929	38897	50006	46739	44470	45734	50656	55265	63126	80390

图 3-3　2001—2010 年国有建设用地协议/招拍挂出让宗数

资料来源：《2011 年中国国土资源统计年鉴》。

省，在 2009 年的土地一级市场中，供地面积大小顺序依次是租赁、划拨和出让，分别占比为 46.93%、32.40% 和 20.67%。同时，在不同的年份，其配置方式的比重也未必稳定。比如湖南省，在 2009 年时，土地出让、划拨和租赁面积分别为 4565.58 公顷、2365.32 公顷和 7.89 公顷，占比分别为 65.80%、34.09% 和 0.11%；然而在 2011 年时，其面积和占比则发生了根本性的变化，分别为 9911.13 公顷（34.14%）、19119.61 公顷（65.86%）和 0 公顷（0%）。

不同出让方式，其出让价格不一样，对土地市场所产生的影响也不尽相同。相对来说，协议出让没有完全进入公开市场，其市场化程度自然是最低的。笔者根据《湖南国土资源公报》（2012）中的数据整理，发现在湖南省 2011 年的土地出让中，协议出让均价为 429.12 元/平方米，而招拍挂的均价则高得多，达到 908.76 元/平方米。在招拍挂中，招标的均价最低，为 588.23 元/平方米；拍卖的均价最高，达到 1499.62 元/平方米；挂牌的均价处于中间状态，为 869.60 元/平方米。由此看来，其市场化程度依次为拍卖、挂牌、招标和协议出让。

正因为协议出让的市场化程度低，在半透明的市场化条件下往往为寻租者所偏好。在我国土地资源市场化配置实践中，协议出让宗数在整个出让市场中的占比最高，不过近些年呈现出一定的下降趋势。根据李涛（2012）的研究显示，从 1993—2009 年，协议出让方式平均占总出让宗数的 3/4 以上，拍卖（含挂牌）约占 1/5 强，而招标方式的占比不到 2%。不过，协议出让的地块面积相对招拍挂较小些，因此实际影响力不似上述宗地数所反映的那样大。以湖南省 2011 年国有土地出让为例，总出让土地 11141 宗（面积为 9911.13 公顷）。如图 3－4 所示，协议出让 7258 宗（面积为 1050.26 公顷），招拍挂出让 3383 宗（面积为 8860.87 公顷），平均每宗协议出让的土地面积是 0.14 公顷，而招拍挂则达到 2.62 公顷，仅为后者的 5.52%。从出让宗数来看，协议出让占比高达 65.15%，而招拍挂只有 30.37%，其中，招标、拍卖、挂牌的占比分别为 0.11%、6.96%、27.79%。但从出让面积来看，则完全颠倒过来了：协议出让占比为 10.60%，招拍挂占比高达 89.40%，其中，招标为 0.26%，拍卖为 5.67%，挂牌为 83.48%。由此看来，在市场化出让中，今后应以招拍挂出让为主。

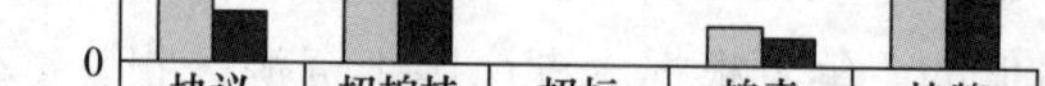

	协议	招拍挂	招标	拍卖	挂牌
□ 宗数(宗)	7258	3383	12	775	3096
■ 面积(公顷)	1050.26	8860.87	25.29	562.08	8273.5

图 3－4　2011 年湖南省土地出让宗数及面积对比

资料来源：根据《湖南国土资源公报》（2012）中的数据整理。

（三）土地二、三级市场状况

在土地二、三级市场中，国有土地使用权再次进入市场配置，相对而言，国家垄断力量在减弱，市场竞争广泛存在，价格机制作用明显，因此，可以认为这是一个垄断竞争型市场或者说是不完全竞争市场。此时，土地使用权的市场配置方式主要包括转让、出租、抵押、置换等，市场配置中的土地供给主体呈现多元化，它们主要是土地一级市场中的需求者，包括地产经营者、非地产经营企业、城市居民以及各级政府机关、社会团体和非营利机构等。在土地使用权的市场化流转过程中，原占据主导地位的土地转让已经让位于土地抵押，而土地出租的比例一直很低。在1993—2005年，我国土地转让面积由0.90万公顷增加到5.11万公顷，相对比重则由80.19%下降到9.49%；而土地抵押面积变化趋势刚好相反，由10.58%增加到89.38%；土地转让的比重一直很低，且一直呈下降趋势，由1993年的9.24%下降到2005年的1.13%。

二　土地治理结构效率分析

（一）治理结构的效率追求

土地市场的建立与完善，是政府追求土地资源利用效率的重要举措（谭荣、曲福田，2009）。但是，任何单纯地依靠土地市场就能达到土地资源利用效率的想法无疑是天真的，这在理论上已被公共选择学派所否定；同样地，任何单纯地依靠政府行政划拨的土地资源配置思路也是过于极端的，这在事实上已被我国30多年的土地制度改革所证伪。其实，土地资源配置中的政府与市场如何定位或者说如何划定政府与市场在土地资源治理上的边界，始终是经济学关注的焦点。在新制度经济学的框架下，政府与市场只是两种不同的治理结构，如何选择？其关键在于二者所产生的交易成本大小。在交易成本最小化目标取向下，政府与市场的边界在理论上是清晰的，由此需要明确政府与市场的职能范围。然而，在土地资源配置实践中，其边界更多的是处于一种有意的模糊状态或者说呈现出一种带状的边界域。一种可能的解释是单纯的市场治理结构或政府治理结构被政府与市场的混合治理结构所替代，能否成为一种有效率的经济替代则取决于其交易成本大小的精细比较。

在交易成本经济学的分析框架下，土地资源的有效配置关键在于寻找合适的治理结构。实际上，市场治理和政府治理都是两个极端，不可全用也不能滥用。在新古典经济学的框架下，基于外部性或市场失灵考虑，有时不得不采用政府治理结构，但政府失灵的广泛存在又需要慎用政府治理结构，因而通常的治理结构是一种市场与政府的混合型。从新制度经济学出发，遵循交易成本最小化准则，在理论上可以选择不同状态下最为合适的治理结构。

如图 3 -5 所示，在土地资源配置的最优治理结构选择中，横坐标是交易属性，纵坐标是交易成本，P_m 为市场治理结构下的交易成本曲线，P_i 为层级治理结构下的交易成本曲线，P_y 为混合治理结构下的交易成本曲线。P_m 与 P_y 相交于 M 点，意味着在 K_m 状态下，市场治理结构与混合治理结构所带来的交易成本是一样的；在 M 点左边，市场治理结构下的交易成本要低于混合治理结构下的交易成本（即 $C_{CM} < C_{BM}$），在 M 点右边则刚好相反，即混合治理结构是节约交易成本的。同样，P_y 与 P_i 相交于 N 点，即在 K_h 状态下，混合治理结构与层级治理结构所带来的交易成本相等；在 N 点左边，混合治理结构的交易成本低于层级治理结构的交易成本（即 $C_{BN} < C_{AN}$），在 N 点的右边则是层级治理结构的交易成本较低。在交易成本最小化准则下，C_{CM}、C_{MN}、C_{NPi} 分别为每一区间段的最优治理结构，折合在一起即图 3 -5 中的虚线 $CMNP_i$，此为土地资源配置中的最优治理结构。

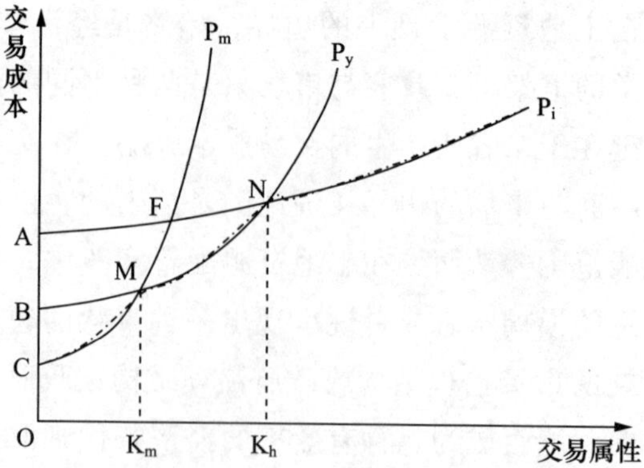

图 3 -5　土地资源配置的最优治理结构

需要指出的是，在土地资源配置中存在着一个层级治理结构与市场治理结构的分界点，即图 3－5 中 P_m 与 P_i 的交点 F。在 F 点左边，市场配置是低成本的（即 $C_{CF}<C_{AF}$），在 F 点右边则政府行政配置是有效率的。尽管在 F 点处，市场治理结构和政府治理结构所带来的交易成本节约是一样的，但是却要比市场与政府的混合治理结构耗费更多的交易成本，这也从侧面反映了混合治理结构不是市场治理结构和政府层级治理结构的简单叠加。更一般地，在交易属性 K_m 到 K_h 之间都是混合治理结构占优，成为一种比任何单纯的市场治理结构或层级治理结构都要节约交易成本的治理结构。从 $C_{MN}<C_{MF}+C_{FN}$ 也可以看出，在 F 点左边采用单纯的市场治理结构以及在其右边采用单纯的层级治理结构，一起所耗费的交易成本要高于同期采用的混合治理结构。同时，F 点的经济效率最终被混合治理结构的经济效率所抛弃，也从一个侧面说明土地资源配置中的治理结构不可简单地从一个极端转向另一个极端，我国土地资源市场化配置的实践正是沿着这一路径不断地朝着混合治理结构方向进行改进，节约了近似三角形 FMN 部分的交易成本，从而获得了治理结构转型的经济效率。

由于不同的交易属性需要不同的交易成本，即便是同样的交易属性，在不同的治理结构下，其交易成本也是不一样的，故交易成本最小化的治理结构只是一种动态中的比较静态。可以认为，不管是市场治理结构还是政府治理结构，抑或是混合治理结构都不是恒定的，它只是交易成本最小化的一种结果，或者说是某种交易属性下的理性选择。因此，在实际决策中，不可盲目地追求市场治理结构效率或政府层级治理结构效率。

在我国土地资源配置实践中，从计划配置到市场配置的转型一直都在进行，体现了对土地资源治理结构的效率追求，其实质就是选择更为合适的治理结构。目前，征购市场仍处于政府主导下的科层治理结构状态，土地一级市场可以划归为政府垄断型的混合治理结构，而土地二、三级市场则是一种有政府调控的市场治理结构。

从土地资源配置的市场流通过程来看，首先发生在征购市场，现实选择中的治理结构是政府主导下的层级制。不管是集体土地的征收，还是存量国有土地的收购，都带有一定的公益性，若由完全的市场配置将产生更高的社会交易成本。

在征地市场中，由于土地供给来源于农村集体土地，在我国集体土地产权模糊状态下，贸然采用全方位的市场制，将可能导致更为严重的过度农地非农化行为而危及国家粮食安全、生态安全等，也可能导致城市公益建设更加高昂的谈判成本而使城镇化受阻，抑或是因抽去“土地财政”即动摇地方政府的命根子而形成更大的行政阻滞成本，还可能导致城郊区更多“一夜暴富”的新的社会食利阶层而有失社会公允（贺雪峰，2010），甚至还可能引发“土地保障功能”失守后的其他社会问题。从这个意义上来看，现行征地市场中的政府层级治理结构是一种有效率的制度选择。诚然，其效率改进尚留有巨大空间，主要集中于政府公益性征地范围的有效界定和执行以及经营性用地的市场配置和配套改革的及时跟进等方面。

在收购市场中，由于历史原因，我国在计划经济时期的土地供给是无偿、无限期和无流动的，这些反市场行为在土地资源配置过程中将不可避免地导致制度冲突和裂痕，即便是土地市场发展至今，依然存在大量的国有土地行政划拨行为，面对这样一个不可忽视的存量国有土地市场，只有国家才是合理合法的收购者，当然不适合采用全面的市场治理结构。

从国有土地的形成来看，政府在征购市场中的垄断地位有效保障了其土地需求，同时也保障了其在土地一级市场中的垄断供给，其垄断效率是与征地市场效率融为一体的，或者说政府垄断在征地市场中的有效性是以土地一级市场中的垄断效率性损失为代价的，因而存在着无谓的效率损失。但是从我国土地一级市场供给方式的改革历程来看，其治理结构的交易成本节约是明显的。它首先是从单一的土地行政划拨开始，然后才慢慢出现市场化配置的土地租赁、出让以及准市场化配置的作价入股、授权经营等方式，这本身就体现了土地治理结构效率的改进方向，即由单纯的层级治理结构转向混合治理结构。在土地划拨与土地出让等供地方式并存下，其治理结构效率状态自然是与其所处的市场化程度相关，即可以通过土地市场化水平来反映这种市场化配置中的混合治理结构效率状态。在土地市场化水平测度中，通常是以土地使用权转移方式（如招标、拍卖、挂牌、协议、租赁和划拨）所发生的实际份额（如土地交易宗数、面积、价款等）的比重来衡量。根据钱忠好、牟燕（2012）的研究数据显示，在2003—2008年，我国土地一级市场的市场化水平由2003年的23.83%上升到2008年的29.48%，年均增长率为1.13%，呈现出总体不断上升的趋势（见图3-6），从而反映了我国土地一级市场中政府垄断型的混合治理结构效率呈不断改进状态。

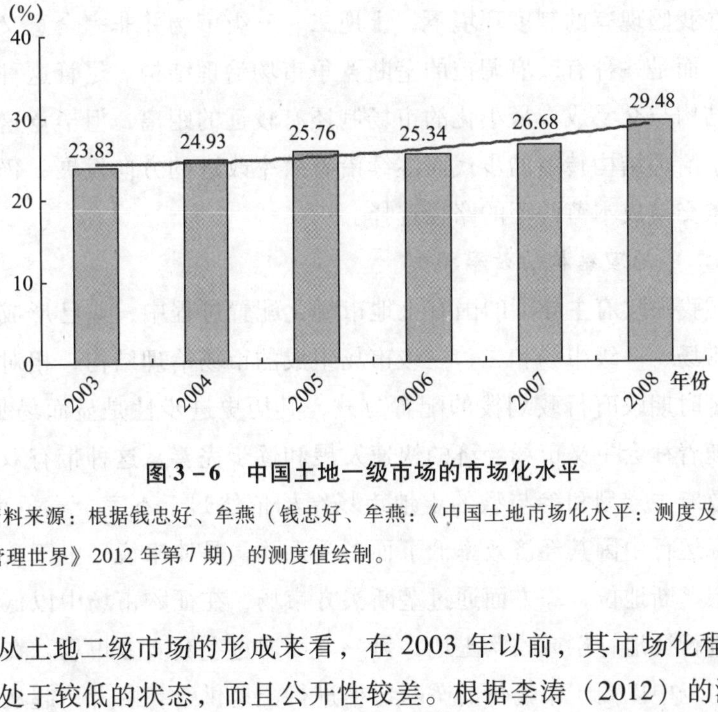

图3-6　中国土地一级市场的市场化水平

资料来源：根据钱忠好、牟燕（钱忠好、牟燕：《中国土地市场化水平：测度及分析》，载《管理世界》2012年第7期）的测度值绘制。

从土地二级市场的形成来看，在2003年以前，其市场化程度一直都处于较低的状态，而且公开性较差。根据李涛（2012）的测算，在2002年以前，我国某些年份还交替出现土地二级市场中的转让均价低于土地一级市场中的出让均价现象，即在土地二级市场中出现了价格倒挂现象。这显然是一个缺乏效率支持的市场治理结构。不过在2002年之后就再也没出现了，土地转让均价不但高于土地出让平均价，还高于土地公开出让均价，说明随着市场化程度的提高，市场的公开透明度加大，土地市场在层次上的差价显得更趋合理。[①] 发展至今，市场竞争早已存在，价格机制已充分发挥作用，政府的高度垄断渐行渐远，相对来说是一个比较市场化的治理结构，获得了理论与实践中的经济效率支持。但这并不意味着政府干预的消失；相反，它仍然要受到诸多政策法规的限制，比如对划拨土地、租赁土地、授权经营土地等，在使用权流动方面就设置了较多限制。同时，为了规范土地二、三级市场中的交易行为，政府层级制在土地用途管制、土地规划利用、土地基础调查和土地管理等方面还在积极地发挥作用，尤其是在城市房产、地产等市场方面发挥着宏观经济调控作用。总体看来，在我国现有的制度环境下，土地二、三级市场并非完全意义的市场制，而是一种有政府调控的垄断竞争市场治理结构。尽管这种市场治理结构与交易成本最小化的市场制还有较远的距离，但毕竟这已经迈开了治理结构转型的步伐而继续沿着效率改进的方向发展，仍不失为一条交易成本节约型的路径选择。

（二）治理结构的效率损失

在我国政府主导下的国有土地市场化配置过程中，业已形成了由征购市场、一级市场和二、三级市场组成的市场治理结构，相对于计划经济时期政府行政划拨的配置方式，其历史进步性是显而易见的，但是随着社会主义市场经济的快速发展和逐步完善，这种带有双层垄断的政府主导型和参与型的土地市场结构依然归于不完全竞争市场，在实际运行中因其经济效率低下而备受诟病。具体来说，由于政府处于双层垄断地位，一方面通过垄断买方市场，在征购市场中以低于市场价进行征地补偿或收购土地；另一方面通过垄断卖方市场，在土地一级市场中以高于市场价的垄断价格进行土地供给，两者一起从而获得了巨额的垄断利润，其经济代价正是社会福利的损失。

在征购市场中，政府是唯一合法的征购者。如果将其看成市场交易行为，则政府属于土地要素市场中的需求者，且具有明显的买方垄

---

① 李涛：《中国土地市场：运行机制、宏观调控和绩效评价》，经济科学出版社 2012 年版，第 96 页。

断特征。如图 3－7 所示，在不完全竞争的土地要素市场中，p(q) 为土地要素的价格函数，即土地供给曲线；边际收益产品（MRP）是指每增加一单位要素投入所增加的收益，其表达式为 $[p'(q)q+p(q)]q'$；边际要素成本（MFC）是指每增加一单位要素投入所增加的成本，为可变成本的导函数。若在完全竞争市场中，其均衡点在 E^0 处，交易价格为 p^0，土地要素交易量为 q^0。但是在买方垄断下，存在着正的交易成本，使 $MFC>p(q)$，故边际要素成本曲线在供给曲线的左上方。在 $MFC=MRP$ 时，即在 E^* 点达到市场均衡，此时土地交易量为 q^*，均衡价格为 p^*。但是，在买方垄断下，政府会选择以要素供给曲线定价，即符合要素供给者意愿的价格 p^s 来购买土地。不难看出，买方垄断下的交易价格和交易量均低于有效率的市场交易价格 p^0 和土地使用量 q^0，土地要素所有者仅仅获得了矩形 p^sOq^*F 的收益，显然要小于完全竞争市场中矩形 $p^*Oq^0E^0$ 的收益。在此过程中，政府因垄断而获得了矩形 $p^*p^sFE^*$ 的垄断收益；并造成了 E^0E^*F 区域的无谓损失。在我国征地实践中，法律规定以被征土地原用途制定赔偿价，即没有考虑供给曲线所反映的供给者行为，而是继续压低价格，使之低于 p^s 价，从而带来了诸多征地冲突、激烈反叛、群体性事件等社会问题。这些显然要归结于政府的征地垄断及其经济效率低下问题。

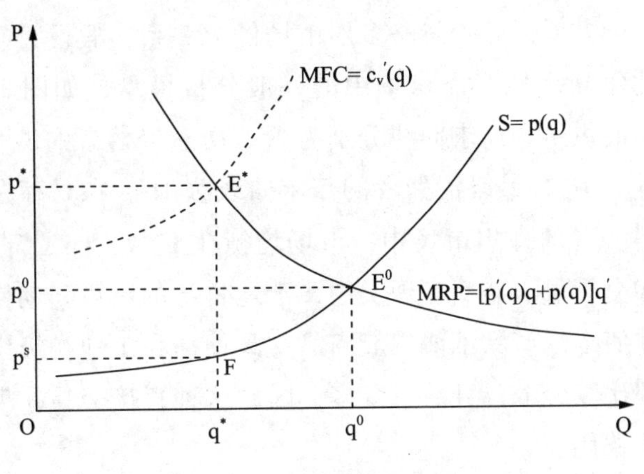

图 3－7　不完全竞争要素市场的均衡

在土地一级市场中，也只有国家才是合法的土地供给者，从而形成了政府垄断土地供给的卖方市场结构，这是一个近似的完全垄断市场。基于第二章第三节的分析，在政府垄断土地供给条件下，其最优供给量将在边际收益等于边际成本时达到：

$$p'(q^m)q^m + p(q^m) = c'(q^m)$$

即最优供给量发生在图 2－4 中 E_m 点处，此时的土地供给量为 q^m。而政府则借助其垄断地位，将以土地市场需求来定价，即以 p^m 的垄断高价供给土地，从而获得了 $E_m p'^m p^m F$ 区域的垄断利润，这也就是作为国有土地所有者所获得的超额收益。但同时却也带来了DWL的社会福利损失，故而属于低效供给行为。

如果将土地“征购市场——级市场—二、三级市场”看成是产品流通中的市场链，那么政府的上述双层垄断行为就发生在产品链的前两端，即在征购市场中既是初级产品的需求垄断者，同时又是一级市场中的产品垄断供给者。由此，可以将上述过程置于一个框架内分析，整个链条为“初级供给者—征购者（经营者）—最终消费者”。在我国土地市场交易实践中，政府既充当着公共利益维护的“公益人”角色，又充当着城市建设发展的“土地垄断经营者”即“参与人”角色，这种双重职能的叠加，必然导致政府垄断经营权的滥用，从而成为一种非经济效率行为。

为了分析方便，此处忽略多层市场供求关系，假设只有一层供求关系，以此建立土地产品市场中的一般分析模型，如图 3－8 所示。设初级产品的供给、需求曲线分别为 S_0、D_0，经营者的供给、需求曲线分别为 S_m、D_m，最终消费者的需求曲线为 D_e。在只存在最初供给者和最终消费者的理想市场中，市场均衡在 E_0 处，p^0、q^0 分别为均衡的价格和交易量。然而在现实中，土地自身的不可移动性、地域性等特殊属性使土地产品不似一般商品交易便捷，土地初级供给者和最终消费者都比较分散，且数量众多，因而这种直接交易在现实中被中间经营者所替代。

假设在中间经营者介入过程中，边际价格差额不变，其供给曲线 S_m 与 S_0 平行，则经营者和最终消费者的市场均衡发生在 E_m 点处，

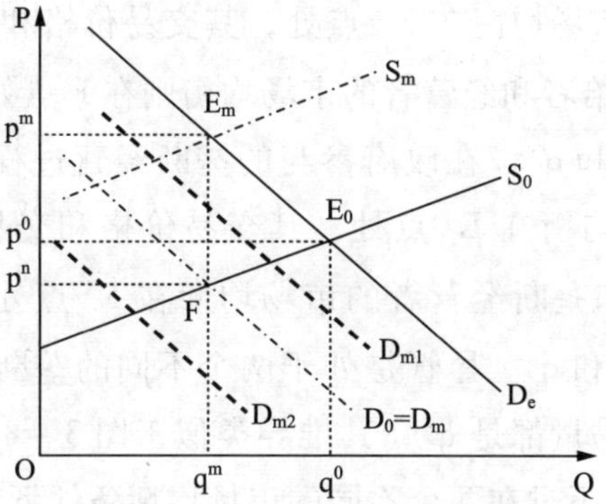

图 3－8　土地产品市场的一般模型

p^m、q^m 分别为均衡交易价格和交易量，价格差额 C_m 为 S_m 与 S_0 之间的垂直距离。而在初级供给者和经营者的市场中，只有在经营者的需求曲线 D_m（即初级产品的需求曲线 D_0）与初级产品的供给曲线 S_0 相交于 F 点时，即在交易量为 q^m 时才能达到有效的均衡。不然，倘若经营者的需求曲线 D_{m1}（或 D_{m2}）所在的位置，这意味着经营者购置的土地量大于（或小于）最终消费者的均衡需求量 q^m，由此将出现土地闲置（或土地存量不足），这样在市场作用下，理性的经营者将减少（或增加）购买量，从而使 D_{m1}（或 D_{m2}）下移（上移）到 D_m 的位置。

在此过程中，土地经营者在市场机制作用下做出理性决策，将以 p^n 的价格在初级产品市场上购置土地，再以 p^m 的价格在下一级产品市场中卖出土地，从而获得了其作为中间经营者的利润份额（即矩形 $E_mp^mp^nF$ 部分）。尽管此时并不存在垄断行为，但还是带来了三角形 E_mFE_0 部分的效率损失。结合我国土地市场运行实情，政府其实就在扮演着这一中间经营者的角色，而且由于政府在征购市场和一级市场中的垄断地位，往往导致了更低的交易效率和更高的交易成本。

在图 3－9 中，假设 S_g、D_g 分别为处于垄断地位的征购者的供给、需求曲线，显然，它们分别处于中间经营者的供给曲线（S_m）和需求曲线（D_m）的左上方和左下方。在没有垄断经营的情况下，经营者和最终消费者的市场均衡在 E_m 点处，其交易价格和交易量分别为 p^m 和 q^m；而初级供给者和经营者的市场均衡则在 F 点处，其交易价格和交易量分别为 p^n 和 q^m。在政府参与的垄断经营过程中，征购者和最终消费者的市场均衡在 E_{g1} 点处，其交易价格和交易量分别为 p^{g1} 和 q^g；初级供给者和垄断经营者的市场均衡在 E_{g2} 点处，其交易价格和交易量分别为 p^{g2} 和 q^g。尽管是处于两个不同的垄断市场，但是有效率的市场均衡交易量都是 q^g（其推导类似于图 3 - 8 中有效率的中间经营者交易量），不过在两个不同的市场均衡条件下产生了市场差价，即 $p^{g1} - p^{g2}$，显然 $p^{g1} - p^{g2} > p^m - p^n$。由此可见，在垄断市场条件下，政府在征购市场中以更低的价格（$p^{g2} < p^n$）实现了均衡，同时在土地一级市场中实现了更高的售价（$p^{g1} > p^m$），而市场均衡的交易量 q^g 则得到了更多控制，从而获取了矩形 $p^{g1}p^{g2}E_{g2}E_{g1}$ 部分的垄断利润（矩形 p^mp^nNM 部分属于政府作为中间经营者的利润），也导致了三角形 $E_{g2}E_{g1}E_0$ 部分的效率损失。其中，在征购市场中，垄断导致了梯形 $p^np^{g2}E_{g2}F$ 部分的消费者剩余减少，政府获得了矩形 $p^np^{g2}E_{g2}N$ 部分的垄断利润，而 $E_{g2}NF$ 部分则成为无谓的效率损失；同样，在土地一级市场中，垄断导致了梯形 $p^{g1}p^mE_mE_{g1}$ 部分的消费者剩余减少，政府获得了矩形 $p^{g1}p^mME_{g1}$ 部分的垄断利润，E_mME_{g1} 部分自然也就成了无谓的效率损失；另外，原属于中间经营者利润的 $MNFE_m$ 部分也成了政

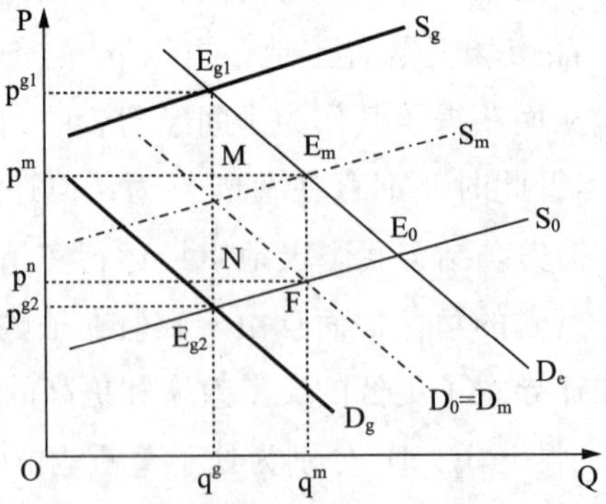

图 3 - 9　政府垄断下的土地产品市场模型

府垄断过程中的社会福利损失，而三角形 E_mFE_0 部分的社会福利损失则是中间经营者的出现导致的。

第三节　中国土地资源市场化配置中的一阶效率考察

我国土地资源的市场化配置过程实际上就是一个土地资源治理结构和制度环境共同优化的过程，其中，治理结构的改进为市场化配置的深入提供了效率基础，而良好的制度环境又为治理结构的优化提供了有效的制度保障。在第二层次的一阶效率追求中，需要注重政治、法律、经济等方面的制度协同效率，任何方面的制度缺失都将导致制度效率的“短板”效应，而在经济制度的效率影响中，作为土地市场内核的产权制度显得非常关键。

一　土地产权制度结构状态

（一）产权与产权制度

产权最初只是一个法学概念，来自人们的财产权利。源于交易成本的研究，科斯（1937，1960）将产权引入了经济学领域，用以分析交易成本与产权制度安排之间的关系，从而拓展了产权的经济学内涵和外延，使人们开始重视产权制度安排对行为主体的激励和约束作用，由此也更加关注产权的经济效率。

在新制度经济学看来，产权制度是人类社会制度集中最基本、最重要的具体制度安排。① 所谓产权制度（Property System），就是一种由既定产权关系和产权规则结合而成的能对产权关系实现有效的组合、调节和保护的制度安排。在现代产权经济学理论语境下，产权是指在合约规定的他人使用权或法律明确限定的权利之外，所有者对其资产的使用和转手的全部权利，即资产的剩余控制权（Oliver Hart，1995），它具有排他性、持久性、转移性、分割性、权利质量和流动

① 袁庆明：《新制度经济学》，中国发展出版社 2005 年版，第 99 页。

性等特征（Scotta，1989）。同时，产权是一束权利（a bundle of rights），由各种各样的或大或小的权利共同组成，外在地表现为一种产权结构状态。如果从最根本的关系上归纳和分类，则主要包括狭义所有权、占有权、处置权和使用权四种；根据产权归属主体的不同，“产权结构可以采取各种不同的形式，私人产权为一个极端，共有产权为另一个极端”。[①]

在我国，土地产权是一束由土地所有权及其派生的使用权、经营权、处置权、收益权等各项权能组合而成的“权利束”。其中，土地所有权是基础，它与经营权、收益权的三权合一成为产权结构的古典形态，其他产权权能细分（比如细分为土地租赁权、土地抵押权、土地入股权、土地典当权、土地发展权等）则是现实中的发展形态，可称为产权的实施形态（张曙光，2011）。现代土地产权制度发展变化的一个显著标志就是所谓“从归属到利用”，即淡化所有权和强化使用权的土地所有权社会化趋势，法律制度由过去的单纯注重确认土地财产归属转向越来越多地着眼于土地财产权的流动和利用。[②]

中国土地资源市场化配置中的产权制度正是由一次次的产权权能细分构成，它发轫于农村家庭联产承包责任制下的土地所有权与承包经营权的第一次分离，并随着农地承包权和经营权的第二次分离而进一步促进了农地流转市场的形成和发育；对城市国有土地而言，正是在有偿使用制度的实施中促使了土地使用权和所有权的分离，并由此加速了城市土地市场的建立和发育。在我国社会主义公有制性质下，土地所有权配置具有典型的城乡分异特征，法律规定城市土地所有权属于国家，而农村土地所有权则属于农民集体经济组织，但国家保留了终极所有权。

（二）国有土地产权制度结构

从产权制度变迁来看，土地产权的市场化配置主要体现在土地使

① 张五常：《经济解释》，易宪容等译，商务印书馆 2000 年版，第 427 页。

② 张合林：《中国城乡统一土地市场理论与制度创新研究》，经济科学出版社 2008 年版，第 235 页。

用权的分离和市场交易方面，而土地使用权的分离又主要源于改革开放后外资企业对城市土地使用费收取等问题的现实思考。具有历史意义的是1982年《宪法》，它首次规定了“城市的土地属于国家所有”，这实际上是一次强化国家土地所有权的行为，并因此奠定了我国城市土地市场发育的所有权基础。1987年，深圳“第一槌”宣告了我国土地使用权的有偿性；在1988年修正的《宪法》中已明确规定“土地的使用权可以依照法律的规定转让”。由此，土地使用权成功分离出来，成为土地市场交易的核心，而国家则凭借其土地所有权在土地一级市场中获得了土地使用权出让收益。在进一步实践中，国家借公共利益的需要垄断了征地市场，而土地使用权的自由市场行为主要发生在二、三级市场，土地产权权能进一步得以细分，主要包括土地使用权、抵押权、租赁权、典当权和入股权等，从而形成了我国城市土地市场化配置中所特有的产权结构（如图3-10所示）。

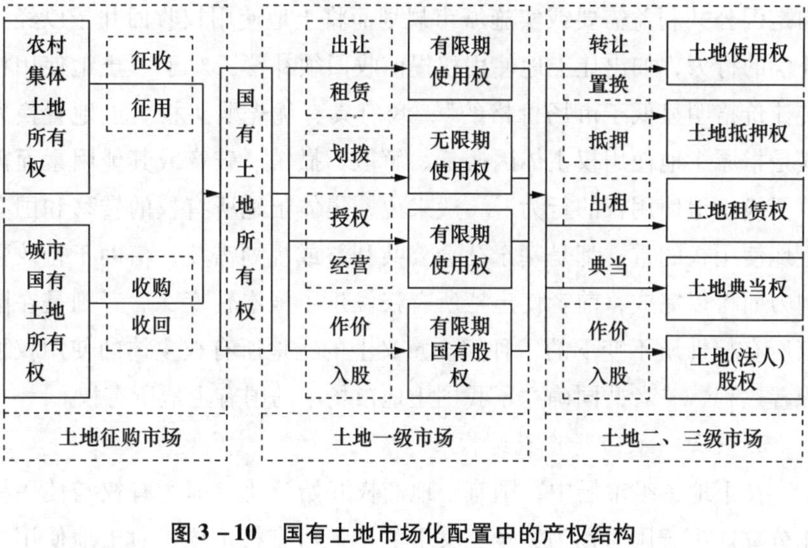

图3-10　国有土地市场化配置中的产权结构

1. 土地征购市场产权结构

在征购市场中，产权的变更主要包括两个方面：一是农村集体土地所有权的转移。这种转移是在土地征收或征用中完成的，国家是唯一拥有合法征地权的行为主体，具有明显的主导性和垄断性；相对而言，原农村集体土地所有者处于被动服从地位，在法律上必须接受政府“为了公共利益需要”的低价征收行为。在土地权能上，原土地所有者的收益权、处置权、发展权和抵押权等受到了较大限制，因而表现为一种残缺的土地产权形态；而政府在将原农村集体土地所有权变更为国有土地所有权后则拥有了完全意义上的土地所有权。二是城市国有土地所有权的重立。在现行法律框架下，城市国有土地所有权的重新确立主要包括无偿收回、有偿收购和置换，如果追溯历史，则还包括 1982 年《宪法》中的直接确认方式，即直接规定“城市的土地属于国家所有”。在现行的国有土地重立中，无偿收回是政府以强制性、无偿性和公益性的方式将原国有土地使用权收归国有，主要包括出让土地的使用权期满收回或未按法律要求开发的行政处罚收回，行政划拨土地的使用权因城市发展和规划需要、因原使用权主体撤销或变更等引起的收回，以及未按时开发的闲置土地收回等方式。有偿收购是因公共利益需要或实施城市规划而将土地使用权收回并予以经济补偿的行为，如出让土地使用权提前收回须补偿；对于“土地使用权转让价格明显低于市场价格的”，政府具有优先购买权。土地置换方式是指原土地使用权主体因搬迁、解散、撤销、破产或其他因素而需要置换土地使用权的行为。一般来说，集体土地所有权的转移和国有土地使用权的重立都是基于社会公共利益或规划需要，借助于行政强制力而得以完成，前者使土地所有权发生了根本转变，后者则是在国家所有权性质不变下的一种完全意义上的土地所有权主体的使用权再配置过程，二者共同确立了我国土地市场中的国有土地所有权。

2. 土地一级市场产权结构

在土地一级市场中，国有土地产权开始分化，即所有权与使用权相分离。由于国家作为完全意义上的土地所有权主体，对土地使用权拥有完整的处置权和收益权。在实际操作中，国家又凭借其垄断身份采用了多种具体形式的土地使用权流转，比如土地使用权的出让、租赁、划拨、授权经营、作价入股等，由此也形成了不同渠道获取土地使用权的用地者之间复杂的权利对比关系，使土地产权结构关系更趋复杂化。一般来说，通过出让方式获取的土地使用权在使用期限、出让金缴纳、出让合同条款规定等方面受到了土地所有者的制约，但可以在二、三级市场中自由转让、抵押、出租、置换等。而通过租赁方式获取的土地使用权期限相对较短、受合同限制较多，虽然还可以进行转让、抵押或变更合同条款，不过其前提是要得到土地所有者的认可。通过划拨方式获取的土地使用权权能相对较大，在权利未发生变更时，与出让土地没有太大区别，在无限期使用条件下更接近于土地所有权；如果权利发生变更，其土地处置权将受到很大限制，需要重新缴纳出让金和行政审批才能在下一级市场中流转。通过授权经营和作价入股获取的土地使用权并不充分，受到了多方限制，主要因为它是在国企改革中作为土地资产处置时的一种过渡性质的变通方式，其土地使用权在作价授权或入股后将受到土地所有者、企业或股东等方面的约束。总体来看，我国在土地一级市场中形成了以土地出让和划拨方式为主、其他为辅的土地使用权流转方式，产权结构中更加凸显了土地使用权的相对独立性，也由此派生出了土地占有权、收益权、处置权、狭义的使用权等各项细分的权能；不过，由不同的流转方式获取的土地使用权的权限各不相同，其权能细分中的约束限制也不尽相同，从而在二、三级市场交易中表现出更大差异性。

3. 土地二、三级市场产权结构

在土地二、三级市场中，主要表现为已经分离出来的土地使用权的流转，包括转让、抵押、出租、典当、作价入股等具体形式。在土地使用权转让中，原土地使用权发生了完全转移，通常有无偿和有偿两种转让方式。其中，赠予方式属于无偿性质，出售和置换则属于有偿转让。在土地使用权抵押中，使用权抵押人可以继续占有土地并获取收益，但对土地的处置权受到了一定的抵押限制，而土地使用权抵押权人可通过收取利息的方式享受土地收益权，并取得到期的优先清偿权。从本质上看，土地抵押权是一项担保物权。在土地使用权出租中，土地租赁权得以分离，由于要受到出租方和土地所有者的双重限制，因而是一项不完全的权利。通常的土地租赁只发生在出让土地使用权上。在土地使用权典当中，主要是以不动产的典当形式出现，通常典当规模较小，成为银行抵押贷款的一种有益补充，在权限上比较接近于土地抵押权。在土地作价入股中，主要是土地使用权人以土地使用权入股，获得企业法人股股权。总体来看，土地二、三级市场中所表现出来的各项权能细分，主要是由土地一级市场中的土地使用权而非所有权派生出来的，因而其权能显得相对不充分。

（三）农村集体土地产权制度结构

相对于城市土地产权结构而言，农村集体土地产权结构的复杂性主要体现于其土地利用类型的多样性和使用属性的差异性上。因而，分析起来相对较为复杂，需要分类划分，区别看待。

单就集体土地的所有权能而言，虽然是为集体经济组织所有，但是可以伸张自己权利的就有乡镇集体经济组织、村级集体经济组织和村民小组集体经济组织三种层级，尤其是在征地补偿等有利可图时多有竞争，利益博弈及纠纷也时有发生。国家虽然具有最终所有权，但是这种权利主要发生于为农地征收提供便利的有限领域等；集体经济组织虽有所有权，但是农用地承包经营权实施之后鲜有所有权收益，其权能基本没有产生实质性作用，因而可以看作是一种虚置的模糊的产权制度结构。

从使用权来看，则要细分为农用地、集体建设用地和未利用地来区别看待。①就农用地而言，随着“两权分离”过渡到“三权分离”，其使用权进一步细分承包权和经营权。其中，承包权是村组成员才可拥有的成员权，属于物权范围，目前不可转让，不能抵押，因而还不具有继承权等权能，也无法融资交易形成土地市场；经营权属于债权，可派生出占有权、使用权、收益权和处分权等权能，具备形成流转市场的基本权能。不过，在我国近 30 年的农地使用权流转实践中，该市场一直是不温不火，尤其是存在着工商资本下乡圈地、农地非农化和非粮化、农民被城镇化等潜在的市场和政策风险，故其市场化进程在短期内难有更大作为。②就集体建设用地而言，又可细分为集体经营性建设用地、宅基地以及集体基础设施和公益性建设用地三大类。由于巨大的经济利益驱使，一直就存在自发入市的暗流涌动，在经济发达村、城郊村等表现得尤为突出。现行政策只允许部分试点区的集体经营性建设用地可以进入市场，与国有土地“同权同地同价”，其旨在化解业已发生的存量问题，对增量问题仍在艰难探索中。实际上，这些集体经营性建设用地在广大农村地区比较分散、数量较多但总量很少，真正的规模市场难以形成。不过，在广州、深圳等经济发达地区的城郊则有较大的商业交易价值。对于农民宅基地则存在房地分离问题：房屋产权归农民所有，宅基地所有权归集体所有，且地随房走；只要房屋存在，其使用权就可归宅基地主人，一旦房屋倒塌或废弃了，集体经济组织就可收回土地使用权。而且规定，集体经济组织成员家庭可免费获得一套房子的宅基地，若需购买宅基地或农村住房则必须在本集体经济组织范围内购买。因此，现行政策下的宅基地交易市场几乎没有存在的空间。对于集体基础设施和公益性建设用地而言，其权益主要涉及征收方面的，在此不做重点讨论。③对于未利用地，主要涉及四荒用地的开采利用问题，一般是开采者在一定期限内具有使用权，往往很难形成规模化的交易市场，故可忽略不计。

总体来看，现行政策下的集体建设用地使用权交易市场非常有限。但是，在农地非农化后所产生的商业价值则非同一般，它客观上诱致了诸多农地隐形市场行为出现，当前政策管控焦点也在于此。随着集体经营性建设用地入市的逐步推进，该市场在不久的将来有望和国有建设用地市场共存。与此同时，各类集体建设用地隐形市场也将与之长期相伴。因此，其产权制度结构和市场结构也将愈加复杂化。

二 土地产权制度变迁效率分析

在交易成本大于零的现实世界中，产权制度是重要的，科斯定理揭示了不同的产权制度安排将带来不同的资源配置效率。产权作为一种社会工具而存在，其重要性就在于它能帮助人们形成合理的交易预期，它具体规定了如何使人收益或受损，以及为调整人们的行为，谁必须对谁支付费用。[①] 在本质上，产权的功能在于降低交易成本，提

① Demsetz H.，“Towards a Theory of Property Rights”，*American Economic Review*，Vol. 5，1967.

高资源配置效率。现代经济学产权理论的基本命题是："产权是一束权利"，即产权界定了产权所有者对资产使用、资产带来的收入、资产转移诸方面的控制权，为人们的经济行为提供了相应的激励机制，从而保证了资源分配和使用的效率。①

在判断制度变迁效率时，通常存在三种不同的标准，即马克思的生产力标准、布坎南的合意一致性标准和科斯的交易成本标准（黄少安，1995）。在交易成本标准下，有效率的制度变迁追求着交易成本最小化。其中，交易成本包括制度本身的成本和制度框架下进行交易行为的成本（科斯，1990）。因此，在经济社会中，如果要对土地产权制度变迁做好与坏的判断，那么判断的依据不仅仅是产权制度本身，还要看在这种产权制度变迁下能否建立起有效的激励机制（赵阳，2007）。具体到当前我国土地产权制度上来，关键就在于它所带来的激励能否满足中国土地市场化配置及其市场交易的需要。

实际上，新制度经济学家也在尝试着从成本与收益的对比中来解释制度变迁效率，其成本主要包括制度变迁过程中的界定、设计、组织等成本和制度运行过程中的组织、维持、实施等费用；其收益则是通过降低交易成本、减少外部性和不确定性等给经济人提供的激励和约束的程度。② 李怀（1999）认为，判断制度变迁优劣的标准不是人们的主观愿望和变革的程度，而是制度的适应性效率如何，它能否提高社会资源的配置效率，达到"帕累托最优"，并在动态中推动社会进步。③ 在土地制度变迁中，不同制度的社会适应性依存于经济体制所面对的历史的、技术的、社会的、经济的环境（青木昌彦等，1999）。由于土地利益关系的复杂性、动态性，与之相关的产权制度好与坏的标准也在随时变化，因此，我们必须在动态中兼顾经济的、政治的、社会的、文化的、历史的多方面因素作评价，即考察的是其

① 周雪光：《"关系产权"：产权制度的一个社会学解释》，载《中国社会学研究》2005 年第 2 期。

② 袁庆明：《新制度经济学》，中国发展出版社 2005 年版，第 261 页。

③ 李怀：《制度生命周期与制度效率递减——一个从制度经济学文献中读出来的故事》，载《管理世界》1999 年第 3 期。

制度环境效率或者说是其制度适应性效率。

（一）理论假设

理论假设：从动态角度来看，中国土地资源市场化配置过程中的产权制度效率呈现出同一轨迹上“先增后减”的倒“U”形规律，同时又在不同轨迹上呈现出间断性的改进特征，有效率的产权制度变迁周期将呈现出衰减规律。

为了说明制度效率在同一轨迹上的倒“U”形变化规律，此处借用黄少安教授（2000）的制度变迁边际效益模型[①]加以分析，所不同的是，笔者将产权权能的细分也看成是两种不同轨迹的制度变迁，而且在每次变迁中的总收益或总成本还包括该产权制度在制度变迁环境中的适应性收益或摩擦性成本，由此便于揭示该产权制度变迁过程中制度结构效益及其运行规律。

如图 3－11 所示，当一种效率取向型的土地产权制度生成以后，将沿着一定的轨迹释放其制度效益，不妨记作第一状态产权制度的运行轨迹。在刚开始时，效率取向型产权制度的总收益曲线 TR_1 将呈现递增态势，但到一定程度时将受到技术边界限制，此时达到最高收益水平，之后呈下降趋势；总成本（包括产权制度自身的执行成本以及与其他制度的调适成本）曲线 TC_1 在制度调适过程中将一直递增，但不同时间段增长率不一样，在初期时需要克服既有制度环境中的阻力而增加调适成本，在后期时又将面临克服制度创新压力所带来的竞争成本。一般情况下，效率取向型土地产权制度必须满足总收益大于总成本（$TR_1 > TC_1$），但也不排除短期内存在总成本大于总收益现象。在土地产权制度的长期运行中，将有总效益曲线 $TE_1 = TR_1 - TC_1$；记作边际效益曲线为 ME_1，则在 E_1 点时取最大值，而在 T_1^* 点时为零，此时土地产权制度的总效益曲线达到峰值 M_1，即制度效率最高。从而在总体上边际效益曲线和总效益曲线都呈现出“先升后降”的倒“U”形曲线状态，只不过总效益曲线的走势相对缓慢些，在 $TR_1 = TC_1$

① 黄少安：《关于制度变迁的三个假说及其验证》，载《中国社会科学》2000 年第 4 期。

时，有 $TE_1=0$，意即原产权制度效率已达临界点（发生在图 3－11 中的 T_1 时刻）。于是，新的产权制度或产权权能细分（不妨设为第二状态的产权制度变迁）出现了，又开始着新一轮的制度变迁周期，即图中 T_1-T_2 时刻的状态。

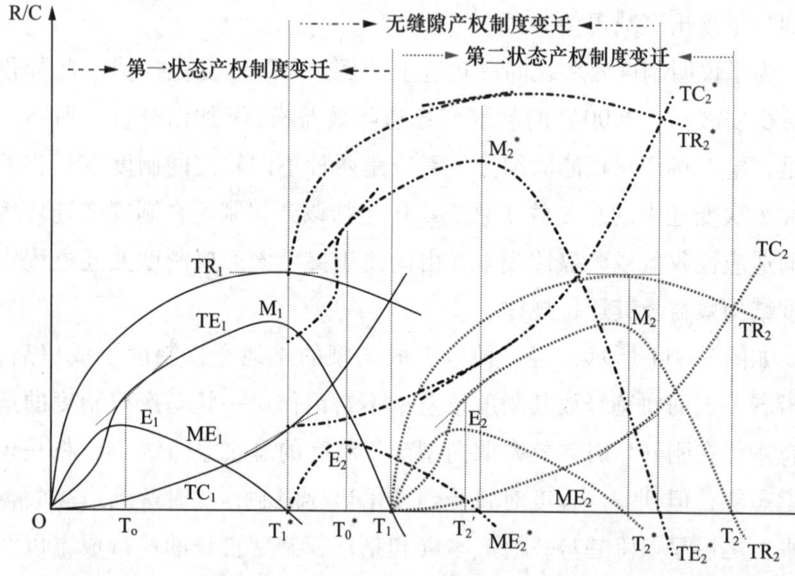

图 3－11　中国土地资源市场化配置中的无缝隙产权制度变迁

一般来说，在产权制度结构的优化过程中，不仅要考虑第一状态的产权制度效率，还要考虑第二状态的产权制度效率，若能实现两种状态的无缝隙制度变迁，则达到了最优的制度环境效率。因此，第二状态的产权制度变迁不必等到总效益为零（$TE_1=0$）时才开始，而应发生在此之前，一个可能的区间是在 T_0-T_1 之间的任意时点。当边际效益为零（$ME_1=0$）时，即在 T_1^* 处可以获得最有效率的产权制度变迁时点，无缝隙的制度变迁正是由此开始。

由于土地制度环境的影响，新制度的实施有一个过程，而原有的（第一状态）产权制度还将在一定时期内沿着既有的路径继续作用，从而表现出一定程度的惯性或路径依赖，如果产权制度改革中的力量极不对称，还有可能进入“路径锁定”状态。于是，从 T_1^* 时刻开始，原产权制度变迁作用将继续，并与新的产权制度变迁状态叠加，由此形成无缝隙的产权制度变迁。在图 3－11 中，就是由第二状态的制度变迁与第一状态制度变迁中 T_1^* 之后的部分在同一区间（T_1^*，T_2^*）复合而成。

为了说明问题，假设第二状态的制度变迁所带来的制度效率与第一阶段的一模一样，那么在同一轨迹上它们的制度效率将呈现出同样增减规律，只不过它们发生的时间先后不一样，其中第二状态的制度变迁是从 T_1 时刻才开始的，不妨将其总收益曲线和总成本曲线分别记作 TR_2 和 TC_2，总效益 TE_2 的峰值记为 M_2，当总效益等于零时则该周期结束，在图中即 T_1-T_2 之间的状态。

为了实现无缝隙的制度变迁，第二状态的制度变迁应与第一状态制度变迁中 T_1^* 之后的部分从 T_1^* 时点开始复合作用，形成图3－11 中 $T_1^*-T_2^*$ 之间的状态。此时，总收益曲线 TR_2^* 将包括两部分，即由新的产权制度带来的总收益 TR_2 和原产权制度惯性下的收益曲线 TR_1 复合而成，其中，TR_1 部分的剩余收益不能全部得到，部分租值消散，部分收益抵消，于是有：$TR_2 \leqslant TR_2^* \leqslant TR_2+TR_1$；随着新产权制度实施和逐渐规范，$TR_1$ 将急剧下降，从而表现为 TR_2^* 的增幅不似 TR_2 快。同时，总成本曲线 TC_2^* 也由两部分组成，即由新的产权制度的实施成本 TC_2 和原有产权制度惯性所带来的成本 TC_1 的一部分，从而有：$TC_2 \leqslant TC_2^* \leqslant TC_2+TC_1$；两相折抵，总效益曲线 TE_2^* 始于 M_1（$TE_2^*=T_1^*M_1$）点，止于 T_2^*（$TE_2^*=0$）点。在此过程中，由于刚开始实施新的产权制度时，与原有的产权制度将产生一定的摩擦，故其总成本增幅将快于 TC_2，不过经过一段磨合期和不断的规范化之后，其增幅又将慢于 TC_2。正是由于 TR_2^* 和 TC_2^* 的不同变化而导致总效益曲线和边际效益曲线的变动幅度更大，从而将导致实际的最大总效益点提前落在 T_2'处，即表征出：$T_1^*T_2'<OT_1^*$，此时 TE_2^* 达到峰值 M_2^*，即最高的制度效率为 $T_2'M_2^*$。

通过上述分析，可以近似地认为边际效益曲线 ME_2^* 也遵循“先升后降”的倒“U”形变化规律，由于 $T_1^*T_2' < OT_1^*$，所以边际效益曲线 ME_2^* 在以更快的速度趋向于零，即在无缝隙产权制度变迁中，其产权结构的制度环境适应性将更强。换言之，有效率的产权制度变迁周期将更短（如果将无缝隙的产权制度变迁看成是一种最优的产权制度环境适应性效率，那么有效率的产权制度变迁周期则是无缝隙产权制度变迁达到最高效益状态所用的时间，即 $T_1^*T_2'$），下一轮的无缝隙产权制度变迁将在 T_2'时刻发生，且 $T_2'T_3' < T_1^*T_2'$，依次类推，将呈现出有效率的无缝隙产权制度变迁周期衰减规律。其政策意蕴在于，当一项产权制度确定之后，其产权权能细分越多，所形成的产权制度结构的适应性就越强，也就越迅速地趋向于最大制度效益状态；动态地看待，在中国经济社会转型时期，没有一劳永逸的产权制度变迁，有效率的产权制度变迁越来越依赖于产权制度变迁。

（二）实践验证

实践验证：我国土地资源市场化配置由于是在“摸着石头过河”式的改革中进行的，主要是采用“小范围试验—经验总结—大范围推广—逐步完善”的制度变迁模式，由此导致的产权制度变迁能大致反映社会需求，比较接近于无缝隙产权制度变迁的初始时刻，但在“路径锁定”下也存在时间超前或滞后的间断性制度变迁现象，从总体上来看，可以验证上述理论假设。

在我国土地资源市场化配置中，其初始产权制度来源于与高度计划经济相对应的社会主义公有制。在农村，由于农村家庭联产承包责任制的实施，使农地所有权与使用权发生了第一次分离，在同一轨迹上较好地佐证了产权制度变迁效率的“先增后减”规律，由地方创新到全面实施后的 1984 年达到最有效率的状态，之后则呈现出制度效率递减规律。到 20 世纪 80 年代末，农地承包权与经营权的分离可以看作第二状态的产权制度变迁，其产权制度变迁的适应性效率有效支持了 20 世纪 90 年代以来农村剩余劳动力脱离土地后的外出务工需求，客观地说，这是一次反映农村土地流转需求的无缝隙产权制度变迁。然而，此后的权能细分较为缓慢，尤其是在农地规模经营背景下，农地处置权并不充分，从而错过了第二次无缝隙的产权制度变迁路径，制度效率改进得以延迟，直到现在农地产权制度效率仍处于 $ME_2^* < 0$ 的低效状态。实际上，我国农地流转率从 20 世纪 90 年代以来就一直处于比较低的状态，没有大的改进。

在城市，1982 年《宪法》首次规定了“城市土地属于国家”，即奠定了城市国有土地所有制的基础。可以将此规定看成是一次国有土地所有权的制度变迁，因为在此之前，我国城市土地存在国家、集体和个人三种土地所有制。这次所有权制度变迁的环境适应性效率体现在：当国家宣布将所有的城市土地实行无偿国有化之时，并未引起土地私有者的多少反对。在当时之所以能得以顺利实施，其根本原因就在于长期以来我国私人土地所有权的不完整性，国家规定只许使用，而不得买卖、出租、抵押或其他形式的转让，即只拥有使用权而没有交易权等其他权利，此时的土地使用权与国家所有权下的土地使用权并无本质差别，因而政策的执行并未增加多少阻滞成本。然而时过境迁，任何一项产权制度在同一轨迹上都将动态地遵循着“先增后减”的倒“U”形规律，这意味着城市土地所有权制度在长期的运行中将逐渐走向效率递减阶段，实际上我国城市国有土地所有权在此之后就一直没有发生真正意义的改变，只是通过对土地使用权的变化来不断强化所有权的经济效益，由此第一状态中的土地所有权制度变迁所隐匿的问题逐渐得以暴露，尤其是在面临着征地拆迁中巨大的经济利益时，那些在 1982 年前的私有土地被直接国有化所带来的问题逐渐显现，从而增加了城市国有土地产权制度的维系成本。

从城市土地无偿到有偿实施的产权制度变迁中，也可窥见一斑。由深圳第一槌的土地有偿使用制到 1988 年的《宪法》修正案中的土地转让规定，可以认为是国有土地产权权能细分的第一次产权制度变迁，显然是一次有效率改进空间的产权制度变迁。然而，与之相适应的制度环境并未有效形成，因而在操作中难度很大。尤其是面临着巨大的土地利益纷争和诸多的行政划拨土地使用者，往往很容易使制度变迁陷入一种“路径锁定”状态。尽管 1990 年对国有土地产权制度权能细分较大，但是集中式的产权权能细分在缺乏配套的制度支持时实际上是在增加产权制度环境的适应性成本，因此，可以认为这是一次过早的制度变迁行动。事实上，从20世纪90年代初到21世纪初期，我国土地利用一直处于“双轨制”运行状态，在操作中增加了新旧两种制度博弈中的交易成本。此时，总成本主要是由新旧两次产权制度成本的强叠加，而总收益却是弱结合，故总效益很低。这种低效状态在我国土地市场化进程中延续了10多年，直到21世纪以来才逐渐地建立起土地有偿使用的市场秩序，但是直到现在仍未建立起有效率的市场化的土地产权制度。张曙光就曾指出：中国现有的土地法律制度是以保护所有权为中心而制定的，它适用于产权尚未分化的古典产权形态，而不适用于产权细分的现代产权形态。[①] 在我国城市土地产权市场实践中，一条现实的土地产权制度变迁路径正是通过法律法规明确规定所有权属于国家、禁止交易的强化土地所有权的方式来进一步强化政府所有者的土地收益，从而形成了高度垄断的政府征购市场和土地一级市场。

由此看来，在我国土地资源市场化配置进程中，产权制度的变革是以国有土地所有权的强化为主线进行的，现有的城市土地产权结构正是在此基础上建构而成。由于是在政府强权下所形成的既定产权制度的一种超稳定结构，从而使新的产权制度变迁成本趋于无穷大，因此说现有的国有土地产权制度结构正处于一种低效率的均衡状态，即陷入了“路径锁定”。

面对这种低效率的制度均衡，广为诟病的主要源于其产权的模糊性。虽然说在我国改革开放以来的市场发育环境中，这种模糊产权及其所有权强化的趋势是一种交易成本较小的路径选择，[②] 但是随着市场化程度的加深以及转型经济条件的逐年变化，原来有效率的模糊产权可能已经发生了微妙转换，甚至可能成为下一轮产权制度变迁的重

---

① 张曙光：《博弈：地权的细分、实施和保护》，社会科学文献出版社2011年版，第9页。

② 李稻葵（1995）在《转型经济中的模糊产权理论》一文中论证了在中国转型经济条件下，市场不完善具有普遍性和长期性，许多交易具有潜在的非法性和巨大的交易成本，从而使模糊产权成为一种自愿选择而具有相对的经济效率。不过，他也指出模糊产权是没有前途的，一旦市场得以完善，行政干预得以减少之后，它就变得效率低下了。

大阻碍因素。前面的分析已经指出：有效率的产权制度变迁越来越依赖于无缝隙的产权制度变迁。模糊产权的实施在改革初期曾经为各种产权制度的改革实践提供了较大的试验空间，也为政府主导型的土地制度改革提供了效率支持，但是长时期无节制地实施反而使之沦为政府与民争利的工具，① 其腐朽性日渐显现，因而呼唤着新一轮产权制度变迁的到来。这也在实践中进一步佐证了“有效率的产权制度变迁越来越依赖于无缝隙的产权制度变迁”命题。

从我国城市土地产权制度来看，它是一个非常模糊的全民所有制产权，即国家所有土地的所有权由国务院代表国家行使。在实际操作中，国务院又将此权利进一步分解，委托各级政府机构来代理行使，于是在将所有权分解为占有权、使用权、收益权和处置权的过程中导致了各项权能的多次分割而散落于各级政府，而国家所有者对各项分解的权能实际上处于一种失控状态，这种委托人与代理人之间的关系因目标偏差、利益不一致、信息不对称等而造成了巨大的交易成本。最后，中央政府不得不动用强制性手段，即通过征地权、审批权、收益分配权、处罚权等行政管理权来体现其土地所有者的权利。事实上，这种行政管理权偏离了土地所有权的本质，游离于所有权之外甚至凌驾其上，国家成为双重身份的代表，其结果不仅失去了真正意义上的完全土地所有权，而且对土地市场的管理也显得力不从心。② 这显然是中央政府又一次娴熟操控模糊产权的典范。

正是这种模糊产权导致了国家所有者的权能结构残缺而失控，也正是这种模糊产权使中央政府可以自由运用行政管理权而无须考虑权利重置的合理性与合法性，同样也是因为这种模糊产权，使土地所有者在土地占有、控制及权益归属上既不排他也不排己，从而导致土地资产面临来自体制内外双重侵害的风险，因而造成了土地产权制度运

---

① 周其仁（2004）曾指出，现存法律规定下的征地制度实际上保障了政府独家垄断获取经营土地暴利，并成为一门“新生意”。参见周其仁《农地产权与征地制度——中国城市化面临的重大选择》，载《经济学》（季刊）2004 年第 1 期。

② 李涛：《中国土地市场：运行机制、宏观调控和绩效评价》，经济科学出版社 2012 年版，第 132 页。

行效率低下。

需要指出的是，这种模糊产权不仅仅指土地所有权的主体模糊，它还包括土地使用权的边界模糊。由于政府在土地一级市场上采用了多种供地方式，使权限过于复杂甚至混乱，其土地使用权有的已经超越产权结构中的使用权能，有的甚至已经接近土地所有权；在使用年限上，有的是无限期，有的是 70 年，有的是 40 年，有的却只有 5—10 年；在使用者的权利义务上，又难以体现公平性，因为获取的方式各有千秋，但获取后的权利却并无明显差别；等等。这些在实际操作中，使土地使用权边界显得过于复杂而几近模糊，甚至有的使用权本身就是没有明确界限的。

可以认为，模糊产权是造成当前我国城市土地市场效率低下的罪魁祸首。在此背景下，我国真正的土地所有权市场并不存在，征地市场往往成为政府垄断的工具，土地一级市场中又存在严重的"暗箱操作"和"内部人控制"现象，从而使"寻租"和低效成为必然。外在地则表征为土地利用效率低下、农地非农化趋势强劲、地方政府圈地冲动、产权执行链条冗长和成本畸高以及产权歧视与产权掠夺并存等现象。与之相关的是由现有产权制度的不公平性所折射出的一系列社会问题，在各种利益主体分割土地收益时，原隐匿的不公平性问题得以暴露并不断放大，随时都有可能导致矛盾激化和冲突升级，如征地拆迁中屡屡发生的群体性事件、个体性的对抗。这种内在地导致垄断"寻租"、外在地有损社会公平的产权制度安排，既不利于土地资源优化配置要求的满足，又不利于土地市场交易合理预期的实现，反而在利益争逐中侵蚀了社会稳定和可持续发展的基础，因而是缺乏制度环境效率的，由此必将导致新的产权制度变迁在酝酿中形成。

第四节　小结

本章承接上章研究思路，从新古典经济学资源配置的微观效率和新制度经济学的二阶治理结构效率及一阶制度环境效率视角对中国土地资源市场化配置进行了效率考察：

首先，运用新经济制度史学观对中国土地资源市场化配置进程进行了全景扫描。在对中国土地资源及其优化配置做出理论与实践铺垫之后，接着对新中国成立以来土地资源配置的制度变迁进行考察，发现计划经济时代的土地无偿、无流动、无限期的行政配置制度是与当时社会环境相适应的一种历史制度选择，但是随着计划经济的解体而出现了诸多不适应性，由此成为改革开放以来土地制度变迁的路径依赖初始点。这首先发生在农村，由一场自下而上的诱致性制度变迁最终确立了中国农村“集体所有、家庭联产承包经营”的土地制度，带来了农村经济效率的极大释放，既为农村集体土地流转市场的形成奠定了制度基础，也为后来城市土地的有偿使用制度改革提供了实践激励。不过城市国有土地市场化配置走的是一条自上而下的强制性制度变迁道路，它与改革开放相伴而行，从外资企业的土地使用费到深圳土地有偿使用“第一槌”的敲响，已走过了近30年的改革历程，至今仍在进行，可谓任重道远。

然后，运用新古典经济学的微观分析工具和新制度经济学的交易成本理论对中国土地资源配置的治理结构进行了效率考察。在中国城乡土地割裂状态下，一般意义上的土地市场主要是指城市国有土地市场。通过建构国有土地市场治理结构图，将土地征购市场、一级市场和二、三级市场融为一个框架，可以比较清晰地看到，政府一方面在征购市场中垄断需求，另一方面又在土地一级市场中垄断供给，从而形成了双层垄断结构，这也成为治理结构效率损失之源；在土地二、三级市场中，政府淡出了高度垄断，在一定限制下促进了土地市场配置的形成，体现治理结构效率改进的方向。从制度变迁来看，现行土地市场中的治理结构顺应了交易成本最小化要求，在土地一级市场中形成了以出让、租赁、划拨、授权经营、作价入股等多种供地方式，土地有偿制度得到了有效实施；在土地二、三级市场中实现了市场交易，竞争机制、价格机制发挥了积极作用，从而体现了现时段我国土地市场混合治理结构的效率要求。不过，从土地市场发育现状来看，其垄断效率低下、行政运行成本过高等弊病仍广泛地存在着。

接着，在新制度经济学的框架下，重点考察了中国土地资源配置中的产权制度结构效率。通过系统梳理中国土地资源市场化配置进程中的制度变迁，以产权权能细分为主线，绘制了城市土地市场的产权结构图，较为直观地反映了当前的产权细分状态。同时，围绕土地资源配置过程中的产权制度环境适应性效率，从动态角度建构了无缝隙的产权制度变迁模型，发现我国土地资源配置过程中的产权制度效率呈现出同一轨迹上“先增后减”的倒“U”形规律，同时又在不同轨迹上呈现出间断性的改进特征，有效率的无缝隙产权制度变迁周期将呈现出衰减规律，并通过中国城乡土地产权制度变迁的实践加以验证。在分析该规律时认为，在中国经济社会转型时期，没有一劳永逸的产权制度变迁，有效率的产权制度变迁越来越依赖于产权制度变迁。然后结合土地产权制度结构状况，进一步分析了模糊产权在我国经济社会转型时期对土地资源市场化配置的客观作用，但是发展到现在已逐渐成为我国土地市场产权结构效率低下的主因，由此呼唤着新一轮产权制度变迁的到来。

最后需要指出的是，在城市国有土地市场治理结构模型构建中，考虑到政府征地市场连着农地非农化市场或集体建设用地市场，这实际上就是下一章将要引出的集体建设用地隐形市场问题；同时，在土地一级市场中，政府的行政划拨制度也成为20世纪90年代以来国有土地隐形市场的制度之源。在政府高度垄断的征购市场和土地一级市场中，正是由于其高度垄断而导致了效率低下，自然会引起其他土地供给方和需求方的自发行动，即以私下交易方式应对政府的高度垄断行为，于是隐形市场出现了。这正是本章需要给下一章做出必要的理论交代。

第四章　中国土地资源配置中的隐形市场及其形成机理规范分析

随着中国土地资源市场化配置的深入，土地资产价值日益显现，围绕这种日益凸显的土地收益，如何进行分配则成为问题的关键。政府借助于行政管理权制定了体现土地所有者权益的制度、政策和法律法规，推动了土地市场的发育；而各市场利益主体则在我国土地市场发育远未充分的条件下，借助于其实际占有优势和信息优势从事着非正式的土地收益分配活动，由此形成了土地隐形市场。现实中，两个市场胶着在一起，本质上是一场政府与市场围绕土地资产增值收益分配权而进行的争夺战。

第一节　中国土地资源配置中的隐形市场概述

本书在前续的理论研究部分所指的土地隐形市场是一种约定俗称的概念。本书在第一章的概念综述中已经提出，它属于广义的土地隐形市场范畴。所谓广义的土地隐形市场是指在我国特殊的土地产权制度下，各利益主体在土地产权权能流动过程中绕开现行土地法律法规擅自行动而形成的一切土地交换关系之和。为了保持统一性，在没有特别说明下，本书所指的都取广义的土地隐形市场含义。在广义的概念下，一些地方政府针对我国不尽完善的土地制度进行积极的改革试点，必然要突破现行法律法规，但这种土地制度改革或创新是在中央认可或默许下以地方实施条例或试点办法等方式出现的，因而不属于擅自行动类，故不在土地隐形市场框架之内；若被上级政府叫停了，还继续在小范围内进行非正式试点，则应归属于土地隐形市场范畴。

狭义的土地隐形市场是指当事人因利益驱使擅自改变原有土地用途或使用类型而形成的土地交易市场。[①] 土地用途改变在大类方面主要指农用地变为建设用地，包括利用农业用地从事工业、商业、旅游、商品住宅等经营性建设活动或用于公共基础设施、公益事业等非经营性建设。比如，农民在自家承包经营责任地上建房子出售、出租或搞农家乐旅游开发，村组集体经济组织将集体预留机动田用于办工厂、建商铺或搞商品房开发等，就属于改变农用地农业用途的行为；如果是以营利为目的，明知触及国家公共政策红线，却以各种隐蔽形式或变通形式从事土地用途改变的经营性活动，则属于隐形市场范畴。土地用途改变在小类方面主要指改变建设用地的使用类型，包括利用非经营性建设用地从事经营性活动或利用经营性建设用地使用类型之间的收益梯度从事改变属性的逐利活动。比如，农民将非营利性的宅基地用于建小产权房出售，企事业单位将非营利性的国有划拨土地用于建商住写字楼出租；再如，私营企业在工业用地上从事商品房开发，业主将商品房装修改造成商铺出租或将临街车库改为门面出售等都属于改变建设用地使用类型的行为；如果上述活动没有经过相关的土地管理部门审批、登记和认可，而仅仅是相关利益主体的擅自逐利行动，则属于土地隐形市场行为。

从广义的概念来看，我国现行的土地隐形市场在形成过程中具有以下基本特点：一是必须借助于土地产权权能的流动而发生，在此过程中，土地实际占有者，或侵犯土地所有者权益，或侵犯土地使用者权益，或超出自身权利范围从事牟利活动；二是与现行土地法律法规相悖，要么从事违法交易，要么游走于法律真空地带；三是具有隐蔽性、私下交易性和非公开性等特征，一般难以发现，当事人基于利益

① 该概念来源于国土管理部门的实践调查灵感。2013 年 7 月，笔者一行在对长沙市区几个基层国土所、分局的座谈中，发现这些职能部门的工作人员对土地隐形市场的概念理解各有千秋，但都不约而同地从国土管理视角来看待土地隐形市场问题，比较一致的看法是国家应对改变土地用途的私下交易行为进行整治；而对于土地权属改变，即国家土地征收中的非法操作行为并不属于他们所描述的土地隐形市场范畴。

需要而进行“暗箱操作”，缺乏固定的公开的交易场所；四是外在地表现为以改变土地用途或使用属性为根本特征，如将农用地变为建设用地，将住宅改为商铺等；五是具有利益驱动性，从根本上来说，土地隐形市场的出现归因于利益驱动；六是具有自发性和仿效性，土地隐形交易在刚开始时具有偶然性，来源于当事人的自发性活动，往往是在夹缝中或地底下生存，一旦存活下来就很容易产生“从众效应”，此时要根本消除非常困难；七是具有长期性或突变性，土地隐形交易行为形成后，一般在短时期内难以根除，但是随着利益博弈的长期进行，当发生制度变迁时，可能在瞬时间显形化，从而成为合法市场或公开市场的一部分。

第二节　中国土地资源市场化配置效率追求中的双重效应

从微观层面的土地资源配置效率到中观层面的土地治理结构效率再到宏观层面的土地制度环境效率，乃至非正式制度中的文化、宗教等效率改进路径，代表了新制度经济学框架下的效率追求，中国土地资源市场化配置正是沿着这一路径实践着，在带来巨大经济效率的同时也留下了卡尔多—希克斯改进中的诸多问题，这种一正一负的经济效率也就构成了中国土地资源配置效率追求中的双重效应。

这种双重效应始终伴随着中国土地资源配置效率追求过程之中，通常是融为一体而难以分割。通过上一章的分析可知，在治理结构选择初期，交易成本最小化路径正是高度依赖于政府强力推进的路径，然而这也为政府的双层垄断提供了便利，在实践中形成了政府高度垄断的土地征购市场和土地一级市场，发展至今已逐渐成为社会福利损失之源；在产权制度变迁中，同样也遇到过类似的问题，模糊产权对推进征地拆迁和城市发展起到了积极的作用，但发展至今已经成为政府与民争利的工具；而基于公共利益需要的行政管制，在土地资源配置市场化进程中也逐渐异变为政府进行市场逐利的工具，并在较大程度上造成了公共权利的滥用，从而使城乡建设用地管制失灵现象普遍存在。

如果说在经济效率大为改进的正向激励过程中逐渐形成了中国土地显形市场，那么在诸多的效率损失之中也在负向激励着中国土地隐形市场的生成。上述那些曾经有力推进过中国土地资源配置市场化的制度安排，在发展过程中却日渐消失其效率光芒，反而成为进一步市场化的阻滞因素，在新的制度变迁尚未到来之前，一条或明或暗的选择路径在利益驱动下涌现，并形成了一定规模，这就是中国土地资源配置过程中“不期而遇”的隐形市场。因此说，土地隐形市场正是其不经意间的负向激励产物。

第三节　中国土地资源配置双重效应下的隐形市场形成机理

在政府主导的土地资源市场化配置中，逐渐形成了由“土地征购市场—土地一级市场—土地二级市场—土地三级市场”前后链接的土地市场治理结构，各利益主体因伺机获取各种非正式土地收益而生发出系列不同形态的土地隐形市场。在土地资源市场化配置的长期探索中，颇具国情特色的土地市场治理结构总体适应了土地市场发育的需要，总体而言呈现出三大特征：一是城市土地征购市场和一级市场的政府双层垄断式市场治理结构；二是国家最终所有的模糊产权结构；三是城乡分异的二元土地制度。这些积极因素却也内蕴了诸多现实矛盾，难以有效应对制度实施或公共政策执行中的诸多实操难题，客观上诱发了一系列土地隐形市场问题，其形成机理正内蕴于中。

一　土地市场治理结构中的隐形市场形成机理：政府垄断的产物

（一）治理结构与土地隐形市场形成

在我国土地资源配置中，业已形成了由“土地征购市场—土地一级市场—土地二、三级市场”组成的土地市场治理结构，在本质上看，是一种政府与市场混合型的治理结构。单从政府科层制的转型趋势来看，它的确代表了一种效率取向型的治理制度选择，然而从现实中政府与市场的依存度来看，它适应了治理结构转型初期的需要，但却成为土地市场治理结构进一步优化的严重阻滞因素。现阶段，强势政府主导下的治理结构实则让市场配置处于一种从属的附庸地位，仅在土地二、三级市场才能半独立地存在，而政府则依靠其强制力高度垄断了土地征购市场和一级市场。

结合中国土地资源市场化配置及其土地市场治理结构以及土地隐形市场的形成，绘制成图 4－1。在土地资源配置市场化进程中，土地隐形市场与土地市场同时进行，实箭头表示土地在公开市场中合法交易的运行流程，虚箭头表示土地在隐形市场中非法交易的运行流程。土地隐形市场的形成大致有以下六条途径。

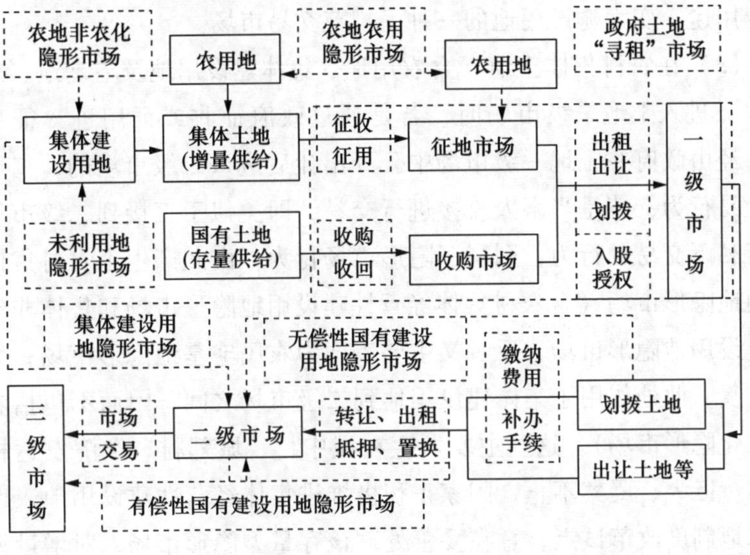

图 4－1　中国土地资源配置中的隐形市场生发示意

（1）首先是农用地之间的流转，主要包括承包权和经营权的隐形流转，在本质上属于农地农用隐形市场范畴。所谓农地农用隐形市场是指生发在农地农用过程中且不改变其农用地属性的不规范交易市场，主要表征为农用地承包经营权隐形市场。自 20 世纪 80 年代以来，农用地承包经营权流转逐渐合法化，因此，不管是承包权还是经营权的配置或再配置，都已显形化。然而，在现实的承包经营权流转中，依然存在乡镇干部、村组干部或是集体经济组织利用公权强制调整甚至是变相收回农户土地承包权现象，诸如强制性的“反租倒包”、土地调整等；也存在农用地承包主体与经营主体之间在经营权流转中违背了先前的合约规定等非正式交易行为，如“股田制”流转行为等，这些也就构成了农用地承包权或经营权的隐形市场行为，需要在推进农地“三权分离”中逐步规范。

（2）在农用地转换为农村集体建设用地（包括宅基地）时，若是通过政府征收或征用，则将进入征地市场；若是当事人擅自转化为建设用地，则属于隐形市场行为，由此产生了农地非农化隐形市场。因此，农地非农化隐形市场是生发于农地非农化过程中，擅自改变其农业用途，变为建设用地的一种不规范交易市场。

（3）在农村集体土地（含农用地、集体建设用地及宅基地、未利用地）进入土地二级市场时，若是通过政府征收或征用进入征地市场，经由政府在土地一级市场中公开出让后进入二级市场的，属于合法交易行为；若是当事人直接进行交易，即类似于直接到二级市场上进行私下交易的行为，则属于隐形市场行为，由此产生了农村集体建设用地隐形市场（含农村集体经营性建设用地隐形市场和集体非经营性建设用地隐形市场，后者又主要表征为农民宅基地隐形市场；为了不重复，此处作用于集体建设用地到二级市场之间，因而不包括农地非农化隐形市场）。这些主要发生在城中村、城郊村、经济发达村等且存量巨大、屡禁不止，国家正积极推进集体经营性建设用地入市和宅基地制度改革试点，意在妥善处理该存量型隐形市场，对增量型的则是严格管控。

（4）在划拨土地进入二级市场时，若是原土地使用权人通过补办手续，缴纳土地出让金等相关费用之后，申请获批到二级市场交易的，属于合法交易行为；若是原土地使用权人没有进行上述申请，直接进行交易，即类似于直接到二级市场上进行私下交易的行为，则属于隐形市场行为，由此产生了国有划拨土地隐形市场，它在本质上属于无偿性国有建设用地隐形市场范畴。

（5）在土地初级产品进入二级市场之前，要通过征购市场和一级市场，若在此过程中进行非法的私下交易活动，也可近似地看作是隐形市场，在上一章的土地市场治理结构中已经指出，该市场是一种政府双层垄断的市场结构，往往成为政府的“寻租”市场。在征购环节中，政府先占后征、以租代征等现象比较突出，可看作是地方政府或部分相关部门主导的土地隐形市场；在供地环节中，“寻租”主要集中于土地划拨和土地协议出让方式，是一个灰色的政府官僚机构“寻租”市场。

（6）在土地一级市场到二级市场以及二级市场到三级市场之中，若是土地使用者获得土地后按交易规则进行，属于合法的市场交易行为；若是土地使用者获取土地后，擅自变更合约内容、改变土地使用属性的行为，则属于隐形市场行为，由此形成了一个有别于国有划拨建设用地隐形市场的有偿性国有建设用地隐形市场。比如，房地产商在一级市场中获取住房用地使用权后，却用来建厂房或商用写字楼；居民在二级市场购买房产后，将其改建为商铺在三级市场中出租、出售；等等。

需要指出的是，在城乡建设用地统一市场建设过程中，还有些新的隐形市场交易行为可能会在土地二、三级市场中出现，也有些原有的隐形市场形态因土地制度变迁而得以合法化或显形化，这些都有待于进一步研究。

（二）政府垄断与土地隐形市场形成

垄断必然导致低效，在上一章已对我国土地市场治理结构中的政府双层垄断低效问题做了专门分析，此处不再赘述。真正的问题则在于政府垄断下的市场扭曲。由于政府的高度垄断，土地要素的市场价值被人为地扭曲，难以真正地反映市场供给和需求。由垄断而产生的巨大利差成为各利益主体竞逐之源，从而在或明或暗的争夺中催生了土地隐形市场。一方面，在土地征购市场中，各土地产品的初级供给者积极寻求突破政府买方垄断的路径以获取更大的土地收益；另一方面，在土地一级市场中，各土地产品的消费者同样也试图寻找突破政府卖方垄断的路径以获取更加便宜的土地。一旦土地产品的这种供需得到结合，即初级供给者与最终消费者得以对接，私下交易就不可避免，于是土地隐形市场出现了。在我国土地资源市场化配置实践中，主要表征为全国大量的集体建设用地自发进入市场交易。

作为一种自发的逐利行为，土地隐形市场因政府的高度垄断行为而产生，从一开始就对这种双层垄断结构发出质疑和反叛，由此引发了双方主体间猫与老鼠般的长期利益博弈。对政府而言，既不敢任其肆意泛滥，又不能根本消除，在实际操作中，或打击，或默认，或不作为，或在无奈中进进退退。但是不管怎样，隐形市场的出现已经深刻地影响了政府的土地公共政策抉择行为。以下在不带价值观偏向下，就隐形市场的出现对政府的双层垄断行为所产生的影响进行纯学术性分析。

1. 情形一：土地产品市场中政府保持原供需曲线不变，提高初级供给者补偿

结合上一章第二节的分析，在土地产品市场的混合治理结构中，政府借助于其行政性垄断而获取了超额收益，即图 3-9 中矩形 $p^{g1}p^{g2}E_{g2}E_{g1}$ 部分，这必然引起土地产品的初级供给者和最终消费者的竞逐。由于土地产品的部分初级供给者和部分最终消费者的非法介入，原有的政府高度垄断在一定程度上被打破。一方面，由于部分非法的最终消费者可以直接在土地隐形市场中获取土地，从而使土地一级市场中的有效需求不足，导致最终消费曲线向左下方移动，不妨记作 D_e'（如图 4-2 所示）。另一方面，由于土地产品的部分非法初级供给者通过私下交易获得了不菲的黑市收益，对其他合法初级供给者具有一定的仿效效应，从而降低了他们在政府征购市场中的合法供给意愿。此时，政府为了保持原有的土地需求和供给，要么打击黑市交易，要么给予土地初级供给者更高补偿。在我国土地隐形市场日趋活跃且法不责众的现实取向下，政府趋向于选择后者，于是，土地初级产品的供给曲线向左上方移动，不妨记作 S_0'，而政府征购者的供给曲线（S_g）和需求曲线（D_g）仍保持不变。

在图 4-2 中，新的市场均衡发生在 E_0'处，由于政府继续保持其

垄断地位，在征购市场中将以土地产品的初级供给者均衡价格 p^2 实施土地征购，再以垄断者的供给均衡价格 p^1 在土地一级市场中进行出让，从而获得了矩形 $p^1p^2F_{g2}F_{g1}$ 部分的超额收益，但也付出了三角形 $F_{g2}F_{g1}E_0'$部分的社会福利损失。如果没有发生隐形交易，政府的垄断收益为矩形 $p^{g1}p^{g2}E_{g2}E_{g1}$ 部分，社会福利损失为三角形 $E_{g2}E_{g1}E_0$ 部分，显然面积都要比前者大。在隐形市场作用下，一方面，政府的垄断利润减少到矩形 $p^1p^2F_{g2}F_{g1}$ 面积，原垄断利润减少部分中的［$(p^2-p^{g2})\times q'$］部分让渡给了土地产品的初级供给者，［$(p^{g1}-p^1)\times q'$］部分让渡给了土地产品的最终消费者，剩余部分［$(p^{g1}-p^{g2})\times(q^g-q')$］则因隐形交易导致政府土地征购量挤压而遭受的损失，在现实社会中主要表征为我国城郊大量存在的“城中村”和“小产权房”现象；另一方面，因竞争者的进入而导致政府垄断力的减弱，由此减少了政府垄断下无谓的社会福利损失，即三角形 $F_{g2}F_{g1}E_0'$面积小于三角形 $E_{g2}E_{g1}E_0$ 面积。由此可见，土地隐形市场的出现侵蚀了政府的垄断收益，减少了政府垄断下无谓的社会福利损失，在一定程度上还将增加土地产品的初级供给者和最终消费者的合法收益，从这个意义上讲，它有助于遏制政府的垄断行为及其福利损失趋势。

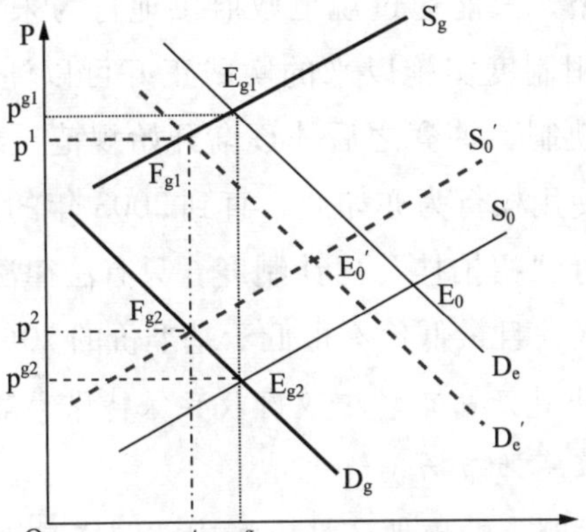

图 4－2　土地隐形市场作用下的政府垄断均衡 A

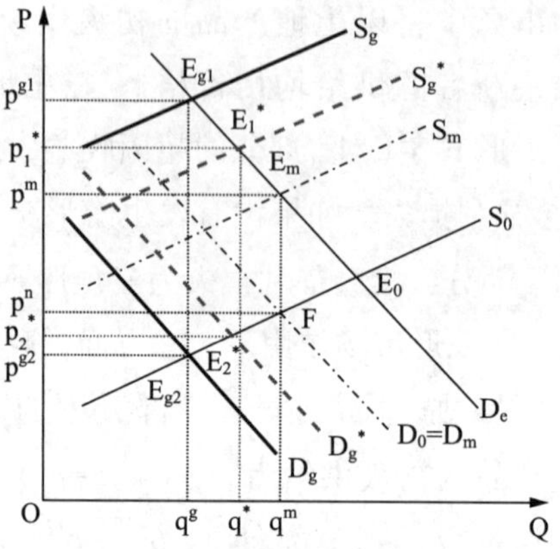

图 4-3 土地隐形市场作用下的政府垄断均衡 B

不过在我国征购市场的具体操作中，政府为了获取更多的垄断收益，更倾向于滥用征地权进行压价，即以更低的价格（$<p^2$）实施征地，从而引发了诸多征地拆迁冲突、弱势群体的反叛等社会问题。在理论意义上，政府应该是可以在垄断的一级市场中以更高的垄断高价（$>p^1$）出让土地，但是一级市场中的土地消费者大多属于社会中的强势群体，具有一定的谈判力量和“寻租”能力，因而政府不能无限制地提高出让价格，只能通过规范政府供地行为来保障其垄断收益。我国土地有偿使用制度实施以来的实践正好可以注解，在经历了10多年的土地“双轨制”博弈之后才逐渐开始规范土地行政划拨行为，对协议出让土地使用权行为亦如此，直到2003年的国土资源部21号令才宣布积极推行“招拍挂”出让制度，只有法律法规的规定外方可采取协议出让方式，且最低价不得低于基准价的70%。

2. 情形二：土地产品市场中政府放弃保持原供需曲线不变，征购更多土地从而增加土地市场供给

在政府双层垄断下的土地产品市场中，同样是因为土地产品的部分初级供给者和部分最终消费者的非法介入而在一定程度上冲击了原有的政府垄断格局。此时，若政府放弃保持原有的需求和供给，采取征购更多的土地从而增加土地市场供给的方式应对，于是在征购市场

中，政府原需求曲线（D_g）将向右上方移动，不妨记为 D_g^*；在一级市场中，政府原供给曲线（S_g）将向右下方移动，不妨记为 S_g^*。假如征购市场中土地产品初级供给者的供给曲线（S_0）和一级市场中土地产品最终消费者的需求曲线（D_e）均保持不变，则新的市场均衡量 q^* 将在原均衡量 q^g 的右边，但也不能超过 q^m 的交易量。在增加交易量的市场均衡下，政府的征购价将上升到 p_2^*，而在一级市场中的供给价将下降到 p_1^*，从而政府的垄断收益为矩形 $p_1^* p_2^* E_2^* E_1^*$ 的面积，具体如图 4－3 所示。由于政府双层垄断的松动，在双层交易过程中都在放松价格管制，从而使政府的垄断利润空间得以压缩，不过由于交易量的增加可以填补一部分垄断利润的损失，同时也减少了垄断所造成的社会福利损失。

由于土地隐形市场的出现，政府为了积极地应对竞争而放松了垄断姿态，即通过征购更多的土地从而增加土地市场供给的方式来减少土地产品初级供给者和最终消费者的非法交易量。就征购市场中的土地初级供给者而言，由于垄断低价的提升而获得了梯形 $p^{g2} p_2^* E_2^* E_{g2}$ 部分的消费者剩余，在新均衡下的总收益（$= p_2^* \times q^*$）得到了提高；而一级市场中的土地消费者则由于垄断高价的下降而获得了梯形 $p^{g1} p_1^* E_1^* E_{g1}$ 部分的消费者剩余，在新均衡下的总成本（$= p_1^* \times q^*$）得到了一定的节省。由此看来，政府放松垄断的积极应对是有效的，因为它既降低了垄断的社会福利损失，又对土地市场中的合法交易者带来了一定的经济激励和合理预期。

不过政府放松垄断的姿态是有限的，其需求曲线 D_g^* 不能高于垄断经营者的最高限度曲线 D_m，而供给曲线 S_g^* 则不能低于垄断经营者的最低限度曲线 S_m，最后的均衡供给量也就不能超过 q^m，否则将导致更大的效率损失。需要指出的是，政府在此过程中是通过征收更多的土地来达到目的，在实际操作中，往往引发政府过度征地和圈地冲动等短期行为，从而导致了土地市场的进一步混乱和不可持续发展。

综上所述，在我国土地资源配置的治理结构中，政府的双层垄断导致了土地隐形市场的出现。同时，土地隐形交易行为又将对政府双层垄断下的市场结构产生深远影响：一方面，土地隐形市场的出现，是对政府的高度垄断土地产品市场行为的一种消极回应；另一方面，它又积极地引发了土地市场中一定程度的竞争，即在事实上对政府高度垄断的双层结构进行反叛并造成了冲击，在客观上侵蚀了政府的垄断收益，减缓了政府垄断所造成的社会福利损失，在一定程度上还有助于提升土地产品的初级供给者和最终消费者的收益。然而，土地隐形市场本身就是转型经济中具有过渡性质的“畸形儿”，在我国土地市场不尽完善的现状下，如果任其自由发展又将导致土地市场发育中更为严重的扭曲、混乱和失序，需要引起高度重视。

二　土地产权制度变迁中的隐形市场形成机理：产权模糊的产物

（一）产权制度变迁与土地隐形市场形成

中国土地资源配置市场化进程中的产权制度变迁始于计划经济时代末改革开放初，首先发生于农村，然后蔓延于城市，土地隐形市场则同步出现，确切地说应该先于土地市场的建立。

在农村土地制度变迁中，一场由农民自发组织的自下而上的诱致性产权制度改革始于1978年冬，经过四五年的实践，最终在1983年中央一号文件中得到首肯，从而完成了由“集体所有，统一经营”到“集体所有，家庭联产承包经营”的土地产权制度变革，使农村集体土地的所有权第一次与使用权（承包经营权）成功分离，并在1984年收到了良好的农业生产绩效。然而，在“大包干”之初，农民的自发合约是非法的，即存在私下分割集体所有权的交易行为，因而是一种隐形市场行为；尽管这一行为存在诸多的合理性，实际上也是农地产权制度创新之源，但是国家并不是一开始就予以其合法地位，甚至是“不许分田单干”，只是在面对巨大经济绩效时，才逐渐以默认方式予以支持，并随着农村家庭联产承包责任制在全国迅速推广，最后才以法律的形式予以肯定。由此看来，国家公共政策的决策过程是谨慎的。从产权制度变迁中的制度环境适应性来看，它无疑是有效率的；但从法律的规定性来看，这5年间的“大包干”实际属于隐形市场行为。确切地说，是一种突破产权意义上的集体土地所有权与使用权合一性而产生的隐形市场行为。

与此同时，计划经济时期无偿使用的城市土地产权制度也开始难以适应改革开放后各类外资企业及经济主体的用地需求，于是，由中央自上而下地发起了一场城市土地有偿使用制度改革。首先是针对各类开放性城市进行试点，并制定一些地方性的实施条例。然而，试点的毕竟是少数城市，广大中西部地区的城市经济主体同样也要遇到类似性问题，因而在操作中显得比较混乱，所存在的问题也不少。于是，在1982年《宪法》中，国家干脆将所有城市土地宣布为国家所有，由此确立了城市国有土地产权制度；在1988年修正后的《宪法》和《土地管理法》中分别规定“土地使用权可以依照法律的规定转让”和“国家依法实行国有土地有偿使用制度”，从而进一步保障了城市国有土地所有权与使用权相分离的法律地位。由此看来，在1988年《宪法》修改之前各种地方条例下的实践只能说得到了中央的默认或支持，还有一些缺乏地方实施条例保护的地区所存在的仿效行为以及一些或明或暗的土地交易行为均不在国家法律保障之列。从这个意义上讲，它们都可算作是土地隐形市场交易行为，在本质上是一种突破产权意义上的国有土地所有权与使用权合一性而产生的隐形市场行为。

1988年《宪法》修正案中对土地转让的规定实际上宣告了中国土地市场的开始，之前即便是有市场但也在法律框架之外，因而可归之于隐形市场范畴。从土地产权制度变迁的视角来看，该《宪法》不仅是中国土地市场发育的起点，也是中国土地隐形市场的分水岭，因而具有里程碑意义。进一步地，由于该《宪法》奠定了土地使用权权能细分的法理基础，因此不管是对城市国有土地隐形市场，还是对农村集体土地隐形市场，都具有重要的制度变迁意义。

就城市国有土地隐形市场而言，其重要性是不言而喻的。因为自改革开放以来，各种城市土地产权实践几乎都是围绕国有土地使用权的有偿性而进行的，最后借鉴了国有土地所有权与使用权相分离的香港批租制，从而在《宪法》修正案中对土地使用权的可转让性予以肯定，并借助于《土地管理法》（1988）和《城镇国有土地使用权出让和转让暂行条例》（1990）进一步落实，由此奠定了我国城市国有土地市场发育的法律制度基础，也宣告了之前的国有土地隐形市场结束。与此同时，一种新的形式即由土地产权制度变迁过程中的不衔接而导致的国有土地隐形市场开始出现了。具体而言，就是在国有土地“双轨制”下，原有的划拨使用土地未经许可便以各种隐蔽的形式进行私下的有偿交易。由于涉及利益巨大，这种隐形市场交易行为迅速蔓延并形成规模，在20世纪90年代初就已达到了俯拾即是、屡禁不止的地步（叶玉国，1992），即便是在国家强力清理整顿之后，还是持续了10多年。可见，这种国有土地隐形市场对国有土地使用权有偿使用制度的实施所造成的冲击和危害是最为直接而深远的。在有关土地隐形市场的诸多研究中，学界所指的主要是这一领域。不难看出，产权制度变迁中的国有划拨土地隐形市场正是发端于此。

就农村集体土地隐形市场而言，《宪法》修正案实际上宣告了农用地使用权隐形流转市场的结束。自1983年中央一号文件宣告农村家庭联产承包责任制以后，土地承包权与经营权相分离的产权权能细分就已开始在全国农村地区不同程度地酝酿着。随着农村剩余劳动力的逐年增加，一种由农民自发转让承包地的土地隐形市场行为开始出现并日趋活跃，使农村集体土地隐形市场在20世纪80年代便已悄然生成（林毅夫、杨建平，1993），但是随着《宪法》修正案的颁布而一夜消失，代之而起的是具有合法地位的农用地使用权流转行为。由此可见，农用地使用权隐形市场到农用地使用权流转市场的正名就在《宪法》修正案规定间，可其交易行为却在事实上隐匿了四五年之久，故产权制度变迁并非一日之功。而农村集体建设用地的产权制度变迁一直都在酝酿着，虽有广东、浙江、江苏、重庆等发达地区的部分城市进行了诸多集体建设用地流转制度创新的探索，但直到现在国家都还没有形成新的产权制度规定，即目前大量存在的农村集体建设用地流转仍属于非法行为（集体经营性建设用地入市试点区除外），从而成为中国现行土地隐形市场的最主要部分，也是最为关注的领域。从产权制度变迁视角来看，这是一种在土地所有权与使用权相分离之后谋求更为充分的土地使用权或处置权而形成的隐形市场。

总体来看，在中国土地产权制度变迁中，土地隐形市场或隐或现，形式不一，内容多样，规模不等，但存在一些共同的规律，即高度依存于产权制度的规定性而或隐或现，反过来又在推动着产权制度的变革。具体而言，每一阶段的隐形市场都反映了其产权配置中的冲突或不合理，从而又在积极地孕育着下一阶段的产权制度变革或创新。从这个意义上说，土地隐形市场的出现是土地产权制度变迁的动力之源。当前我国大城市周边普遍存在的农村集体建设用地隐形市场，正是对农村集体土地使用权残缺的直接反叛，必将在不断实践中孕育出更为充分的土地使用权或处置权的制度创新。

（二）产权制度模糊与土地隐形市场形成

何·皮特（Peter Ho，2005）认为："在中国经济较为发达的东南沿海地区，为了推进土地规划和城市建设，当地政府常常挪用或盗用集体土地所有权。中央政府推崇的'有意的制度模糊'，恰好成为地方政府强占集体土地的借口。"[①] 在中国土地资源市场化配置过程中，土地产权制度变迁之所以如此频繁，并引发种类繁多、规模巨大的土地隐形市场，最为关键的就在于国家对土地初始产权设置的有意模糊，这既为中国土地资源市场化配置初期工作的顺利进展奠定了制度基础，也为中后期不断的制度变迁提供了新的动力，各种形式的土地隐形市场正是其动力之源。

巴泽尔（1982）曾指出："离开了清楚界定并得到良好执行的产权制度，人们必定争相攫取稀缺的经济资源和机会。"在我国土地资源市场化配置中，这种有意模糊的土地产权制度正好得以应验。在过去30多年的实践中，各种利益主体在土地产权模糊下，围绕地租及其经济收益都在以不同的方式来主张自己的权利。当国家以法律法规来主张自己的所有权时，各土地的实际占有者则以各种非法的隐蔽的形式来获取直接的经济收益；当中央政府以国家代理人的身份主张保护耕地等公益性目标时，地方政府则以实际代理人的角色在变通中主张土地城镇化的重要性。如果产权是清晰的，国家可以借助于强制力

---

① 何·皮特：《谁是中国土地的拥有者？——制度变迁、产权和社会冲突》，林韵然译，社会科学文献出版社2005年版，第33页。

对土地隐形占有行为进行清理、整顿和规范，对地方政府的利益窃取行为亦不例外。然而，在模糊产权下，国家的公共政策执行未必就会产生预期效力，尤其是在依赖于地方政府贯彻实施时更是如此。实际上，有关土地隐形市场的公共政策在操作实施中，既遭到了土地实际占有者的不同程度反叛，也遭到了各级地方政府的多种形式变通。最后，在土地隐形市场普遍存在的时候，国家也只能在法不责众的民众心理预期下以默许的方式让其存在着，更何况地方政府在既有的绩效考核目标下明显地缺乏严格执法的内在动力。

1. 产权制度模糊下的农村集体土地隐形市场

就农村集体土地而言，根据2007年《物权法》第六十条规定，其所有权的代理人有三种选择：一是由村民小组或村内集体经济组织代表；二是由村民委员会或村集体经济组织代表；三是由乡镇集体经济组织代表。这种模糊性的产权规定，在集体经济组织的成员权并不确定性下变得更加模糊，尤其是在国家终极所有者的代理下使所有权形同虚设，以致在侵权时谁都不能有效保护这种集体产权。农地非农化土地隐形市场和农村集体建设用地隐形市场就在这种模糊所有权下产生。在农地非农化过程中，国家出于公益性目标考虑，严禁占用耕地，但同时又规定政府可以在“占补平衡”等变通方式下实施耕地征收；前者是出于公益性目标，但后者却并非完全如此，更一般的情况是，土地被征收后被用作经营性用地而成为城市政府的“第二财政”。作为土地承包者的农民即农地的实际占有者，出于农地农用低下的经济效益考虑或者是政府耕地征收后巨大的出让收益刺激，在实践中以各种形式擅自改变农地农业用途而获取经济收益。作为名义上的土地所有者即农村集体经济组织，在此过程中并不能有效主张自己的所有权，实际上也就无法阻止该组织成员的侵权行为，农地非农化隐形市场由此产生。集体建设用地隐形市场的产生也与此类似。

2. 产权制度模糊下的城市国有土地隐形市场

就城市国有土地而言，属于全民所有即国家所有，由国务院代表行使所有权，在实施中，又进一步地由中央政府及各级地方政府代表。实际上，中央政府与地方政府的土地利用目标函数是不一致的。

在城市国有土地使用权有偿使用以来，中央政府的目标是在积极促进土地市场发育的基础上获取土地国有资产收益，体现土地国有资产的所有者权益，而地方政府更为关注的是各自城市的经营及其带来的官僚绩效。在土地有偿使用初期，地方政府在土地资产收益中的比例分成并不大，严格执行中央土地政策还不如寻求各用地者的经济租金或社会资本回报来得更划算，故转而更倾向于土地划拨或土地协议出让的供地方式，这也是土地有偿使用制度或土地市场经过10多年都难以真正形成的重要原因之一。在模糊产权下的国有土地市场难以有效发挥效力下，必然在另一方面即通过土地隐形市场作用着。实际上，经过多年的经济改革，原来通过无偿划拨方式取得土地的各企事业单位的发展状况或生存环境已经发生了巨大变化，有的土地已经失去了原利用价值。此时，对他们来说，若上缴国家则不如长期闲置；与其闲置，不如去赢利；在法律不允许划拨土地转让赢利下，各种隐蔽的交易形式于是出现了，而作为模糊所有权代理人的国家又很难及时发现。一旦难以及时有效处置，便在客观上助长着这种隐形市场，从而在20世纪90年代后形成了一个规模庞大且日趋活跃的划拨土地隐形市场。

三 城乡建设用地管制中的隐形市场形成机理：管制失灵的产物

（一）管制失灵与城市建设用地隐形市场形成

城市建设用地隐形市场主要体现于划拨土地隐蔽性的私下交易行为。在实施土地有偿使用制度以前，我国一直采用土地行政划拨方式无偿性地供地，即便是在土地有偿使用制度实施近30年后的今天，土地划拨方式依然占有较大比重，在历史与现实的长期选择中，划拨土地总量居高不下。在20世纪80年代末90年代初，土地有偿使用制度尚不完善，土地市场交易尚不规范，使划拨土地依然基于其先前的发展惯性而大量存在着，尔后也一直延续着。截至2000年年底，国有土地出让面积总量为450万亩，以招标拍卖方式出让的仅占5%左右，大量的土地都是以行政划拨或协议出让方式进行配置的。[①] 行

① 国土资源经济研究院编：《经营性土地使用权出让》，中国方正出版社2004年版，第19页。

政划拨土地比重居高不下，尤其是利益诱致下大量划拨土地未经土地管理部门许可就直接进入土地市场交易，从而导致政府土地管制失灵现象非常普遍，划拨土地隐形市场交易也由此泛滥成灾。

从1988年起，国家法律法规正式实施国有土地有偿使用制度，但有偿使用的具体办法直到1990年才最后敲定。对国有划拨土地而言，《城镇国有土地使用权出让和转让暂行条例》（1990，第45条）规定，在向市、县人民政府土地管理部门申请并交付划拨土地使用权出让金或者以转让、出租、抵押所获收益抵交划拨土地使用权出让金后，经批准可以进入市场公开交易。《划拨土地使用权管理暂行办法》（1992，第5条）对划拨土地使用权进一步实施管制：未经市、县人民政府土地管理部门批准办理划拨土地使用权出让手续，交付划拨土地使用权出让金的用地者，不得转让、出租、抵押划拨土地使用权；否则，应当没收其非法收入，并依情节处以罚款（《条例》第46条；《办法》第33条）；对于在1990年《条例》实施后、1992年《办法》实施前所发生的未经批准擅自交易划拨土地使用权行为，应当组织清理，按《条例》处罚后补办出让手续（《办法》第41条）。

如果说在1990年《条例》或1992年《办法》实施前，划拨土地隐形市场的出现是由于土地资源市场化配置转轨过程中的制度不衔接或制度空隙的制度失灵所引起的，那么在此之后则应归因于巨大利益驱使下的土地管制执行效力偏差即政府土地管制失灵。实际上，在此后的近10年中，城市划拨土地隐形市场交易一直非常活跃，尽管国家也在大力清理、整顿或采取整治行动。由于划拨土地使用者采用一些比较隐蔽的措施，诸如以土地使用权作交换实施房屋联建、企业联营的方式，以房屋出租的形式将地价隐匿于房价租金之中等，使土地管理部门难以察觉，即便察觉，后期调查取证也比较困难，从而使政府管制失灵具有一定的必然性。一旦政府土地管制失灵具有普遍性时，划拨土地隐形市场交易行为就将产生巨大的仿效效应，从而在法不责众的非正式制度环境下进一步恶化了土地管制失灵状态，于是城市划拨土地隐形交易泛滥成灾的时刻也就到了。

（二）管制失灵与农村集体建设用地隐形市场形成

我国土地资源配置市场化进程缓慢，由来已久的城乡二元体制及其经济结构的影响是深远的，城乡分异的建设用地市场正是其后果之一。在既有的政策体系下，城乡建设用地市场的建立离不开政府土地管制的强力推进，然而基于公共利益需要的土地管制在实际操作中引发了执行效力的难题，土地管制失灵现象较为普遍。在巨大的土地增值收益角逐中，农村集体建设用地隐形市场出现了。细究之，主要在于以下几个方面。

1. 政府土地管制的城乡二元分割性是引发隐形市场的体制之源

作为计划经济时期的副产品，城乡二元体制及其经济结构随着改革开放后的经济发展不仅没有被打破或转换，反而被进一步固化或恶化。与此相适应，市场化配置中的土地制度也出现了城乡迥异的格局，集中表现于城乡二元土地所有制，即除部分规定外，城市土地属于国家所有，农村土地属于集体所有。依托城乡分异的所有制，建构了城乡分异的土地产权结构及其管理制度，从而最终形成了城乡二元分割的土地市场。①

我国2004年《土地管理法》规定：任何单位和个人进行建设，需要使用土地的，必须依法申请使用国有土地。正是由于建设用地必须使用国有土地，一种基于市场化取向的资源配置格局在城市逐渐出现并基本形成。然而在农村，只有为数不多的由原计划经济时期遗留下来的国有农场、林场、牧场等土地属于国有土地，其余都属于集体土地，包括早已存在的农民居民点建设用地。此时，要统一规定农村建设用地也必须使用国有土地，既无可能，也没必要，故顺延了计划经济时期的城乡二元体制及其经济结构发展趋势，在农村基于一般性的生产生活需要可以申请使用集体建设用地，而无须使用国有土地。

具体到农村居民宅基地上，公共政策要求一户一基，没有宅基地的村民可依法申请，免费获取一块集体土地建住宅，但是在出卖或出

---

① 吴敬琏等（1998）指出，分割的市场主要是指由于市场规则不一致而引起的市场割裂。

租住房以后再申请的则不予批准（2004 年《土地管理法》第 62 条），由此保障了农村居民的安居用地需求；具体到农村集体建设用地上，公共政策要求在符合土地利用规划下，农村集体经济组织使用建设用地兴办企业或以土地使用权入股、联营等形式共同举办企业的，可依法申请使用集体土地（2004 年《土地管理法》第 60 条），但是不得出让、转让或者出租用于非农业建设，除非出现企业破产、兼并等情形（2004 年《土地管理法》第 63 条），由此保障了乡镇企业发展或地方经济发展的内在需求。

由此看来，公共政策采用了一种务实性取向，但同时也禁止农村建设用地市场的形成，其目的在于通过政府土地管制以支持城市建设用地市场的发育，因而在无形中进一步地固化了城乡二元土地市场结构：一个是比较发育的市场，另一个则仍处于隐形市场状态。钱忠好等（2007）指出：我国城市国有土地市场规则较为完备，法律规范较为完善，土地市场相对公开、透明；与城市土地市场相比，尽管个别地方已出台了相关规定，但就总体水平而言，农村集体非农建设用地市场仍然处于自发、隐形状态，缺乏明确的可以遵循的法律依据和规则。① 与政府垄断相比，这种市场分割是当事人基于特定环境的最优选择，具有相对较高的社会福利水平；但与城乡一体化的市场状态相比，又潜伏着效率的损失（钱忠好等，2007）。实际上，这种分割市场的维系，既包含了政府垄断因素，也孕育着市场配置因素。一种长期的必然趋势是政府垄断作用的淡去以及市场主导地位的凸显，由此市场分割的维系成本必将越来越大，与之相关的土地管制失灵现象也必将日益严重，当前我国日趋活跃的农村集体建设用地隐形市场就是其中之一。

2. 政府土地管制的内在规定性不一致是引发隐形市场的制度之源

《土地管理法》（2004）规定任何单位和个人的建设用地都必须依法申请使用国有土地。倘若能严格按此规定实施，也就不会出现城

---

① 钱忠好、马凯：《我国城乡非农建设用地市场：垄断、分割与整合》，载《管理世界》2007 年第 6 期。

乡分异的建设用地市场。但是，该法同时又提出了例外情况，即乡镇企业、村民住宅、乡村公共设施和公益事业建设需要使用土地的，可以依法申请使用集体土地。这就意味着，在农村办企业、建房子可以不使用价格昂贵的国有土地。既然在土地公共政策中打开了这个口子，使一种基于社会福利性质的乡镇企业经营性用地和农民宅基地可以在农村集体土地中合法取得，那么在实际操作中就无法杜绝另一些不能合法获取这种社会福利的利益主体的非法仿效行为。在巨大的利差诱使下，政府管制失灵具有必然性。事实上，一些不具备申报条件的转而采用非正式方式使用集体土地，由此引发了农村集体建设用地隐形市场。

从农村建设用地实际出发，这个小小的社会福利口子有其积极意义。具体到农村居民宅基地上，公共政策要求一户一基，没有宅基地的村民可依法申请，免费获取一块集体土地建住宅，但是在出卖或出租住房以后再申请的则不予批准（2004 年《土地管理法》第 62 条），由此保障了农村居民的安居用地需求；具体到农村集体建设用地上，公共政策要求在符合土地利用规划下，农村集体经济组织使用建设用地兴办企业或以土地使用权入股、联营等形式共同举办企业的，可依法申请使用集体土地（2004 年《土地管理法》第 60 条），但是不得出让、转让或者出租用于非农业建设，除非出现企业破产、兼并等情形（2004 年《土地管理法》第 63 条），由此保障了乡镇企业发展或地方经济发展的内在需求。

然而，也正是这个对乡镇企业和农民所保留例外的福利口子，使政府土地管制的内在规定性出现了不一致。从土地管制政策制定的出发点来看，无论是对农民还是对乡镇企业，它都是受到普遍欢迎的，但是这种带有福利性质而不是交易性质的土地无法形成土地资产，也就不存在真正意义上的农村集体建设用地市场，实际上是一种人为割裂了的城乡建设用地市场。在长期发展中，由于抑制了农村集体建设用地市场发育，使土地资产价值被淹没，土地所有者或使用者难以获取土地增值收益，在政府征地中又存在严重的利益分配失衡现象等，从而使土地管制政策的执行效力低下，不断地诱发了土地管制失灵。

一般而言，经济当事人在土地管制中，具有寻求制度边际上的创新动力或潜入隐形市场从事非法交易的激励，一旦突破将可能导致集体行动，从而在破坏原有秩序基础上寻找建立一种新的制度均衡。在当前的土地管制下，我国城乡建设用地市场的发展现状正是如此，一方面集体建设用地入市的制度创新在各个省份不断涌现，另一方面私下交易的集体土地隐形市场在全国广泛存在。

3. 政府土地管制的公益取向性异变是诱发隐形市场的利益之源

在我国土地资源市场化配置中，政府基于公共利益的需要而采用了诸多管制措施，诸如土地利用规划、土地用途限制、土地征购制度、土地产权制度等，从而保障了城市建设用地市场的有序运行和健康发展。但是，由于政府对这些土地管制中的公共利益界定并不十分清晰，因而在实际操作中引发了管制主体基于自身利益最大化取向的公共利益异变，诸如政府扩大征用范围，借公共利益之名大量征收经营性建设用地；政府借土地用途管制之名垄断土地供给市场等。

当前，我国城市建设用地市场的形成离不开政府土地管制，但也造就了政府垄断收益的获取，这又集中体现在政府基于自身利益取向而高度垄断土地征购市场和一级市场过程之中。一方面，国家通过《土地管理法》（2004）对城市建设用地必须使用国有土地的规定，确保了城市国有建设用地市场的土地需求；另一方面，在《宪法》（2004）又规定只有国家才可以基于公共利益需要实行土地征收或征用，因而确保了城市国有建设用地市场的土地供给，从而形成了政府双层垄断的利益格局。为了确保获取垄断收益，国家通过对农用地特别是耕地实行用途管制，也就禁止了个体的农地非农化行为；通过对城市土地市场必须使用国有土地的规定性，也就禁止了集体建设用地流入城市土地市场，从而进一步确保了城市建设用地的政府垄断供给。在这种带垄断性质的土地管制下，我国城市建设用地市场虽然发展迅速，但也不可避免地带来了政府土地管制成本的上升以及失灵现象的大量存在。

在城市建设用地市场巨大的土地增值收益诱使下，各利益主体极力寻求突破政府垄断和土地管制的制度创新或隐形交易，使农村集体土地（包括农地非农化土地、农村集体建设用地和宅基地）或明或暗地进入了城市建设用地市场。这种参与城市建设用地市场的利益角逐行为，将不可避免地对原有的城市建设用地市场秩序造成冲击，甚至引起市场混乱。比如城郊比较混乱的“小产权房”隐形市场，在一定程度上扰乱了周边的房产市场价格，并阻碍了地产市场的发育，因此，现行政策[①]严禁城镇居民到农村购买小产权房，且禁止为小产权房登记发证。

第四节　小结

在土地资源优化配置中，能达到帕累托最优效率固然美好，然而现实中更多的是次优选择或较优选择，有的选择甚至是只要不恶化就行。不管是何种选择，都将面临交易成本的现实考量。中国土地资源配置的市场化进程也正是这样一种经济效率的追求过程，不管是对二阶效率还是对一阶效率的追求，在具体抉择中都面临着各种无谓的效率损失，尤其是在动态效率考量中面临着更为复杂的选择关系，土地隐形市场就产生于这种土地资源配置效率损失之中。具体而言：

在我国土地市场治理结构中，由于政府垄断了城市土地征购市场以及一级市场，从而在利益诱致下引发了与之相关的土地隐形市场，主要有农地农用隐形市场、农地非农化隐形市场、政府征购市场和一级市场中的土地“寻租”市场、农村集体建设用地隐形市场、无偿性国有建设用地隐形市场以及有偿性国有建设用地隐形市场。从政府双层垄断的角度来说，土地隐形市场的出现侵蚀了政府的垄断收益，减

① 2007年12月11日，国务院常务会议提出“城镇居民不得到农村购买宅基地、农民住宅或‘小产权房’，单位和个人不得非法租用、占用农民集体土地搞房地产开发。”2011年5月，在国土资源部、财政部和农业部联合下发的《关于加快推进农村集体土地确权登记发证工作的通知》（国土资发〔2011〕60号）文件中指出：“对于借户籍制度改革或者擅自通过‘村改居’等方式非经法定征收程序将农民集体土地转为国有土地、农村集体经济组织非法出让或出租集体土地用于非农业建设、城镇居民在农村购置宅基地、农民住宅或‘小产权房’等非法用地，不得登记发证。”

少了政府垄断下无谓的社会福利损失，在一定程度上还将增加土地产品的初级供给者和最终消费者的合法收益，也有助于减缓土地供求失衡矛盾和政府垄断所造成的社会福利损失；然而，土地隐形市场本身就是转型经济中具有过渡性质的“畸形儿”，在土地市场不尽完善之时若任其肆意滋生，就将导致土地市场更加扭曲、混乱和失序。

在我国土地产权制度变迁中，土地隐形市场高度依存于产权规定性而或隐或现，同时又反推着产权制度的变革，每一阶段的隐形市场都反映了其产权配置中的不合理性，从而又孕育着下一阶段的产权制度变革，因而可将土地隐形市场的出现看成是土地产权制度变迁的动力之源。在特定的市场化改革环境中，政府一开始就“有意模糊”地设置了土地产权制度，这既为转型期的土地市场形成奠定了基础，也为后续发展提供了制度变革的动力源，各种形式的土地隐形市场就在其中。

在我国土地资源配置市场化进程中，现有的治理结构及其产权制度设计奠定了土地市场发育的制度基础，但也蕴含了诸多现实矛盾，在制度实施或公共政策执行中遇到了诸多难题，从而导致政府土地管制失灵现象普遍存在，在巨大的土地增值收益角逐中，土地隐形市场形成了。具体来说，又可归因于由来已久的城乡二元体制下的城乡建设用地市场分割性、政府土地管理制度的内在规定性不一致以及利益导向下的政府土地管制公益取向性异变等。

第五章　中国土地隐形市场的现实形态及其形成机理实证分析

在我国土地资源配置中，土地隐形市场存在于合法的、公开的、有形的土地交易市场的对立面，一方面反映了市场经济主体的内在利益需求，具有客观性和自发形成性等特征，另一方面又导致了政府规划失控和管制失灵、土地利用粗放和市场失序，具有非法性和隐蔽性等特征。面对纷繁复杂的土地隐形市场，特别是泛滥于城中村、城郊村和经济发达村的农村集体建设用地隐形市场问题，很有必要系统梳理其存有的现实形态，并有针对性地就其频发区域和形态的城郊集体建设用地隐形市场进行实证考察，探究其生成规律和形成机理。

第一节　中国土地隐形市场存在的基本形态

根据上一章研究可知，依土地市场治理结构（见图 4 – 1）而出现了 6 条不同的主要土地隐形市场形态生成路径；在土地产权制度变迁中，还存在突破集体土地所有权或国有土地所有权与使用权的合一性的隐形市场，以及农用地使用权隐形流转市场；由于政府土地管制，形成了城市国有划拨土地隐形市场和农村集体土地隐形市场（含农地非农化隐形市场、农村集体经营性建设用地隐形市场和农民宅基地隐形市场）。这些不同形态的隐形市场，有的在制度变迁中已经消亡，如“大包干”隐形市场、原农用地使用权隐形流转市场；有的在政府不断清理整顿中逐渐缩减规模，如国有划拨土地隐形市场；也有的正在试图突破既有政策法律框架，谋求合法地位，如农村集体经营性建设用地隐形市场；还有的在短期内无法获得合法地位从而以更隐蔽的形式活跃着，如城郊的宅基地隐形市场；更有被政府严禁的土地隐形市场继续“躲猫猫”，如农地非农化隐形市场；等等。迄今为止，与我国土地有形市场共存的土地隐形市场主要表现为两种基本形态，即农村集体土地隐形市场和城市国有土地隐形市场，且可以进一步细分，具体如图 5－1 所示。

- 中国土地隐形市场
  - 集体土地隐形市场
    - 农用地隐形市场
      - 承包权隐形市场
      - 经营权隐形市场
    - 农地非农化隐形市场
      - 农户私搭乱建型隐形市场
      - 集体违章租让型隐形市场
      - 地方政府违规租占型隐形市场
    - 集体建设用地隐形市场
      - 集体经营性建设用地隐形市场
      - 集体非经营性建设用地隐形市场
  - 国有土地隐形市场
    - 无偿性国有土地隐形市场
      - 存量国有划拨土地隐形市场
      - 新增国有划拨土地隐形市场
    - 有偿性国有土地隐形市场

图 5－1　中国土地隐形市场表现形态

一　农村集体土地隐形市场形态及其细分

农村集体土地包括农用地、农村集体建设用地和未利用地。由于未利用地的经济利用价值不够显性，真正有价值的东西早就会被市场主体发现，因而，在有关土地隐形市场形态的研究中，笔者暂且将其略去，主要涉及前面两种。同时，在农用地和非农建设用地之间，横亘着一条农地非农化路径，具有重要的研究价值和政策意蕴，故将其单列出来。因此，在对农村集体土地隐形市场表现形态进一步细分中，就包括了三种基本形态：农用地隐形市场、农村集体建设用地隐形市场和农地非农化隐形市场。

（一）农用地隐形市场

在我国农地产权制度安排下，“承包经营权”是一种高于土地管理法规定的“土地使用权”的权属（赵阳，2007）。如果对土地“承包经营权”进行纯理论性的权能细分，则应包括土地承包权和经营权。其中，土地经营权大体上相当于狭义的土地使用权，可以通过有形市场公开流转；而土地承包权只有本集体经济组织成员才能享有，在现行法律框架下不能进行市场流转。不过，在村组进行“承包经营权”分配时，往往是将土地承包权与土地经营权捆绑在一起的，即土地承包权的获取必然伴随着土地经营权的同在。只是在承包方获得承包经营权后，可以不必亲自经营而将其发包出去，实际上就是将土地经营权流转出去，这就形成了我国通常意义上的农地使用权流转市场；若是不按此市场规则操作，就可能形成农地使用权流转隐形市场，主要表征为农户在农地使用权流转过程中因缺乏法律意识，流转手续不全、合同方式随意等，从而潜伏着较大的违约风险，容易造成流转纠纷，进而增加交易成本，直接影响农民土地收益及其预期，间接地影响土地流转规模与速度，进而影响农业规模经营（朱明芬、常敏，2011）。

实际上，更多的隐形市场流转问题在于土地承包经营权的攫取上，主要是以乡镇、村组集体经济组织在不尊重农民意愿下擅自行动所引起的农地承包经营权交易，从而形成了农用地承包经营权隐形流转市场。在我国农村地区，当前主要表现为三种基本形态：土地承包经营权的随意调整或强制调整、强制性的“反租倒包”和“股田制”流转。

第一种可称为土地调整隐形市场，主要表征为违背农民意愿或国家土地“生不增、死不减”政策，[①] 在土地承包期内，基于人口变动等原因而形成的以村组干部主导的土地大调整或小调整行为。由于该

---

① 该政策来自20世纪80年代末贵州省湄潭县的“增人不增地、减人不减地”试点，1993年上升到中央农村工作会议文件，在2002年载入《农村土地承包法》：“承包期内，发包方不得收回承包地”“承包期内，发包方不得调整承包地”，2009年《农村土地承包法》亦同。由于在1997年中共中央《关于进一步稳定和完善农村土地承包关系的通知》（中办发〔1997〕16号）中提出“在第一轮土地承包到期后，再延长30年不变”；在2008年党的十七届三中全会中进一步提出“赋予农民更加充分而有保障的土地承包经营权，现有土地承包关系要保持稳定并长久不变”；在2017年党的十九大报告中更进一步提出“第二轮土地承包到期后再延长30年”。因而，可将上述政策看作是“生不增、死不减”政策。

种方式有利于村组干部获得一定的经济利益，而他们掌握着土地调整与否的实际权力，从而导致了农地频繁调整。[①] 许多调查资料进一步表明，土地调整在许多地区不但没有消失，反而非常频繁，有个别地区的频率高达一年一次。[②]

第二种是带有强制性的“反租倒包”，主要表征为乡镇政府或村集体在违背农民意愿的情况下擅自将农民承包经营地以租赁的形式集中到集体（反租），经过必要的整治后承包给农业企业或经营大户（倒包），从而获得出租收益的一种被现行政策禁止[③]的土地经营方式。但是在经济发达的地区，该种方式非常普遍，我国东、中、西部地区出现的“反租倒包”频率分别达到18.8%、9.5%、12.9%（赵俊臣、赵海兰，2011）。它实际反映了乡镇或村组集体的经济利益需求，可以继续充当土地出租者获取倒包后的土地租金差额，成为乡村干部“寻租”的“温床”；而农业企业或经营大户则可趁机“圈地”，鲜有从事粮食种植者，大多是改变耕地用途而从事经济作物种植，有的企业甚至就是冲着改变土地用途来的，诸如建厂房、楼房、旅游开发等；而农民往往处于弱势地位，租金价格被压得很低，甚至还要遭受层层截留，从而在事实上剥夺农民的承包经营权。

第三种是“股田制”流转隐形市场，主要表征为以土地承包经营权出资入股公司、企业等。由于在实际中容易造成农民事实上的话语权丧失，在实施中又伴随着股权转让或投资损失而造成农民失地风险，而非农村集体成员也可通过股权转让获取土地承包经营权，由此对现行的农地承包经营权制度构成了直接威胁，在本质上侵犯了农民

① Loren Brandt, Scott Rozelle and Matthew A. Turner, "Local Government Behavior and Property Rights Formation in Rural China", *Journal of Institutional and Theoretical Economics*, Vol. 2, 2004.

② 赵阳：《共有与私用——中国农地产权制度的经济学分析》，生活·读书·新知三联书店2007年版，第110页。

③ 中共中央《关于做好农户承包地使用权流转工作的通知》（中发〔2001〕18号）规定：“由乡镇政府或村级组织出面租赁农户的承包地再进行转租或发包的‘反租倒包’，不符合家庭承包经营责任制，应予以制止。”在2008年中央一号文件中更是明确提出，要“依法制止乡、村组织通过‘反租倒包’等形式侵犯农户土地承包经营权等行为。”

的承包经营权，故重庆的“股田制公司”试验在2008年被中央直接叫停了。但现在全国各地仍存有不同形式地将农民土地承包经营权折资入股的“股田制”现象发生，也有的是以农地使用权即经营权折资入股做幌子实施压价，而实际上却是以农地承包权和经营权为股本建立起来的土地股份制公司。

（二）农地非农化隐形市场

农地非农化是指土地由农业用途转变为非农建设用途的过程，在本质上是农用地的属性发生了改变，即成了非农建设用地。在我国，实行的是最严格的耕地保护政策，严格限制农用地转为建设用地，并且控制建设用地总量；使用土地的单位和个人必须严格按照土地利用总体规划确定的用途使用土地（《土地管理法》第4条，2004）。然而，在实施过程中，农用地还是被大量地用于非农建设，国家耕地保护指标屡屡失守，由1996年的19.51亿亩下降到2008年的18.26亿亩，累计减少了1.25亿亩，12年间耕地减少了6.40%，其走势如图5-2所示，到2011年继续下降到18.25亿亩①，已非常接近18亿亩耕地红线。在这种严峻的耕地保护形势背后，是农地非农化隐形市场的存在，借此以各种形式改变农地用途，从而导致了农地非农化过度的问题。

由于农地非农化的一端连着农用地，另一端连着城乡建设用地，故其隐形市场兼具农用地和建设用地隐形市场的某些共同特征。在此，笔者将其与农用地和建设用地隐形市场放于并列位置，意在凸显各利益主体围绕土地比较收益争逐而导致国家耕地保护指标失守的严重性，进一步揭示其对整个农村集体土地隐形市场的影响之大。现根据农地非农化过程中改变农地用途的施动主体及变化形态进行细分，可分为农户私搭乱建型、集体经济组织违章租让型以及地方政府违规租占型三类隐形市场形态。

① 在2013年年底国土资源部官方公布的第二次全国土地调查结果显示，截止到2009年年底，全国耕地保有量为20.31亿亩，这比原来突然多出了2亿余亩，官方回应是与调查手段、方式先进等有关，把原有的实有的耕地调查出来了；到2012年年底，数据显示为20.27亿亩，还是减少了0.4亿亩，耕地减少的趋势没有被有效遏制。

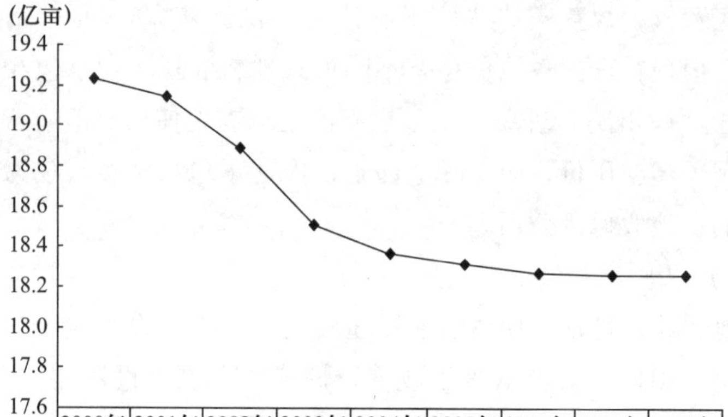

2000年	2001年	2002年	2003年	2004年	2005年	2006年	2007年	2008年
19.237	19.142	18.889	18.509	18.367	18.312	18.266	18.26	18.257

图 5－2　2000 年以来中国耕地面积变化趋势

1. 农户私搭乱建型隐形市场

农户私搭乱建型隐形市场的施动主体是农民。基于非农利用效益较高的利益驱使，一般是在自家承包经营地或自留山、自留地上从事非农业经济活动，主要表征为擅自扩建住宅或修建厂房，用于出租、转让，或开店、办厂，在城郊也有的用来兴办农家乐，有的甚至直接进行非法买卖。这种类型在城郊、乡镇街道旁边以及一些主要交通干道两旁非常普遍；相对来说，在比较偏远的乡村交通干道旁边或村子外围所出现的私搭乱建现象少了一些经济交易因素，主要是基于土地的获取及居住的便利性考虑，因而，一户多宅或小户大宅现象较为突出。由于农村集体土地产权的模糊性，许多村组干部对此保持沉默，任其自发形成，在经济发达地区，则因利益驱使而可能收取部分“土地占用费”；乡镇干部一般也很难进行现场阻止，往往是事后“罚款”了事。

2. 集体经济组织违章租让型隐形市场

集体经济组织违章租让型隐形市场的施动主体是乡镇、村、组集体经济组织，但实际上是相应层面的领导干部在起主导作用。由于在承包经营地发包时，各个村组都会预留一部分机动地，在农村地区大多是以公开发包获取租金收益的方式进行，但在城郊或具有较大非农利用价值的交通干道旁，往往成为公司企业、私人投资的首选地，于是在比较利益驱动下，村组干部们不失时机地抓住“商机”，擅自将其出租或转让出去，从而构成了隐形市场交易行为。另外，也有的地方村组干部借助于手中的权力，以租借的形式擅自将农用地建设成厂房自营或出租，有的随着时间久远进一步地国有化，进而完成了“以租代征”的顺利转型。

3. 地方政府违规租占型隐形市场

政府违规租占型隐形市场包括“先占后征”型隐形市场和“以租代征”型隐形市场。其核心施动主体是基层地方政府，也包括部分村组集体干部、单位、企业和个人等一方或多方的合谋。由于政府具有征地权和行政管理权，在缺乏有效的监督约束下，不尽规范的农地征用秩序往往为基层政府权力滥用大开方便之门，由此诱发了地方政府先占后征型和以租代征型隐形市场。

（1）先占后征型隐形市场。主要表征为地方政府为了招商引资，先开工建设，以低价位甚至“零价位”引入企业入驻，然后再逐级向上申报征地指标，也有的将大项目拆分后实施分批申报，① 从而在事实上先占用了农民土地，然后再报批，最后在申报获准后才实施征地补偿，许多农民不明就里地以为早就实行了征地程序，却迟迟拿不到补偿款项，一旦申报没有成功，将引发多重矛盾和冲突。《土地管理法》（第 46 条，2004）规定，国家征收土地的，依照法律程序批准后，由县级以上地方人民政府予以公告并组织实施。② 然而，在巨大利益驱动下往往被地方政府变通执行。据《京华时报》（2010 年 5 月 17 日）载：河北张家口市一块 3800 亩的农用地被用来开发房地产，在 2008 年 10 月就已开工建设，但是到 2009 年 11 月和 2010 年 1 月才

---

① 《土地管理法》（第 45 条，2004）规定，基本农田、一般耕地超过 525 亩的、其他土地超过 1050 亩的应由国务院批准，地方政府担心一次申报过多的耕地会引起国务院的警觉或难以审批，往往采取化整为零的方式分批申报，首先将基本农田调整为一般耕地，再以项目为依托将耕地面积分割在 525 亩以下进行申报，超出部分则放到下次申报。

② 在 2013 年中央一号文件中，已提出要严格征地程序，约束征地行为，补偿资金不落实的不得批准和实施征地。

被分批获准，且批复用地只有900多亩，名为后勤保障基地；征地补偿价为7000元/亩，出让价位32万元/亩，在巨大收益面前地方政府焉能不心动？

（2）以租代征型隐形市场。主要表征为地方政府在没有办理农用地转用和土地征收审批手续下，擅自以租用的形式将农用地直接转用为非农建设用地，从而逃避了征地补偿等税费以及耕地占补平衡等义务，导致国家土地用途管制失灵和土地利用规划失效。在地方政府主导的以租代征隐形市场中，参与的主体往往还包括村组集体经济组织、企事业单位和农民。由于在此过程中，地方政府可以肆意圈地，用于兴办工业园区或农业园区、旅游开发、景观绿化、房产开发、商业建设等达到招商引资、城市发展、彰显地方政绩等目标；企业可以更方便、更便宜地拿好地、拿大块地，节约开发成本；农民可以拿到比国家征地更高的补偿费用，而村组干部也可以在斡旋中获得额外好处，因而构成了利益同盟，一起合谋，瞒着中央政府进行，且在全国各地尤其是经济较为发达的地区已经成为一种非常普遍的违法形式。也有的村组干部、企事业单位或个人甚至瞒着地方政府搞起了单干，以更隐蔽的方式实施“以租代征”。然而，随着城市经济的发展以及土地增值收益的飞涨，这种缺乏法律保护的非正式合约难以应对城市扩张中的国家征收，许多企业的厂房在被征收中无法获得有效补偿，投资成本无法收回；即便是没有被征收，许多企业也将面临不断增长的租金与农村集体或农民发生纠纷，却又无法在法律框架下维权；对村集体或农民而言，土地一旦非农化，就很难再恢复耕地用途，一方面要面临着粮食收益递增的隐形成本；另一方面还将面临国家查处造成经济损失的风险。

（三）集体建设用地隐形市场

农村集体建设用地是指用于非农业建设所使用的集体土地，主要包括乡镇企业和乡（镇）村公共设施、公益事业建设用地，以及农村村民住宅建设用地等。依据土地利用是否以营利为目的，可将其划分为农村集体经营性建设用地和农村集体非经营性建设用地。其中，前者主要指集体经济组织用来办企业、建工厂或以入股、联营等形式开展商业、旅游、娱乐等各类经营性活动的建设用地；后者主要指用于农民居住、乡（镇）村公共设施和公益事业等非经营性质的建设用地。相应地，可将农村集体建设用地隐形市场分为集体经营性建设用地隐形市场和集体非经营性建设用地隐形市场。

《土地管理法》（第 63 条，2004）规定："农民集体所有的土地的使用权不得出让、转让或者出租用于非农业建设"；对于擅自操作者，"将由县级以上人民政府土地行政主管部门责令限期改正，没收违法所得，并处罚款。"（第 81 条）由此可见，国家法律精神并不允许市场交易集体建设用地。不过，又同时规定："符合土地利用总体规划并依法取得建设用地的企业，因破产、兼并等情形致使土地使用权依法发生转移的除外。"（第 63 条）这就意味着在地方经济发展中，乡镇企业可以利用集体建设用地，一旦破产了或被兼并了还可以将土地进行出让、转让或出租等转移活动。该法第 60 条还就乡镇企业利用集体建设用地审批作了规定，这些一起为企业变通利用集体建设用地以及变相进行土地交易撕开了一个口子，农村集体建设用地隐形市场也由此在实践中衍生。

1. 集体经营性建设用地隐形市场

主要表征为各种以兴办乡镇企业之名利用集体建设用地变相从事商业、旅游、娱乐和商品住宅等经营性开发活动，或直接以出让、转让、[①] 出租、抵押等形式擅自转移土地使用权的行为。由于市场经济的内在发展，我国农村集体建设用地的资产性质在逐渐地显现，因而全国各地都存有不同数量和规模的集体经营性建设用地隐形交易问题，在经济发达地区以及全国各大城市周边乡镇显得尤为突出。从其发展趋势来看，几乎是势不可当的。客观地说，这在一定程度上反映了市场经济条件下我国农村集体建设用地流转的内在需求。然而，这种自发的隐形流转也导致了耕地过度占用、土地利用效率低下、土地建设用途随意改变以及土地权属不清诱发的各种纠纷问题，从而又在

---

① 此处转让包括各种以土地使用权作价出资、入股、联营、联建、兼并以及置换等方式。

一定程度上制约了各地农村经济的发展。

面对农村集体经营性建设用地隐形交易日趋活跃的现象，各级政府开始重视并逐步推行改革试点。早在1999—2002年，国土资源部就开始在芜湖市、苏州市、湖州市、顺德市等地区进行了农村集体经营性建设用地流转试点。在2005年，广东省率先颁布了省域范围的《集体建设用地使用权流转管理办法》，就经营性建设用地使用权流转问题作出了规范性说明；尔后，湖北省、河北省、成都市、长沙市、南京市等省市或地区纷纷效仿，颁布了各自的管理办法，他们在承认集体经营性建设用地客观存在的基础上，就如何规范流转行为作了相应的法律规定。鉴于此，国土资源部也制定了全国性的《农村集体建设用地出让和转让管理办法》（2010）和《关于规范农村集体建设用地使用权流转试点的指导意见》（2012），但非常遗憾的是，两文件皆因与现行法律相冲突而引起决策层较大分歧最终没能颁布实施。不过，集体经营性建设用地使用权流转试点仍在继续。2013年8月底，国土资源部在河北、江苏、辽宁、吉林等18个省市选取了邯郸市、昆山市、建平县等28个县市进行试点，一直持续到2015年6月。2015年2月，全国人大常委会审议通过了《关于授权国务院在北京市大兴区等33个试点县（市、区）行政区域暂时调整有关法律规定的决定（草案）》，由此，在这33个试点县级行政区域内允许农村集体经营性建设用地入市，并要求到2017年12月总结经验以供推广应用。上述改革均力求在不突破现行法律法规下寻求集体经营性建设用地流转新政，并要求在符合规划和用途管制的前提下进行试点，严禁通过变相开发成商品房等形式进入市场交易。因此，有关集体经营性建设用地用作商品房开发或转性为农民宅基地的交易行为均属于隐形市场范畴。

总体来看，农村集体经营性建设用地使用权隐形流转具有普遍性，也有其存在的客观合理性。通观全程，国家公共政策并没有一味地打压，而是以一种务实的态度进行积极试点，地方创新活动明显增强，在实践中形成了“南海模式”“湖州模式”“芜湖模式”“苏州模式”“古田模式”“顺德模式”“滨海新区模式”“安阳模式”“成都模式”以及“重庆模式”等。[①] 实际上，近些年中央政策层面也在紧锣密鼓地推进农地制度改革。党的十八届三中全会提出“在符合规划和用途管制的前提下，允许农村集体经营性建设用地出让、租赁、入股，实行与国有土地同等入市、同权同价”。在之后连续四年的中央一号文件都涉及该主题，先后提出“引导和规范集体经营性建设用地入市”“分类实施集体经营性建设用地入市改革试点”“总结集体经营性建设用地入市改革试点经验”“统筹协调推进农村土地征收、集体经营性建设用地入市、宅基地制度改革试点。”党的十九大报告也要求“深化农村土地制度改革”。不过，从现行国家法律法规来看，我国迄今为止依然没有一部有关集体经营性建设用地使用权可以流转的规范性文件（试点区除外），即国家法律制度层面的农村集体经营性建设用地使用权流转依然处于隐形市场状态。

2. 集体非经营性建设用地隐形市场

主要包括农村宅基地隐形市场和集体公益性建设用地隐形市场两类，从实际交易量来看主要是指前者。2013 年中央一号文件指出：“农村集体非经营性建设用地不得进入市场”，所针对的也主要是农村宅基地隐形市场问题。一般来说，对乡（镇）村集体公共设施和公益事业建设用地而言，要改变其用途并不容易，操作起来容易引起公愤，因而不足以形成规模性的隐形市场。虽然也有土地用途改变现象零星出现，但与农村宅基地隐形市场的火爆交易相比，则显得微不足道。需要指出的是，如果所占用的公共设施或公益事业建设用地是用于扩建宅基地的，则将其归属于宅基地隐形市场范畴。

所谓宅基地就是农民住宅用地，它是在 1962 年被国家正式宣布为集体所有之后才以正式概念出现的，意指农民用来建设农村住宅的集体土地。在现行法律框架下，农民宅基地只能在本集体内部交易；对本村无房者可基于“一户一宅”原则申请一块宅基地，以无偿划拨方式获取；但是，一旦随着户口转移，或在城市买房，或者出售、出

---

① 文枫、鲁春阳、杨庆媛等：《农村集体建设用地流转研究进展》，载《地理科学进展》2011 年第 9 期。

租、赠送原有宅基地后，就不能再享此福利。同时，国家法律“严禁城镇居民到农村购置宅基地”（国土资发〔2004〕234 号）；实际上，农村宅基地是不能在村外转让的，虽然《物权法》（第 153 条，2007）提及宅基地转让，但只是说“适用于土地管理法等法律和国家有关规定”，可这些法律法规在现阶段并没有新的转让规定支持。因此，在国家土地管制下，农村宅基地交易仍缺乏市场基础或形成条件，于是，在巨大的土地收益驱动下诱发形成了另一个市场——农村宅基地隐形市场。

农村宅基地隐形市场主要指农民擅自利用自家住宅用地从事商业、娱乐、旅游等经营性活动，或者擅自以出让、转让、出租、入股、抵押等形式将其使用权转移给本集体之外的城乡居民、企事业单位等以谋取土地收益的交易行为。单从农民宅基地隐形市场中的住房出租和出售而言，就形成了我国城郊和经济发达地区大量混杂的出租屋群和屡禁不止的“小产权房”现象，成为社会综合治理和城市房地产市场发育中的大难题。

由于我国对宅基地管理实行房地分离政策，即房产可以进行市场交易，而地产则禁止交易，因而诱发了一个以房产交易为隐蔽形式的地产交易市场，主要表征为房屋出租、以租代售、违法出售和触法联建等行为。其中，以租代售主要是农民将自家宅基地长期出租给外来人口居住，也有的实际上已经出售，但为了规避法律责任而对外宣称是长时期出租行为；违法出售主要指“小产权房”的非法交易行为；触法联建主要指农民以住宅翻建、改造等为由合法申请，待批准后便与本村以外的个人或企事业单位私下进行联建，或以宅基地折资直接获利等，从而形成了更为隐蔽的“小产权房”交易。从现实来看，全国各地的“小产权房”隐形市场普遍存在，黄小虎（2013）认为，所谓的农村闲置宅基地在一些城市郊区基本上都是以“小产权房”的形式存在；2013 年 5 月，天则经济研究所在其调查报告中指出，目前北京小产权房数量大约占整个房地产市场的 20%，价格仅为北京市商品房价格的25%—30%。[①] 面对这样一个巨大的隐形市场和低价位的诱惑，国家公共政策屡遭践踏、各种禁令也是禁而不止。近些年来，社会各界对农地入市期望值较高，实际上就是期望“小产权房”交易合法化；然而，现阶段中央公共政策正在收紧，国土资源部已在逐年清理“小产权房”问题，直到现在依然没有找到更好的治理机制来有效应对，未来究竟何去何从，正在考验着决策者的智慧。

由于国家法律框架下的农村宅基地的不可交易性，一些地方政府开始了新的探寻，逐渐在制度边际上寻求着各种变通方式，由此诱发了另一种形式的农村宅基地隐形市场。具体而言，在国家城乡建设用地指标增减挂钩政策诱致下，各基层地方政府打着社会主义新农村建设、城乡统筹、旧村改造等旗号，实施大面积的拆村并居以集约用地，使农民“被上楼”，然后将农民腾出来的宅基地复垦以增加耕地指标，以此换取城市建设用地指标，从而为相关推动者获得巨大的土地收益。在这项宅基地变通换指标的制度创新下，全国各地均有实践，形成了“以地换房”“以地换社保”“以地换身份”“地票”“宅基地置换”等模式，有的已经被国家叫停，有的还在继续创新，更多的是在利益驱动下违背农民意愿、强拆民宅，演变成一场新的“圈地运动”，从而形成了一个独特的农民宅基地被交易的隐形市场。在本质上，它是一场由权力与资本合谋而产生的闹剧。不过，国家公共政策指向已经非常明确：要严格规范城乡建设用地增减挂钩试点和集体经营性建设用地流转（2013年中央一号文件）；集体经营性建设用地入市试点必须在符合规划和用途管制的前提下进行［2015年全国人大通过的《关于授权国务院在北京市大兴区等33个试点县（市、区）行政区域暂时调整实施有关法律规定的决定（草案）》］；党的十九大报告进一步要求建立健全城乡融合发展的体制机制和政策体系。

最后，还有一个需要提及的是城郊农村集体土地上合法的安置地产隐形市场问题。近些年来，由于国家在征地过程中，更加基于社会

① 降蕴彰：《闲置宅基地入市试点在即　合规小产权房有望转正》，载《经济观察报》2013年5月31日。

稳定和民生问题的考虑，实施了一系列的留地安置、住房安置等政策，这些土地本质上仍然属于集体土地，一般的村组集体经济组织仍留有10%左右的集体土地作为集体资产，可以用来办工厂、建企业或作为商铺等用途，但是实际上大多数都用来建商品房出租或出售，因而属于隐形交易行为。而在住房安置中，一般都有好几套房子，自己住不了那么多，很多都是以出租或出售的方式处理，有的干脆在建安置房时就以土地指标的形式出售，直接获取隐形收入。这些留地安置问题往往也成为基层政府最为敏感和棘手的问题，有时形成了一个由基层街道、社区出面的联合招租行为，这些合法的安置地产在实际操作中往往又涉及小产权隐形市场问题，很难以合法与非法来界定。客观地说，在土地制度改革或创新中必然会与原有制度产生摩擦，这些问题正是停留于现行土地管理制度的空隙地带，只能在改革发展中慢慢规范。

二　城市国有土地隐形市场形态及其细分

不同的划分标准可以得出不同的研究结果，研究者往往基于需要而划分。在上一章研究城市土地市场治理结构时，曾就国有土地供给方式不同而将其划分为市场化配置、准市场化配置和非市场化配置。在上一节研究集体建设用地隐形市场时，曾以是否营利性为目的的标准将其划分为集体经营性和非经营性两种建设用地隐形市场。在划分城市国有土地时，也可依此标准分为国有经营性土地和非经营性土地或者国有出让土地（市场化配置）和国有划拨土地（非市场配置）及其他国有土地（准市场配置），然而在研究其隐形市场时却带来了麻烦。因为这个市场在现实只有两种比较凸显的形态，即国有划拨土地隐形市场形态和二、三级市场中因土地使用类型改变而形成的隐形市场形态，若划分不好既可能重叠，又可能留有空隙。

就国有经营性或非经营性土地与国有划拨或出让土地之间的关系而言，一方面，若将国有划拨土地列于非经营性土地，则现实中诸多的存量国有划拨土地大多是拨给原国有企业的（大多是营利性质的工业用地），即便到现在也有一些国家重点扶持的战略产业等项目用地是采取划拨方式取得的，而按照2007年《物权法》（第137条）精神，工业用地已经纳入了经营性用地范围之列；反过来，对国有非经营性土地，它不仅可以采用划拨方式，而且也可能采用公开出让，因为“只要存在两个以上意向的用地者，也应当采取招标、拍卖等公开竞价方式出让”（《物权法》，第137条）。另一方面，若将国有出让土地列于经营性土地，那协议出让土地的属性就显得有些含糊：一方面，由于协议出让也是出让方式的一种，就应该与出让土地一道归于经营性土地之列；而另一方面，在2002年国土资源部颁布《招标拍卖挂牌出让国有土地使用权规定》以前，协议出让一直在我国城市经营性用地出让中占据着主导地位，[①] 主要表征为工业用地，仓储用地，政府为调整经济结构、实施产业政策而需要给予优惠、扶持的项目、市政工程项目、绿化隔离带项目、公益事业项目等，因而它又带有一定的非营利性质。由此可见，依此标准划分将不可避免地造成研究的混乱。

正是由于上述划分对国有土地隐形市场研究的不可预期性，笔者试图从中国土地资源配置的实践历程来看待：由于国有土地最初都是以无偿划拨方式取得的，到1987年以后才逐渐有了协议出让、招拍挂出让，以及租赁、授权经营、作价入股等有偿使用方式；1992年以后，国有划拨土地使用权在二级市场转让时需要缴纳土地使用权出让金，因而也属于土地有偿使用方式；发展至今，划拨方式成为国有土地无偿使用的唯一合法供给途径（赠予等转让方式显然不在此考虑之列）。因而，以国有土地使用权获取的有偿性或无偿性作为划分标准，可以较为清晰地划分国有土地，即有偿使用的国有土地和无偿使用的国有土地。在涉及国有土地隐形市场时，也可做到不重不漏，其中，国有划拨土地隐形市场实际上就是无偿性国有土地隐形市场，而二、三级市场中因土地使用类型改变而形成的隐形市场则属于有偿性国有土地隐形市场。

（一）无偿性国有土地隐形市场

在我国现行法律框架下，无偿性国有土地隐形市场即国有划拨土

---

① 国土资源经济研究院编：《经营性土地使用权出让》，中国方正出版社2004年版，第19页。

地隐形市场。从城市国有土地有偿使用制度实施以来，国有划拨土地作为我国土地使用制度的一个“特色产品”被长期保留着，至今仍具有无偿划拨使用特点。《城市房地产管理法》（第23条，2009年第二次修正）规定：“土地使用权划拨，是指县级以上人民政府依法批准，在土地使用者缴纳补偿、安置等费用后将该幅土地交付其使用，或者将土地使用权无偿交付给土地使用者使用的行为。”可见，划拨土地的获取是具有无偿性质的（虽然前一种情况要求土地使用者缴纳补偿和安置等费用才能取得土地使用权，但这只是附加于土地之上的如房屋、耕地等费用，而不是土地使用费，故土地依然是无偿的）。

正是由于国有划拨土地的无偿性诱惑，导致了各利益主体竞相拿地，尤其是在土地资源市场化配置制度不尽完善之时显得更为突出，这从我国土地有偿使用制度实施以后十多年里一直居高不下的划拨供给方式可以得到较好的验证。有鉴于此，国家《土地管理法》（第54条）将国有土地划拨范围限定为四种类型，即国家机关和军事用地、城市基础设施和公益事业用地、国家重点扶持的交通水利等项目用地、法律法规下的其他用地；2001年，国土资源部第9号令公布了《划拨土地目录》，对划拨用地范围进行了具体的规定和细化；《物权法》（第137条，2007）进一步要求严格限制以划拨方式设立建设用地使用权。尽管如此，近些年划拨用地面积依然占据着整个土地一级市场近1/3的交易份额。

在这样一个庞大的划拨土地市场中，不单是拿地环节容易诱发“寻租”行为，在用地环节也容易诱发违约利用风险，在资产处置时更是成为隐形交易的“温床”。在我国土地资源市场化配置中，国有划拨土地隐形市场几乎是与土地有偿使用制度同时产生。作为一种伴生物，国有划拨土地隐形市场在土地有偿使用之初普遍存在，曾经引起了社会的高度关注，虽然随着土地管理制度的完善和政府清理整顿力度的加大而有所收敛，但是作为一种利益竞逐目标的客观存在，是无法根除的。在其存在形态中，那些具有一定历史基础的国有划拨土地所形成的隐形市场直到现在依然存在，而新增国有划拨土地隐形市场虽不似前者活跃，却也显得更为隐蔽。从当前存有状态来看，主要表征为原国有企事业单位和政府机关存量型划拨用地转让、出租、抵押三类隐形市场以及国家福利性的经济适用房、廉租房等新增型划拨用地隐形市场。

1. 存量划拨用地隐形市场

由于在我国土地资源市场化配置进程中，存量划拨土地的基数很大，随着制度变迁和用地主体的变化，早已面目全非，发展至今已成为一种历史遗留问题。最为集中地反映在国有企业改革之中，它们或倒闭，或兼并，或改制，或消失，由此产生了如何处置国有划拨土地的利益分配问题。1998 年，原国家土地管理局第 8 号令指出，国企改革中所涉及的划拨土地使用权可以采用出让、租赁、作价入股、授权经营和保留划拨用地五种方式处置。然而在实际运行中，由于各种处置方式都有一定的适用范围或运行条件，因而往往存在各种突破法律约定范围的不规范操作行为，从而在一定程度上诱发了改制过程中的划拨土地隐形市场。

在上述五种处置方式中，国有划拨土地出让虽然没有特殊的适用范围，但需要交付出让金，补办出让手续；租赁主要适用于划拨工业用地、实行承包或改建为股份制的小型国有企业等；而保留划拨用地只适用于可继续作为城市基础设施、公益事业等用途的，或者国企兼并后仍是国有工业生产企业或有一方属于濒临破产企业的情形，或者国企改制后属于国有独资公司等情形；对于入股和授权经营而言，主要适用于“自然垄断企业、提供重要公共产品和服务的行业，以及支柱产业和高新技术产业中的重要骨干企业”（国土资发〔1999〕433 号），且属于“省级以上人民政府批准实行授权经营或国家控股公司试点的企业”（国土资发〔2001〕44 号）。由于严格的规定或利益的驱使，各国有企业在实际处置中都存有突破既有规定以牟利的机会主义行为倾向，比如在划拨土地出让中，一些企业为了逃避这些出让税费转而采取隐形交易方式；在入股或授权经营中，全国至今也只有中石油、中石化、中铝、中移动等几十家企业获准过，而大量中小企业所进行的作价出资或经营行为则大都隐匿于隐形市场之中。

与原国有企业不一样，政府机关和一些事业单位用地的公益性倾向更为明显，因而在处置原划拨用地上不似国有企业那样可以采取经营性的准市场法则，其划拨土地要么继续保留使用，要么补办手续公开出让，要么被国家无偿收回。在三种情况中，后两种情况不管是对原国有企业，还是对政府机关或事业单位，都是最不愿意看到的。首选的当然是第一种情况，最好是能够一直“有”在那里，然后谋求“生财之道”：一种是改变原划拨土地使用类型，变成经营性用途以牟利，如一些机关单位利用划拨用地以建职工食堂或招待客人为名兴办豪华宾馆酒店对外经营，以方便职工生活为名将办公楼等改为经营性质的商铺或综合楼等；另一种是寻求各种隐蔽方式在二级市场中私下进行土地交易，如国有企业以兼并为名攫取土地，以破产为名低价转让土地使用权等，从而一起诱发了具有全国普遍性的存量国有划拨土地隐形市场。

根据国务院第55号令第44—46条规定，划拨土地使用权在没有经过政府审批和补交出让金之前是不允许转让、出租和抵押的，对擅自行动者，应没收其非法收入，并视情况罚款。此擅自行动者，或转让，或出租，或抵押，实则引发了划拨土地隐形市场交易。因而，从其交易类型来看，主要表征为国有划拨土地转让、出租和抵押三种形态的隐形市场。

（1）存量国有划拨土地转让隐形市场。土地使用权转让是一种土地使用权再转移的行为，包括出售、交换和赠予三种类型。未经法律许可，国有划拨土地不能进行转让。在利益诱使下，国有划拨土地转让行为往往异常火爆，由此也引发了存量国有划拨土地转让隐形市场。依据其转让类型，可进一步细分为出售型、交换型和赠予型三种类型的土地隐形市场。具体而言：①划拨土地出售型隐形市场指以划拨土地为交易对象，以各种隐蔽形式为掩护所进行的土地买卖行为。通常包括以合法的房屋等地上物买卖为掩护从事非法的土地买卖行为，如通过合法申请转让并不值钱的厂房、仓库、办公楼等，实则为了获取廉价的土地，但成交价却远高于地上物之补偿费，即产生明房暗地交易行为；也还包括以改善职工生活居住为名，进行单位集资建房或者联合建设职工住宅，然后在私下里对外出售或对联建方作价出售，实则是一种变相买卖低廉商品房行为。②在交换型的隐形市场中，当事人双方就国有划拨土地使用权进行互易或至少有一方的土地使用权发生转移，且以金钱以外的实物作为标的物进行交换，主要表征为以地易房、以地易物等现象。由于当事人双方都不需要申请办理土地使用权转让手续，看似简单方便、价格实惠，实则因非法操作而暗含着交换风险。在我国由于一些当事人法律观念淡薄，在国有企业对划拨土地进行多次交换转让后问题变得复杂化，结果导致了诸多法律纠纷；同时，因其交换转让的非法性而不受法律保护，各当事人都面临着前期投入无法收回的困境。③赠予型划拨土地隐形市场相对不够活跃，主要源于这种带有社会道德和福利性质的土地赠予在我国总体上并不多见，一般发生在私人之间，主要是父母长辈在分割原国有划拨土地上的房产或者在征地拆迁补偿时，可能会遇到赠予晚辈或亲属等情形。由于这些赠予行为一般是基于社会文化习俗等非正式制度因素作用，在实施赠予过程中往往又存在着口头协议或其他私下协议，甚至有的就凭相互间一纸协议而不到土地管理部门去过户。显然，在没有履行审批登记手续和补缴国有划拨土地出让金之前，其赠与行为并不受法律保护。换言之，当事人的私下赠与行为已构成了一种划拨土地隐形市场行为。

（2）存量国有划拨土地出租隐形市场。《城市房地产管理法》（2009 年修正）第 56 条规定："以营利为目的，房屋所有权人将以划拨方式取得使用权的国有土地上建成的房屋出租的，应当将租金中所含土地收益上缴国家。"然而，在房地分离的产权现实背景下却带来了操作的困难，相关法律并未告知我们究竟如何区分房租与地租。因而，出现了两种现实隐形出租境况：一是以房租代替地租，将地租隐匿于房租之中，当事人之间的协议价格是名为房租，实则包含了地租价格，以此侵占国家所有者利益。二是单位自建房隐形出租现象，主要表征为各种以单位发展需要等名义在国有划拨土地上建住房、厂房、办公楼，甚至是建商务宾馆、豪华酒店等，然后又以各种名义对外出租。目前，各种以改善单位职工生活条件之名超标建套间式的宿舍出租，或以办公楼之名建职工住房长期出租，或以改善职工家属就业等名义私建临街门面、商铺出租等隐形出租现象都客观存在。另外，还存在着各种以联营联建、土地入股的方式，或者以企业子公司等名义公开利用土地，在暗地里又签下了长期出租协议的隐形出租方式，从而达到欺骗国家所有者而获取非法收益目的。

（3）存量国有划拨土地抵押隐形市场。相对而言，国家对划拨土地抵押的限制显得更为严格。不仅现行的土地管理法及相关条例禁止擅自将国有划拨土地进入市场营利，而且担保法和合同法也都作出了相应的土地抵押限定。在担保法中，第34—36条提出了抵押人的处置权要求，并将土地抵押限定为出让土地，显然将不具有处置权的国有划拨土地排除在抵押范围之外。由于国有划拨土地只有使用权，而没有处置权，因而根据合同法规定，当事人的擅自抵押行为具有恶意串通、损害国家利益性质，故以国有划拨土地使用权抵押而签订的合同是无效的。只有当事人履行了相关手续，得到土地管理部门的批复之后，才能依法有效抵押国有划拨土地使用权；否则，其行为构成了隐形抵押交易。通常情况下，国有划拨土地抵押隐形市场包括两种状况：一是当事人之间恶意串通签订无效抵押合同诱发的隐形市场，如当事人明知国有划拨土地不具有处置权，却经过关系疏通后进行不规范操作，将其作价抵押给银行以换取贷款，从而损害了国家利益，有的还变成了银行的不良资产。二是当事人之间虽然履行了相关手续，使国有划拨土地抵押合法化，但在抵押时进行不规范的操作或者是隐瞒真实意图的抵押活动，从而形成划拨土地抵押隐形市场。在房随地走的法律规定下，有的以房产抵押套取划拨土地使用权，有的实施“假破产、真让地”行为，即通过法院判决后将房产地产都转移过去，从而绕开了国有土地划拨的诸多限制，且省去了办理过程中的诸多手续。另外，在我国土地资源市场化配置进程中，由于法律法规不尽完善，也诱发了部分存量国有划拨土地的隐形抵押问题。1999年，我国在《担保法》出台实施时并未严格区分出让土地和划拨土地的抵押问题，从而在实践中导致了存量国有划拨土地抵押纠纷问题；到2003年，最高人民法院在法释〔2003〕6号文件中详细区分了国有出让土地与划拨土地抵押的操作规范及条件，但是针对国有划拨土地抵押，只要求到土地管理部门作抵押登记即可，无须专项审批。这种过于宽松的抵押登记政策却在实际操作中导致了大量的国有划拨土地进入银行抵押借贷，显然，以不具有处置权的土地进行抵押，合同是无效的，进而形成了银行的不良资产并造成了信贷风险。

2. 增量划拨土地隐形市场

主要表征为国家福利型新增经济适用房、廉租房等划拨用地隐形市场。为了解决城市中低收入家庭的居住问题，世界各国或地区都在不同程度上建有一定的经济适用房，一般称为公共房屋，在新加坡称为组屋，在中国台湾地区称为国宅，在我国香港和澳门特区则分别称为居屋和经济房屋。我国在 1998 年住房制度改革以来，原各国有企事业机关单位都存有一定数量的房改房，属于历史遗留性质的存量划拨土地范畴；同时，国家出于城市中低收入家庭居住的现实考虑，开始实施经济适用房和廉租房供给政策。在经济适用房建设中，一般是由国家先征地，再划拨土地供应，地理位置相对较偏，在城郊区者居多；也有的地方政府在将划拨土地交给开发商建设时，允许开发商将其中的 10%—20% 用于商品房开发；在价格上，经济适用房一般都比较便宜，往往成为各种社会群体争取的“香饽饽”，甚至有的经济适用房业主开着宝马、奔驰等豪车。

随着国家福利型经济适用房建设的发展，相关制度也不断地规范，2007 年 12 月，国家建设部、发改委、国土资源部等七部委联合发布了《经济适用住房管理办法》，对经济适用房购买和土地获取设置了诸多限制条件，比如，严禁以经济适用房之名取得划拨土地后，通过补交土地出让金等方式变相开发商品房（第 12 条）；个人在所购买的经济适用房尚未取得完全产权以前，不得用于出租经营等营利活动（第 33 条）；已经参加福利分房、购买经济适用房或参加单位集资合作建房者，不得重复参与，严禁任何单位以集资建房之名，变相实施住房实物分配或商品房开发等活动（第 39 条）。然而，各种以经济适用房之名变相利用国家划拨土地从事营利性活动大量滋生，屡禁不止。从隐形市场的施动主体来看，主要有三种类型：一是开发商变相利用划拨土地从事商业性开发行为。主要表征为房地产开发商在获得国家划拨土地后，通过各种途径进行“暗箱操作”，有的在缴纳出让金后将其变为商品房开发，有的随意提高商品房开发比例挤占经济适用房建设面积，有的不按原要求或标准建经济适用房从而获取差价，等等。比如，2007 年 5 月，在福建省福州市房管局公布的 394 套经济适用房面积均在 110 平方米以上，其中，最便宜的 8 套都要 30 多万元，一般的（214 套）都要 40 万—60 万元，80 万元以上的竟有 31 套；尽管此经济适用房比市场价格要低，但是客观地说，此经济适用房并不经济，而且超大型面积也未必适用，其价格远非低收入阶层所能购买。二是购房者变相利用经济适用房从事营利活动。主要表现为一些购房者在获得经济适用房后，不是用于自住而是出租，还有的在未满 5 年时间就进行转让，甚至有的在未缴纳出让金的情况下双方就私下达成协议等。三是不够资格的购房者以各种非法手段攫取经济适用房。这一状况在我国比较普遍，尤其是在房源指标分配过程中，往往是一个腐败高发的典型“寻租”市场，[①] 由此导致一些最需要国家福利辐射的城市弱势群体难以购买到经济适用房，而最后入住者又恰恰是社会中的某些强势群体。另外，也有部分中低收入者拿到购买房号后，私下进行交易，即将房号转手给他人以获利。

（二）有偿性国有土地隐形市场

在我国现有的土地管理制度下，有偿使用的国有土地主要包括三大类：一是市场化的出让土地和租赁土地；二是准市场化的作价入股和授权经营等方式使用的土地；三是非市场化的划拨土地在缴纳出让金后再交易性质的土地。这些通过有偿或近似于有偿方式获取的国有土地，在二级市场和三级市场中比较活跃，若是按政策法规合法交易，则属于正常的土地市场行为；若是在交易过程中绕开现行法律法

---

① 2009 年 6 月，在湖北省武汉市武昌区余家头小区的一个经济适用房摇号中，居然出现了“6 连号”，即 6 个摇中号码的购房者，其购房资格证明编号是相连的，而且又都是在同一个地点登记的，这一虚假现象的背后是权力的腐败，后经查实是一起由官商勾结、多方利益集团合谋而造成的恶性事件，武汉市国土房产局副局长朱志强等 5 人因渎职、失职受到了应有的处分。

规擅自行动形成土地交易，则属于隐形市场行为。

在有偿性国有土地隐形市场中，最主要的表征为用地者在有偿获取国有土地后，擅自改变合约中的土地使用类型而形成的土地隐形市场。国务院55号令（第12条，1990年）规定了国有土地使用权出让的最高年限采取以土地用途来确定的办法：居住用地70年，工业用地50年，教科文卫及体育用地50年，综合或其他用地50年，商业、旅游、娱乐用地40年。

由于不同土地用途或使用类型，其获取的成本不一样，收益也不一样，由此产生了收益梯度。比如，将居住用地改为商铺、写字楼、酒店等，它就可以通过隐匿于居住用地用途之中而实际使用70年，那些正常获取的商铺等却只能使用40年，由此导致实际交易中的住房出租或出售价格远低于商铺出租或出售价。再如，工业用地或教科文卫、体育用地等只有50年，改为居住用地后，不明就里的购房者还以为是70年，因而可能超出实际价格出售，而更为主要的是这类用地带有一定的公益性或政策扶持性，其获取价格一般都很低，尤其是一些工业园区土地几乎是“零租金”招租，这与房产商的拿地价简直就是天壤之别；另外，它们还可能私下流入商业、旅游或娱乐等经营性用地领域，从事着更具商业价值的经营性活动。这些收益梯度的客观存在为土地隐形交易提供了负面激励，从而成为有偿性国有土地隐形市场的利益之源。

在现实中，主要表征为通过低价获取那些带有非经营性的土地却实际从事着经营性活动，或者以协议出让方式获取的土地却从事着更具商业价值的经营性活动。外在地表现为工业用地、教科文卫及体育用地供不应求，很多企事业单位或个人具有多拿地和拿好地的冲动，一旦拿到后往往又以各种变通的方式闲置着，或建绿化带，或搭个小棚子等以待价而沽。在土地使用时，往往又是以非常隐蔽的方式进行或者打政策的“擦边球”，甚至是在地方政府招商引资激励下变相圈地。比如，张家界市以体育生态旅游项目为名报批，实际上却让企业从事着丰厚利润回报的商业开发活动。据中国广播网2013年6月29日报道，以“张家界体育生态公园项目”进行立项，3.5亿多元的挂牌价最后经地方政府返还后，企业实际出资额不到1.3亿元，拿地后却建成了一个占地近3000亩的“国际锦标赛型”高尔夫球场——“张家界天门国际高尔夫会所”。[①] 另外，时下也流行着一种以民办学校之名行圈地之实的行为，他们有的以变通的方式建各种教职工住房，实则为商品房，也有的利用学校的位置和环境办旅游开发、度假村，甚至是建宾馆酒店等。

最后，需要指出的是，在我国土地资源配置的市场化进程中，由于时间跨度较大，土地制度变迁中的制度空隙或裂痕客观存在，从而为土地用途管理带来了执行难度；与此同时，在快速的城镇化进程中，土地增值收益较快，原先一些不起眼的地区可能发展成为黄金地段，因而可能诱发原土地使用者私下改变土地用途或使用类型的非法活动，由此导致了有偿性国有土地隐形市场的出现。比如，全国各大城市老城区的临街住房、车库、煤房或杂屋等，在时代变迁中，现在大多已成为商铺、门面、餐馆或酒店等，却鲜有到国土部门办理登记手续的。

第二节　城郊集体建设用地隐形市场形态及其形成机理的地方实证

在现行法律和制度限制下，农村土地市场远未发育；相反，却是错综复杂、数量庞大的集体建设用地隐形市场自发形成，且日益泛滥，这在城郊地区表现得尤为突出。就此，积极探讨有地方特色的城郊集体建设用地隐形市场形成机理显得十分必要。

一　样本点的选取及说明

调查选取了中部内陆省份湖南的省会城市长沙市郊。长沙市土地面积1.18万平方千米，辖六区两市一县；2016年年底，城镇人口为

---

① 吴喆华：《张家界以森林公园为名违规建设高尔夫球场：政府支持土地廉价》，载《中国广播网》2013年6月29日。

580.97 万人，城镇化率达 75.99%，已步入城镇化发展后期阶段，选择该区作为样本具有城镇化发展阶段的典型性。同时，作为中部内陆省会城市，长沙市土地市场建设相对较晚，选择该区作样本可反映我国土地市场发育的一般情况。就土地市场建设而言，1992 年 4 月，“浏阳第一槌” 正式宣告长沙市国有土地使用权的有偿使用；1996 年 2 月，长沙市土地市场管理处得以组建，后来发展为长沙市国有土地资源交易中心；2009 年 6 月，长沙市农村土地流转交易中心挂牌成立；2010 年 5 月，《长沙市集体建设用地使用权流转管理办法》试运行，致力于建立城乡统一建设用地市场。总体来看，长沙市土地市场建设步伐虽不及一般沿海城市快，但也不似一般内陆城市慢，大抵是与其中部省会城市的发展速度相适应的。在城郊农村集体建设用地使用权流转及隐形市场形成方面也大概如此，虽不似东部发达地区省会城市或开放前沿城市那般突出，却也要比一般中西部省会城市严重些，故以该区为样本颇具代表性。

本次问卷调查主要走访了岳麓区、望城区、雨花区、芙蓉区、天心区、开福区和长沙县郊等，共涉及隆平高科、火车南站、茶亭镇、铜官镇、丁字镇、火星镇、王家湾、桃花村、咸嘉新村、润泽园小区、东马社区、月亮岛社区、坪塘街道办事处、暮云街道办事处、开慧镇、果园镇等 20 多个样本点。在调查中采取了三种方式：一是有针对性地实地考察并与村干部、农民进行随机访谈；二是有安排性地与部分基层国土管理部门工作人员、用地单位相关人员等以座谈会的形式座谈；三是采用问卷调查，主要是针对农户发放问卷进行调查。在本调查中，以问卷调查为主、会议调查和随机访问调查为辅；其中，问卷调查是以农户为对象而设计的，前期调查难度较大，需要逐个地解释相关术语后再据实填写。同时，在调查中对于一些敏感性的问题也做了相关处理（如在问卷设计中就将建设用地隐形流转中的“隐形” 二字略去了，同时问卷又是围绕隐形流转问题而铺开的），以期能得到更多的农户们的真实声音。根据问卷所统计的数据，结合座谈、访谈得到的第一手资料，以及相关文献、书籍资料等，可以大体反映长沙市郊的土地隐形市场真实概况。

二 长沙市郊土地隐形市场的主要表现形态

（一）长沙市土地市场发育状况

1. 长沙市土地市场萌芽阶段（1992—1996 年）

1987 年深圳等沿海城市国有土地有偿使用制度改革的有效开展，对国内其他城镇地区国有土地市场的形成起到了仿效作用。长沙市地处内陆省份湖南，相比而言偏于保守，但在全国国有土地使用权有偿使用制度改革普遍推进之时，《长沙市城镇国有土地使用权出让转让暂行办法》（1992）最终得以出台，比国家的整整晚了两年。就在该办法发布当天，即 1992 年 4 月 27 日，地处长沙市东隅的浏阳市首先敲响了湖南省国有土地使用权拍卖市场的第一槌，由此也拉开了长沙市国有土地有偿使用制度改革的序幕。

2. 长沙市土地市场形成阶段（1996—2009 年）

经过 4 年探索，长沙土地交易市场于 1996 年 2 月正式挂牌成立，标志着它进入了新的发育阶段。在朝着开放、规范、有序的土地市场秩序建设过程中，两次修订了《长沙市城镇国有土地使用权出让转让暂行规定》（1998，2002），先后制定了《长沙市闲置土地处理办法》（1999）、《长沙市土地使用权挂牌交易暂行规定》（2001）、《长沙市土地市场土地使用权挂牌交易操作程序与资料要求》（2001）、《长沙市国有土地使用权网上挂牌出让规则（试行）》（2007）等规范性文件，并成为国土资源部确定的土地有形市场示范点（2004）。

3. 长沙市建设城乡统一建设用地市场的启动阶段（2009 年至今）

在长株潭两型社会建设背景下，长沙市城镇化和工业化的快速发展以及经济结构和社会发展的转型对土地市场发育提出了新要求。2009 年 7 月 3 日，长沙市农村土地流转交易中心、长沙市人民政府节约集约用地办公室正式挂牌成立，并与原长沙市土地资源交易市场合署办公，从而标志着长沙市土地有形市场进入了城乡一体化发展阶段；并随着《长沙市农村土地流转交易暂行规则》（2010）、《长沙市集体建设用地使用权流转管理办法》（2010）、《长沙市农村土地综合整治试行办法》（2010）、《长沙市农村土地承包经营权流转管理暂行办法》（2010）和《长沙市林权流转管理暂行办法》（2010）等规范性文件的出台而进一步推进了农村集体土地流转，从而拉开了长沙市建立城乡统一建设用地市场的序幕。

（二）长沙市城乡建设用地隐形市场概况

由于土地隐形市场所固有的隐蔽性、私下交易性、非公开性等特性，在交易过程中一般是很难发现的，也很难举证其交易行为定性为隐形交易，从而给国土执法部门制造了诸多难题。不过，随着现代卫星遥感监测等技术手段的成熟及其在我国国土资源管理中的应有，由此形成的专题影像图片即卫片对国土部门的土地执法检查带来了新希望：通过前后卫片的对比分析可以及时发现增量违法土地行为，从而对有效治理城乡建设用地隐形市场提供了有力的技术支持。

根据长沙市国土局基层工作者张卫平所提供的 2010 年卫片检查数据，经整理后（见表 5－1）显示，长沙市城乡建设用地非法利用主要表征为工矿仓储用地、公共管理与公共项目用地、住宅用地、商服类用地和交通运输用地五种，其非法利用宗数分别为 311 宗、43 宗、36 宗、24 宗和 16 宗，面积占比分别为 75.70%、7.95%、6.21%、3.03% 和 7.11%；总违法面积数据显示，最多的当属工矿仓储用地，非法利用面积达到 5355.6 亩。进一步细化，可以发现最为凸显的问题是工业用地非法利用过高，竟达 4429.0 亩，占比为 62.60%；根据非法用地面积排列，尔后依次是仓储用地（913.1 亩）、农村宅基地（333.75 亩）、公路用地（318.2 亩）、公共设施用地（245.28 亩）、科教用地（205 亩）、街巷用地（140.11 亩）、其他商服用地（126.64 亩）、机关团体用地（112.2 亩）、城镇住宅用地（90 亩）和住宿餐饮用地（85.26 亩）等。从总体来看，共发生了 430 宗共计 7075.1 亩违法用地行为，可以大体反映出 2010 年长沙市城乡建设用地的增长规模，这个数目大约是 2009 年长沙市获批建设用地总数的 1/10。

在最为凸显的工业违法用地中，又主要表征为法人工业违法用地，2010 年发生了 175 宗共计 4176.93 亩违法用地行为。就其发生地域而言，主要集中在浏阳市，共有 120 宗 2483.9 亩违法用地；其次是宁乡县和长沙县，分别发生了 17 宗 898.3 亩和 20 宗 505.3 亩；相对而言，长沙市内五区发生并不多，只有15宗共计196.93亩，但是这一面积数大约是当年湖南省人民政府批准该区农用地转用和土地征收的建设用地面积的11.86%。

表5－1　2010年长沙市卫片检查城乡建设用地非法利用情况

土地用途		宗数统计				面积统计			
		宗数（宗）	占比（%）	合计（宗）	占比（%）	面积（亩）	占比（%）	合计（亩）	占比（%）
交通运输用地	公路用地	7	1.63	16	3.72	318.2	4.50	503.27	7.11
	街巷用地	6	1.40			140.11	1.98		
	铁路用地	3	0.70			44.96	0.64		
公共管理与公共项目用地	科教用地	15	3.49	43	10.00	205	2.90	562.48	7.95
	机关团体用地	15	3.49			112.2	1.59		
	公共设施用地	13	3.02			245.28	3.47		
工矿仓储用地	采矿用地	3	0.70	311	72.33	13.5	0.19	5355.6	75.70
	仓储用地	103	23.95			913.1	12.91		
	工业用地	205	47.67			4429.0	62.60		
商服类用地	批发零售用地	2	0.47	24	5.58	2.7	0.04	214.6	3.03
	住宿餐饮用地	10	2.33			85.26	1.21		
	其他商服用地	12	2.79			126.64	1.79		
住宅用地	农村宅基地	33	7.67	36	8.37	333.75	4.72	39.15	6.21
	保障性住房	1	0.23			15.4	0.22		
	城镇住宅用地	2	0.47			90	1.27		
合计		430	100	430	100	7075.1	100	7075.1	100

资料来源：根据长沙市国土局基层工作者张卫平（张卫平：《近年长沙市违法用地特点及原因分析》，载《国土资源导刊》2012年第8期。）的走访数据整理。

（三）长沙市郊集体建设用地隐形市场的基本形态

1. 依需求侧地类营利性质划分

从需求侧角度，就其地类性质是否以营利为目的的存有状态来看，可划分为集体经营性建设用地隐形市场和集体非经营性建设用地隐形市场两大类。

(1) 集体经营性建设用地隐形市场形态。集体经营性建设用地是指具有生产经营性质的集体建设用地，其隐形市场主要表征为擅自流转的各类企业、厂矿等集体经营性建设用地获利的不规范市场。依其生发时点不同可进一步细分为存量型和增量型两种隐形市场：

一是存量型集体经营性建设用地隐形市场形态。就存量集体经营性建设用地而言，其用地来源较为复杂，存有合法型和非合法型，由于数量不多且分布零散，现实处置起来颇有难度，当前国家试点集体经营性建设用地入市意在化解此存量问题。在广大农村腹地，该类土地流转价值不大，或闲置，或复垦；但在城郊区却是商机无限，客观地诱发了一个较大的存量型集体经营性建设用地隐形市场。在长沙市郊，主要表征为乡镇企业、厂矿等在转让前后伺机变更土地利用属性，在交易过程中则隐匿地价于厂房价格之中，获取非正当收益。如近郊的坪塘街道办事处 JJ 机械厂，占地面积约为 9 亩，在 1998 年的乡镇企业改制过程中，被厂内职工易某承包买断；2004 年，易某向地方国土部门补交土地税费后将厂房用地一次性“买”下来，使其合法化；2008 年，坪塘镇由原望城县划归岳麓区，这种行政区划变更之后使历史遗留性的隐形市场行为更加难以追责，或许只能默认其作为存量的“合法”地位。从土地属性来看，该企业用地属于集体经营性建设用地，可以进行出让、转让、出租、转租等。在坪塘的诸多乡镇企业厂矿中，或改制，或破产，情况大概如此。由此，形成了一个乡镇企业破产或改制过程中的集体经营性建设用地隐形市场。

二是增量型集体经营性建设用地隐形市场形态。就增量集体经营性建设用地而言，因国家管控严格而难以合法增加，客观地诱发了增量形态的隐形市场。主要是指农地非农化隐形增量型形态，当然也包括部分集体非经营性建设用地隐形增量型形态。农地非农化隐形市场是指通过非国家正式认可的方式将农用地变性为非农业用途而新增的集体经营性建设用地形态，包括农户自家耕地上的私建厂房行为，也包括政府或村组集体经济组织的违章租让型隐形流转形态，如暮云街道××建材市场（约50亩），存有以租代征现象，政府拿地后租售给企业，导致新增建了大量仓库。

（2）集体非经营性建设用地隐形市场形态。该形态是指通过非国家正式认可的方式流转宅基地、公益用地等集体非经营性建设用地或变更其使用属性的行为，主要包括农民宅基地隐形市场和集体公益性建设用地隐形市场两类：

一是农民宅基地隐形市场。主要指农民擅自利用自家住宅用地从事商业、娱乐、旅游等经营性活动，或者擅自以出让、转让、出租、入股、抵押等形式将其使用权转移给本集体之外的城乡居民、企事业单位等以牟取土地收益的交易行为。如在留地安置的宅基地上私搭乱建、在原宅基地上扩建以经营商业或加工厂等。在长沙火车南站选址修建前后，附近连片出现着私搭乱建型出租屋、村集体联建型物流仓库等，如DT村有135户（占比高达64.3%）存有该类隐形出租行为；在岳麓区TH村，有的村民小组几乎是整组地将农户自家宅基地隐形改成"农家乐"。

二是集体公益性用地隐形市场。如将闲置的集体公益性用地变为加工厂或建小产权房销售等。在长沙县远郊的KH镇，吴某于2011年租用了SF村闲置的村小校舍楼，改办为服装厂房，面积约3亩，租期5年，租金3万元；在雨花区城郊接合部的GS社区，村集体经济组织利用3.3亩公益性用地与开发商兴建了16栋10层的小产权房公开销售。

2. 依供给侧地类变性行为划分

从供给侧角度来看，集中表征为农民、村干部等产权主体的不规范利用集体土地行为，主要有：

（1）农地非农化改变土地利用属性型。该类型主要表征为在闲置农用地上兴建各种临时建筑。在快速的城镇化进程中，原郊区早已被城市所包围，然而农民的生产生活以及社会融入却依然漫长。虽有未被征收的农用地，但已经无法耕种粮食和生态作物，因为原先的植被、水系、气候和生态等均在不同程度上得以破坏，故只能闲置着。

同时，在现行政策下，又不能擅自改变农用地属性，在一定程度上诱致了各农民主体借助于村组等力量尝试着各种改变。最后，兴建临时厂房、仓库、出租屋成为其理性选择。用武广长沙火车南站长托村一位大爷的话来说："我们几个人一起建个联排仓库，也只有十万到二十万块钱，大概两三年就可以收回成本，超过三年的话，就可以稳赚租金了，以后政府要征地或拆除什么的，总得赔我这部分损失吧！"2013 年 7 月 2 日，在武广长沙南站附近的东山社区，一片大火将那里的仓库烧了个精光。这里不仅仅是消防死角，也是城郊集体建设用地隐形市场典型区。该社区隶属于长沙市雨花区东山街道，与长沙火车南站、高桥大市场等接壤，属城乡接合部。随着高铁站的开通，其物流区位优势日益明显，但就是在这里，等待土地征收升值的好运并未来临，迎接的却是一场大火。由于该社区仓库是该地村民私自搭建用于出租的储物设施，其建筑设施简陋，代价低廉，大都由空心砖砌成，由石棉瓦盖顶，成连片分布，主要存储日用品、复合地板、电器产品等。可以认为，这把火并非偶然，在调查中发现，就在东山街道辖区内，违章建筑竟有 3000 多栋，涉及 840 多家农户，正是这些违章建筑的主要用途是基于仓库出租，出于短期获利的冲动而无视严重的消防安全隐患而最终酿成灾难。

（2）非经营性集体建设用地属性隐形转化型。该类型主要表征为将其变性为经营性质。比如，以宅基地建设之名改变原土地使用属性，即将其改建、扩建或超标建设成为农家乐或休闲农庄、商铺门面、宾馆酒店等。近年来，在长沙市河西大学城附近各种形式的农家乐得以迅速发展，既有满足学生郊游、娱乐的小型农家乐，也有满足社会人士户外活动的中高档次的休闲农庄，还有满足外地观光旅游的生态农庄，因而备受社会欢迎。然而，其土地利用方式却与现行土地制度难以兼容。笔者在岳麓区城郊桃花村斜塘组的农家乐调查中得知，该组从 2007 年起，开始将农家乐作为其主要产业，绕着桃花水库一时兴建了许多娱乐设施，大部分村民都是基于自家宅基地进行改建和扩建，并通过各种途径获得了村组和基层政府的默认。发展至今，该组已成立了农家乐协会，负责商业运营和农家乐的年检、执照及税费办理等手续，这种手续费大约为2000元/年，每户每年毛收入一般在5万—20万元不等。笔者在城郊东方红镇实地考察中还发现某高校旁的私搭乱建现象较为严重，许多民宅周围都密密麻麻地挤满了各种“房子”：或是小吃店，或是精品店，或是服饰店，或是理发店，或是烧烤摊，或是水果棚等。这些私搭乱建房连同宅基地或改建，或扩建，显然是改变了原土地使用属性，并通过各种出租、出售、经营等方式获利，因而属于集体建设用地隐形市场行为。

（3）改变集体土地利用规划的小产权房私建型。该类型主要表征为农民利用自家宅基地或其他集体建设用地自建或联建小产权房出租或出售的私下交易行为，也包括部分村级集体经济组织与乡镇政府、开发商的合谋私建小产权房的出租或出售行为，以及在征地住房安置模式下的部分失地农民无力自建或无力进行后续房屋装修时而私下转让集体土地指标与人建房的行为。这在长沙市郊不同程度地存在着，通常以个人名义建造的小产权房多是农户自家周边多占多用集体土地而建，或是在自家住房上加高楼层盖的房屋建筑，其分布零散、未成片区规模；若是以村集体名义建造的，多是大面积进行，如村改居、合村并镇中进行土地整理，建立安置小区以改善住房条件等，其分布多是城郊区交通便利处，且成一定规模特征。往往具有违法建设、私下买卖、以租代售等交易特征。从需求侧来看，长沙市郊小产权房多以大户型为主，如独栋别墅或洋房，该类需求主体经济实力雄厚、社会资本丰富、抗风险能力较强，主要表征为各类企业老总、公务员、律师等中高收入群体；城中村的小产权房主要是普通自建房或一般住宅，住房面积和建造形式与商品房市场中的小洋房类似，该类需求主体经济承受能力较弱，以候鸟型的外来务工人员或是无房的城市弱势群体为主。从交易价格来看，长沙市郊小产权房价格大致为同地段商品房价格的一半上下。作为二线城市，长沙房地产市场交易均价远不及北京、上海、广州等一线城市，市民购置小产权房的意识相对保守，在相关的政策管制和严格执法下，小产权房隐形市场规模相对不大，交易量相对有限。

3. 依供需侧制度法律边界划分

从供给侧和需求侧改革视角，有必要将政府主体也纳入进来。基于国土行政的政府管制需要，可从制度、法律和公共政策的制定边界或尺度上将长沙市郊集体建设用地隐形市场进一步归纳并细分为以下三种基本类型：

（1）政府征而未用导致土地闲置的合法不合理型。该类型直接属于征而未用，导致土地闲置。这既有区域经济发展方面的原因，比如在基础设施尚未配套建成之前，企业不愿入驻，这在近郊的星沙等地表现较为突出；也有地方政府征地过度的原因，即在城市群扩张过程中，政府偏好于大量征收土地，以至于经常滥用征地权，有的甚至调整土地规划以适应其征地冲动，这在武广高铁长沙南站周边征地扩张中就有所应验；还有就是制度滞后、法律漏洞和管理不善等原因，比如有的开发商拿地后借机囤地、炒卖地皮，不惜“寻租”以求长期闲置。

（2）私搭乱建导致规划失效的合理不合法型。该类型属于私搭乱建，导致规划失效。这是长沙市郊最活跃的集体建设用地隐形市场，通常以出租屋、仓库、厂房、小产权房等形态出现。一方面，在城镇化进程中，这些城郊区的土地已很难持续耕种；另一方面，在法不责众的心理预期下，丰厚的经济回报诱使农民想方设法“种房”出租。在经济利益的驱使下，由农户、村集体或当地政府将城郊农用地、宅基地、公益用地等变性为集体经营性建设用地。比如，长沙市雨花区长托村、东山村，地处长沙市火车南站，交通便利，区位优势明显。调查发现，当地由农户私搭乱建的出租屋、村集体联建的物流仓库连片存在。

（3）触法搭建导致土地利用粗放的情与法边缘型。该类型属于触法搭建，导致土地利用粗放。在农民长久生计与土地资源粗放利用的选择中，“不鼓励、不支持”成为现时段政府的理性选择，这也导致地方政府土地管理中的柔性执法行为颇为盛行。作为城乡土地政策失效的产物，上述现象有其深刻的社会根源，最为根本的可归结于政府垄断下的利益失衡与管理失效问题。比如，长沙远郊的开慧村利用“市民下乡项目”吸引城市人口来村入住，购置房产，撬动小城镇建设。在长沙南郊的暮云一带，由于特殊的区位条件，具有人口密度大、交通便捷、乡镇企业众多、经济基础好等特点，在城镇化过程中诱发了各种隐形市场行为：有许多农民在自家的承包地或宅基地上建立厂房、仓库用于生产经营，有的甚至进行直接买卖，还有的村集体经济组织（主要由村干部做主）受利益的驱使和当地政府合作，以征地的名义从农民手中拿回承包经营权，再将征来的土地出租给企业，以获得增值收益。实际上，这些都游走在法律边缘。

三　基于农户调查的长沙市郊集体建设用地隐形市场形成机理分析

（一）调查对象基本情况

调研所收集数据主要来源于问卷调查方式，总共发放问卷 230 份，收回问卷 162 份，获得有效问卷 153 份，有效率为 94.44%，但在后期问卷数据处理上，也存在一些相关问题没有达到 153 份有效数据的情况，最后的数据处理则依具体情况而定，被调查对象的基本情况大致如下：

1. 性别比例与年龄分布情况

问卷调查主要是基于长沙市辖区的城郊进行的，男性居多，占总样本数的 62.09%；调查对象以在家的中老年人群为主（如图 5 - 3 和图 5 - 4 所示）。18—39 岁的比例也较高，主要是外来务工人员，且以男性为主，其构成了该区最主要的房租需求者。

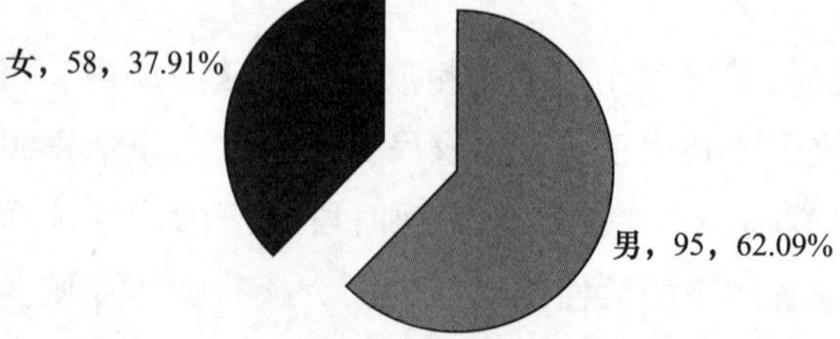

图 5 - 3　调查对象性别比例

资料来源：数据来源于问卷调查整理。

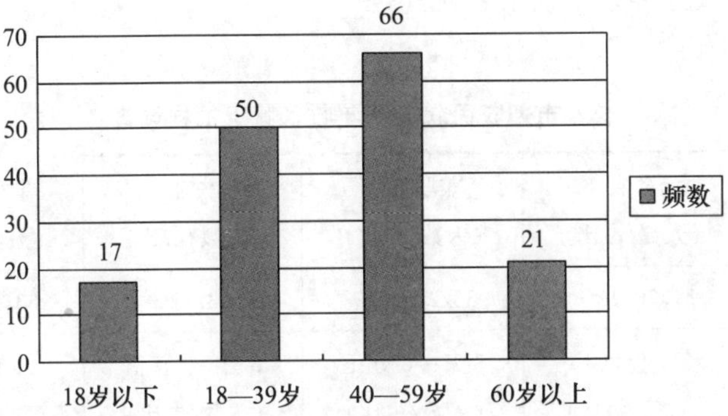

图 5-4　调查对象年龄分布

资料来源：数据来源于问卷调查整理。

2. 文化程度状况

在回收样本的文化程度分析中发现，调查对象大多数在小学及小学以下的文化程度，尔后依次为初中、高中和大专及以上文化程度，总体文化程度不高，具体如图 5-5 所示。这种状况与高素质农村劳动力剩余劳动流出较多是相适应的。

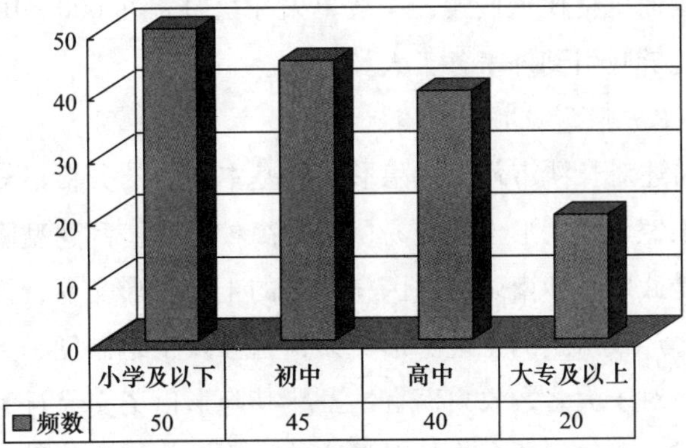

图 5-5　调查对象文化程度

资料来源：数据来源于问卷调查整理。

3. 年收入和职业发展状况

表5-2　　长沙市郊农民就业及年收入状况抽样调查

职业状况	务农（人数/占比）	兼职务农（人数/占比）	失业（人数/占比）	非农业工作（人数/占比）
	31/20.26%	33/21.57%	6/3.92%	83/54.25%
年收入	3万元以下（人数/占比）	3万—6万元（人数/占比）	6万—9万元（人数/占比）	9万元以上（人数/占比）
	63/41.18%	47/30.72%	31/20.26%	12/7.84%

资料来源：数据来源于问卷调查整理。

在调查数据分析中，大多被调查对象都从事着非农业工作，工作稳定性及收入水平都相对较低，对出租房需求量较大，构成了城乡建设用地隐形市场交易的重要需求方。这在长沙火车南站附近的调查中显得尤为突出，也在一定程度上诱致了出租房群的出现。这些私搭乱建的出租房，基本上没有正规的房产证，建设非常简单，甚至有半数以上的出租房是以“棚户”的形式搭建，缺乏必要的通风和安全等基础设施，因而价格比较低廉，一般单人住房月租在600—1000元，所以，大都能够吸引到外来务工人员入住。

（二）农户隐形流转意愿概况

通过前述对长沙市郊土地隐形市场基本形态的分析可知，不管是桃花村的农家乐式隐形土地交易，还是高校旁私搭乱建型隐形土地交易，或者是武广长沙南站棚户区仓库式的土地隐形交易，抑或是征地拆迁后的小产权房式的土地隐形交易，都涉及土地制度、土地管理等核心问题，对于大多数农户而言，虽然其隐形市场交易行为仍未被现行国家正式法律法规所允许，但是这的的确确代表了他们朴实而理性的利益选择，因而，对其形成原因的分析不能仅仅局限于既有的思考维度，还应充分考虑农户的基本意愿，国家最后的制度变迁也应循此规律而有所作为。

1. 集体建设用地自发流转的认知

在有关长沙市城乡建设用地流转意愿的调查问卷设计中，第七个问题就是“您身边的集体建设用地自发流转现象存在吗?”设计意图在于从侧面了解城郊农户对集体土地使用权的认识状况。通过数据收集和分析绘制图5－6，约有18.83%的村民认为集体建设用地自发流转现象“普遍存在”；35.71%的人认为“有，但不是很多”；而只有24.03%的人认为是“没有的事”；另外，有21.43%的人选择了“不知道”。导致这一现象的原因，可能是国家土地政策的良好愿望与农户自身利益的有效保障尚有一定距离。

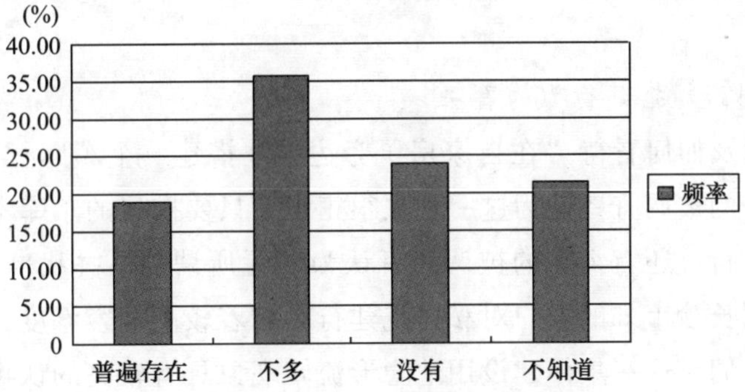

图5－6　集体建设用地自发流转状况

资料来源：数据来源于问卷调查整理。

2. 转让方式的选择意愿

调查发现，大部分农户对土地权属及土地流转相关法律规定不甚了解，仅有1/3左右的农户认为在宅基地和建设用地使用权流转中要采用“书面合同”形式，还有31.17%的农户认为只要“口头约定”就行了。在可以流转宅基地的前提下，当被问到愿意将宅基地流转给谁时，大部分人都理所当然地说：“谁出价高就给谁啰!”在此类认知状态下，土地隐形流转数量自然会较大，双方进行流转时并没有基于正规程序进行。这在一定程度上诱使了不规范交易以及农户隐形交易后的责任分担等法律纠纷等问题。

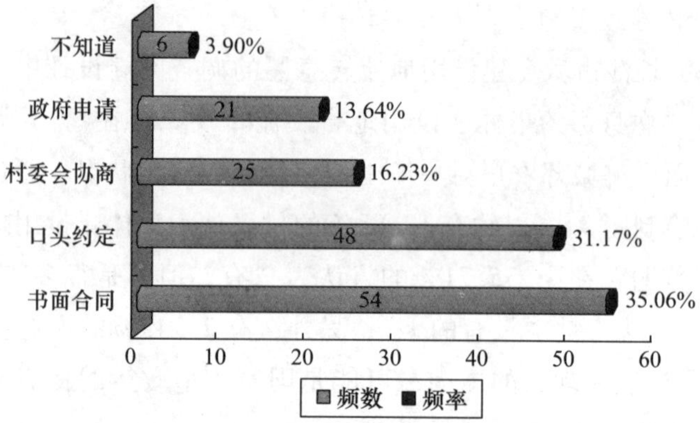

图 5-7　调查对象对不同流转方式的选择

资料来源：数据来源于问卷调查整理。

3. 对违规搭建行为的看法

当问及如何看待“在自家房子旁边另外搭建一个车库行为”时，有近 1/3 的被调查者认为这一现象很正常，只要搭建的车库不妨碍到其他人就行；还有 1/5 的被调查者认为“无所谓，不关我事”。这一状况说明长沙市郊的农户对私搭乱建行为有着较高的容忍度，从侧面反映了他们对这一集体建设用地隐形流转现象具有较高的认可度；而只有 23. 53% 的农户认为需要村委会来制止的状况则说明他们对集体土地的使用权属意识较为淡薄。

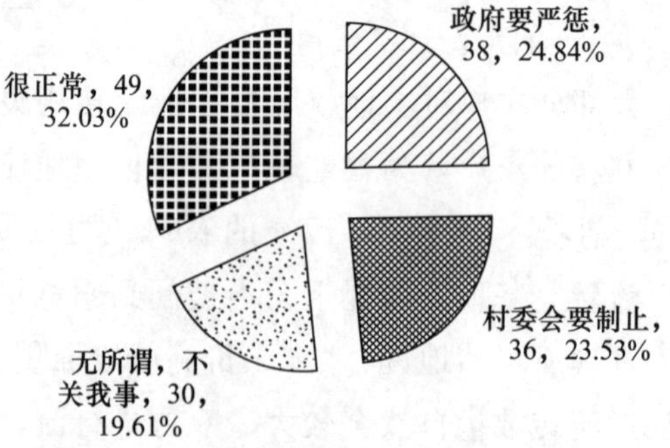

图 5-8　调查对象对私搭乱建行为的看法

资料来源：数据来源于问卷调查整理。

4. 对外村人买地行为的态度

针对“外村人来使用本村集体建设用地”的调查数据显示，62.42%的农户认为集体用地使用权流转仅仅是村里的“内部事务”，只要村民或者村干部同意就行了，他们想卖给谁就卖给谁，不关基层政府的事。在此观念主导下，往往在一定程度上诱发着城郊“小产权房”隐形市场的形成。

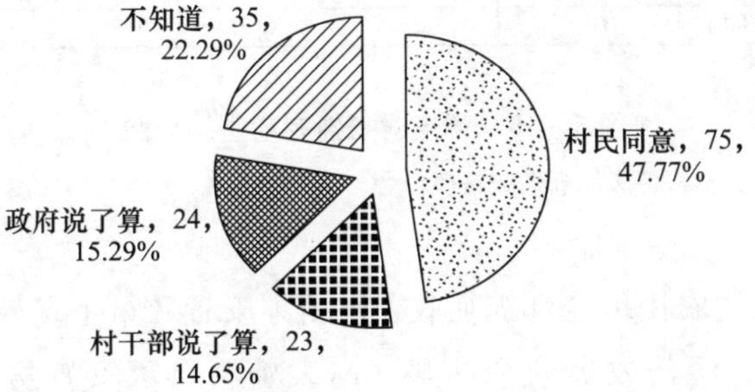

图5-9 调查对象对本村用地权属的认知状况

资料来源：数据来源于问卷调查整理。

5. 对农户宅基地拥有状况

近些年来，我国农村各地的“空心村”现象和“一户多宅”现象较为凸显。在长沙市郊的调查中，发现大多数农户都建了新房却未拆除旧房，而是让其继续“有”在那里，或者是卖给外村的搬迁户。总体来看，宅基地的管理较为松散，“一户多宅”或“小户大宅”的现象较为普遍，如图5-10所示，有近1/3的农户拥有多处宅基地。

6. 对宅基地权属认知

宅基地使用权是集体成员享有的法定权利，具有福利性和无偿性等特征，一般农户每家能且只能拥有一处福利性的农村宅基地，一旦出卖或出租了住房后再申请宅基地的，将不予批准；同时，法律还规定了“房地分离、房随地走”的交易原则，可以对宅基地上的建筑物进行出租出卖，但是不能交易宅基地使用权。在调研中遇到赵大婶，

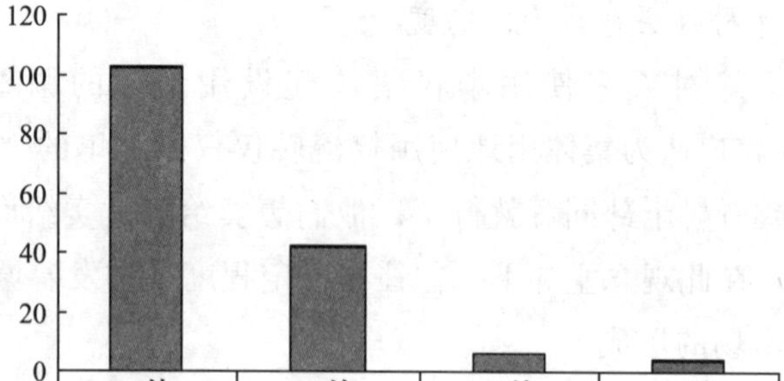

	一处	二处	三处	四处
■ 频率	66.23%	27.27%	3.90%	2.60%
■ 频数	102	42	6	4

图 5－10　调查对象拥有宅基地处数

资料来源：数据来源于问卷调查整理。

2007 年她家的农用地全部被征收，在留地安置政策下，被补贴了一套住房。后来，经济发展效力凸显，赵大婶将自家安置房改建成小高层，并且在楼房旁私自搭建了一层矮小的棚户楼，一起进行出租。在询问过程中，赵大婶一直坚持认为房子和地以及房子旁边的地都是属于她家的，想拆想建完全是自己的事，其他人犯不着。如图 5－11 所示，有 52.60% 的农户认为宅基地是属于自己的，还有 11.69% 的农户选择了“不知道”；只有大约 1/10 的农户能够正确认知宅基地是属于农村集体经济组织的。

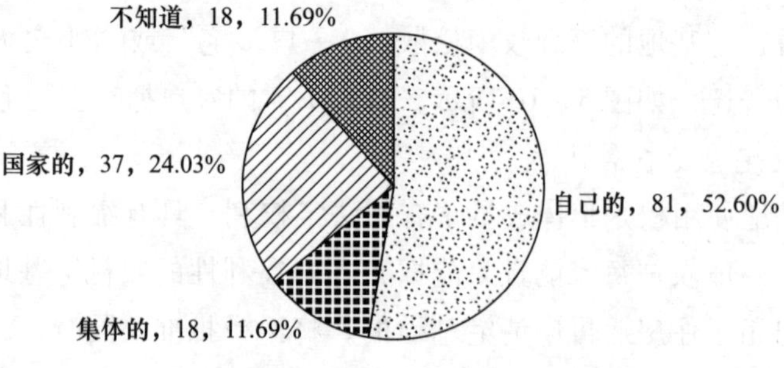

图 5－11　调查对象对自家宅基地权属的认知状况

资料来源：数据来源于问卷调查整理。

7. 对闲置宅基地使用权的转让意愿

在现有的土地政策及其社会保障功能导向下，农户对宅基地使用权的流转是谨慎的，如图 5－12 所示。大多数农户并不愿意直接将宅基地进行流转，占样本数的 62.99%；有 16.88% 的农户处于犹豫阶段，选择了“无所谓”或“以后看情况再说”；约有 10.39% 的农户勉强同意流转，选择了“一般愿意”；选择“非常愿意”的只有 15 个样本，仅为样本数的 9.74%。在问及“如何处置闲置宅基地”时，有 68.42% 的农户选择了“放在那里”，只有 15.79% 的农户选择了“转让出去”。可见，这种流转意愿在既有的土地制度及不对称的土地收益状态下，大部分农户还是选择了“有”在那里进行观望，以期待土地升值。

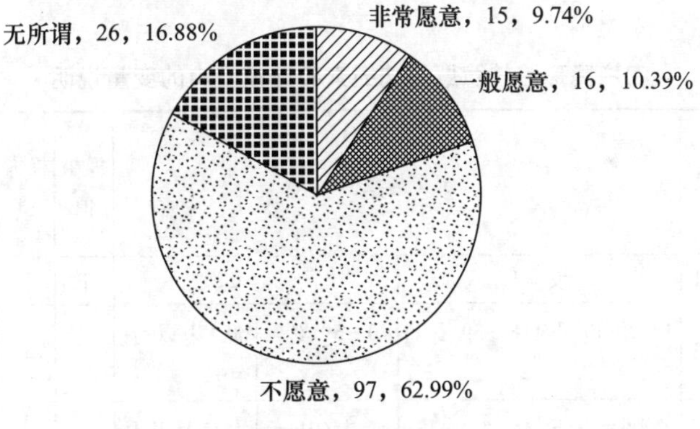

图 5－12　调查对象对闲置宅基地的转让意愿

资料来源：数据来源于问卷调查整理。

（三）农户隐形流转意愿的 Logistic 模型分析

1. 数据来源及变量描述

数据资料来源于实地座谈和抽样调查，考虑到普通农户与村组干部在集体建设用地隐形交易中的利益分异性，整个调查尽量采用村组干部不在场的与农户面对面访谈后的抽样数据。在本次调查的 153 份有效问卷中，经过筛选和剔除，最后选取了 147 份用于 Logistic 模型分析。

鉴于农户对集体建设用地隐形流转问题的敏感性和理解的分歧性，本书在问卷调查中特别将“隐形”二字略去，并将部分专业术语用更为浅显和地道的长沙话来表达，从而使调查得以顺利开展。同时，为了从农户层面对集体建设用地隐形市场的形成原因进行分析，需要对农户隐形流转意愿进行技术性处理，即采用“您怎样看待村里的那些私人搭建住房、厂房、车库和杂屋等土地违规使用行为?”来替代农户隐形流转意愿的直接发问，用“政府要严惩和村委会要制止”“无所谓，不关我事和很正常”来分别替代农户不愿意和愿意进行隐形流转的意愿回答，故而设其为替代的因变量。在自变量选取时，则结合调查实际将影响农户对集体建设用地隐形流转意愿的因素可大致分为个体因素、家庭因素和公共政策因素三个大类十个小类（具体如表 5－3 所示）。

表 5－3　农户隐形流转意愿影响因素实证模型中的变量说明

自变量分组	自变量	定义与赋值				极小值	极大值	均值	标准差
个人特征因素	性别 x1	女 =1		男 =2		1	2	1.61	0.49
	年龄 x2	18 岁以下 =1	18—39 岁 =2	40—59 岁 =3	60 岁以上 =4	1	4	2.76	0.81
	文化程度 x3	小学及以下 =1	初中 =2	高中/中专 =3	大专及以上 =4	1	4	2.20	1.02
	职业 x4	失业 =1	务农 =2	兼职务农 =3	非农业 =4	1	4	3.19	1.00
家庭特征因素	年收入 x5	3 万元以下 =1	3 万—6 万元 =2	6 万—9 万元 =3	9 万元以上 =4	1	4	1.90	1.02
	宅基地处数 x6	一处 =1	二处 =2	三处 =3	三处以上 =4	1	4	1.46	0.78
	房租收益 x7	0 元 =1	1000 元以下 =2	1000—2000 元 =3	2000 元以上 =4	1	4	2.22	0.91

续表

自变量分组	自变量	定义与赋值					极小值	极大值	均值	标准差
公共政策因素	产权归属 x8	国家 =1	不知道 =2	村集体 =3	自己的 =4		1	4	2.95	1.29
	流转政策满意度 x9	非常满意 =1	不清楚/无所谓 =2	一般满意 =3	不满意 =4		1	4	2.82	0.90
	流转保障 x10	找政府 =1	找村委协商 =2	不知道 =3	口头约定 =4	私下签订合同 =5	1	5	3.69	1.41

资料来源：数据来源于问卷调查整理。

（1）个人因素。个人因素主要有：①性别。在非正式的社会习俗等作用下，一般农户家庭主事者或决策者主要是男性，在隐形流转意愿选择中相对女性更倾向于风险型抉择，因而具有一定的性别差异。②年龄。一般来说，农户年龄越大，思想越趋于保守，在建设用地隐形流转意愿选择中可能会倾向于风险规避型抉择。③文化程度。一般文化程度不同，对国家正式法律法规的了解和理解会不一样，其判断力、理性程度和自觉守法程度也将不一样，可能会对隐形流转意愿选择产生不同影响。④职业。对失业者或在家务农者而言，土地的收益保障是至关重要的，很少离开集体土地，因而在长时期的土地经营过程中更有可能进行违规搭建等土地隐形市场行为；相对而言，经常外出务工或经商等从事非农工作者，对土地的依赖性不似前者强，私搭乱建的机会和必要性也不似前者强，因而更可能会选择要政府或村委会来制止这些隐形市场行为。

（2）家庭因素。家庭因素主要有：①家庭收入。家庭收入高低在一定程度上决定了受访者的生活状况及其社会心态，对私搭乱建等土地违规行为的容忍度将会产生一定影响。②宅基地处数。宅基地处数不一样的农户，对宅基地的关注度和理解力将会有所不同，因而会影响其在隐形流转意愿中的选择。一般来说，宅基地处数多的农户，将更倾向于将这些“隐形”方式获取的宅基地流转出去以尽快兑现其土地财产收益。③房屋出租收益。房屋“隐形”出租收益越高，对有房出租的农户来说，这种“隐形”流转意愿可能会更强烈，这恰恰与“宅基地处数”具有高度相关性；如果被调查的是没有出租收益的农户或者是租房用的农户，则情况将会刚好相反，故其相关关系中的预期方向具有不确定性。

（3）公共政策因素。公共政策因素主要有：①产权归属。产权越清晰越有助于土地流转，其交易风险较低，交易价格更高，因而在公开的有形土地市场中，农户的流转意愿会更强烈些，而对隐形市场中的建设用地流转意愿则会变得更低些。②流转政策满意度。对现行集体建设用地流转政策的满意程度可大致反映农户层面的集体建设用地流转现实需求及流转意愿选择时的信心，越不满意者越倾向于选择隐形流转。③流转保障。在集体建设用地入市政策尚未开禁的地区，那些越是不相信政府或村委会能提供保障的农户，越是有可能通过私下交易等行为对集体建设用地进行“隐形”流转。

2. Logistic 模型回归结果

在农村集体建设用地流转过程中，农户是否愿意以“隐形”方式流转是个二分变量（记作 0 为否，1 为是）。由于该问题过于敏感，在初期调查时没有取得预期效果，反而增加了调查的障碍，故重新设计问卷设计时作了技术性处理，即用“您怎样看待村里的那些私人搭建住房、厂房、车库和杂屋等土地违规使用行为?”作为替代的被解释变量，记作“政府要严惩或村委会要制止”为“0”、“无所谓，不关我事或很正常”为“1”，以此建立一个离散型的二分变量。在解释变量选取时，主要考虑个人因素、家庭因素和公共政策因素三个方面的特征，模型中所包含的变量及其解释如表 5 – 3 所示。为了寻找各因素 x_1，x_2，…，x_m 与被解释变量之间的关系，可建立多元 Logistic 回归分析模型：

$$P(y=1)=f(x_1, x_2, \cdots, x_m)=Exp(b_0+b_1x_1+b_2x_2+\cdots+b_mx_m)/[1+Exp(b_0+b_1x_1+b_2x_2+\cdots+b_mx_m)]$$

式中，P 代表农户隐形流转意愿发生的概率，x_i 是影响农户参与集体建设用地隐形流转的诸多因素，b_0 为常量，表示截距，b_1，b_2，b_3，…，b_m 是偏回归系数，表示诸因素 x_i 对 P 的贡献率。记 Y 为被解释变量，ε 为误差，对上式取自然对数并整理得：

$$\ln[P/(1-P)] = Y = b_0 + b_1x_1 + b_2x_2 + \cdots + b_mx_m + \varepsilon$$

应用 SPSS 21.0 软件对调查中的 147 份有效样本数据进行 Logistic 回归分析。模型系数的综合检验显示，似然比卡方检验观测值为 27.552，p 值为 0.002，说明模型能以 0.01 的显著性水平通过检验，至少有一个以上的自变量与因变量相关；-2 的似然对数值为 176.172，Cox & Snell R^2 和 Nagelkerke R^2 均大于 0.1，说明回归模型拟合度较好。其运行结果具体如表 5-4 所示，由此可得，长沙市郊农户集体建设用地流转隐形意愿的 Logistic 回归方程：

$$Y = 2.551 - 0.263x_1 - 0.253x_2 - 0.583x_3 - 0.232x_4 - 0.228x_5 + 0.549x_6 - 0.503x_7 - 0.108x_8 + 0.495x_9 + 0.058x_{10}$$

3. 影响农户隐形流转意愿的可能解释

通过上述多元 Logistic 回归分析可知，对模型产生显著影响的解释变量主要有个人特征中的文化程度 x_3（$p=0.010$）、家庭特征中的宅基地处数 x_6（$p=0.053$）和房租收益 x_7（$p=0.022$）以及公共政策特征中的集体建设用地流转政策满意度 x_9（$p=0.024$）等因素，而性别 x_1（$p=0.497$）、年龄 x_2（$p=0.342$）、职业 x_4（$p=0.241$）、年收入 x_5（$p=0.279$）和产权归属 x_8（$p=0.475$）等表征为负相关的影响因素则不能通过显著性检验，呈现出正相关的集体建设用地流转保障因素 x_{10}（$p=0.676$）也不能通过显著性检验。在能通过显著性检验的影响因素中，文化程度因素和房租收益因素呈现出负相关影响，而宅基地处数因素和集体建设用地流转政策满意度因素则呈现出正相关影响。

（1）个人特征因素分析。在个人特征因素中，只有文化程度因素能较好地解释农户集体建设用地的隐形流转意愿，且在 1% 的水平上显著，Wald 检验值为 6.625；其回归系数为 -0.583，在解释变量中绝对值最大，说明其对农户隐形流转意愿选择的影响力最大。文化程度因素对农户隐形流转意愿的影响呈负相关关系，反映了农户文化程

表 5－4　　　　Logistic 模型回归结果

自变量	B	S. E.	Wald	df	Sig.	Exp(B)	EXP(B) 的 95.0% C. I.	
							下限	上限
x_1	−0.263	0.388	0.460	1	0.497	0.769	0.360	1.643
x_2	−0.253	0.267	0.901	1	0.342	0.776	0.460	1.310
x_3	−0.583 ***	0.226	6.625	1	0.010	0.558	0.358	0.870
x_4	−0.232	0.198	1.374	1	0.241	0.793	0.538	1.169
x_5	−0.228	0.210	1.173	1	0.279	0.796	0.527	1.203
x_6	0.549 *	0.284	3.737	1	0.053	1.731	0.992	3.020
x_7	−0.503 **	0.221	5.210	1	0.022	0.604	0.392	0.931
x_8	−0.108	0.152	0.510	1	0.475	0.897	0.667	1.208
x_9	0.495 **	0.219	5.107	1	0.024	1.640	1.068	2.518
x_{10}	0.058	0.139	0.174	1	0.676	1.060	0.807	1.392
常量	2.551	1.679	2.309	1	0.129	12.819		
综合性检验	χ^2 检验结果为 27.552，自由度为 10，显著性概率为 0.002							
模型拟合优度检验	−2log−likelihood 值为 176.172 Cox & Snell R^2 为 0.171，Nagelkerke R^2 为 0.228							

资料来源：*、** 和 *** 分别表示在 10%、5% 和 1% 的水平上显著。

度越高者，对国家土地政策、法律法规和相关制度的了解相对会多一些，因而更倾向于自觉遵守国家的土地政策，在隐形流转意愿选择中会显得更为理性些。

（2）家庭特征因素。在家庭特征因素中，宅基地处数和房租收益因素均通过了显著性检验，分别在 10% 和 5% 的水平上显著，Wald 检验值分别为 3.737 和 5.210，说明能够较好地解释农户隐形流转意愿选择；回归系数分别为 0.549 和 −0.503，说明对农户隐形流转意愿选择的影响力并不一样，前者是正相关的，后者则相反且影响力不及前者，这与预期基本一致。就宅基地处数因素而言，由于那些“一户多宅”或“小户大宅”的农户本身就属于集体建设用地隐形市场中的主体，他们平时更为关注宅基地的隐形流转以尽快兑现其土地财富，因而在隐形意愿选择时也就更倾向于支持隐形市场行为。就房屋出租收益因素而言，它与宅基地处数因素具有一定的相关性，由于问卷调查中采取了技术性处理，即将问卷设计为“您或您旁边的房子每月出租的收益大概有多少?”，大多数农户都可能会淡化这一问题就是问他自己的情况，转而去思考回答周边客观存在的房租收益情况，于是这一问题实际上就是问这一地区的房租收益状况。从回归系数为负的状况可以获知，房租收益越高的区域，农户越是需要基层政府来规范隐形市场行为，其隐形流转意愿也就越低。

（3）公共政策因素。在公共政策因素中，只有集体建设用地流转政策满意度在5%的水平上显著，能较好地解释因变量，Wald检验值为5.107，回归系数为0.495，与因变量具有正相关性，且影响力较大。这表明，农户对国家现行的集体建设用地流转政策越是感到满意就越支持国家公共政策的实施，也就越倾向于要求国家公共政策制止隐形市场交易行为；相反，越是不满意者，其隐形流转意愿也就越强烈。同时，需要指出的是，在公共政策因素中，产权归属因素不能通过显著性检验，说明产权归属问题在农户层面并未引起多少关注，农户们一般都比较注重实在的感受，鲜有上升到产权层面的认知者，或许这就是理论认知与实践感知之间的差距所在。

（四）农户隐形流转的形成机理分析

农村集体建设用地隐形市场的形成有其深刻的经济社会背景和制度管理根源，以及复杂的利益诱因和客观的主体行为作用机理，诸多学者曾试图对此做出回答。杨继瑞、任啸（2002）研究认为，在农村城镇化和房地产市场的快速发展中，农地隐形市场形成于利益机制驱动、城郊农户不愿种地和土地管理滞后；[①] 李晓、徐友全（2005）认为，经济发展和城市化进程的加快、土地自身价值的利益驱动、集体

① 杨继瑞、任啸：《农地“隐形市场化”：问题、成因与对策》，载《经济纵横》2002年第4期。

土地权利的政策倾向等成为集体建设用地隐形流转的主要成因；[①] 朱明芬、常敏（2011）认为，农用地隐形市场是国家经济社会转型中各种制度安排的非均衡和各种利益集团利益博弈的结果，其诱发因素主要包括法律困境、制度真空、市场滞后和监管失灵等；[②] 曹泮天（2013）将农村宅基地使用权隐形流转归因于潜在利益的驱使、宅基地制度的非均衡状态以及强制性制度变迁的缺乏等。[③] 实际上，"冒进式"的城镇化浪潮一旦与"滞后式"的土地制度管理相互交织，就必将诱发并加剧各种失衡状态，进而导致土地市场中各种利益主体的不规范行为，农村集体建设用地隐形市场的形成机理正蕴含于其中。尽管学者们都在从不同角度试图做出回答，但是其形成机理都有不约而同的特性。在本书，笔者尝试从利益相关者——农户的行为取向视角加以探讨，试图从有限调查样本的社会特征中来挖掘城郊集体建设用地隐形市场形成过程中内在的客观影响因素，以揭示其形成机理。

在"冒进式"的土地城镇化进程中，城郊集体建设用地隐形市场的形成具有典型的经济社会转型烙印，突出表现在制度、法律、管理和市场发育的滞后性或转型期的不适应性，这在中部内陆省会城市长沙显得更具典型性和过渡性。就农户层面来看，虽然大多数农户并不想进行隐形市场交易，但是在现实的客观环境诱致下还是选择了隐形市场交易。通过实证数据分析，可以大体反映其客观影响因素的运行规律和形成机理。前述分析表明，在长沙市郊集体建设用地隐形市场形成的客观因素中，农户个体特征中的文化程度因素、家庭特征中的宅基地处数和房租收益因素、公共政策因素中的集体建设用地流转政策满意度等都产生了显著性的影响。结合调查样本区的社会经济发展环境，可以认为：

---

① 李晓、徐友全：《集体建设用地隐性流转问题研究》，载《中国土地》2005 年第 9 期。

② 朱明芬、常敏：《农用地隐形市场特征及其归因分析》，载《中国农村经济》2011 年第 11 期。

③ 曹泮天：《宅基地使用权隐形流转的制度经济学分析》，载《现代经济探讨》2013 年第 4 期。

1. 城郊集体建设用地隐形市场的形成具有明显的自发性和倒逼性

从农村家庭联产承包责任的实施足以说明农民自发性的组织创新是如何倒逼公共政策适时做出改进的。在1988年以前，土地使用权流转一直处于隐形状态，但是普遍存在的自发性的国有土地使用权交易及农地使用权流转却在倒逼着当时的公共政策做出调整，于是制度创新试验在1987年深圳的第一槌中拉开了序幕，并在第二年的宪法修正中推进了土地使用权流转隐形市场的显形化。之后，随着城镇化进程的深入，农村集体建设用地交易问题日渐凸显，在公共政策尚未做出有效回应之时，农村集体建设用地隐形市场便以自发方式形成并日趋活跃，从而倒逼着公共政策改进。党的十八届三中全会顺乎民意地推进农村集体经营性建设用地入市，对推进城乡统一建设用地市场建设做出了积极贡献，然而农村集体非经营性建设用地隐形市场依然存在，其自发性和倒逼性仍在期待着新的制度创新和与之相适应的公共政策出台。长沙市郊农户对公共政策因素中的集体建设用地流转政策满意度所呈现出的显著性影响也在一定程度上佐证了上述观点。

2. 城郊集体建设用地隐形市场的形成具有典型的市场驱动性和利益诱致性

调查中发现，房租收益随所在区域经济发展状况不同而不同，呈现出一定的中心城镇地租收益距离衰减规律。越是经济社会发育良好的城郊地段，集体建设用地隐形市场交易越发活跃，隐蔽性越强，对农户来说越是需要进行制度规范。这从农户隐形流转意愿调查的Logistic模型分析中可以验证，即由房租收益影响因素 -0.503 的回归系数可以大体反映其作用强度和作用方向。实际上，面对城镇化进程中不断上涨的土地增值收益，既得利益的农户往往倾向于维系其既得利益的正当性，这从回归系数为0.549的农户宅基地处数影响因素可以得到反映：已通过隐形市场交易获得多处宅基地的农户更倾向于维系其宅基地获取途径的合理性，从而表征为较强的正相关关系。

3. 城郊集体建设用地隐形市场的形成具有普遍的文化调适性和积淀性

在样本区农村集体建设用地隐形市场的自发形成过程中，农户们基于长期的观察和体验而逐渐形成了各自独立却又相互影响的亚文化。就其独立性而言，不同文化层次的农户对隐形市场交易获利行为的看法不一样，文化层次高者对国家政策、法规的了解更透彻些，其调适能力也就更强些，因而其行为取向就显得更为理性些，这从回归系数为 -0.583 的文化程度影响因素可以得到验证。就其相互影响的亚文化而言，可以从不同农户之间的相互攀比状况来反映：尚未进行隐形交易的潜在交易农户更倾向于维系现行政策的合理性，寄希望适时进行隐形交易以获利；已经通过隐形交易获利的农户在维护其隐形交易合理性的同时更倾向于对原初不规范的交易进行修正，希望与现行较高的隐形交易收益保持一致，这种攀比性的亚文化在周边农户出现较高隐形交易收益的时候显得尤为突出。

四　进一步思考

在国家中部崛起的宏观战略以及长株潭两型社会建设背景下，长沙作为内陆省份湖南的省会城市，近些年来城镇化水平不断提高，国有建设用地远远不能满足经济发展对土地的内在需求。数据表明，2011 年长沙市建设用地缺口达 4.5 万亩，由此诱发了土地隐形市场的产生。在调研中发现，长沙市隐形市场相当普遍，尤其是城郊的土地权属变更、私搭乱建、小产权房交易、乱占耕地等现象比较突出，各种违规仓库厂房、乱搭乱建饭铺、出租屋、培训学校、农家乐等隐形市场问题比较严重，由此诱发了系列交易风险，各种交易纠纷不断，同时也导致了土地利用效率低下、土地规划失控、国家土地收益减少以及土地市场秩序混乱等问题。

面对这些不规范的土地交易现象，推动集体经营性建设用地入市成为一个可能也是必由之路。因此，公共政策应朝着如何完善土地产权制度、法律政策等各种配套措施的方向迈进，并积极地为其入市扫除系列障碍，这也是当前各地社会所共同关注的问题。然而，在中央政府早已经意识到这一问题的危害性之时，却迟迟不敢贸然行动，即便是《农村集体建设用地使用权流转管理办法》这样一个旨在推进集体建设用地使用权积极入市的规范性文件，也因与现行土地管理法等发生冲突而迟迟不能下发和实施，可见中央在此问题上依然处于政策的犹豫、观望时期或者说是出于政治的考虑而不得不采取部分的地方试点形式推进。因此，中国土地隐形市场的存在及其未来公共政策制定仍将带来较大的政治风险。

基于此，研究者更应从多学科、多角度去思考和寻求化解之道，比如从经济学、法学、政治学、心理学等多学科寻求解决问题的办法，但总的一条就是，制度改革或制度创新或迟或早都将到来，这是一种必然选择。客观地说，推动集体经营性建设用地入市是一项复杂的系统工程。即便是其中的一个小小环节，如确权颁证工作，都需要花费巨大的人力、物力、财力，还要遇到巨大的社会阻力。至于土地制度改革、法律等各种配套的完善，则更是任重道远。

在本部分，笔者仅仅是选择长沙市郊这样一个特殊地域中的特殊隐形市场行为进行实证考察，而且只是从农户层面来思考和解释集体建设用地隐形市场行为，以此只能窥见一斑。笔者通过多元 Logistic 模型的回归分析发现，在农户层面，个人特征中的文化程度因素、家庭特征中的宅基地处数因素和房租收益因素以及公共政策特征中的流转满意度因素起到了显著性影响，且其影响力大小不一，方向也不尽相同。鉴于此，我们需要正视农户们这些客观存在的隐形流转意愿选择行为，积极探寻其内在的化解之道。

第一，在制定集体建设用地流转的公共政策时，其出发点应始终着力于让大多数老百姓满意。从公共政策的论证、制定、出台和实施，都应秉持着维护农户的根本利益，尊重民意、集中民智、广纳民谏，必要时还应让老百姓参与和体验公共政策的论证；同时，应做好公共政策的宣传、发动和解释工作，让老百姓切实认知和真实感受。在政府征地拆迁时，应建立良好的谈判机制、协调机制和土地增值收益分配机制；在对厂矿企业单位进行房子出租或村域进行大规模集体建设用地流转时，应尊重农户的权利和选择，以自愿为原则，切不可强力推行、急躁快进。

第二，重视并着力于化解存量集体建设用地隐形市场行为，严格执行并有效治理增量集体建设用地和宅基地隐形市场行为。在“一户多宅”“小户大宅”“私搭乱建”等现实情况下，农户的隐形流转意愿更为强烈，这本身就已构成了存量集体建设用地隐形市场，加之在“法不责众”的非正式制度保障下，往往成为政府公共政策治理的重大难题。鉴于此，应实施有区别地对待该项工作，即对由于历史和社会等原因所形成的存量集体建设用地隐形市场行为，应在土地确权的基础上根据实情分类化解，或拆除，或罚款，或交税，或予以承认等；对于新增集体建设用地和宅基地隐形市场行为应予以坚决打击，从严从重处置；对城郊的“小产权房”隐形市场，应进行清理、整顿和治理。

第三，注重农户教育特别是年青一代的教育文化水平提升，并推进文化、教育等与之相关的基础性公共保障工程建设。农户的文化教育水平参差不齐，对国家公共政策的理解力自然不能整齐划一，这些已经影响到了他们对集体建设用地隐形流转的意愿选择；与之相关的农村社区公共文化服务水平、基础教育保障水平等也将在一定程度上影响农户们的选择。因而，现行的公共政策应结合城郊的社会文化变迁特征，积极营造良好的社区文化教育环境，大力推进农村社区文化、教育基础设施建设，努力夯实农村基础教育，鼓励开展社区职业教育等。

最后需要指出的是，一种有效的公共政策不能仅仅从法理角度或农户利益视角等进行单方面的考虑，它更需要通观全局，在中央政府、地方政府、房地产商、农村集体经济组织和农民的利益衡平中寻求新的公平、效率和稳定的统一。

第三节　小结

在中国特殊的土地产权制度下，依据土地隐形市场的不同所有权性质，将其划分为农村集体土地隐形市场和城市国有土地隐形市场形态。在进一步细分中，将前者细分为农用地隐形市场、农村集体建设用地隐形市场和农地非农化隐形市场三种大类，其中，农用地隐形市场由承包权隐形市场和经营权隐形市场组成，农地非农化隐形市场包括农户私搭乱建型、集体违章租让型和政府违规租占型三种类型的隐形市场，集体建设用地隐形市场则由集体经营性和非经营性两大建设用地隐形市场组成；将后者细分为无偿性国有土地隐形市场和有偿性国有土地隐形市场，其中，无偿性国有土地隐形市场即国有划拨土地隐形市场，由存量国有划拨土地隐形市场和新增国有划拨土地隐形市场组成。

基于长沙市郊集体建设用地隐形市场实证考察，依需求侧地类营利性质可划分为集体经营性建设用地隐形市场和集体非经营性建设用地隐形市场，前者依其生发时点不同分为存量型和增量型两种隐形市场，后者包括农民宅基地隐形市场和集体公益性建设用地隐形市场。依供给侧地类变性行为可划分有农地非农化改变土地利用属性型、非经营性集体建设用地属性隐形转化型、改变集体土地利用规划的小产权房私建型三类隐形市场。依供需侧制度法律边界可划分有政府征而未用导致土地闲置的合法不合理型、私搭乱建导致规划失效的合理不合法型、触法搭建导致土地利用粗放的情与法边缘型三类基本形态。

针对中国土地隐形市场最为活跃的城郊集体建设用地隐形市场形态进行地方实证研究，从农户意愿视角来探究其形成机理和生成规律：选取了个人特征、家庭特征和公共政策特征三个层面的十大影响因素进行剖析，通过建构多元 Logistic 回归分析模型，发现文化程度因素、宅基地处数因素、房租收益因素以及流转满意度因素对农户集体建设用地隐形流转意愿产生了显著性影响，其中，宅基地处数和流转满意度因素对农户隐形流转意愿选择都产生了正向影响，文化程度和房租收益因素则产生了负向影响。研究认为，城郊集体建设用地隐形市场的形成具有明显的自发性和倒逼性、典型的市场驱动性和利益诱致性、普遍的文化调适性和积淀性。公共政策的制定实施，应尊重农民权益和农户意愿，注重其文化水平提升并加强宣传教育，分层分类化解存量集体建设用地隐形市场交易行为，整治管控增量集体建设用地和宅基地隐形市场交易行为。

第六章　中国土地隐形市场显形化的路径选择

党的十八大从宏大战略视野提出了全面深化改革目标；十八届三中全会开始从理顺政府与市场关系的宏观资源配置视角着手提出了“使市场在资源配置中起决定性作用和更好发挥政府作用”等重大命题，并要求“加快完善现代市场体系”“建立城乡统一的建设用地市场”；之后连续四年的中央一号文件均涉及农村“三块地”改革试点问题；党的十九大进一步从乡村振兴战略高度要求“深化农村土地制度改革”。基于此，一条由中央顶层设计的自上而下的强制性制度变迁路径有望在各地试点实践中逐渐形成；当然，在具体操作中也有望产生更为丰富的基层创新路径。这些或随着重要制度安排或制度变迁时刻的到来而直接宣告土地隐形市场交易合法化，或随着制度改革或创新而诱致土地隐形市场逐渐显形化，或随着国土资源监督管理体系的现代化建构而促使土地隐形市场走向规范化。

第一节　中国土地隐形市场显形化的路径思考

反观中国土地资源配置的市场化进程，那些曾经作为交易成本最为节约的契约设计或制度安排顺应了改革开放初期的土地制度改革需求，然而在长时期的发展过程中却也逐渐地消失了其原初的效率光芒，侵蚀其效率基础的正是土地隐形市场，它以一种非正式的土地交易存在方式自发地作用着。面对普遍存在的土地隐形市场，既不能任其自发成风或泛滥成灾，也不能将其完全浇灭或使之消失殆尽，国家现行公共政策也陷入了“既不能一味地限制又不敢放任自流”的两难境地。这就需要我们通过现实纷繁复杂的土地隐形市场存在形态，务实地去寻找各种可能的破解之道。

一　土地资源市场化配置效率追求中的三阶优化路径

因应了威廉姆森关于社会分析四个层次的划分逻辑，中国土地资源市场化配置效率追求中的隐形市场显形化路径优化可从宏观维度的一阶效率、中观维度的二阶效率和微观维度的三阶效率的卡尔多—希克斯改进中体现，即在制度环境优化、治理制度优化和资源利用效率改进中寻找各自交易成本节约的最大化。由此需要积极的制度诱导和契约设计安排、健全的法律法规和契约精神引领、有效的政府干预和公共决策谋划等协同推进、精细实施。与之相适应，有三条可供选择的土地隐形市场显形化路径：一是以制度安排为内核的土地制度环境优化之路，其效率目标是追求制度氛围的交易成本最小化；二是以契约设计为内核的土地治理结构优化之路，其效率目标是追求混合结构的治理成本最小化；三是以规范政府行为为内核的土地行政管理优化之路，其效率目标是追求公共政策执行的协调成本最小化。

二　土地隐形市场的双重效应及其显形化路径分异

中国土地隐形市场与显形市场一直胶着存在，因应了城镇化进程中土地资产增值收益分配权争夺。在强政府的显形市场中，结果是“土地财政”成为第二财政；而隐形市场中则是各利益主体或明或暗地最大化自身收益，结果是交易成本大增且造成双重效应：一方面是消极的负向激励效应，诱发宏观层面的土地市场交易失序、价格机制扭曲，中观层面的土地行政效力低下、规划失效、利用粗放，微观层面的土地所有者权益受损、土地增值收益流失等问题；另一方面是积极的正向激励效应，客观反映了土地市场的内在需求并致力于其供需矛盾缓解，在反叛政府双层垄断中实则有助于土地资源配置效率的卡尔多—希克斯改进，恰是诱发土地制度改革与创新的动力之源。

鉴于此，既不能放任自流，又不能“一刀切”式管控打击，需要在多样性、地域性、路径依赖性的复杂决策系统中务实地寻找各种破解之道。一种可能的选择是通过适当的公共政策引导、诱致或者清理、整顿使之逐渐显形化。由于土地隐形市场形态既可能带来土地市场秩序混乱、交易行为扭曲等破坏性影响，也可能孕育着制度改革和创新等积极因素，故要辩证看待且积极应对：于前者，要果断取缔、严厉打击，通过防范和治理根除其滋生土壤，以达显形化目标；于后者，要正面引导，诱致土地制度改革和创新。由此形成两条显形化路径：一条是被动地堵，即强制性的惩罚治理路径；另一条是积极地疏，即诱致性的制度改进路径。

三　土地行政管理分类实施下的显形化路径

因应了基层国土执法者的行动逻辑而区别看待分类实施下的隐形市场：一是对行政划拨用地违规利用、集体建设用地私搭乱建等行为，虽说不符合规划或改变了用途，但也反映了企业发展或农民自我谋生之道，仅仅规避了税费，并未造成太多社会负面后果，于情于法皆能理解，一般采取柔性执法、变通执行；二是对缺乏合法性和合理性基础的自发行为，如小产权房交易问题，既规避了税费，又扰乱了房地产市场，一般采取清理整顿、取缔打击。由此可抽象为两大类：一是土地行政者眼中的柔性执法型，虽有其合理性但又与现行法律法规相背离，需政府诱致下的疏导或规范，也可能引致土地变革或制度创新，是为柔性执法型土地隐形市场；二是土地行政者眼中的刚性执法型，既不合理又不合法，大概属于利益驱动而不惜违法的黑市交易行为，需强政府的刚性举措，如清理、整顿、取缔等，是为刚性执法型土地隐形市场。于是，顺应国土管理实务需要又有了柔性执法型和刚性执法型两条土地隐形市场显形化路径。

四　土地隐形市场显形化的基本路径

在上述三大类路径中，一条源于土地有形市场的资源市场化配置效率视角，一条源于土地隐形市场的双重效应视角，一条源于土地行政管理者的实操性视角，不管是选择哪条路径，或早或迟都应步入显形化合法化状态。其中，第一条为主线，代表着优化方向；第二、第三条为两翼，分别从优化的内在属性和实务特性来助力整体。与之相适应，在顶层设计或基层创新中，要么随着制度变迁或治理结构优化而合法化，要么在严格的土地行政管制下被迫转向公开市场交易；在制度改进或制度规制中，要么选择一条积极的以疏为主正向激励的诱致性制度变迁之路，要么选择一条被动的以堵为主负向激励的强制性惩罚治理之路，要么选择疏堵结合之路；在土地行政实务中，或可柔性执法，或可刚性执法，抑或兼而有之。这些不同层面的显形化路径（如图 6－1 所示）因应了中国土地市场与隐形市场的复杂性、多样性和特殊性，在选择时需要充分发挥各自的优势和效力，并力求组合效用最大化。在具体运行中，对处于不同状况和不同程度的土地隐形交易行为应区别对待，分层分类分阶段地实施和推进，力促交易成本最大化节约。

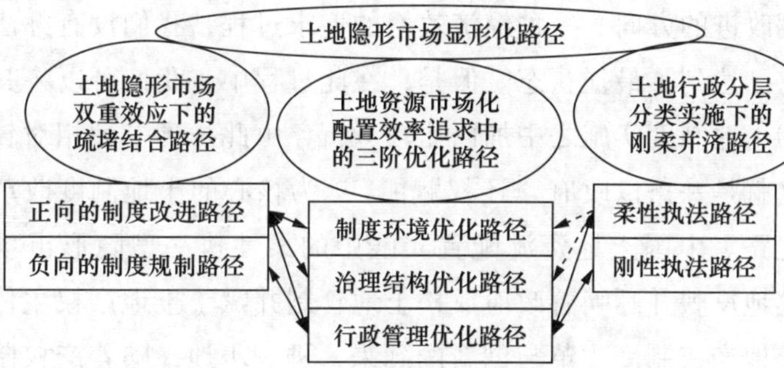

图 6－1　中国土地隐形市场显形化的路径选择

第二节　中国土地隐形市场显形化路径选择的制度安排

一　注重顶层设计与基层创新相结合，寻求土地资源市场化配置效率最大化的优化路径

在土地资源市场化配置中，制度环境、治理结构和土地行政管理的优化分别带来一阶、二阶和三阶效率的改进，并将各种隐形市场行为消解于效率安排中。这是一条积极的土地制度改革与创新、契约设计与土地管理变革之道，既要顶层设计、系统谋划、配套推进的强制

性制度安排支持，又要结合基层创新试验、“摸着石头过河”式的诱致性实践探索加以推进。

（一）制度环境优化路径：还权赋能，推进土地产权制度改革与创新

在土地资源配置中，制度环境的优化将带来一阶效率的改进，有效率的制度安排不仅有利于制度环境的优化，还将带来有利于治理结构改变的制度氛围。然而，制度环境的优化是没有止境的，而且也没有完美的制度分析和制度安排，因而它永远找不到也达不到那个最优点（Elinor Ostrom，2005）。实际上，制度环境的优化路径只是代表了一种制度改进的方向，一种经济效率的追求过程，我们没有办法看到或判断它已达到了最佳状态。但是，在此过程中，我们可以将其结合到具体的土地制度实施之中加以比较分析，由此找到一种相对较优的路径，这就是一条以政府“还权赋能”① 为核心的土地制度改革和制度创新之路。中国土地资源配置实践中的柔性执法型隐形市场的形成，现实地反映并呼唤着政府放松土地管制并赋予土地产权主体更大权能的土地产权制度改革与创新的到来，进一步地，随着产权制度变迁的发生又将促使该类土地隐形市场走向显形化。

1. 土地产权制度改革

在关乎中国土地隐形市场显形化的制度环境中，最为核心的莫过于土地产权制度改革，它将牵一发而动全身。作为中国城乡二元体制及其经济社会结构的产物，城乡二元分割的土地产权制度成为诱发土地隐形市场的制度之源。在不平等的土地产权制度安排下，城市国有建设用地市场早已形成，而农村集体建设用地市场在法律上仍未开禁，与城市国有土地“同地、同价、同权”仍有较长的路要走。作为土地所有者的村集体和作为土地占有者的农民难以兑现集体土地资产价值，在实施中容易诱发土地隐形交易行为和各种征地冲突及社会矛盾。

---

① “还权”之“权”是指财产权利即产权，而“赋能”之“能”则指财产权利的“权能”（周其仁，2012）。

在当前我国土地隐形市场中，农村集体建设用地隐形市场是最主要的也是最具规模的存在形态，几乎到了有城市存在的地方其城郊就有农村集体建设用地隐形市场形态出现的地步。面对这样一个巨大规模的隐形市场，仅仅借助于国家行政权力进行打压或取缔是无法奏效的，唯有不断地疏导并及时推动现行的土地产权制度变革才是可持续治理之道。事实上，真正的原因在于土地产权制度安排不尽合理，因为作为土地所有者的农村集体经济组织却没有完整的土地所有权，它不能充分地享有土地使用权、占有权、收益权和处置权等基本权能，与城市国有土地产权制度相比，显得既不公平又无效率而言。巨大规模的隐形市场的存在，正是对这种既不公平又无效率的产权制度的反叛，倒逼着现行土地产权制度改革。

与其一味地打压，不如顺其意而导之。改革现行的土地产权制度，其突破口在于赋予农村集体建设用地与国有建设用地同等的市场交易权利，当前关键在于如何推进集体经营性建设用地入市交易，这也是现阶段我国土地制度改革面临的重大选择之一，因而需要在谨慎的制度改革中逐步推进。一方面，需要修改现行的《土地管理法》，诸如建设用地申请条件中关于“任何单位和个人进行建设，需要使用土地的，必须依法申请使用国有土地”的硬性规定等法律条文；另一方面，需要有条件地赋予农村集体经济组织和农民较为充分的土地权利，允许存量农村集体建设用地在符合规划下以公开合规的方式进入市场交易。显然，改革的重心在于后者，即围绕集体土地产权问题如何放权让利以推进集体建设用地有序进入市场。现实的困惑是，我国至少有2.6亿亩的集体建设用地存量，分散在全国300多万个农民居民点上（陈锡文，2013），若不加限制地允许农村集体建设用地流入市场，那无疑是在打开潘多拉魔盒，必将引发大量的社会问题，这显然不是制度环境优化的效率追求。

如何突破制度供给的短缺，政府有必要成为“制度性企业家”，采取试验的方式或许是一种好的方式。[①] 一种可能的产权制度环境优化路径，应是在既定的制度基础上有意识地、有步骤地进行改革试点，然后总结提升，大面积推广和总结。针对农村集体建设用地如何入市，我们的思路不能仅仅局限于“就集体建设用地解决农村集体建设用地问题”（张曙光，2011），而应跳出既有的思维框架统筹兼顾、顶层设计、宏观谋划。其根本目标是要建立城乡两种所有制的土地权利平等、市场统一、增值收益公平共享的土地制度，由此促进当前土地利用方式和经济发展方式的转变（刘守英，2013）。笔者认为，在放开集体（经营性）建设用地入市政策时，土地产权制度改革至少要能兼顾以下五个方面的利益关系：

一是如何让农民自觉地保护自己的耕地。我国实行了世界上最严格的耕地保护政策，并在宪法中上升为国策，但是在快速城镇化和工业化背景下，耕地保护政策屡屡被突破，18 亿亩耕地保护红线失守压力很大。现象的背后，是我国耕地保护制度的隐忧：在现行耕地保护制度下，若全面放开集体建设用地入市，农民集体家庭承包经营地必然会大面积地进入非农化土地市场，其后果是灾难性的。因而，在放开之前，现行的耕地保护制度改革要先行。由此，农村集体土地产权制度改革要为农民有效地保护自己的耕地提供产权激励，其改革方向应该是赋予农民更为完整的产权权能。

二是如何抑制集体经济组织变卖存量建设用地的利益冲动。一个基本的实情是，在广大中西部较为偏僻的山村中，农村集体经济组织的生存地位堪忧，除村支书有一定的财政拨款外，其他村组干部的基本运转费用都是问题，由此激励了他们变卖村组集体资产的冲动。在一些农业大省中，比较普遍的是村组干部虚报耕地面积或利用集体预留耕地去兑现国家种粮补贴，以此充当村组成员工资及村级运行的基本开销。而对东部沿海经济发达地区和城郊地带，土地增值收益巨大，村组干部往往成为政府征地或开发商拿地的“最佳协调者”，其

① 周其仁：《湄潭：一个传统农区的土地制度变迁》，载文贯中《中国当代土地制度论文集》，湖南科技出版社 1994 年版，第 37 页。

“协调费”足以养活村组干部，由此也诱发了村组干部腐败问题。在当前我国乡村治理结构及产权制度改革没有有效跟进之前，急于推进集体建设用地入市，可能导致更多特殊地域情境中的负面激励，变卖或贱卖城郊存量集体建设用地具有必然性；在现行的土地产权制度下，还将引发村干部与开发商或企业合谋圈地行为，甚至是任意侵占农民的土地权益行为。因此，产权制度改革应该理顺集体经济组织的所有权与农民的使用权之间的关系，其方向应该是为农民提供更多的产权保护，同时也要清晰而严格地界定农村集体经济组织的范围和产权。

三是如何让地方政府获得自身运营或城市经营的必要财政收入。在现行的土地产权制度下，地方政府早已背离了“公益性征地”的初衷，不管是公益性用地还是经营性用地，统统都纳入了政府征地“范围”，从而导致征地权被滥用。由于经营性用地的政府经营而有悖于现代公共政府职能，早就应该制止发生。然而，长期以来的城市经营或土地经营所带来的巨大土地增值收益，早已成为地方政府名副其实的“第二财政”，甚至是官员的体制外收入。土地产权制度改革背后的利益纷争才是征地制度改革迟迟未能全面启动的原因所在。随着各种征地拆迁矛盾和社会稳定问题的凸显，一种必然要求或迟或早会发生，即还“公益性征地”之本来面目，要求土地增值收益归公而不是目前归于政府的做法。但是，在即便是有了“第二财政”的支持，地方政府依然债台高筑①的现实情况下，如何才能让地方政府做出“壮士断腕”之举？一种理性的路径选择是借鉴国外开征土地财产税的做法，即在土地产权制度改革中建立以土地为核心的财产税制度，以此作为地方政府重要而稳定的财政收入来源，由此需要从土地保有、土地流转和土地收益三个环节重新调整税收制度，完善公共财政体制，以此推进系统改革。

① 据国家审计署审计，截至 2010 年年底，全国地方政府性债务已达 10.72 万亿元；2013 年 6 月，据国家审计署（〔2013〕24 号）文件透露，在 36 个地方政府本级政府性债务审计中，2012 年有 16 个地区出现了超过 100% 的债务率，最高的竟达到 188.95%，若加上政府负有担保责任的债务则达到 219.57%，而且有 14 个省会城市本级政府负有偿还责任的债务已逾期 181.70 亿元。

四是如何稳定城市房产商及房地产市场。现行的房地产市场是在政府垄断城市土地供给下发育起来的，一旦放开农村集体建设用地管制，大量的农村“小产权房”进入城市房地产市场，对城市房地产商是灾难性的。因而，土地产权制度改革在现阶段就允许农民宅基地进入城市地产市场，必将导致强势地产利益集团的集体反对而步履艰难。同时，“房子是用来住的”，如何在房地产市场平稳发展中惠及民生，还住房之本来意义，实则考验着执政者的智慧。《宁夏回族自治区房产税实施细则》规定于 2018 年 1 月 1 日开始在城市、县城、建制镇和工矿区（包括各类开发区、各类园区）范围内征收，这是一个为地方政府“第二财政”寻求出路的好办法。一种合乎民意的改革方向理应由此去。

五是如何确保中央政府的土地公共政策目标得以实现。在现行土地制度下，中央政府的角色地位略显尴尬，有关土地的诸多公共政策到了地方就在变通着实施，中央政府即便知道实情也只是象征性地督察，更多的是无可奈何。因为在中央政府与地方政府的目标函数不一致时，这种变通具有必然性，中央政府既无精力去细细督察，也不能过于责怪地方政府，毕竟中央政府的公共政策还得靠地方政府来实施。这种长时期的利益博弈，必然导致公共政策在执行中形成五花八门的变通及司空见惯后的“常态”。就城郊的“小产权房”隐形市场而言，尽管国家在三令五申地严厉打击和要求取缔，但真正被拆除的或者被地方土地管理部门执法的只是少数，或者说仅仅是一种偶然现象，没有被执法的才是“常态”；再如，国家耕地保护政策，中央的耕地指标限令被地方政府屡屡突破，即便是已经上报的土地利用规划方案，也在实施中遭到各种修改以适应地方政府经济发展的用地需要。目前，中央政府的建设用地指标远远满足不了地方经济发展的需求，由此引发了一个巨大的隐形市场，即地方政府进行大规模的变通，比如利用“城乡建设用地增减挂钩”政策来变通获得建设用地指标，而该政策最初（2004 年）仅仅是国务院针对乡村建设规划的一个指导思想和长期目标，发展至今已异变为一项具体的执行政策并成为一种变通的理由。一种可能的改革方向是要理顺中央与地方的权责关系、利益关系和行政关系，优化土地行政管理制度，启动土地问责机制。

2. 土地产权制度创新

在工业化和城镇化的现实背景下，我国大量的农村集体土地自发地进入了市场交易，由此诱发了大规模的集体建设用地隐形市场。面对这种实情，是寻求突破现行法律框架下的土地制度创新，还是一味地借助于政府行政管理权力进行打压，一直考验着决策者的智慧。笔者认为，政府公共决策的标准在于以何种方式更能带来社会交易成本的节约。对于经济发达地区和城郊所出现的土地隐形市场，有其客观的历史渊源和制度根源，打压和取缔显然是无益于问题的解决，一种可能的交易成本较小的路径选择是，在已有的土地制度创新实践中寻找破解之道。下面以出现较早的广东省佛山市南海模式为例进行探讨。

南海模式始于1992年，在村组集体经济组织的主导下，通过组建农村土地股份合作制，将农用地转为建设用地，并自发进入建设用地市场，从而获取农地非农化收益。具体来说，它是在原行政村或组的基础上以土地折资入股的形式收回农民承包地，再通过修建厂房或物业出租或者直接出租土地，从而获取定额地租，并依成员权或股权分配给农民的一种模式。南海集体土地制度创新模式的运行有其深层的制度背景：

一是桑基鱼塘有偿投包制的实施。在南海，家庭联产承包责任制实施较晚，到1984年才基本普及。由于家庭联产承包经营组织方式与传统的“桑基鱼塘”生产组织方式具有不可调和的内在冲突，实施起来并不像全国其他地方那样有效，因此，实施后不久，他们在地方实践中转而采用了集中有偿投包经营方式，从而为农地股份合作制的形成奠定了实践基础。

二是土地规模经营试验的失败。1987年，南海成为国务院农村改革试验区之一，主要是土地制度建设与土地适度规模经营，然而，在工业化和城镇化快速发展时期，农地农用的比较效益低下，农地规模经营试验并未按设计者的预期发展；相反，他们在退回小农经济水平之时，也开始受到了农地非农化的土地级差收益诱致，从而有了农村集体建设用地入市的内在冲动。

三是制度环境为农村集体建设用地入市留有空隙。南海借助于土地制度试验，将大量的土地进行规模化集中，并在工业化与城镇化浪潮中实现了土地的资本化和市场化，而且，大多数的集体建设用地都赶在1998年国家《土地管理法》出台之前进入了市场。尽管与现行法律相冲突，地方政府也只能以默认的方式承认这些已经非农化了的土地属于历史遗留问题。到2003年时，广东省政府在《关于试行农村集体建设用地使用权流转的通知》中提出，农村集体建设用地使用权可以按该地方条例精神进行流转，即承认了南海集体建设用地入市的合法性，而这又与国家大法明显相冲突。

四是农村股份合作制的创新实践。1992年，南海开始试行股份合作制，即以农民土地承包经营权入股，通过折股量化，由社区股份合作社统一经营，成员按股分享土地资产收益。在产权意义上，其成功之处在于将土地所有权变成股权，并在市场自由流通中实现了土地的规模化经营。从产权权能细分视角来看，社区股份合作社拥有了土地支配权，农民通过其股东身份而享受了土地收益权，投资商则在市场交易中获得了土地使用权，从而有效实现了土地支配权、收益权和使用权的“三权分离”，并因此获得了产权支持。

可以认为，南海农村集体建设用地自发入市模式的成功是我国以土地为中心的农村工业化模式的一个缩影，反映了高速工业化与城镇化进程中的农地农用到集体建设用地工业化的转换。然而，随着工业化与城镇化的转型，原来那种“村村冒烟”的粗放式工业发展模式已经开始成为社会之痛，土地分散利用与现代城镇化发展用地的规模化集约利用之间的矛盾日益凸显，正在考验着南海模式的制度创新程度及其可持续创造力。不过，作为一种曾经辉煌过的南海集体建设用地入市模式，其制度创新实践还是给了我们一些必要的思考和启示：

一是产权边界问题。在社区股份合作制成立之初，各村组之间以及集体经济组织之间的边界并未完全清晰，在当时的农地农用情况下，并未引起村民们多少纷争，但是发展至今，随着土地增值收益的大幅上涨，这种利益纷争便已白热化；另外，在内部股权设置尤其是出嫁女股权设置方面的纷争异常激烈，这些问题进一步引发了国家正式制度与乡规民约等非正式制度之间的冲突。一个应有的启示是，在中国土地隐形市场显形化过程中，现阶段进行确权颁证是十分必要的，也是交易成本相对较低的一个时间段，但依然是一件十分复杂的基础性工作。一旦土地增值收益显形化，再进行确权颁证，其代价无疑是高昂的，[①] 甚至可能引发新的社会矛盾和冲突。由此，需要政府借助于行政管理权，分阶段分步骤地推进确权颁证工作的开展，积极推进尚未显形化地区的确权颁证工作，慎重稳妥地推进已经显形化了的城郊或经济较为发达地区的确权颁证工作，对于利益纷争较为凸显的地块或区域应寻求多种可能的化解方案，比如实施国有化，或给予较高的利益补偿，或放缓进度由村民协商处理，等等。

二是土地利用方式转型问题。在2000年以后，南海的工业化与城镇化模式发生了根本性变化，由以前自下而上、分散式的工业化与城镇化模式转变为政府主导的集中工业化与城镇化模式，从而导致政府与村集体之间的土地资源矛盾日益突出。[②] 进而形成了政府的土地用途管制与集体的土地开发冲动之间的矛盾以及土地要素供求关系紧张与土地粗放利用之间的矛盾。这种矛盾反映了中国经济社会转型中普遍存在的生产力与生产关系之间的矛盾，因而需要生产关系的调整来适应生产力发展的要求，即以国家力量将分散的土地集中起来以适应经济转型的要求，因而在珠三角和一些经济较为发达的特殊地域中具有一定的借鉴意义，但是，当前多样化的生产方式及生产力发展阶

① 笔者在长沙市岳麓区的实地考察中了解到，2012年有100多个村试行了确权颁证工作，但进展非常缓慢，湖南省国土资源厅在现实考虑下已要求暂缓发证工作；在坪塘街道办事处的土地确权试点工作中，出现了地籍权属不清、来源不明、界限不确定、依据不充分等一系列问题，而且违规用地四处丛生，农民根本就不愿意确权登记，基层的阻力非常大，一个村支书无奈地说："我马上就要退休了，我没有这个能力来化解这些历史遗留问题，也不想在我退休前将村民激怒，最后将我赶下台。这个确权登记工作你们就再缓一缓吧，留给我的下一任去办吧。"

② 刘宪法：《"南海模式"的形成、演变与结局》，《中国土地制度变迁的案例研究》2010年第8期。

段的不一致并不支持该种模式的普适性。

三是土地国有化问题。政府强征强占和农民私搭乱建的隐形市场在我国各经济发达村和城郊村是普遍存在的，然而南海的创新实践还表现出了另类独特景象，即农村集体经济组织大规模地“违法、违规”占用农用地，这种“两违用地”正是南海乃至珠三角所特有的现象。其深层次的制度则归因在于农村股份合作制和集体建设用地隐形市场的存在。针对这些现象，南海在“三旧”改造中，将大部分农村集体建设用地转用为国有土地，土地用途也由原集体工业用地转为国有工业用地、商业用地和住宅用地，原“两违用地”则在政策引导下走向公开化、国有化，同时还存在政府以租代征的变相国有化现象，而这并未引起村民层面多少的不满。总体来看，在南海的工业化与城镇化模式转型过程中，正是由于地方政府的利益诱致以及农民自主的土地级差收益追逐，一起导致了南海集体建设用地入市模式逐渐走向了国有化。这是南海模式的终结还是又开始了新的演化，值得进一步思考。不可否认，南海集体建设用地的国有化确实是基于特殊地域的特殊发展阶段中的农民理性选择的结果，可以代表一种特殊的方向。然而，对于更为普遍的情形，农村集体建设用地国有化的交易成本依然是高昂的，需要地方雄厚的财力以及经济快速发展的驱动力，缺少了这些必要条件，盲目国有化恐怕适得其反。

在我国其他地方也先后出现了系列土地产权制度创新实践，比如浙江省的湖州存量建设用地入市模式，安徽省的芜湖规划控制集体建设用地入市模式，江苏省的昆山农民土地承包权直接入市模式，重庆市的地票模式等。不同地域模式有各自的适应性条件，如江苏昆山模式在于该地“小狗经济”比较发达，适宜于集体经济组织或农民利用承包地自建厂房经营，因而工资合约型的地租形式较为盛行；再如，重庆土地入股模式能够得以试点，很大程度归功于它是没有改变土地农业用途的股份合作制，在结合“建设用地指标增减挂钩”的变通中成立了全国首家土地交易所，实际上也是在城乡统筹发展背景下打了个现行政策的“擦边球”，目前并不具备大面积推广条件。总体来看，这些在坚持土地集体所有制前提下的地方土地产权制度创新实践，在积极探寻有效率的经济组织和适应现代经济发展的土地生产关系中，力求达到中央、地方与农民共赢的均衡点，为推进我国现行土地产权制度改革和创新做了大量基础性的试点，并形成了地域性、多样性的创新发展格局，其经验也在昭示：一种可能的产权制度创新趋势是继续还权赋能，在更大的地域范围内打破政府双层垄断格局，放松政府土地产权管制，发展农村集体土地市场，多渠道、多形式地促进集体建设用地进入市场交易。

（二）治理结构优化路径：打破政府垄断，推进征地制度改革

在中国土地资源配置的治理结构中，城市土地市场业已形成了“政府主导、市场机制为主”的治理制度，然而农村土地市场尚未与城市土地市场有效衔接，城乡统一的建设用地市场仍在政府谋划之中。从总体来看，我国土地市场依然处于一种城乡分割和政府垄断的治理结构状态。事实上，经过近 40 年的市场化改革，我国绝大多数产品与生产要素都已顺利完成了由政府行政配置到市场配置的转变，然而土地生产要素却依然保持着“加大审批、上收权力和强化政府垄断”的行政性配置主导的状态。一个鲜明的特点就是中央政府仍然保持着对土地建设用地指标的严格控制制度和用地审批制度。在这一资源配置模式下，土地资源浪费与资源配置扭曲较为严重，指标管理与城市经济发展的土地需求脱节，寻租、设租严重，土地隐形市场四处丛生，不仅是耕地保护政策并未如期奏效，地方政府的用地冲动也未有效制止，还进一步地导致了土地利用方式的粗放和不可持续。

从治理结构状态来看，本书在第三章已指出，我国征购市场处于政府主导下的科层治理结构状态，土地一级市场处于政府垄断下的混合治理结构状态，土地二、三级市场处于政府调控下的市场治理结构状态。当前，问题最为集中或批评最为激烈的也就在于政府双层垄断状态下的土地征购市场和一级市场。因此，不失时机地推进土地资源配置方式的市场化改革不失为现阶段我国土地治理结构优化的一条有效路径。

在土地征购市场中，政府具有绝对的垄断权力，问题主要集中于

农地征收征用市场，这也是现阶段我国城镇化进程中面临的最为突出的问题之一（陈锡文，2013）。在现行的征地制度安排下，政府作为征地市场中唯一的土地需求者，不仅在垄断土地需求量中滥用征地权，随意扩大征地范围，而且还利用行政管理权肆意压低征地价格，甚至与开发商合谋以牟私利，因而备受社会诟病。早在10多年前，汪晖就已指出："我国现行的土地征用制度无论在征地权行使和征用范围方面，还是在征地补偿方面都存在缺陷，征地权的滥用、征用范围的扩大以及征地补偿的不足不可避免地导致土地黑市的形成。"① 在征地拆迁过程中因补偿问题引起的利益冲突和社会矛盾日益尖锐，随时都有可能诱发群体性事件。2013年4月，笔者在长沙市失地农民安置问题的社会调查中，一个资深的公安系统研究者发出了如此感慨："我们在征地拆迁过程中的维稳成本已经远远超过了给予农民的补偿成本！"时至今日，我国征地制度改革的条件已逐渐趋于成熟（陈锡文，2013）。因此，积极地推进征地制度改革不失为现阶段缓解社会矛盾、打破政府垄断和优化土地资源市场化治理结构的最优路径之一。

同样地，征地制度改革也是一项系统工程，它主要涉及土地管理法的修改、地方政府的土地财政收入、土地利用中的利益矛盾以及失地农民的安置补偿与社会保障问题。因此，有效推进征地制度改革需要理顺利益相关者之间的利益关系，结合地方政府有关失地农民补偿安置的成功实践，把握"先易后难、重点突破"的原则，制定改革时间表，分步实施，有序推进。当前，推进征地制度改革，首先，需要严格界定和区分公益性用地和经营性用地，制定可供操作的公益性建设用地目录；其次，必须严格限定政府的征地范围，严厉禁止政府征用集体土地增加土地储备，科学设计并严格规范政府的征地程序；再次，需要修改土地管理法中的"建设用地必须使用国有土地"规定，从而为经营性用地交由市场完成提供有效的法理支持；最后，需要明

① 汪晖：《城乡结合部的土地征用：征用权与征地补偿》，载《中国农村经济》2002年第2期。

确现代公共政府的职能定位，主要在于制定并严格执行好土地利用规划和建设规划，做好土地用途管制。

在土地一级市场中，虽然政府具有绝对的垄断权力，但此时已经有了些许市场作用因素，在供地方式上政府已经自觉地进行了系列规范，出现了市场化的租赁和招拍挂出让方式，也有准市场化的作价入股、授权经营等方式。当然，这些只是在议价过程中有了市场作用，但是真正的供给主体依然只有政府一家，故其垄断性仍然存在。在治理结构优化的方向上，不能仅仅局限于现有的供地方式的市场化和规范化，还应该有更为积极的治理制度改革推进，比如先让集体经营性建设用地进入市场，实现与国有建设用地“同地、同价、同权”的市场平等地位，从而实现建设用地供给主体多元化，由此可形成相互之间的市场竞争，这显然有利于打破现行的政府垄断格局，推进政府垄断下的混合治理结构的优化。

（三）土地行政优化路径：规范政府行为，推进管理体制改革

作为政府管制失灵的产物，中国城乡建设用地隐形市场的显形化离不开政府的土地行政，尤其是对于一些土地黑市交易行为，更是需要借助于政府的行政管理权进行防范和治理。在土地资源市场化配置进程中，城市划拨土地隐形市场的长期治理行动也可称为政府土地行政的一个典范，正是通过政府土地管理部门的各种形式的清理、整顿和整治活动，才使之逐渐远离20世纪90年代初那种“俯拾即是”的境地，故其成效是显著的，尽管至今仍在小范围内留有空隙。作为一种客观存在而又形态多样的土地隐形市场，其显形化不仅需要合适的制度安排和契约设计进行正面激励，也需要不失时机地运用政府土地行政进行消极惩治，而且还需要多样化的土地行政手段或管控方式才能有效应对。

当然，政府土地行政也是一个系统工程，从土地管理体制到政府具体管理行为，都需要充分论证、精心谋划而推出，否则将形成低效的政府干预行为，进而引致更高的交易成本，政府管制失灵及其诱发的土地隐形市场便是其中一例。依托土地行政推进土地隐形市场显形化，显然不能简单地就土地隐形市场治理而治理，也不可仅仅就土地

隐形市场治理而土地行政，它更需要通观全局、系统谋划、顶层设计、高端决策，在不断地推进土地行政管理体制改革过程之中规范政府行为、强化执行效力，从而在不断优化的土地行政路径之中达到防范、治理以及最后显形化的目的。

优化土地行政路径，最为关键的在于规范政府行为，推进当前土地管理体制改革的持续深入。实际上，在土地资源配置方式上，政府一直主导着市场化进程，与之相关的土地管理体制改革也从未停息。改革开放初期，我国土地管理体制沿袭了计划经济时期的土地分散管理模式，1982 年在农业部下面设立了土地管理局，负责农村土地管理，原国家建设总局并入新建立的城乡建设环境部，负责城市土地管理，由此形成了城乡分割的土地管理格局；到 1986 年，成立了国家土地管理局，负责城乡地政管理，逐渐走向土地统一管理模式；在 1998 年，国家土地管理局与地质矿产部、国家海洋局及国家测绘局合并组建了新的国土资源部，并由此形成了五级管理体制，从而完成了土地资源管理体制由单一型向综合型的转变；到 2004 年，国务院 12 号令要求省级政府承担土地资源保护责任，进而形成了土地垂直管理体制；在 2006 年，国家土地总督察办公室成立，隶属于国土资源部，由此进一步强化了土地垂直管理体制。尽管改革一直在进行，但是当前这种土地垂直管理体制的缺陷也是明显的：一是中央政府与地方政府的目标函数不一致，在各自利益追逐下导致政令不通，执法不严，诱发土地隐形市场行为。在我国土地违法案件中，竟然存在惊人的“80/20”法则，即 80% 的违法用地是由地方政府造成的（田庆昌，2006）。二是政府土地行政行为不尽规范，既作为土地行政管理者，又作为土地所有者和经营者，这种集裁判员与运动员于一身的双重职能导致政府定位摇摆，其土地行政的合法性备受质疑，成为诱发土地隐形市场的归因之一。三是民意表达机制缺失。尽管中央政府设立了土地总督察办公室，地方政府土地管理部门也有执法大队，但是在巨大利益纷争中的民意表达机制不畅以及公众参与机制几近缺失的状态下，仅仅靠政府有限的人力、物力和财力支持，是无法胜任的。尤其是在堵而不疏的管理体制下，各种隐形交易行为四处活跃的现状，既在挑战政府土地行政的威严，又在进一步诱发土地资源规模化的粗放式利用。因而，深入推进土地行政管理体制改革仍具有现实必要性和紧迫性。

在推进土地管理体制改革中，当务之急是要规范政府行为，其核心就在于建立以权属管理和用途管理为核心的现代土地管理体制。规范政府行为，需要明确政府土地行政职能。黄小虎（2009）认为，现代政府的土地行政管理职责主要在于土地用途管制和土地产权保护，前者主要通过制定和实施规划来实现，后者的主要手段是确权、登记和发证。① 现代意义上的公共政府是一种小而精、精而廉的高效的阳光政府，政府在土地规划与土地用途中的职能定位正是我国现代土地行政管理体制改革的目标取向所在。

首先，需要从规划入手，强化土地用途管制。比如制定国土空间规划体系，实施主体功能区规划布局，强化土地利用总体规划实施效力等，对于随意改变土地利用规划或者土地用途的地方政府行为，应予以严厉惩治。

其次，需要加强土地权属管理，逐步建立城乡统一的地籍管理体系。当务之急，是要做好土地确权、登记和颁证工作，这是土地隐形市场显形化的第一步。

再次，需要逐渐理顺中央政府与地方政府的土地行政行为，建立二者利益协调、权责对等的土地管理责任制度。由此，需要改革现行的建设用地指标管理模式，逐步取消中央政府垂直管理下的土地指标审批和年度计划管理模式，由此才能从根本上扭转政府土地行政管理中“供给服从于需求”的被动局面。从长期来看，还需要逐渐改革现有的土地财政分配体制，通过土地增值税费改革进行利益诱导和重新配置，进而从根本上改变现行的地方政府“土地财政”运行模式。

最后，需要充分发挥公众参与的积极作用。现代阳光政府与廉洁政府的建设，离不开公众参与和社会监督。有效率的土地行政，必须改变传统的政府单打独斗式的管理模式，需要积极引入市场和社会元

① 黄小虎：《进一步推进土地行政管理体制改革》，载《红旗文稿》2009 年第 15 期。

素，调动群众参与积极性，及时接受阳光监督和群众建议，由此需要畅通利益表达机制，搭建各种利益诉求平台。比如，积极推进公众参与土地利用规划的制定和修编，在政府征地拆迁中应畅通失地农民的利益表达机制等。

总体来看，通过规范政府土地行政行为，推进土地管理体制改革，在整体布局和系统决策中优化土地行政路径，以充分发挥政府的土地行政效力，由此规范土地市场主体行为，积极防范并有效治理土地隐形交易问题，从而推进土地隐形市场显形化。

二　注重隐形市场的双重效应，寻求正负向激励组合效用最大化的制度诱导路径

虽已历经30多年市场取向的分权改革，中央集权的控制作用依然强大，中国整体经济改革及各领域改革均呈现出明显的强制性制度变迁特征。[①] 然而，农村家庭联产承包责任制却是在非均衡制度下自下而上的产物，具有明显的诱致性制度变迁特征。尔后，在强政府的土地市场化进程中，诱致性制度变迁依然是必不可少的。当前，土地隐形市场普遍存在，客观说明各市场主体利益需求的诱致性和自发性；而土地市场的垄断性和土地寻租市场的普遍性则印证了利益诱致性的地方政府具有直接抗拒中央政令或“阳奉阴违”的一面。无视诱致性制度变迁因素的长期累积以及强制性制度变迁中的制度不均衡已成诱发土地隐形市场的制度根源。制度创新总是涉及多元利益主体并由不同主体联合行动才能完成。[②] 不同主体在制度创新中扮演的角色、所起的作用不同，而且这种角色在创新过程的不同阶段或不同方面是变化的。[③] 因此，诱发土地隐形市场进行低成本的制度变迁应是强制性与诱致性的有机结合，且是在不同利益主体的各自角色动态变化中

① 丰雷、蒋妍、叶剑平：《诱致性制度变迁还是强制性制度变迁？——中国农村土地调整的制度演进及地区差异研究》，载《经济研究》2013年第6期。

② 黄少安：《制度变迁主体角色转换假说及其对中国制度变革的解释——兼评杨瑞龙的“中间扩散型假说”和“三阶段论”》，载《经济研究》1999年第1期。

③ 黄少安：《中国经济制度变迁的事实对“制度变迁主体角色转换假说”的证实》，载《浙江社会科学》1999年第1期。

协同完成。

鉴于土地隐形市场的双重效应，在促进其显形化过程中，既要中央政府和地方各级政府精诚合作，以公共利益最大化为目标推进制度变迁，建立强制性的制度规制和负向激励机制，又要尊重各市场主体的多样化利益诉求，顺势累积诱致性因素并促进其制度变迁。一种有效率的制度诱导路径应是政府主导下的土地市场规范化取向与各产权主体利益诱致下土地隐形市场显形化的制度变迁取向的全面协同，其旨在寻求正向激励与负向激励的组合效用最大化。由此，一方面要积极地疏导，顺应民意建立正向的制度激励机制，诱致各利益主体支持、拥护和参与到制度改进或变迁中来；另一方面要有效管控，防止土地隐形市场中的不规范行为肆意猖狂，可建立负向的制度规制和激励机制以管控其负面效应，如增加土地隐形市场中的交易成本以至于各利益主体不敢也不愿进入。更为重要的是，应在正向与负向激励组合下，使中央政府与地方政府的第一行动集团与第二行动集团共同致力于土地隐形市场的显形化，由此通过强制性与诱致性的动态转换和协同来推动土地制度变迁。

三　注重情理与法理的路径依赖，寻求土地行政刚柔相济的分层分类实施路径

基于国土执法者的行动逻辑，将土地隐形市场划分为柔性执法型和刚性执法型两类，体现了我国土地隐形市场的复杂性以及土地行政行为的务实性取向，其背后的行动逻辑内蕴了情理与法理的通融性以及对道德、文化、习俗等非正式制度等的路径依赖性，也凸显了分层分类管理的必要性和重要性。务实地看，要积极寻求土地行政刚柔相济的执法路径，分层分类分阶段地实施推进，即针对不同层面、不同区域、不同产权的土地隐形市场问题，实施差别化的引导、规范、清理、整顿等推进措施。

在柔性执法型土地隐形市场中，主要涉及那些不完全违背土地利用规划的农民宅基地等集体建设用地隐形市场和那些农用价值逐渐失去的城郊非农化隐形市场。该类隐形市场有其形成的社会基础和制度基础，诸如产权主体模糊、权能残缺、不同主体进入市场不平等等制

度问题客观存在着，世俗传统、宗法家族、乡规民约等非正式制度作用下的土地分配、处置和交易等方式仍客观存在，而且也在一定程度上诱发当事人存有“法不责众”的心理预期。同时，它也具有较强的繁殖能力，存有社会普遍性及迅速蔓延性等特点。辩证地看，该类隐形市场的存在是对现行制度反叛，折射出其不合理性；同时也在积极孕育着制度改革或创新，预示着新的制度变迁即将到来。故需改革现行制度框架以便其有效融入。对土地管理者而言，应以柔性执法为主，或疏导，或规范，或默认，一旦形成气候并到了制度变迁临界点，其隐形市场状态也将伴随制度变迁而步入显形化状态。

在刚性执法型土地隐形市场中，主要涉及国有划拨土地隐形市场、随意改变土地使用属性的有偿性国有建设用地隐形市场、部分农地非农化隐形市场等。该类隐形市场既不合理又不合法，仅是当事人因一己之私而给他人或社会造成了经济损失或社会危害，属于土地黑市行为，故需采取刚性措施加以取缔，并予以立法定罪。该类隐形市场由于不为现行法律所容，故具有较强隐蔽性，不易被发现；同时，又具有较大危害性，其存在既是对现行土地市场秩序的威胁，又是对国土管理者行政能力的考验，也是对国家土地所有者收益的侵蚀，而且还是造成交易损失、增加交易成本、产生交易纠纷、诱发交易风险等的潜在因素。因此，为维护大多数人利益和国家土地管理法律的威严性，需强政府干预增加其交易成本，或打击取缔，或清理整顿，铲除其生存土壤，于刚性执法中使其显形化。

第三节　小结

本章主要阐述了中国土地隐形市场显形化的基本路径及其制度选择。

鉴于中国土地隐形市场存在形态的客观性、多样性、复杂性以及危害性，公共政策既不能让其放任自流，也不能使之完全消失，一条可行的路径是通过适当的公共政策引导、诱致或者清理、整顿使之逐渐显形化。由于中国土地隐形市场形态既可能带来土地市场秩序混乱、交易行为扭曲等破坏性影响，也可能在孕育着制度改革和创新等积极性影响因而需要从两个不同角度进行积极应对：一方面，需要对柔性执法型土地隐形市场进行正面引导，诱致土地制度改革和创新；另一方面，需要对刚性执法型土地隐形市场进行严厉打击和取缔，通过不断地防范和治理清除其生存的土壤和环境，进而达到土地隐形市场显形化目标。因此，需要在分层分类推进中寻求其显形化路径，大致存有三条有效率的土地隐形市场显形化路径，即土地资源市场化配置效率追求中的三阶优化路径、土地隐形市场双重效应下的疏堵结合路径和土地行政分层分类实施下的刚柔相济路径。

与之相适应，积极推进中国土地隐形市场显形化，一是要注重顶层设计与基层创新相结合，加快征地制度改革，推进土地产权制度和土地行政管理体制的改革与创新，步入土地资源配置效率最大化的优化路径；二是要注重土地隐形市场的双重效应，通过诱致性的制度改进和强制性的制度规制及其动态转换协同，步入正负向激励组合效用最大化的制度诱导路径；三是要注重情理与法理的路径依赖，通过柔性执法和刚性执法的细分，步入土地行政刚柔相济的分层分类实施路径。

沿着上述路径，有效率的公共决策需要从制度安排、契约设计和土地行政三个层面进行积极谋划、顶层设计和战略布局，在具体操作中可以进一步细化：一是以制度安排为核心内容的土地制度环境优化之路，其效率目标是追求制度氛围的交易成本最小化。通过改革和创新现行的土地产权制度，有序推进农村集体经营性建设用地入市交易，进而有选择性地放松集体建设用地入市交易条件，最终建立城乡统一的建设用地市场。二是以契约设计为核心内容的土地治理结构优化之路，其效率目标是追求混合结构的治理成本最小化。积极推进征地制度改革，完善土地管理法律法规和征地补偿政策，严格限定政府的征地范围，规范政府的征地程序，畅通征地利益诉求机制，在更大地域范围内打破政府双层垄断格局；同时放松政府土地规制，发展农村集体土地市场。三是以规范政府行为为核心内容的土地行政管理优化之路，其效率目标是追求公共政策执行的协调成本最小化。规范政府行为、强化执行效力，推进土地管理体制改革，建立以权属管理和用途管理为核心的现代土地管理体制，逐步建立城乡统一的地籍管理体系；同时，建立中央与地方利益协调、权责对等的土地管理责任制度，充分发挥社会公众参与的积极作用。

第七章　结束语

中国未来的经济发展在很大程度上取决于城镇化和工业化的双轮驱动，其中，城镇化建设能否最终取得成功在很大程度上取决于土地制度安排的效率状态。而现行土地制度环境下的产权效率不高，政府双层垄断治理结构下的无谓损失巨大，土地管制失灵现象较为普遍，由此导致土地隐形交易日趋活跃，并日渐成为土地市场发育挥之不去的梦魇，是以现实地呼唤着土地制度变迁时刻的到来。对此，社会各界早已有所认知和共识。所幸，国家及时推进土地制度改革和试点，农村土地征收、集体经营性建设用地入市和宅基地制度“三块地”改革试点已稳步推进，承包地“三权”分置制度正在不断完善之中，乡村振兴战略及时响应农业现代化新时代的到来。

第一节　现实思考及研究工作

一　中国土地制度变迁的现实呼唤

经过近 40 年的市场化改革，中国经济社会发展已然进入新时代，可土地资源配置的市场化进程却远非一帆风顺。迄今为止，土地市场治理结构及其制度体系远未完善，城乡二元土地市场在长期割裂下各自发展：政府双层垄断的城市土地市场治理结构早已形成，且为地方政府“第二财政”制度之源；农用地使用权流转市场一直以来不温不火，即便是在当前农民承包地“三权分置”的制度设计推进下；农村集体建设用地市场则从未开禁，即便是当前集体经营性建设用地入市试点区也仅仅停留于暂停实施与之相抵触的法律法规层面。总体来看，建立城乡统一的土地市场依然缺乏可供操作的现实制度基础。

客观地说，中国土地制度变迁依然在路上。尽管土地资源配置方式在市场化取向中有了巨大改进，但是政府垄断格局并未从根本上改变，甚至还在法律层面沿着强化土地所有权的方向前进，周其仁曾指出："中国现存土地法奠基于计划公有制时代，其主要特色是政府用行政命令代替市场交易来达成经济资源的转让。虽然市场取向的改革已经动摇了现存土地法律的基础，但是几经修改的土地法还是远不能满足经济实践的要求。"① 正是土地法律制度改革及其背后的土地产权制度变迁滞后于经济发展对土地的需求，一种源于计划公有制时代的行政机制配置土地资源的运行方式继续作用着，由此导致中国土地市场治理结构依然呈现出准计划配置的混合制状态。

随着中国城镇化进程的加快以及后工业化时代的来临，既有的土地制度环境及其治理结构下的土地市场发育远远地滞后于现实需求，土地制度失衡早已成为常态，从而现实地表征为土地市场价格机制扭曲、供求关系缺失、交易秩序混乱、土地投机猖獗、收益分配失公以及土地管制失灵等一系列问题，集中地表征为土地隐形市场日趋活跃，在大城市郊区甚至是泛滥成灾。可以认为，现行的土地产权治理结构和制度环境已经到了诱致制度变迁的"三岔路口"，现行公共政策如何适时推进依然在考验着执政者的决策智慧。

诚然，改革是一场革命，一场革既得利益者的命。在四个全面战略布局下，改革已然进入深水区，更加需要系统谋划，整体考量，协同推进，注重土地制度所牵涉的多重利益均衡性，迫切需要在重点领域和关键环节集中发力，争取较大突破。尽管中国经济社会发展早已进入快速转型时期，相对滞后的土地制度改革或创新步伐随着时间的推移而带来了更加高昂的改革成本问题，但是，面对牵一发而动全身的土地制度改革，尤其是面对纷繁复杂的土地隐形市场及其制度基础，任何一蹴而就的制度创新或断崖式的制度改革都终将难以适应大

① 周其仁：《农地产权与征地制度——中国城市化面临的重大选择》，载《经济学》（季刊）2004 年第 1 期。

国制度变迁的复杂性而被快速放弃。当前，在国家有意的土地制度试点安排中，如农村“三块地”改革试点正是围绕集体建设用地这一重点领域铺开的，体现了决策者们在渐进式改革实践中的娴熟驾驭力。

实际上，在中国土地资源配置的市场化进程中，其制度变迁的行动逻辑正是源于渐进式改革模式中的实践智慧。比如，针对城郊集体建设用地隐形交易问题，早在1999年，芜湖、苏州等地就已开始试点，尔后，各地方政府陆续出台各具地方特色的管理办法，尝试通过诱致性的制度变迁破解该隐形市场管控难题；但是，有关集体建设用地入市交易的规范性文件一直未能上升到中央决策，各地方城市郊区大量存在的集体建设用地流转行为仍不在法律保护范围之内。党的十八届三中全会以来，中央便开始将土地制度变迁路径引向了集体经营性建设用地入市上来，其重心仍局限于化解存量集体经营性建设用地问题上，且是在“符合规划、用途管制和依法取得”条件下“封闭运行，风险可控”；换言之，现行公共政策仍在思考怎么处理20世纪90年代就已发生并在逐年增加的老问题上，其落脚点还是在比重非常低的一小块即集体经营性建设用地上。尽管如此，改革还是充满希望的，老百姓仍是非常拥护的。倘若直接放开集体建设用地入市，不仅牵涉地方政府的第二财政问题，而且牵涉城市土地市场特别是最为敏感的房地产市场问题，还牵涉集体经济组织发展、农户自身利益取舍等诸多棘手问题，很可能将业已存在的社会矛盾快速激化，使改革走向不可控制和难以预期的未来。可以认为，在土地资源配置市场化改革取向之中，有中国特色的实践智慧正体现在这种强制性与诱致性并存的渐进式制度变迁诱导路径上，既响应了土地制度变迁的现实需要，又巧妙地在时间轴上缓慢疏导各主体间的激烈利益纷争。

二　本书研究工作开展的有限回应

在浩瀚的研究视域中，土地隐形市场只是中国土地制度问题的冰山一角，需要俯下身子长期耕躬，或有收获。作为一个崭新的科学问题，土地隐形市场问题值得深入研究，它不仅需要厚实的理论土壤，更需要丰富的实证支持。鉴于此，有必要对土地隐形市场的概念、特征及其形成机理进行较为系统的理论梳理和持续深入的实践调查研究，这从某种意义上可弥补该领域现有研究大多侧重于现象描述或囿于宏观叙事而微观尺度如定量分析、社会调查研究的相对不足，笔者也希望在此领域有所思考和拓展。

近年来，笔者每年都要进行大量“接地气”的田野调查，对农用地非农化、集体建设用地、集体经营性建设用地入市、“两权”抵押贷款试点、小产权房等的隐形市场问题，进行较长时间的实地考察，获取更多一手资料和感性认知，进而系统梳理其存有的现实形态，积极探寻其生成机理、规律和显形化路径。总体来看，全书主要在以下五个方面做了些许探索：

第一，借鉴于威廉姆森关于社会科学分析的层次框架，解释了中国土地资源市场化配置中的效率追求及其发生学意义上的土地隐形市场。威廉姆森（2000）在分析社会科学时划分了四个层次，代表了新制度经济学对不同层面的资源配置效率思考，本书借此建构了一个新制度经济学的土地资源配置效率及其追求路径的解释框架。本书的基本逻辑正是由此铺展开来，沿着土地资源配置效率追求的二阶效率到一阶效率的基本路径，对中国土地资源市场化配置中的治理结构效率与制度环境效率分别进行了考察，从而分别探寻到土地隐形市场正隐匿于其中的结论。循此逻辑，在公共决策过程中则需逆推而行，通过由一阶效率的制度安排到二阶效率的契约设计进行回答，即通过“制度环境优化—治理结构优化—土地行政优化”的逻辑理路来推进中国土地隐形市场显形化。

第二，重新界定和系统梳理了中国土地隐形市场。针对既有研究中有关土地隐形市场概念界定的众说纷纭现状，笔者通过对既有文献的系统梳理和部分实践工作者的调研考察，重新界定并给出了广义和狭义的土地隐形市场概念，同时，也基于中国土地资源配置研究需要而有所取舍；进而，对我国当前土地隐形市场的基本形态进行了系统梳理和划分，并针对城郊土地隐形市场这一重点区域的具体形态进行了地方实证，寄希望能勾勒出中国土地隐形市场现实形态的全景图。

第三，基于理论与实证视角揭示土地隐形市场的形成机理和规律。土地隐形市场的形成是一种或明或暗的利益博弈结果。从顶层制度设计及其实施效果来看，归结为土地征购市场和一级市场的政府双层垄断性、产权制度变迁中国家最终所有的模糊产权结构以及城乡建设用地二元分异制度下的政府管制失灵。城郊集体建设用地隐形市场的形成具有典型的经济社会转型烙印，突出表现在制度、法律、管理和市场发育的滞后性或转型期的不适应性。通过长沙市郊实证发现，在农户意愿 Logistic 模型中，农户个体特征中的文化程度因素、家庭特征中的宅基地处数和房租收益因素、公共政策因素中的集体建设用地流转政策满意度等都产生了显著性影响。进而得出长沙市郊集体建设用地隐形市场的形成具有明显的自发性和倒逼性、典型的市场驱动性和利益诱致性、普遍的文化调适性和积淀性。

第四，提出并验证了中国土地资源市场化配置过程中的产权制度变迁在同一轨迹上呈现出倒“U”形变化以及在不同轨迹上呈现出变迁周期衰减的观点。在考察中国土地资源市场化配置中的产权制度环境适应性效率时，借用黄少安（2000）的制度变迁边际效益模型将其倒“U”形规律归纳为同一轨迹上的特殊形态，然后通过建构动态的无缝隙产权制度变迁模型，得出不同轨迹上的间断性变化特征是有效率的无缝隙产权制度变迁周期将呈现出衰减规律的结论，并通过中国土地资源配置的具体实践进行了验证，进而提出中国经济社会转型时期不存在一劳永逸的产权制度变迁、有效率的产权制度变迁越来越依赖于产权制度变迁的结论。

第五，提出了中国土地隐形市场显形化的优化路径。面对错综复杂的土地隐形市场，在分层分类推进其显形化中存有三条不同路径，即土地资源市场化配置效率追求中的三阶优化路径、土地隐形市场双重效应下的疏堵结合路径和土地行政分层分类实施下的刚柔相济路径。与之相适应地，存有三条可供公共决策的优化路径：一是要注重顶层设计与基层创新相结合，加快征地制度改革，逐步推进土地产权制度和土地行政管理体制的改革与创新，寻求土地资源配置效率最大化的优化路径；二是要注重土地隐形市场的双重效应，通过诱致性的制度改进和强制性的制度规制及其动态转换协同，寻求正负向激励组合效用最大化的制度诱导路径；三是要注重情理与法理的路径依赖，通过柔性执法和刚性执法的细分，寻求土地行政刚柔相济的分层分类实施路径。

第二节 研究不足及未来展望

一 本书研究的不足

面对纷繁复杂的中国土地问题，本书尝试通过“隐形市场”切入土地制度改革“深水区”，具有较强的问题导向性和现实必要性，但是囿于自身学识水平、实践经验和思维视野等而难以穷尽其理，依然期待着深入的理论思考与后续的跟踪调研及其实证支持。具体而言，仍存在以下三个方面的研究不足或改进方向：

第一，缺乏全国土地隐形市场基本形态的现状评估。本书虽然系统梳理了我国土地隐形市场存在的基本形态，但是囿于自身研究条件，只是对长沙市郊进行了小范围的典型性考察，而没有从更大范围上如全国范围内开展更为丰富的抽样性调查，从而导致实证数据支撑不足以及现状评估量化不够。这种实证调查工作是具体而艰辛的，需要研究者持续、深入、长期的跟踪调查和实证研究。

第二，尚未深入研究土地隐形市场及其诱发后果。本书虽然将土地隐形市场建立在土地资源市场化配置的现实土壤之中，但是却也止步于此，即在土地隐形市场基本形态分析之后并未继续深入土地隐形市场之中，尤其是针对其诱发的各种社会后果更是缺少深度研究。诚然，遵循本书研究的基本思路，这种诱发后果的研究可深可浅，但是从中国现行土地制度改革和创新的视角来看，要引起公共决策者们的制度实践则迫切需要开展该项研究工作。

第三，对推进土地隐形市场显形化的公共政策支撑研究不够。本书虽也指出了中国土地隐形市场显形化的基本路径，但是在如何保证这些路径的有效实施、公共政策又如何系统地谋划和指导、其规则和细化目标如何才能达到等方面仍需进一步思考。这些看似宏观实则具体的操作规范和实践指导，不仅需要地方试点或创新经验的实践支持，更需要研究者的适时把脉和智力支持，由此方可推动地方经验由幕后走向台前，成为全国性的可供实施的公共政策。

二 后续研究与展望

展望未来，中国土地制度改革之路依然漫长，土地隐形市场的显形化仍充满着各种挑战，具体则表征为土地产权制度改革、土地治理结构和土地管理体制转型之路依然充满着各种不确定性。一方面，在土地产权制度改革尚未有效启动之时，土地隐形市场状态并不能从根本上改变。换言之，其显形化是很不充分的。另一方面，在土地治理结构及其行政管理体制尚未有效转型之时，国家垄断下的土地市场实际上还是地方政府的“钱袋子”，而这正是诱发土地隐形市场之源。在现行土地管理体制及其管控思维下，如何抑制地方政府的卖地冲动而又使之有效地进行土地行政，仍然是一个充满挑战而又亟待突破的两难问题。

理性地看待，中国未来的土地制度改革依然充满着各种挑战和不确定性，其道路必将曲折而漫长：

第一，土地利益链条复杂，改革成本日益高昂。经过近 40 年的市场化改革，依托土地交易关系而结成的利益主体日益多元化，其利益链条也日趋复杂化，尤其是在土地增值收益继续大幅度增加之时，利益纷争更加尖锐，社会冲突更是此起彼伏、日趋频繁，必将导致土地制度改革和创新的成本日益增大。单就国土资源部、财政部和农业部三部委联合发文推进农村集体土地确权、登记和颁证工作的开展之难以及 6 年后的今天仍未能有效完成预期就可窥见一斑。

第二，土地制度改革牵一发而动全身，具有高依存性。在我国，任何风吹草动的土地制度改革都在牵动着社会的神经，由土地财富而形成的产业链和利益链早已植入国家经济社会发展的方方面面，单从 2017 年全国各大省会城市或一线城市接二连三的住房“限购令”出台行为就足以明证。

第三，土地制度改革在中国经济社会转型时期，具有高风险性。由于中国的城镇化和工业化积聚在短短不到 40 年的时间内，走过了发达国家上百年才走过的历程，各种经济社会发展中的矛盾和问题也在短时期内爆炸式地积聚，一旦不能有效地疏导和适时释放，就很可能引发严重的经济社会危机。这也是我国土地制度改革多年来未能有效突破以及土地公共政策长时期地犹豫徘徊的症结所在。

第四，是大国土地制度改革所具有的高度复杂性。由于中国经济社会发展客观存在的地区差异，土地制度的供给和需求程度千差万别，整齐划一的中央土地公共政策未必适合指导地方实践，就如20世纪90年代就已成为中央决策的“生不增、死不减”政策一样，在执行过程中被全国半数以上的省份变通实施。在我国农村集体建设用地流转试点中，南海模式就迥异于苏州模式，它们不可互换使用，也不适用于经济发展程度不高的中西部小城镇地区；从全国来看，发展至今已形成了诸多地方创新模式，却鲜有全国普及性使用的模式。

第五，土地制度改革本身所具有的艰巨性。从当前中国土地制度积弊来看，其改革主要涉及城乡二元土地制度、农民承包地“三权”分置制度、征地制度、农村宅基地制度、农村集体经营性建设用地入市制度、城市土地经营和土地融资制度、土地收益分配制度、土地财产税收制度和土地管理制度等，个个都是难题，需要在长期的改革实践中逐步推进，实非一日之功。

党的十八届三中全会指出：“经济体制改革是全面深化改革的重点，核心问题是处理好政府与市场的关系，使市场在资源配置中起决定性作用和更好发挥政府的作用。”在协调推进“四个全面”战略布局的新时代，土地制度改革方向必然要求不断完善政府与市场的治理结构体系，力促形成有效的市场和有为的政府，协同推进城乡统一的建设用地市场的最终建立。当前，农村“三块地”改革试点有望在新一轮土地产权制度改革中率先获得突破，农民承包地“三权”分置制度也将逐渐完善。这些或可成为协同推进城乡统一建设用地市场形成的前提基础或是必要条件，也必将成为中国农地隐形市场显形化的重要突破口。

在城乡二元土地所有制下，农村集体土地失去了进驻城市土地市场参与竞争的资格，虽然广为诟病且饱受非议，但是这种有失公平的制度却一直在延续着。尽管学界自20世纪90年代以来就提出要推进农村集体建设用地入市流转，但是直到2005年才出台《广东省集体建设用地使用权流转管理办法》这一地方性的规范文件，之后才逐渐有其他省份或地市的仿效行为，然而这一地方创新直到现在都还没有被列入中央正式文件予以公开推广过，故农村集体建设用地入市交易一直就处于社会的满满期待之中却又从未开禁过。前文已在农村集体建设用地隐形市场问题分析中就其入市问题做过探讨，这一步或迟或早地都将到来，尤其是在无缝隙的产权制度变迁衰减规律之下，这一土地产权制度管制早已成为低效之源和制度变迁的阻滞因素，现实也正急迫地呼唤着集体建设用地早日入市交易，这也是城郊集体建设用地隐形市场显形化的必由之路。

从党的十八届三中全会以来的中央文件精神来看，积极推进市场在资源配置中的决定性作用，构建平等进入、公平交易的土地市场已成为现行土地制度改革的必然趋势。早在2008年，中央就已提出“同地同价”原则，对依法取得的农民集体经营性建设用地在符合规划的前提下可与国有土地享有平等权益，并要求逐步建立城乡统一的建设用地市场。应该说，又经过了近10年的土地制度改革酝酿和实践探索，特别是国土资源部开展农村“三块地”改革试点工作以来，使上述决策实施有了更多的现实考虑和更好的时机选择。从试点区的时间表来看，2017年年底正是各地方试点经验总结提升阶段，相信在党的十九届三中全会中将会有一个更为清晰、更为实际的土地制度改革新思路；也相信在新一轮土地制度改革之中，必将推进农村集体经营性建设用地有条件地参与非农建设用地市场竞争，特别是在“房子是用来住的”语境下，城郊集体经营性建设用地可以率先进入“租售同权”的居民住房保障体系并将大有可为。

不过，基于以往的制度变迁经验判断，上述土地公共政策的制定和实施仍须谨慎进行，务必在各种利益均衡中寻找合适的土地改革试验和政策突破的时机，切不可操之过急，一蹴而就。务实性地考虑，在当前中国即将推进的新一轮土地制度改革中，这些都必须建立在土地确权登记颁证工作有效开展的基础之上。只有有效地完成了土地的确权登记颁证等基础性工作，土地管理法律法规的修改才具有现实意义，集体经营性建设用地入市交易才有付诸实施的实操可能性。然而，全国性的土地确权工作仍在艰难的探索完成过程之中，土地管理法律法规也在各种修改呼声中迟迟未有成效，足见处理大国土地问题的复杂性、艰巨性和长期性。

最后，需要指出的是，中国土地制度及其背后利益链的复杂性决定了其改革的艰巨性和渐进性，实非一日之功，也非一己之见所能触及。新时代使命使然，它更需要不畏艰险的改革者们一路披荆斩棘，在不断的实践、试验和试错之中继续前行。在当下中国，要有效推动的土地制度革命，更需要新时代有智慧的公共决策者们群策群力，努力在纷繁复杂的利益纷争之中寻找到新的制度均衡点。倘若如此，中国土地隐形市场的显形化将为期不远矣。

附录一　调查问卷

调查时间______调查地点______调查人员______问卷编号______

长沙市郊集体建设用地流转意愿调查问卷

尊敬的女士/先生：

您好！本问卷调查仅为学术研究所用，敬请您根据问卷内容如实填写，非常感谢您的配合！

（集体建设用地包括宅基地、企业建设用地、公益用地、公共设施建设用地）

Part A　基本情况

1. 您的性别是：（　）

A. 男　　B. 女

2. 您的年龄是：（　）

A. 60 岁以上　B. 40—59 岁　C. 18—39 岁　D. 18 岁以下

3. 您的文化程度是：（　）

A. 小学及以下　B. 初中

C. 高中（含职高、中专）　D. 大专及以上

4. 您的职业状况是：（　）

A. 务农　B. 兼职务农　C. 失业　D. 非农业工作

5. 您家里的年收入状况是：（　）

A. 3 万元以下　B. 3 万—6 万元

C. 6 万—9 万元　D. 9 万元以上

6. 您家里有几处宅基地？ （　）

A. 一处　　B. 二处　　C. 三处　　D. 三处以上

7. 您现在的住房是： （　）

A. 祖（父）辈留传下来的　　B. 自己建的

C. 购买的　　D. 安置用的

E. 租借的

8. 您旁边的房子每月出租的收益大概有： （　）

A. 0 元　　B. 1000 元以下

C. 1000—2000 元　　D. 2000 元以上

Part B　城郊集体建设用地流转意愿

1. 您怎样看待村里的那些私人搭建住房、厂房、车库和杂屋等土地违规使用行为？ （　）

A. 政府要严惩　　B. 村委会要制止

C. 无所谓，不关我事　　D. 很正常

2. 您现在这个房子的地基是： （　）

A. 自己的　　B. 村集体的　　C. 国家的　　D. 不知道

3. 您是否愿意将不住的宅基地转让出去呢？ （　）

A. 非常愿意　　B. 一般愿意，但没人要

C. 不愿意　　D. 无所谓

4. 您或者您熟悉的村民转让土地时，一般是： （　）

A. 口头约定　　B. 签合同　　C. 找村委会协商

D. 向政府部门申请　　E. 随便

5. 您或者您熟悉的村民在转让宅基地时，一般是转让给谁？ （　）

A. 本村的　　B. 外村的　　C. 城里的

D. 熟人　　E. 价高的

6. 您想不想购买“小产权房”？ （　）

A. 非常想买　　B. 一般还是想买

C. 不太想买　　D. 坚决不买

7. 您身边的集体建设用地自发流转现象存在吗？ （　）

A. 普遍存在　B. 不是很多　C. 没有的事　D. 不知道

8. 在发生集体建设用地流转纠纷时，一般是通过什么渠道解决的？（　）

A. 村干部解决　B. 乡镇干部解决
C. 区政府解决　D. 法院判决
E. 抵押　F. 不知道

9. 您对现行的集体建设用地流转政策满意吗？（　）

A. 非常满意　B. 一般　C. 不满意
D. 无所谓　E. 不清楚

10. 在集体建设用地流转方式中，您知道的有哪些？（　）

A. 出让　B. 转让　C. 出租　D. 入股
E. 抵押　F. 不知道

11. 如果外面的人来您村买地，一般是：（　）

A. 需要村民表决同意　B. 不需要，村干部说了算
C. 不需要，政府说了算　D. 不知道

12. 您怎么看待农村建设用地买卖？（　）

A. 可直接买卖　B. 村委会同意后可买卖
C. 政府允许后可以买卖　D. 禁止买卖

我们将对您填写的个人信息严格保密，再次感谢您的支持！

附录二　社会调查数据统计表

长沙市郊集体建设用地隐形流转问卷调查统计表

Part A　基本情况								
1. 性别	频数	频率	2. 年龄	频数	频率	3. 文化程度	频数	频率
男	95	62.09%	18 岁以下	17	11.04%	小学及以下	50	32.26%
女	58	37.91%	18—39 岁	50	32.47%	初中	45	29.03%
			40—59 岁	66	42.86%	高中	40	25.81%
			60 岁以上	21	13.64%	大专及以上	20	12.90%
总计	153	100%	总计	154	100%	总计	155	100%
4. 职业状况	频数	频率	5. 年收入	频数	频率	6. 有几处宅基地	频数	频率
务农	31	20.26%	3 万元以下	63	41.18%	一处	102	66.23%
兼职务农	33	21.57%	3 万—6 万元	47	30.72%	二处	42	27.27%
失业	6	3.92%	6 万—9 万元	31	20.26%	三处	6	3.90%
非农业工作	83	54.25%	9 万元以上	12	7.84%	四处	4	2.60%
总计	153	100%	总计	153	100%	总计	154	100%
7. 住房来源情况	频数	频率	8. 房租收入状况	频数	频率			
祖辈继承	37	22.84%	0 元	37	23.72%			
自己新建	93	57.41%	1000 元以下	61	39.10%			
购买	14	8.64%	1000—2000 元	38	24.36%			
安置	6	3.70%	2000 元以上	20	12.82%			
租借	12	7.41%						
总计	162	100%	总计	156	100%			

续表

Part B　城郊集体建设用地隐形流转意愿

1. 对私搭乱建行为的态度	频数	频率	2. 宅基地权属	频数	频率	3. 宅基地使用权转让意愿	频数	频率
政府要严惩	38	24.84%	自己的	81	52.60%	非常愿意	15	9.74%
村委会要制止	36	23.53%	集体的	18	11.69%	一般愿意，但没人要	16	10.39%
无所谓，不关我事	30	19.61%	国家的	37	24.03%	不愿意	97	62.99%
很正常	49	32.03%	不知道	18	11.69%	无所谓	26	16.88%
总计	153	100%	总计	154	100%	总计	154	100%
4. 村民转让土地方式	频数	频率	5. 宅基地转让给谁	频数	频率	6. 购买小产权房意愿	频数	频率
口头约定	48	31.17%	本村人	47	33.81%	非常想买	7	6.14%
书面合同	54	35.06%	外村人	18	12.95%	一般还是想买	27	23.68%
村委会协商	25	16.23%	城里人	11	7.91%	不太想买	60	52.63%
政府申请	21	13.64%	熟人	9	6.47%	坚决不买	20	17.54%
随便	6	3.90%	价高的	54	38.85%			
总计	154	100%	总计	139	100%	总计	114	100%
7. 集体建设用地流转现象	频数	频率	8. 集体建设流转纠纷解决渠道	频数	频率	9. 对现行集体建设用地流转政策满意度	频数	频率
普遍存在	29	18.83%	村干部解决	41	46.07%	非常满意	16	9.94%
不是很多	55	35.71%	乡镇干部解决	14	15.73%	一般	69	42.86%
没有的事	37	24.03%	区政府解决	12	13.48%	不满意	35	21.74%
不知道	33	21.43%	法院判决	10	11.24%	无所谓	14	8.70%
			抵押	0	0%	不清楚	27	16.77%
			不知道	12	13.48%			
总计	154	100%	总计	89	100%	总计	161	100%

续表

10. 集体建设用地流转方式	频数	频率	11. 外村人使用本村集体建设用地	频数	频率	12. 对农村集体建设用地买卖的态度	频数	频率
出让	30	14.49%	村民同意	75	47.77%	可直接买卖	17	21.52%
转让	47	22.71%	村干部说了算	23	14.65%	村委会同意后买卖	13	16.46%
出租	93	44.93%	政府说了算	24	15.29%	政府允许后买卖	23	29.11%
入股	17	8.21%	不知道	35	22.29%	禁止买卖	26	32.91%
抵押	8	3.86%						
不知道	12	5.80%						
总计	207	100%	总计	157	100%	总计	79	100%

注：1. 本表数据来源于附件一中的问卷调查整理。

2. 问卷中不同问题由于问卷设计方式、被调查者文化程度、数据处理方式等情况的不同，最终有效数据数目不同，笔者在处理数据时秉持着以实际情况出发为基本准则，最大限度地反映调研中的现实情况；同时，鉴于集体建设用地隐形流转问题的敏感性，在问卷设计中略去了“隐形”二字。

附录三　调查纪实（上）

偶感中西部“增人不增地、减人不减地”政策的实施效率

2012 年 12 月 13 日下午初稿

2016 年 3 月 20 日晚上修订

改革开放以来，农地产权制度及其实施效率问题一直备受关注。农村家庭联产承包责任制的实施，成功实现了农地所有权与使用权的分离，其制度激励在 20 世纪 80 年代中期得以释放（林毅夫，1992），尔后围绕农地使用权问题不乏理论与实践探讨。早在 1984 年，中央就出台了“大稳定、小调整”的农地承包政策；1984 年，中央一号文件将土地承包期稳定设置为 15 年；1993 年提出，在一轮承包期之后，再延续 30 年不变，有条件的地方实施“增人不增地、减人不减地”政策；1998 年，将其写进了新修改的《土地管理法》；2009 年，进一步强调现有土地承包关系保持稳定并长久不变。

有关二轮土地承包权稳定与经济增长关系的学术探讨及时跟进，多数学者认为土地承包权的稳定有助于经济增长。姚洋（1998）认为，土地每多调整一次，土地单产下降 1.5%；何凌云、黄季焜（2001）通过广东的实证分析表明，土地使用权稳定对土地长期投入有益；俞海等（2003）利用 6 省 15 县市 180 个样本地块的数据分析表明，农地使用权稳定可促进农地长期肥力的改善；冀县卿（2010）认为，稳定的农地承包权有利于农民获取更多的剩余控制权。然而，在实施过程中，各地却不同程度地发生着土地大调整和小调整。陶然

等（2008）通过6省118个村庄的大样本数据调查发现，二轮承包后各地依然存在土地大、小调整发生次数显著下降，仍有超过60%的被访者认为要按人口变动进行土地调整，并不认同农地承包权长久不变的中央政策，丰雷等（2011）实证研究也支持这一结论。盛洪（2010）认为，这些都是农户们的理性反应，制度绩效应该超越经济当事人当下意愿而体现在长期之中，土地长期稳定预期与分配公平性具有不可调和的矛盾；张红宇等（2002）认为，平均分配土地并根据人口变化调整土地可能是中国农地集体所有、家庭承包经营体制的内在需要；赵阳（2007）通过计量分析发现，农村非农经济的发展对土地再分配制度有显著的影响，农民负担会加大土地大调整发生的频率，小调整能非常明显地受到人口变化的影响，而大调整并不明显。由此，在中央政策制定方面，应该进一步考虑不同地区资源禀赋和经济发展水平的差异性，使其具有一定的弹性和灵活性。鉴于此，在2012年12月10日晚返回长沙的列车上，正无所事事，随即与周边的乘客闲聊，不经意地将话题转到了正在思考的该土地问题上。恰好坐在对面的一个农民兄弟就是贵州省铜仁市的，不如就此了解中西部践行“增人不增地、减人不减地”政策的实施效率问题。

一 “增人不增地、减人不减地”政策在西部贵州考察：湄潭试验与铜仁考证

（一）湄潭试验在学界：分享的盛宴

在贵州省湄潭县农地制度改革25周年庆典的系列学术报道中，“增人不增地、减人不减地”政策成为焦点，从学者到官方几乎都在发出不约而同的声音。

周其仁教授可算是一位历史的见证者抑或是该政策的推动者，从20世纪80年代末，就一直在关注着湄潭县的农地改革问题。在当时的改革环境中，能够大胆推进并能坚持到现在，的确不容易。尤其是这一地方性的试点做法在20世纪90年代就能上升到中央决策中（中发〔1993〕11号文件对“增人不增地、减人不减地”及“稳土地控生育”的制度革新予以提倡），并最终载入《农村土地承包法》，学界的理论支撑当然是必不可少的。黄祖辉（2012）在专题报告中对湄

潭农地制度改革的实践和贡献进行了系统阐述，认为“湄潭从实践中总结经验，在实践中验证经验，提炼后的经验为国家、省的农村改革做出了宝贵的政策贡献”。刘守英（2012）则认为，湄潭制度实验突破了一个历史性的难题，即“中国历史周期性的土地问题，源于地权平均与分配不公所带来的土地兼并及贫富差距问题，并最终导致社会动乱问题。”湄潭的实验恰恰说明“增人不增地、减人不减地”政策实施后的无地人口被中国30多年快速的工业化和城镇化所吸收了，人地矛盾得以缓和，也就是周其仁（2012）所说的：“仅仅公道的分配导致了贫困，因为越来越多的人压在这个越来越少的土地上，永远没有前途，他就没有一个往外冲的力量，没有发展市场、发展工业、发展商业的那种冲力……我们看问题要看长远。”宋洪远（2012）、朱守银（2012）、段应碧（2012）等也对湄潭的实验予以肯定或赞赏。

（二）湄潭试验在铜仁：民间的看法

由湄潭试验而上升为中央决策的“增人不增地、减人不减地”政策经过近30年的实施，究竟取得的制度绩效如何呢？就此，在与对面的这位贵州省铜仁市的农民兄弟交谈中，了解的大致情况如下：男，“70后”，苗族，高中文化，现在深圳做物流，算是打工族中的成功人士，现已购房移居铜仁市，妻儿都在铜仁市区，唯独老爸宅在乡村老家颐养天年。20世纪80年代，他们家乡进行了分田到户后迄今为止唯一的一次农地调整，当时他家共有8人（父母爷爷奶奶及四兄妹），共分得约25亩耕地，林地不详，耕地离家大概有5千米远。其分配原则是按当时的人丁多少进行平均分配，首先是乡镇进行大致的分配，以村为单位进行均分；然后是各村进行统筹（他们村有400多户人家），以户为单位按人口进行均分（这里没有按村民小组进行分配），由此践行“增人不增地、减人不减地”政策。

应该说，这种“增人不增地、减人不减地”政策可能会引起那些生育多的人的不满。但是，在他的口中，这种声音似乎很微弱。一是他们那里人少地多，人均耕地有两三亩，大伙一般都不缺地；二是生育政策的激励，你家土地少了肯定是你生的儿子多了，那谁要你家生育那么多呢，少生儿子的土地就多些，这也是算一种奖励；三是种地收益不高，不如外出打工；四是地处丘陵地带，近些年耕地抛荒现象开始出现；五是在家种地的大多是 50 岁以上的老人或在家带小孩的留守妇女；六是现在大家都认为是这样了，已经习惯了，也就无所谓了。他举证说，村上有一户人家生了三个女，没有儿子，现在女儿都嫁出去了，她家的地照样还在娘家，夫家未给她分配地，她们觉得很正常，她的地还在娘家也就没有失去什么。

很惊讶的是，这样一种共有私用的近乎永佃制的土地分配原则，居然经过二三十年后就已经成为一种约定俗成的习俗，甚至大家都为之叫好的制度之时，有必要反思中国农地制度公私之争及其实施效率问题了。

二 “增人不增地、减人不减地”政策在中部 A 县：两镇分异实施情况考察

（一）粮镇：大调整频繁，小调整年年有

在中部省份，似乎就没有西部贵州省这么好的政策实施空间了。一般而言，每人可分配到一亩左右的耕地，属于典型的人多地少型。在没有更多田地来耕种的时候，人们“不患寡只患不均”的平均分配思想就比较突出。在中部 A 县粮镇，算是该县的粮仓了，自分田到户后已经进行了六七次耕地大调整，不少外出者都已经不清楚自家林地的具体位置了。而且各个村落都不一样，有的村组人口增加多些、快些，调整的频率也就高些。在田村，耕地每调整一次，大伙的意见似乎并没有减少，在抓阄时可谓是“几家欢乐几家愁”，没抓好阄的就只有等着下一次好运了！直到现在，小调整每年都没间断过，即谁家人去世了，第二年就得将地交给村民小组；谁家人口增加了，就得分地，但不同村组的调整频率是不一样的，主要视其增加人口总数而定。由于净增人口在持续，起初还是将机动地用来分配调整，后来也不够用了，现在的情况就是通过大调整减少人均耕地分配量。在 20 世纪 90 年代，每人还可以分到约 1.1 亩耕地，现在只能分到不足 0.9 亩耕地了，大多数还被分割成好几块（一般每户的耕地都被分成 3—5 块），细碎化程度很高。尽管如此，这样的人丁地还是能够非常抢手地流转出去，既可以得到当前政府的各种农业补贴，又可以得到承包

方的租金——一担稻谷或者100—200元不等的现金，这也足以体现耕地在“A县粮仓”的应有价值。值得庆幸的是，在这里几乎没有看到农地抛荒现象。

应该说，耕地在“A县粮仓”的分配过程是非常公平的，属于一种典型的小农状态下的地权均分思想，凸显了当地的贫穷、耕地的重要性、耕地收益在总收入中的比重较高等问题。但从结果来看，公平的分配制度并未减少短期内农民分配过程中的不满情绪，有时还在激活前次分配中的消极因素，所以分配次数越多，分配中的问题也就在累积；从长期来看，实际上是强化了农民对土地的依恋情结，无形中加剧人地矛盾。在20世纪90年代的“下海潮”中，这个地方出去的人比较少，外出打工的也要相对滞后些；在1992—2003年，还有大量的男性农民工在“双抢”时节回家务农，有的甚至在秋收时节也回来收割稻子，直到现在，依然还零星地有一些青壮年留在家中专门务农，算是颇具“A县粮仓”特色的耕地情结。

（二）莠镇：大调整中断，小调整偶有

同样，在A县北边另一个土地比较贫瘠的莠镇，情况大不一样。以祈村为例，该村土地贫瘠，属于丘陵地带的冷沼地，在集体经济时代开发了不少山坡，挖了不少水塘，但总体还是难以确保旱季的耕地收益。该村自分田到户后，农地就再也没有进行过大调整，但小调整还是在进行。没有进行大调整，主要原因在于：一是大调整的公平收益不足以弥补其运作成本，实际上重新调整前后的耕地收益相差并不大，而调整成本却要村民小组支付，这显然是不经济的；二是土地贫瘠，农作物产量不高，收益不大（现在每年只耕种一季，每亩地总收入不足1000元，需要指出的是，在这里大面积的耕地抛荒现象非常严重，由此也催生了部分农户的大面积“承包”耕种，这里的“承包”基本上是不需要租金的，只要与村组或农户沟通即可）；三是外出务工者多（莠镇矿产资源比较少，外出求富者迫切，一般去往A县城及周边县市、广东深圳以及江浙一带；2012年，该村只有2个男性中年人在家兼业务农，一个是泥水匠人，另一个是摩托车出租司机；女性中青年人在家者主要是照看小孩，几乎不下田种地），务农收入在家庭总收入中的比重不足1/5；四是该村落是在20世纪初才搬迁而至，迄今也只有110多年的历史，带有“候鸟”式的外向型特质，恋土情结不似“A县粮仓”严重；相反，其求富心理、求变思维、生存适应性能力等则显得更为突出。而小调整不止却也凸显了传统的公平思维并未完全被抛弃；另外，即便是在“零租金”水平下，新增人丁依然需要借助于小调整来获得一份耕地，似乎也在凸显着公平思维之外的一种耕地保障预期，抑或是一种身份的获取或权力的象征。当然，这些也与中部农业大省湖南的整个制度环境有关。

三 “增人不增地、减人不减地”政策与经济增长：制度实施效率比较

如果要将三者进行比较的话，西部湄潭县首创的“增人不增地、减人不减地”政策在铜仁市的实施显得更为干脆、彻底，私有性倾向非常突出，是与当时人口控制政策以及当地经济发展状况等相适应的，也与后续的农村土地制度、农村税费制度、农村基层组织建设等配套制度改革试点的大气候分不开的，因而总体上呈现出一幅帕累托改进的制度变迁画面。其实，在国家全面取消农业税、实行农业生产补贴等反哺农业的利好政策实施时，“增人不增地、减人不减地”政策实施初期被掩盖的代际公平问题则开始显形化，尤其是在城镇化扩张中被失地农民问题进一步放大，因而这种有效率的经济组织形式还得面临着与新时期的社会公平效益与分配伦理考问。或许，一种有效率的经济组织形式还得有一种与之相适应的乡村社会治理秩序协同推进。

中部湖南则对早已上升为国家层面的“增人不增地、减人不减地”政策不感冒，粮镇在过程公平的追逐中实际上是在强化农民对土地的依恋情结，其长期效果是与市场经济背道而驰的，无意中也践履了维护国家粮食安全的重大公共责任，却是以相对落后为代价，结果是私人收益率远离社会收益率；莠镇的做法大致是处于前二者之间，一方面在成本—收益的对比中缺乏大调整的动力，另一方面却也无法摆脱不进行小调整的公平价值拷问，最后在“穷则生变”的思路上探寻并分享着现代城镇化与工业化的精彩，同时也落下了大量的耕地抛荒、休耕等有悖于国家粮食安全的公共责任缺位的社会问题。

进一步研究发现，西部湄潭—铜仁在农地制度设计中，充分考虑了省情和地域特色，“增人不增地、减人不减地”政策对当地的人口生育、土地依赖关系等形成了一种良好的经济激励，使个人经济努力的私人收益率逐渐接近社会收益率，因而是一种较为有效率的经济组织；当然，这种经济效率实际上也是以牺牲代际公平为代价的。中部A县两镇在较为公平的制度设计下，逐渐形成了一种温饱型的小农经济发展路径依赖，在现代农业转型和土地流转中显得更加乏力，同时也面临着路径“锁定”的巨大风险。其中，粮镇继续沿着公平的分配路径，至今仍是缺乏内在的经济增长刺激，在逐渐应验“资源魔咒”中开始陷入路径“锁定”；不过，莠镇基于资源匮乏而不得不寻求出路，其内在的求生求富动机反而成为一种有效率的经济组织形式，助推路径依赖“解锁”。

四　进一步思考：工业化与城镇化的双轮驱动效应

假如，没有中国的工业化与城镇化，在上述四地三种经济增长模式中，粮镇可能会在“A县粮仓”定格下依然一枝独秀，但是经济增长将会长期处于停滞状态，人地矛盾必将进一步恶化，在没有技术创新的大前提下，人均收入下降也就具有了必然性；而莠镇祈村可能还在拓荒，继续寻找外向型的出路，风险与机遇同在；西部湄潭—铜仁的人地矛盾压力可能会相对小些，但经济增长至少不会像现在这样明显。所幸，工业化与城镇化确确实实已经在中国大地上发生了，四个地区都得到了长足的经济发展，尤其是人地矛盾都得到了较大的缓解，这无疑是具有积极意义的。

由是观之，问题的关键还是在于工业化与城镇化的双轮驱动下，中国的工商业大大发展了，由此形成的市场经济更加繁荣。在这种大的背景下，具有地方特色的经济制度激励成为必不可少的经济增长驱动。难怪道格拉斯·诺思在《西方世界的兴起：新经济史》中说：“一个有效率的经济组织在西欧的发展正是西方兴起的原因所在。”在我国，这种有效率的经济组织应归功于工业化与城镇化的双轮驱动及其造成的工商业大繁荣，但其背后的市场经济组织与有效率的经济组织尚有差距。在农村土地资源配置效率上，湄潭“增人不增地、减人不减地”等制度设计在中国现有条件下向有效率的市场经济组织靠近了一大步，但其制度效率释放依然局限在西部人少地多等前提条件，更何况在地权问题上还有很长的路要走；A县两地在分配政策上显然是与已经上升到国家法律层面的“增人不增地、减人不减地”政策背道而驰的，而在地权配置上，近30年来几乎是没有多少长进，频繁的大小调整抵消了国家30年乃至更长久的承包经营权的稳定预期，因而，其“稳定”地权制度所带来的经济增长几乎是在停滞，甚至是有些倒退，可是它依然真实地存在着，且仍在持续着。

这些恐怕不是在短期内所能解决的。道格拉斯·诺思在谈到卡尔·马克思和亚当·斯密时认为，前者并未认识到经济增长并不是必不可免的，后者则没有告诉我们怎样保证有效率的政府会创造和维持一种保证经济持续增长的所有权体制。显然，我们怎样保证有效率的政府创造是具有不确定性的。

从既定的制度来看，湄潭经验下的制度设计在目前仍是一种有助于效率改进的经济组织，但仍期待更加宏观层面的突破——乡土中国社会治理结构秩序的某种突破抑或是重构。而A县两地的实例也在昭示，农地资源配置制度设计不可整齐划一，应有地方特色，这才是地大物博的中国应有之义。其实，更本源意义上的突破也就在于各个地方的具体实践及其形成的民意推动力度。换言之，只有在不断的改革实践中与各种力量博弈中才能真正催生有效率的经济组织。当然，这种经济组织必须融入更加宏大的本土化的乡村治理结构秩序之中，但这依然充满着诸多期待与不确定性。

可以想象，中国化的有效率的经济组织不应该是全国一个面孔的，多样性、地域性、稳定性是一个可期待的方向。

城镇化之殇——咸嘉新村失地农民的愤怒

2013年4月11日晚

虽然就住在咸嘉新村西面的湖南商学院校内，但对隔壁的咸嘉新村却知之甚少。

六七年来，尽管不止一次地驻足于学校锅炉房旁边，俯视着山下咸嘉新村错落有致的现代建筑及规划给力的小区绿化带，似乎从未怀疑过这个全国文明社区、学习型社区的美好！

尽管在购房时也曾考察过这个小区的悦峰园，但对其土地来源并没有多想；尽管也在后来的失地农民安置问题上对此涉足过，但碍于分析的需要仅仅停留在其成功的经验上。在印象中，这依然是一个成功的样本。

正是基于这样一种认知状态，今天带着市公安局的一位调研者共同走进了咸嘉新村，除了惊讶还是惊讶！

在咸嘉湖街道办事处邹户籍的引导下，我们找到了咸嘉新村的原住村民，并进行了有关失地农民生存现状的问卷调查和访谈。从村民的回答中，我们听到了愤怒声！一个村民干脆将我们带入诺贝尔幼儿园门口，这里坐着几十个老人家，她们就是失地农民中的静坐者——从2013年10月就开始了。

这完全超出了我们的预期，并彻底颠覆了前期的认知。

公开数据显示，咸嘉村原有农民640户，1830人，土地3100亩。从1995年开始，政府实施征地开发，到2003年9月底，先后被征用土地2400多亩，留用土地670亩，其中的200亩作为生活用地以集中安置失地农民，剩余470亩用于失地农民生产用地，由村集体统建统管，并于2003年在咸嘉湖街道办事处的领导下，建立了咸嘉村失地农民集体资产股份制。在征地拆迁过程中，共拆迁农民住房541户，给农民直接补偿的住房拆迁费5600万元，集体统一留用的土地补偿和劳动力安置房7400万元，共计补偿款1.3亿元。在留用的7400万元中，一部分以“咸嘉村安置退养基金”的形式存入银行，另一部分用来投放小区综合开发，通过成立房地产开发公司、物业管理公司、建筑公司和开发商业门面和配套性经营的形式将所得利润以红利形式发放给农民，从而形成了咸嘉新村“留地集中安置，综合开发建设”的安置模式。

应该说，在10多年前就能如此安置实属不易，说明地方政府在积极地想办法，且在征地过程中做出了一定的让步，的确是难能可贵。也正因如此，咸嘉模式一时风靡全国，并有了全国文明小区、全国十佳学习型小区等光环，还得到了胡锦涛同志的高度评价："咸嘉安置模式好、居民安居乐业好、社区环境好、文化氛围浓"。

然而，时过境迁，当年被可圈可点的全国文明小区竟然成为大多数失地农民的伤心地：拿着350元/月的集体分红，过着三世同堂或四世同堂一套房的日子，享受不到城市的养老保险、医疗保险和最低生活保障，看着外来人口住进自己曾经耕作的家园，还开着豪车将子女送进诺贝尔幼儿园（4000元/月），"社区主要领导一个一个地换，一个一个地买了别墅走"，而自己只能掐着手指紧巴巴地过日子，焉能无动于衷?!

长期以来的心伤与积郁，化为一种莫名的嫉妒与愤怒!

"政府剥夺了我们的土地，贪官毁了我们的生活，人民给予的权力害人民。"——一群激进的失地农民找到了集体行动的逻辑：我们只能上访去!

失地农民的无奈与无助，相关部分焉能不知?! 可又能做些什么呢? 虽然部分失地农民对我们的调查抱有美好的期望，希望能反映给相关部门，但是更多的失地农民对我们的调查嗤之以鼻，"跟你说了也是白说"。客观地说，后者是对的，的确是白说。个别的反映报道也许可以改变个别社区的失地农民补偿标准或就业形势，但改变不了大局，还有更多的比咸嘉新村失地农民生存环境更为恶劣的境况在期待着相关部门有更大的作为。事实上，短期内很难有什么大的作为，因为中国的城镇化已经逐渐陷入了稳定发展悖论：一方面，快速的城镇化支撑了中国经济的高速增长和社会稳定；另一方面，快速的土地城镇化又在迅速浇灭失地农民的安居乐业梦，催生着新的社会不稳定因素。在现有征地模式推进下，权贵资本的结合已潜在地主导着基层的决策行为，并在多方博弈下达成一种暂时的均衡：中央并不希望经济停滞和社会不稳定，地方不能失去土地财源及寻租，开发商仍将用资本捆绑着地方政府，由此决定了失地农民的最优解，即要么忍受着现状以待观之，要么以过激的方式引起中央关注而得以改善，后者的代价必然是惨重的（一位 77 岁的老奶奶，在去年到市政府的上访冲突中受伤，险些丢了老命，耗去医药费 17000 多元）。

在调查中发现，咸嘉新村的征地开始于 1995 年，直到 2003 年才逐渐有了“留地集中安置，综合开发建设”模式的出现，其过程并不顺利。村民反映，刚开始时，暴力拆迁现象比较凸显，还打死了 2 个人。而咸嘉模式的推进又离不开地方政府对“全国文明社区”的精心打造与特殊关照。尽管如此，村民们并不买账，外在环境的优越不能给老百姓当饭吃，时间久了，问题就更为凸显了。我们需要思考的问题是：政府的样板工程尚且如此，其他的征地行为后果会好到哪呢？

一个负责任的政府，必须对人民负责。如果一味地强调城镇化进程，而不注重城镇化质量或者说承受力，其行为将导致更多更大的基层阻力，最后可能是得不偿失。中央政府的征地政策也是该转变的时候了，如果还是一味地放任地方政府的逐利征地行为，势必积郁更大的民怨，最后难以收场。

调查中也显示，村民对政府公共用地征收没什么意见，尽管补偿款不高。他们的意见主要集中于政府进行商业性开发的征地行为。这就需要中央修改《土地管理法》中的征地范围，还政府公共性用地征收的本源之义。

对地方政府而言，需要尽自己的社会责任，在征地过程中需要还农民土地社会保障功能之本意。一旦农民失地，政府应该及时补位，有效地承担社会保障职责，并为农民的长久生计着想。咸嘉新村部分原村民的愤怒恰恰就在于拿着 350 元/月的分红，还不如申请拿城市居民的最低生活保障！正是地方政府的缺位引发了这种民怨。同时，地方政府还应有一个仲裁人、公益人的角色定位，帮助失地农民建立起有效的股份制。试想想，若咸嘉新村 470 亩自留地能真正地由村民自己完全控制和受益，恐怕也就失去静坐的必要性了（470 亩土地估价应该不会少于 10 亿元，这足以养活 1800 多个失地农民了，调查中村民对这部分资金的使用显得有些不明不白；另外，对集体统一留用的7400万元土地补偿费和劳动力安置费去处也不清楚，因而，也就一起笼统地说是被贪官吃掉了)。

城郊的阵痛——发展中的难题

2013年4月17日晚

如果说咸嘉新村已经城镇化了，那我们昨天所调查的东方红镇则应是很地道的城郊了。

大清早，一伙出发了，好在体积都还小，挤挤一车也就坐了过去。开车的王大队长和我们轻松地聊着，他说当代中国若能解决这六七个问题，社会也就稳定了：住房、医疗、教育、就业、养老保障、食品安全、生态环境。

个个都是难题……

天气晴好，很快就到了目的地。这是一个典型的商住一体化安置小区，清一色的建筑风格，整齐划一的联排板式小楼，统一的建筑高度和楼层布局（“1+4”式：一楼为门面，上面四层为住房）；旁边还有不少的空置用地，稀稀落落的，或草木丛生，或开垦种菜，或裸露暴晒；不远处，现代化的楼宇正在崛起，不时传来隆隆的轰鸣声，后面夹杂着滚滚黄尘。

走进长庆社区，发放问卷，找人交谈。看着“制服”在此，有一个老大妈拒绝了我们的请求，后来，我们分头行动，远离“制服”，独自调查，效果还不错。

一　基本概况：走近上访户

一个老上访户干脆把我们请到她家里，展示着她那一叠叠的上访材料，叙述着她那不平凡的上访经历，记忆犹在，愤慨不已。

这里曾经是一个国营农场，其土地自然是国有土地。她们一家曾享受过国营农场特有的风光，老伴是国营东方红农场的职工（耐火材料厂的集体户口，后来落户未果），她也是一名养殖员，在计划经济年代享受了周边农民不曾有过的独特待遇：粮票、油票……

改革开放后（1983 年），她们走出了这个农场，就在长庆村落户，分了 4 亩耕地，1 亩水田，3.5 亩茶园，享受着中国农村家庭联产承包责任制后的小农生活。然而，随着城镇化的推进，20 年后的东方红镇早已成了开发的热土，随之有了政府征地。她家的田地是 2005 年被征收的，即按照长沙市征地拆迁 60 号令进行征地补偿（这是她们所说的“最吃亏”的补偿标准），给她家补偿了 262614.81 元的拆迁补偿款（其中，房屋补偿款 94784.05 元，青苗补偿款 35490.48 元，设施补偿款 116931.08 元，搬家费 3852.3 元，过渡费 11556.9 元）、24405.73 元的按时拆迁奖励款（在协议签订后 5 个工作日腾地拆迁，验收合格后合法面积按 50 元/平方米进行奖励，违法违章建筑按 60 号令中合法建筑面积的 30% 给予按期拆迁奖励 8354.48 元）以及五层楼的安置房（按一家 9 口人分，宅基地协议面积为 90 平方米，实际上可能只有 75 平方米；一楼为门面，上面四层楼为住房，住房面积共计约 300 平方米，按 380 元/平方米的价格购买，大概花了 114000 元；门面怎么算，不详，现在还有争议：因为随着上海商住楼 2004 年的叫停，其他地方的商住楼也逐渐进入政策叫停范围，她们的房子是在 2005 年后由村集体经济组织统一建设的，一楼作为门面很难办理手续，只能采取变通的形式，即按车库登记办理，但她们在事实上已将其作为门面在使用，实际上就是一种改变土地利用属性的隐形市场行为）。

在调查中发现，她是一个不折不扣的上访户，曾经闯过国旗护卫队，被刑拘了 35 天（2011.9.6—2011.10.10），没读过书，现已 63 岁，儿女都已成家了，生活还算殷实。但心中的怨言似乎超出了我们的想象：①拆迁改变了她的命运，以前的房子很好，在当地还算好的，现在补偿后的房子和大伙的一样，没有体现其原有房子的价值；②曾经和她一样的另外 3 个养殖员，选择了继续待在农场干活，到现在退休金、养老金等都有，而她却没有，而且老伴落户未果，心里不平衡感自然而生；③2005 年的麓谷第五期拆迁补偿是最糟糕的，以前的安置补偿要好些，2006 年后的第六期也要好些，后来的和馨园最好了（按长沙市 103 号令进行补偿）；④长庆集体经济管理委员会承诺的5.8万元集体资产收益没有分配到位，只发了人均2.8万元的安置补偿费，其余的都没到位（估计是抵缴了安置房款项，2011年10月10日），现在只给她们发1280元/户·年的集体资产收益；⑤拆迁前，领导干部曾承诺安置房的一楼为门面，可现在只能作为车库来办手续，且未办下来，存在着政府欺骗行为；⑥领导们一个个升迁，现在连人都找不到，怎么会有时间来听我们倾诉？

让她执着于进京上访的原初理由是：她丈夫与丈夫的妹妹都是非农业户口，在拆迁补偿时与她的户口捆绑在一起核算，结果就减少了两个户头，也就少了两间杂屋的补偿面积；同时，非农户的安置房购房价格高得多，她们无力再购买园艺小区的非农户口安置房。当这些理由在长沙市政府上访遇堵时，她们又多了一条理由：在市政府门前被保安拦截后，由警车护送到麓谷派出所，其间可能存在强迫式的录口供方式，她在就范后被拘留了5天（2011.2.15—2011.2.19），心中怨言更大。“在长沙上访有什么用，要上访就到北京去。”

随着调查的深入，我们注意到，在她的那些上访材料中就有一封长达七页的东方红镇综治信访办的答复意见，从五个方面进行了详尽的回复：①关于你户在麓谷五期拆迁中的房屋合法面积问题：房屋总建筑面积为350.025平方米，其中占地126.0125平方米的两层楼房一栋；房屋合法性认定根据岳政发〔2000〕19号文件按现有农业人口（含非农人口，标准为人均底层面积可达20平方米，杂屋每户15平方米，限建两层）；最终核定合法面积321.025平方米（底层按人认足，核定20平方米×9个人口+15平方米杂屋=195平方米；二层按实际面积，楼房二层实际面积为126.0125平方米；一、二层相加），违规搭建面积29平方米（建筑面积350.025平方米-合法面积321.025平方米）；因而，不存在补偿政策和补偿标准的错误，不存在合法面积不足的问题。②关于麓谷五期房屋设施补偿标准问题：结合长土政发〔2002〕27号文件给予补偿或以奖代补，即对于在规定期限内的腾地拆迁户，除按政策补偿外，另给予合法面积50元/平方米的拆迁奖励，对房屋残值按合法面积35元/平方米进行统一收购，因而，不存在补偿政策和补偿标准的错误问题。③关于青苗补偿标准问题：根据《长沙市征地补偿安置条例及其实施办法》（60号令）第二十三条青苗及其补偿费标准进行支付（1900元/亩）。④关于宅基地补偿问题：《中华人民共和国土地管理法》第八条规定，宅基地、自留地、自留山，属于集体所有；第四十七条规定，征收耕地的补偿费用包括土地补偿费、安置补偿费以及地上附着物和青苗补偿费。⑤关于麓谷五期土地补偿费和安置补偿费问题：第一，土地补偿费按湖南省办公厅湘政发〔2005〕53号文件精神“将不少于75%的土地补偿费支付给被征地农民”进行，由于安置房一直以来由村集体经济组织统一建设，所需资金主要来源于土地补偿费，若将不少于75%的土地补偿费支付给被征地农民，则安置房建设难以进行，2008年下发的湘政发〔2008〕15号文件对此进行了修正，即增加了一个前提条件：“农村集体经济组织不能调整承包地给被征地农民，也没有对被征地农民进行安置的，必须将不少于75%的土地补偿费支付给被征地农民”。第二，安置补偿费依据《长沙市征地补偿安置条例》《长沙市征地补偿安置条例实施办法》（60号令）及《村民委员会组织法》进行，对东方红镇长庆、长丰、延农集体经济组织的安置补偿费管理使用方案的具体操作则是根据集体经济组织的土地总量、地类、人均耕地和当时农业人口来测算，人均约为2.8万元，其中，长庆为2.765万元，长丰为2.541万元，延农为2.789万元，另外，延农还进行了二次发放，补发了1万元。

两相对比，似乎看不出问题的症结。老大妈心有所怨，但在现行的法律和政策下，其上访理由并不“充分”，显然是难以奏效的，如果一味地横比或纵比，可能还会使这种怨恨继续蔓延。在调查中，我顺便调侃了她一句：“瞧瞧您，从地到天五层楼，出租门面有收益，出租房子有收益，每个月可以拿一两千块钱，我们辛辛苦苦工作每个月也只能拿这点工资呢，恐怕一辈子薪水还抵不到您这些房产哈！”她听了似乎有些欣慰，但更是显得无语。对地方政府而言，在操作层面似乎也没什么过错，可上访老大妈的怨恨又从何而来呢？

二　行动的逻辑：走近基层组织

迷局依然无法解开，我们一起到了长庆社区居委会。

在交谈中，有肖姓领导等大汗淋漓地赶了过来。正应验了上访老大妈的一句话："你出去之后，很快就会有人来找你的，我在这个地方很出名的！"

在交谈中，了解的自然是另一面，即基层政权是如何思考这些问题的。

"一个基本的判断是未来的10年里，征地拆迁安置工作仍将是麓谷街道的核心任务。"

"从管委会到街道、社区，我们都在想尽所有的办法来化解失地农民安置中的问题，这些安置举措在整个长沙市应该是算力度大的。目前，我们高新区就在推行被征地农民就业创业'三年行动计划'，积极扶持失地农民就业，由街道组织进行各种短期培训，化解当前的矛盾；对现在的征地拆迁，我们要求实现'未拆迁，先就业'的目标。"

"面对现在的门面与车库之争问题，我们也没办法，只能以务实的态度化解，走出去请企业入驻，才能将他们的门面租出去，带领失地农民致富。借鉴高桥大市场的成功经验，目前，我们正在组织实施门面统一对外招租计划，已有80%的安置户签约了，统一招租15年，预计一个60平方米的门面可获租金56万元。特别地，我们从2009年1月到2012年10月实施了统一补贴三年的政策，对麓谷五、六期安置小区的所有门面分空置、自营、自租三种补贴标准，发放了租金补贴1338万元，惠及1292户拆迁家庭。"

"尽管如此，矛盾依然存在，上访户仍难以避免。可能我们在政策的宣传和实施上存在着一些问题，不管我们怎样做，他们总有一些人不理解。"

"很麻烦的是，这些老大妈们打麻将、'扯淡'都是很厉害的，你要请她做点环卫工之类的活（1000元/月），根本就看不上，文化素质又不高，更好的事她们根本就干不了，上访也就几乎成为她们的一项工作了，没办法杜绝。"

或许，这就是一种典型的中老年失地农民日益增长的物质需要和不断上升的精神需求与有限的收入水平和缓慢的社区融入素质之间的矛盾；或许，也还是由日益上涨的物价与人们有限的购买力之间的矛盾引致。这些问题可能是无解的，或许，随着这些中老年失地农民的日渐老去以及新生代失地农民的积极转型和自食其力，问题才会有根本性的缓解。目前，基层政府的目标函数应是尽量地不去刺激他们，使问题慢慢化解，不要形成大的集体性事件就 OK 了。

从现实来看，我们的政府在征地过程中使她们成了无地、无业和无社保的“三无人员”，自然要承担起公共政府的责任来，前两个“无”似乎是无解的，只能等待她们的老去，但是最后一个“无”正是有责任政府的基本职责所在，理应责无旁贷。或许，这就是问题的根源所在。试想想，本来是一个可以自给自足的小农家庭，现在一下子什么都被打破了，年龄又大了，钱又赚不来了，安置房还得花钱买，又是搬家，又是装修，还得配备家具，再加上吃喝拉撒和物价快速上涨，就三五年内哪来这么多的“米”呢？这种怒火自然地要烧到地方政府头上，因为是征地拆迁改变了她们的命运。在既有的文化素养和就业能力下，也只能寄希望于政府包养了。

这些现象也在昭示：是我们的政府首先“侵占”了农民的土地，才有农民的过激之举！尽管基层工作者在想方设法地安抚民心，也用实际行动做出了诸多努力，但依然难以抚平那颗在小农意识反复掂量下的愤懑之心：一亩地的拆迁安置成本不到 60 万元，而商用地的出让价则高达 500 万—600 万元，要是政府不强行征地，自己卖该有多好！

三　化解之道：发展中的难题

带着这些实践中的问题，走进中餐饭桌。饭后，我们决定留下来，继续“用脚思考”：从延农社区到长丰社区再到麓谷东塘社区，一直延续到晚上。

几个社区情况，大概相似。挨近湖南涉外经济学院和湖南第一师范的麓谷东塘社区，开发相对早些，发展也成熟些，无论是门面还是房屋，都能租得起价，甚至还出现了不少私搭乱建行为，从而显现出一派商业繁华景象和土地隐形市场乱象丛生局面。在这里，失地农民的愤懑之心得到了一定程度的平息，因为她们的商住楼房能给她们带来较为丰厚的经济回报，足以让她们在这个日益繁荣的现代化都市里衣食无忧地乐活着。

这似乎在应验着东方红镇养老院陈院长（原长庆村委会书记，我们在考察长丰社区后路过该院，顺便进去考察的一个意外收获，这也使我们对村委会这个角色有了更为直观的了解）关于失地农民安置问题的基本看法：发展才能有效解决征地拆迁中的失地农民安置问题。

“大多数农民是短视的，难以理解集体资产的重要性，他们认为有钱分就好，分光了最好！”

“很多事情，老百姓不能理解，需要时间磨合；许多问题，需要放一放，搁置争议，一心一意谋发展，用发展来盘活全局。”

“作为村支书，在干群关系上也要有所回避，不能什么事都与老百姓去争论，适当搁置，时间久了，也就自然地解决了。”

“我们的政府，需要有效地疏而不是堵，在化解上更需要的是耐心；同时，政府自身的监督也很重要，在安置补偿中，需要建立阳光政府、透明政府，问题才能慢慢化解。”

的确，失地农民问题的解决，非一日之功。在这种大拆大建的时代，失地农民有诸多的不适应，需要时间去化解，甚至需要在下一代人身上才能有效解决。城郊“4050”安置户身上所折射出的那种“小钱不愿赚、大钱赚不了”和对政府就业方式的过度依赖以及长沙老大妈们所特有的神策功夫等亚文化，都需要时间来化解；新建的商住安置小区需要时间来发展，只有通过招商引资，有了企业入驻，才能提升安置户的房租收益，带来更多实惠以缓解矛盾；政府的失地农民安置政策也需要时间来实践和调整，原 60 号令的弊病在麓谷五、六期安置中大大地凸显，诱发了诸多的上访者，而 2008 年的 103 号令，现在看来又有些过时了，当他们看到梅溪湖上百万的安置费时，心里的不平衡感自然地又会被激发出来。

通过这次实践，先前的一些观点似乎也在被颠覆，比如，通过开征房产税、土地税等来化解当前中国的土地困局，再如推动集体建设用地上市交易，等等，这些观点似乎显得过于简单，在实际操作中恐怕会引起更多的麻烦，比如集体土地上市交易，小产权房合法化，那由政策的前后不一致所导致的社会问题必将大大凸显，可能会引发新的社会矛盾和不稳定因素。任何过激的解决方案都可能使事情更加复杂甚至是恶化而无益于问题解决。发展才是硬道理，我们要用发展的眼光来看待现存的征地拆迁问题，以发展的行动来推动问题的解决，通过时间来磨合，而政府则应适当地疏导，维系着平稳过渡。

当然，这里有一个前提：那就是中国经济要继续平稳发展，房地产业能持续兴盛，城镇化与工业化可健康维系。否则，发展便失去了根基，而更可能使其沦为权贵资本掠夺农民土地的漂亮借口。

附录四 调查纪实（中）

中国现行征地制度改革论调是否合理？

2013 年 7 月 8 日下午

今天上午一行去了高新区管委会，几经周折，偶遇 A 研究员并进行了一个多小时的交谈。

作为一个资深的土地管理部门研究员，言谈中毫不掩饰对中国土地制度变迁及现状的看法，尽管对我们的来历及调查原因有些让人心里不踏实。

由于直谈土地隐形市场容易让人心里犯嘀咕，我们开场白即以《长沙市城乡建设用地流转现状调查》为题展开讨论，他认为这个题目太大了，应缩小范围。

对城市建设用地流转，现在总体是比较规范的，所有的土地都应通过征地、招拍挂、报批等程序；划拨用地范围在缩小，主要用地方式是有偿出让；对于以前的一些划拨用地，现在也还存在一些协议转让行为；如果是行政划拨的土地，现在要使用于公益之外的，如建员工房等，首先要报批，你们学校的与教育厅有关，但在具体使用时应有地方国土局、建设局的审批手续，否则属于违法行为。

在谈到征地拆迁问题时，他认为现行的征地制度改革是一项系统工程，并非现在那些坐在书桌旁的专家所说的如何缩小征地范围，提高征地补偿款项。现行制度变迁有其合理性及惯性，一旦放开权限，让集体土地入市流转，将引发一些灾难性的结果。现行的土地制度应以农民利益为根本出发点，要处理好征地补偿问题、社会保障问题、农民生计问题等，然后还要考虑基础设施的经费投入问题，在这些基本的改革配套没做起来之前，任何理想化的改革都必将失败。

在探讨集体土地制度改革时，他对集体经济组织的自治方式大加赞赏，对模糊的产权结构的说法并不完全赞成，他认为国家才具有最终所有权，且所有的土地产权结构都应如此。在征地拆迁中，土地补偿款项是首先交给集体经济组织；在“两安用地”时，是由集体经济组织来建设实施；这里最为关键的改革是要对集体经济组织的成员权进行有效的界定。现在对这些土地的征收、利用，或者村民小组自己建厂房等，都由集体经济组织来决定，即通过村民代表大会，有2/3的村民通过即可。对于“两安用地”，长沙市103号令已允许其进行出租，但是否可以进行交易，政策还没有突破，因为这些房子牵涉土地产权问题，没有土地使用权的交易容易引起一些后续问题，还有就是农民如果交易了，其后续发展难以预料，如果保持现状，至少有地租可以保证其基本的生活水平不下降。

在农村集体建设用地流转过程中，存在不少非法使用的问题。前不久，长沙县安沙镇农民的违规建住房问题，现在要求拆除，在现行法律框架下，村民是没办法的。可是，这种状况在城郊大量存在，政府是拆不尽、制不止的，该村民撞在枪口上，没办法，我们可将这种政府执法行为归属于合法不合理的情况。另外，在前两天火车南站旁，一把大火将集体建设用地非法流转的状况烧出来了，那些物流公司都是农民或村集体私下建设的，没有合法报批，这也透露了现行土地管理中的一些问题。这些问题由于所涉及的利益很大，因此也存在着法不责众的问题。但在北京郊区，比较严重的小产权房问题，现在的拆除力度很大，很多都已被整治了（这个说法让人质疑）。

在农村宅基地建设中，存在较多的一户多宅、违章搭建等行为，这给国土治理带来了较大难度。这些建设用地的流转使用应该由村委会决定，再上报到乡镇国土所批准，但这里存在一些“中国式”的乡规民约，实际上是大于法的。当然问题主要凸显在城郊、经济发达的一些地方。

走进中国土地市场谜局

2013 年 7 月 9 日晚

大清早，一伙跑到 B 科技园管委会，开始了 150 分钟的座谈会。

作为一区四园的科技园，在引进农业科技企业入驻上颇为成功，但也不失一般性，代理着地方政府经营土地，通过统一征收统一购置土地，分块出让（约 1394 亩），从而形成了如今工业园区的基本框架。

作为企业家的政府，在中国土地制度变迁中始终成为一个垄断经营者，现在的状况无以复加：从土地规划、立项、测绘、报建、审批，到征地安置、社会维稳，再到土地税费征收等，都留下了政府的轨迹，简直就是一个名副其实的企业家，这也是当代中国土地征收制度“剪不断、理还乱”困局的缩影。

我国土地税费繁多，机构重重设置利益关卡，变化频繁，实难预料。一位资深的国土工作人员甚至发出如此感慨：以我 10 多年的国土工作经验，我都不能明确地告诉你，今天你的土地审批手续费用具体是多少？我只能说，你参考这个数据，具体以经手者解释为准，这种分头管理方式就叫作“一事一议”！

仔细算算其成本，大致有：一是各级政府的体制性收费，即附加于土地之上的费用。二是土地征收手续之后的土地整理、找平等，使生地变为熟地，以及基础设施建设等，即通常说的“n 通一平”的费用。三是招拍挂的费用，增值收益的各级政府利益分割，如工业用地的 69% 返还给工业园区，剩下的 31% 留给政府。四是农民的抗争成本，各种征地中的自焚、跳楼等行为。五是风险成本，如各种规划及变动、“寻租”等。六是征地补偿费用。

就征地补偿费用来说，以前是留地安置，这种成本在大大增加，生活安置费由以前的 15 万元，到 40 万元，再到 60 万元逐步上升；而生产安置则由 5% 的留地提升到 10% 的比例。这些都是利益长期博弈的结果，增加了征地成本，同时也在实践中寻找到了更低的谈判成本，即由以前的以村为单位转换为现在的以组为单位进行谈判和两安用地处理。后来是货币安置，即给钱给社保。到现在是留地安置与货币安置兼得。从这个过程来看，征地补偿是在不断地完善，收益在不断地上升。到目前，这些失地农民不再是这个社会真正的弱势群体；相反，有些还正在成为这个社会中的食利阶层。但是，现在的一些新闻媒体对一些负面报道推波助澜，引发了一种不够积极的社会心态和有失偏颇的视觉聚焦。

面对中国土地征收制度改革和集体建设用地入市的思潮，学界也形成了保守派和改革派两种不同的观点交锋。目前，国家对入市的担心较大：一是农民把地都卖了怎么办？二是政府想征地，农民不愿被征地了，又怎么办？三是一夜暴富也与宪法相违背，即与现行的收入分配政策相违背，同时，还存在土地征收是违法的，不征收也是违法的困局。改革派也在思考如何打破现行的土地征收垄断问题，如果非公益性用地不能被征收，那政府的土地财政怎么办？与此相关的企业家政府如何重新定位？

当前，国家正在做一些外围的事情，如土地确权，估计还要三五年才能慢慢落实，这里也涉及很多具体的困难和问题。要真正推进集体土地入市，恐怕还要更长的时间，那些相关的配套措施得慢慢来，但这也意味着政府还可以继续滥用征地权进行土地经营。但从中央政策的导向来看，土地市场化是一个明确的方向。从历史的发展轨迹来看，土地的市场化也是必然的趋势和根本出路。不过，从 2008 年世界金融危机的影响来看，中国农村土地依然是农民的精神家园，具有很强的社会保障功能。因此，短期内的土地市场化并不现实，农地征收依然要继续下去。在学界，贺雪峰教授曾提出“给农民更大的土地权利是害了农民”“产生新的土地食利者阶层”等论断或担忧。实际上，那些征地拆迁户的历史影响力很大，他们的违法、抗法成本相对较低，而收益却是巨大的。甚至有些几十年前的拆迁户，在当时的情景下受到了很好的安置，但到了子孙辈中却衰落了，这些子孙们还在闹事、上访，要求补偿，即形成了“拆迁二代”的社会问题。这些成本应该说是非常大的，横向、纵向的各种比较中有很多的失衡，从而导致了巨大的社会维稳压力。难怪有社会基层干部说：这种社会维稳的成本远远高过安置补偿的成本！堵不住，伤不起！

但是，如果积极推进集体土地入市了，土地买卖是农民自己的事情，那这种祖孙辈共享土地征收收益的状况就不会发生了。所有的都是市场行为，你自己负责，自己判断，自己决定，显然是更有效率些。从另一个角度也在化解土地食利者阶层问题，因为市场化之后，土地价格自然会回落，按市场规律来运行，形成新的市场平衡，其中就包括土地增值收益的推进成本，因此不会出现那么多征地拆迁式的千万富翁，最多比现在的百万富翁多一点点而已。而且如果太高，还将会有新的征税政策等来加以调整。实际上，如果上述推断能够成立，那土地食利者阶层就难以按其预期出现，也就意味着上述土地食利者论断只是静态的推断。

当然，中国未来的土地政策将如何走向，还有待深入思考。但需要说的是，现在这种垄断式的企业家政府试图通过打压政策来践行其土地利益的行为是难以为继的！或许，我们该思考第三条道路了。

基层国土工作人员的忧思

2013 年 7 月 10 日晚

非常紧凑的一天调研之行开始了，从茶亭镇到铜官窑，从誓港村到铜靖渡口，从靖港古镇到丁字镇政府，再到达二一公司，整整十二个多小时，画中行，累并快乐着！

上午的座谈会开了近三个小时，基层工作人员较多，思考维度较宽，也比较实在；调研员们的问题也较多，互动性较好，应是一次不错的提升机会。

对中国现行土地制度的基层实施，问题重重，积弊已深，可大伙又都乐此不疲，不愿意从根本上推进建设用地制度改革，因此说，中国的城乡土地市场一体化基本上还没有多少可能性。至少，从现在的迹象来看，没有一套时间表，没有一个很好的程序来推进，也没有可行的方案来保证，更没有涉及问题的核心。虽然党的十七届三中全会已经明确了土地的用益物权，但与财产权还有较大距离；“同地、同价、同权”在现实中也不太现实，在中部省份湖南根本就没有动静。成都的“地票”实验最终被叫停了，这种集体土地的入股、出租，与现实的制度政策有距离，要强力推行的话就会乱套。因此，总体来看，现在推进集体建设用地入市还为时过早，但可以进行局部实验、分步实施，即让一部分地区先走，一部分地区再看着。

不过，各个地方还是存在不少以间接形式的土地入市方式，如将地产融入房产之中进行交易，企业中的先租后征、征而不用、调规后用地等情况。对基层国土部门来说，也存在较大的供地压力。一方面，国家的耕地保护指标严格，储备土地有限；另一方面，土地用地指标需求大大增加，这种供需矛盾非常突出，如 2012 年的土地指标只有 2000 亩，需求却是 20000 多亩。这种压力必然会导致土地的违法行为，在实际操作中当然会产生更多问题（尽管可以在省内进行建设用地指标交易）。

现实中，土地管理中的矛盾冲突较为严重。一是地方政府为了发展经济，引导小城镇建设，因此统一建房安置，而这就很可能又突破了《土地法》中的“一户一基”限定，这在靖港古镇中得到了较好的印证（在调查中发现，政府为了将其打造成湖南的“乌镇”，特地将一些发展较好的本地商家召回，这就形成了商家的多处房产行为）。二是现行规划与政策的冲突较为严重，很多规划滞后于经济社会发展的需要，政策又可能是为了经济发展不得已而为之，从而导致矛盾。三是现行的乡镇集体土地较多，在交易中往往是房产隐藏着地产，这些地类符合合同法，但与国土法冲突。四是针对土地违法行为的处理比较尴尬：“不好管，管了又怕出事”。比如闲置用地是很难能收回去的，私人别墅群是很难拆除的，因为有的是对本地有贡献的、有名望的或是有势力的，他们若是违法用地，地方政府如何处置呢？基层的理性选择只能是不审议、不批准，当然也就不理会，以一种默认的方式让其暂时存在着，而这又可能引发一些土地违法的从众行为。五是乡规民约与法律的冲突明显，如男女土地使用权的不平等问题，在法律上，男女平等，但在国土层面却是不平等的。一般来说，如果一家有儿女各一，则只能是儿子分指标；如果是双雄，则都可以分指标，但若是双娇，则只能择其一分指标。这就是望城的乡规民约。尽管这些问题后来上升到了司法层面，农民赢得了官司，但回家却还是分不到指标，村里就不给你地或安置费，你能怎么办呢？这可称为法律执行中的不平等问题。六是补偿安置中的不公平错觉冲突。在征地安置中，政府的相关补助是一致的，但是不同地域的开发商对土地的使用进度是不一样的，有的急着用地，为了加快工程进程，宁愿自己多花点钱来补偿失地农民，因为一旦停工，可能面临更大的项目推延损失和市场风险。这就会在失地农民中产生一种不平衡错觉感，当然也是失地农民最终补偿款上的横向不公平。七是小产权房问题的尴尬。对狭义的小产权房而言，它是社会发展的必然产物，是客观存在的，但它是非法的；广义上的小产权房虽然是不合法的，但在国土执法的实际操作中又存在很大的问题，无法消除它。因此，面对这些小产权房，是保留还是处理，问题重重。

调查中还反映，现行的集体经济组织是个好结构，村民自治具有强大的生命力。在这种有效的组织结构下，产权的模糊性正是现行政府所期望的。因为这既利于政府强化自由裁量权，也利于政府的直接侵权，还可为政府的不规范化管理有效卸责。

武广长南：熊熊燃烧的土地隐形市场

2013 年 7 月 11 日晚

7 月 2 日，一场熊熊大火在武广长南的上空燃起，将东山村约 9000 平方米的连体物流仓库烧了个精光，顷刻间，上亿元资产灰飞烟灭。

这把火，将不少社会人士烧出了空调房，但也同时烧痛了基层管理者敏感的神经。

今天，我们就在这个方圆不到一公里的地盘上转悠了一整天。边走边问，从北到南，由南到东，转东至西而北形成了一个闭路循环，狠狠地享受了一把骄阳烈火。

这里是一片典型的棚户区，一边是高高耸立的城市楼宇，另一边是星星点点的低矮平房，既有现代化的高铁动车来回穿梭，也有原生态的蔬菜瓜果迎风荡悠，还有棚户区的燥热缓缓袭来。城郊异样的人文生态在这里更是一览无余：赤着胳膊，戴着铁帽，叼着烟卷，披着毛巾，出入棚区，擦肩侧过，黝黑憨笑。

土地隐形市场就在这里熊熊燃起。

有幸走进邓老爹的棚子，付费品尝了他的生态黄瓜，味道还不错。

邓老爹，1950 年生，长托村 5 组村民，老伴 1951 年生，膝下 2 女 1 子，均为大学生，在外地工作；2007 年武广高铁站土地征收前，有农用地 5 亩，宅基地 250 平方米，在家以务农为生，生活殷实；在村中略有声望，曾当了六年半的村民小组组长（1996—2003 年）。

在 2007 年的土地征收中，共得青苗补助费、房屋补助费、土地征收补偿费等约 60 万元；在“两安 + 社保”的安置模式中，共得到 8 套 70 平方米的安置房（邓老爹与老伴、儿子可安置 3 套 70 平方米的房子，他要了 140 平方米的和 70 平方米的房子各 1 套；大女儿出嫁后有了小孩，共得 3 套 70 平方米的安置房；小女儿刚结婚，只得到了 2 套 70 平方米的安置房），这些安置房是以 900 元/平方米来计价购买的，共计 50.4 万元；两相折抵，还能盈余近 10 万元用来装修。在社保安置中，他和老伴都得到了 30 元/月的医保；养老保险则与老伴不一样，在 2007 年时，邓老爹的养老保险金是 528 元/月，然后是 958 元/月，今年六月开始为 1098 元/月；老伴则分别为 478 元/月、908 元/月、1048 元/月。

邓老爹对这个安置政策总体是比较满意的，认为这个政策做到了比较公平合理的补偿（一般是有钱的不愿被征收，没钱的迫切希望被征收），体现了土地征收上的男女平等原则，在养老保障、医疗保障等方面给予了较好的补偿，但是也存在两个主要问题：一是补偿政策不能“一刀切”，即以2007年征收时的人口状况来计算，这就没有给当时大学毕业了的24岁的儿子以更多的预留地，如娶媳妇、生孙子等。有的人就在那个时间段匆匆忙忙地结婚生小孩，现在很多都离了婚（可能当时是假结婚），因此邓老爹认为这个政策的公平性是有失偏颇的。二是长沙市土地征收中的60号令、103号令以及现在的征收补偿政策是不一样的，前后补偿的不一致性会在老百姓心中萌生不公平感和攀比感，负面影响较大。邓老爹还透露，有的土地被征收了两三次，补偿时也就享受了两三次。最后，邓老爹还补充了一句：土地征收是最复杂的，政府再怎么搞，群众都是会有意见的。

邓老爹现在经营的这个大棚蔬菜基地，是以前组上的公共池塘，在土地征收后，觉得没事干，又是挖又是填，才形成现在的蔬菜基地。这里虽然国家征收了，但是国家现在没有用，闲着也是闲着，不如自己先用着，哪天国家要了交给它就是，但也应该赔我点青苗补助费。对于自己辛苦得来的蔬菜基地，组上的人一般都不会管，大家都在自己的地上面搭起了大棚子出租，或者在自己的房子旁边搭建了门面出租，这些都很正常。换言之，就是“谁占有，谁使用”的逻辑，这意味着农村集体土地的农民实际占有权是很重要的。但是，邓老爹没有选择用作建设用地，主要是因为风险太大，自己完全建好大概要8万—10万元/亩，需要两三年才能收回成本，万一政府要用了就必须拆掉，而补助费大概只有50元/平方米，这显然不划算；另一个原因就是觉得这样种种菜，身体、心理都很舒服，随时都可来锻炼锻炼，放松放松。

在谈及生产用地安置时，邓老爹认为自己组上没有预留地（也有可能是长托5组的地没有被完全征收的原因，在调查中我们就发现该组的现任组长的房子没有被征收，还在继续使用），这点不好，到年终没有多少分成。只是到了去年才有1000元/人的分成，这个钱还是村集体补的。但是有的组就不一样，如14组有个菜市场（长托凤凰园生鲜市场），2012年年终发了10000元/人。

从邓老爹的个体情况来看，土地隐形市场的兴起是在2007年政府征地之后才发生的，即在国家征收土地的利用空当期，出现了制度管理的真空，农民看着自己的农用地在闲置着，不如自己先来开发利用，赚点生活费；另外，还有一些农用地没有被征收，在巨大的利益驱动下，他们当然会选择建厂房或住房出租，以获取租金收益。一旦这种个体行为没有受到政府的惩罚，亦即默认，那这种势头的蔓延就具有了必然性。这时，就可能出现几家三五成群的组合，建成物流仓库或出租屋群，甚至是村组预留的集体建设用地也来参与竞争。这种状况在下午的调查中得到了较好的证实，不管是长托村，还是东山村皆如此。

在现行制度下，农村集体土地隐形市场的兴起有其必然性，当然，武广长南这场大火也是必然的。如果能将这种城郊的土地隐形市场烧到桌面上来，那也未尝不是一件好事。

从梅溪湖到晚报路：国土管理者眼中的土地隐形市场

2013 年 7 月 12 日晚

上午去了梅溪湖，大河西先导区管委会搬迁至此；下午去了长沙市国土资源市场，大部分机构已搬出晚报路，芙蓉区分局尚在五楼。

先导区管委会国土管理二处就在 9 栋的 308 室，好不容易找到此，工作人员正忙碌着，似乎不可开交，一直等到 11 点多才能有点空闲时间，所以我们的交谈都只能是择其要点而谈之，所幸，这是一位很懂业务的性格温和的帅气处长。

面对中国土地制度改革的学界迫切需要，国土资源部门似乎对这种改革没有多少兴趣，在没有相关的配套改革推进，没有制度推动的话，十七届三中全会后的城乡土地“同地、同价、同权”显然是“格林童话”，美好得让我们都充满着幻想。

“中国城乡一体化土地市场的结症在于二元体制”“政府脱离土地财政之日，便是农村集体建设用地入市之时”“土地管理模式不打破，市场经济下的土地改革就不可能成功。”

中国土地市场仍是一个漫长的道路，在改革中，可以考虑让一部分地区先市场化，解决一部分急切的隐形市场问题。在李处长看来，所谓土地隐形市场是指那些改变土地用途的交易行为，如改变农用地的用途（农地非农化），变更国有土地的使用属性（住房改为商铺）。客观地说，土地隐形市场的存在有其合理性，同时，它又是一个国土理论与实践的难题，国土部到处稽查，最终也查不出多少来，最后只能不了了之。实际上，土地隐形市场是与经济社会发展阶段相联系的，只能在这个过程中慢慢地解决，通过利益分享、有效疏导，来逐步解决，即应采取分层分类推进的思想指导：对一部分要引导，一部分要制止。但如果要进行清理整顿，这似乎太重了，操作起来不靠谱，更何况在现行的法律政策没有改变的前提下进行整顿、追查，这几乎是不太可能的。我们的问题是：推进的重点应该在哪里呢？

李处长直接指出，我们对土地隐形市场的研究，不能泛泛而谈，应该落到实处，比如农家乐建设用地规范问题、村部建设用地范围界定问题、乡村公益用地问题、卫生院的设点用地问题等都可具体探讨。在国土工作者看来，就是如何将其引导到正常轨道上来；对于学术研究者来说，我们需要思考的是这些现象为什么存在？其动力机制在哪里？又怎么解决？

带着这些困惑，我们下午走进了市国土资源市场，不过遇到的是芙蓉区国土执法大队的工作人员。

在张队长看来，隐形市场是原来行政划拨用地在没有变更土地使用性质的情况下，进入市场交易的行为。小产权房不在张队长的概念之中，因为，小产权房是违法的，是不能交易的（注：陈锡文认为，小产权房问题主要在于不符合规划）。而城市划拨土地是有历史遗留原因的，它只是不规范而已，没有得到政府的审批，这些有其合法的基础，只要补办相关手续和税费，是可以审批的，如将办公室改为宾馆、酒店等，这是可以转换为合法的。但是，如果将企事业单位、居民房分别改为加油站、小型仓库等，这是不行的，改变了土地使用用途了，这实际上是在规避税费，但没有造成什么社会危害，这可归属于柔性的违法行为，即柔性的土地隐形市场，应该走规范化的道路。

相对而言，刚性的土地隐形市场则是必须采取措施来处理的，即必须取缔。如小产权房，税收无法上收，对土地市场的培育不利，因为这对其他房产企业不公平。这部分需要严格执法，坚决取缔，但在实际操作中，也应把握尺度，尤其应以防范、疏导为主。

从基层执法者的视角来看，土地隐形市场应分为柔性土地隐形市场和刚性土地隐形市场。前者包括行政划拨用地的企事业单位违规使用行为、城郊的私搭乱建行为等，这里的问题主要是改变了原有的规划性质和使用途径，但也反映了企业发展和农民的自谋生路之道，是可以从情与法的角度来理解执行的，即柔性执法。因此，在实际操作中，除非改变农用地用途，一般是不怎么管农民对土地的具体使用行为的，更何况现行的政策框架也未对农民住房、生产用地怎么用提供依据；即便是有些改变农用地用途的行为，也应柔性执法，如城郊的农用地，在城镇化过程中已逐渐失去了农业用途的生态基础，只能作为建设用地使用，这是不能完全怪农民的。后者主要是缺乏合法性与合理性基础的土地交易行为，小产权房是典型，要坚决打击的。但在执行过程中还是应该以人为本，要符合中国国情地处理问题。比如，农民的宅基地交易，如果是农民急需钱用不得不卖“祖业房产”，村委会也一般会鼓励他们交易，此时执法者一般也会是默认，即不审批，但也不处罚。实际上国家也只是原则性地说“一户一宅”，没有出台硬性处罚条例。总体来看，在执法过程中，不能过于强势，要从不同视角来思考问题，以理性的方式来化解矛盾。

总体来说，国土管理者在对土地隐形市场的理解中，主要是指传统的行政划拨用地的违规利用。但是，这个隐形市场经过 20 多年的疏导整顿，已经大大规范化了，至少从来源上来看，现在的数量已经大大减少了。从执法来看，已经有了专门的可操作性的条文来规范实施，发展至今已不能称其为凸显问题了。然而，农村集体土地隐形市场在现实中大量存在着，现行执法中没有相关条款来指导；对失地农民“两安用地”的隐形交易行为，也未出台具体规则来指导，对这种不受法律保护的行为，如何规范化，现行政策仍留有空白，这些当然值得我们深入探讨。

桃花村：不种桃树，但种房子

2013 年 7 月 13 日

早早地来到王家湾，下车后沿着含浦大道—藕塘路往西，且行且驻，就在这条颠簸的乡村马路两侧展开了系列社会调查，沿途主要是桃花岭村。在这个村里，我们没有看到一棵桃花树，但却看到了不少违规搭建的房子。（注：7 月 16 日上午，我们又前往岳麓区国土分局地籍科进行了具体了解，在地籍科的调查数据中显示：在西二环西侧的 1570 栋宅基地调查中，只有大约 400 栋是有国土使用证的，其余的大多是超大面积使用或一户多宅的情况。）

一　合法不合理型土地隐形市场

首先来到的是洋海塘社区，呈现在眼前的是一片低矮的小楼房，原来是个安置小区。

看着头发白花花的老爹爹坐在那悠闲地聊天，我们凑了过去。经过一番解释和寒暄之后，老爹爹发话了："你们是学生搞社会调查，就写个报告交作业，我们见多了，有什么用，跟你讲也是白讲。你要是能帮我们解决问题，我就跟你讲实话。"

我们的问询即刻被堵了。对老爹爹来说，他的话是对的，简单明了：没什么用。我们的确不太可能为他一个人的事去为民请命，也不可能像基层管理者那样可以直接解决民间疾苦。只能在书斋中玩玩文字游戏，尽管我们也在试图有所改变，能让更多的人知晓，但这些的确是很微不足道的，难以改变纷繁复杂的征地补偿问题。

我们只能转向询问身旁的其他老人家，当话匣子打开之时，老爹爹又禁不住自己的怨气，欲发又止。

1947 年出生的老爹爹原住中南工大后面的，2003 年 3 月 15 日，政府开始征地拆迁，当时是按照长沙市的 60 号令补偿的，这是到目前为止最不划算的补偿标准。一家六口人，只安置了四套半（70 平方米），补偿标准是按 480 元/平方米来计算的，社保、养老都没有。

补偿经费一直到2005年才慢慢落实，老爹爹是到2007年来这里入住才开始享受这些补偿的，有些补偿款项是到2008年才到位的。老爹爹的意见是：五年时间，是中国物价上涨最快的时候，原来的那点补偿费大幅度缩水了，征收的补偿款买不起房，当时就有人把安置房的指标卖给了别人（仅得到1万—2万元的指标费），还有些人的装修费到现在都还没有还清。

对现行的法律法规，老爹爹坦然：我搞不懂。我们在中南工大前坪的那块上百亩的地为什么要2007年征收，却不按照103号令来执行？（注：长沙市土地征收103号令是2008年2月17日颁布的，4月1日正式实施）征收之后，为什么到现在还没去利用，闲置在那里六七年了！而我们不同意征收，不住安置房，怎么就被抓起来了，还被告上了法庭2次？

老爹爹反复地唠叨着："我们不愿征收，就通知你，抓起你。现在政府征收了我们的地却闲置在那里，远不止两三年了，土地怎么没有上收，你能帮我把这个问题解释一下，我就什么都告诉你！我不上访，我一般都是不乱讲的！"

"腐败严重，怀念毛时代"可以成为老爹爹的脚注。

我们沿着老爹爹反复唠叨的朴素话语前行，找到了那块地，但已经被分割成好几块。最近的一块现在已经在施工建设了，据说是在建个大型商场，调查中保安早早地就将我们防守着，很谨慎，没办法，只能侧望着偷拍几张照片。远而观之，还有好几块似乎也在建设，闲置了六七年后的这些地似乎经历了2012年之后不再沉寂。在烈日下我们无法继续验证老爹爹的话，或许得找岳麓区国土分局去了解。

二　合理不合法型土地隐形市场

沿着山路继续前行，到处都是高考艺术生培训学校，有幸来到王老爹家。

王老爹，1935年生，老伴1938年生，二老身体健康，心态良好。膝下共有子女5人，其中儿子1个，现家有儿媳、孙子、孙女共6人。家中目前共有耕地1.45亩，这是在10年前获得的，当时孙女还未出生，因此这是5个人的责任田。王老爹说，以前村里是3—5年要进行一次小调整，但最近 10 年没有再调整了，主要是没有预留集体土地可分配了，只能“严格执行”中央的“生不增、死不减”政策了；现在有些家庭连媳妇都没有土地分了，那也没办法。

在谈及土地政策及制度变迁时，王老爹饶有兴致，历数各种政策及其社会效应，如数家珍。在 20 世纪 50 年代，国家分土地给我们，大家都往农村跑；到大跃进时，大家又都往外面跑；人民公社食堂下放时，那些人又想回来做农民，因为很自由；到上山下乡时，这些人又都想往外跑；到分田到户时，大家又都想回来分点田土；后来在城镇化过程中，又出现了大量的农转非现象；到现在，想回来的又回不来了。这种反反复复的出入城乡心态和行动，正反映了中国农村土地政策的不稳定性，与这种土地制度变迁密切相关的就是城乡二元户籍制度问题。在人口方面也有所反映：20 世纪 50 年代，桃花村总共只有 1000 来人；但到 20 世纪 80 年代，已经有了 2000 来人；到 20 世纪 90 年代，就有了 3000 多人；2000 年以来，人口大量增加，现在大概有近 5000 人了，这与目前城郊的土地只进不出的状况高度相关。

在房子建设上，王老爹也是阅历丰富。中华人民共和国成立前，在外村做长工，到 1949 年后才回来，分了土地。在 1965 年进行了第一次房子修建；在改革开放后的 1989 年，将原来的房子拆掉后重新建设了；2007 年又在原来的房子上扩建了，即在房子四周扩建，同时也往上建，增加了几个楼层，并装修了。从王老爹的宅基地变化过程中，他认为房子和地一直就是自己的，怎么建是自己的事情，但也还是对政策有所了解，1989 年那次拆建是按照法律法规来进行的。但在谈及最近这次扩建房屋时，王老爹很坦然，认为这是违法行为。在扩建过程中，村里还是知道的，街道也是知道的，但是岳麓区政府是不知道的。在中国这个熟人社会下，你在扩建过程中对街道和村组相关人员讲讲“好话”，一般来说是可以将房子建成的，现实中大量存在的违规房也就是这样建成的。但是在以后的征地拆迁中，这种违规房的补偿款是没有的，因为这没有经过国土部门的报批。

王老爹坦然，在 2007 年的房子扩建中，投入各种资金近 100 万元，目前租出后每年也只有 10 万—20 万元，到现在还没有收回本钱。对现在这里的艺术生培训学校，王老爹也还是担心各种风险。现在学生越来越少了，这个市场的竞争也越来越激烈了，有些就倒闭了，所以有些学校不得不转让出去。客观地说，这些高考生培训学校是中国高考制度的产物，其命运是可以预见的，应与高考补习班殊途同归，必然会没落。这些依托自家宅基地进行建设的学校、出租屋等，耗费了大量资金，其成本能否收回尚待考证，但却实实在在地推动了一个地方的违规搭建、集体建设用地市场的自发流转（出租、转让），这当然是在突破现有的土地法规。

在调查中还发现，这里的老百姓非常懂土地使用权、土地所有权、宅基地等专业术语及相关政策的，这也说明他们在长期的土地交易或房产、房租活动中不断地与政府部门交易或玩猫和老鼠的游戏。不过，我们需要思考的是这些状况为什么是不可避免的？一些很正常的市场行为，缘何却在中国现有的土地管理法制下变得更加隐蔽了?!

三 情与法边缘型土地隐形市场

在桃花水库旁的斜塘组××农家乐“吃饱玩好”之后，对老板娘进行了访问。

杨老板是本村人氏，农业户口，没有正式工作，而先生系城市户口，是有正式工作的。因此，这种家庭结构称为半边户家庭。在非农户口不再“吃香”的 20 世纪 90 年代之后，杨氏之子的户口自然是跟着娘走为妙。这样杨氏母子在斜塘组获得了 8.8 分田土，即杨氏 6.1 分，杨子 2.7 分，杨子之所以远少于杨氏是因为在杨子出生后，斜塘组上的预留集体用地不多了，到现在已经是没有可再分配的土地了。

杨氏的农家乐是 2007 年建设的，大约有 400 多平方米，通过陆陆续续地修建、扩建和添加设备，共花了 30 多万元。当时，是以全家 5 口人再加独生子女双倍份额的面积进行报建的，用 90 平方米的面积申请农家乐用地，还有 240 平方米是原来的宅基地（按标准是 110 平方米）改建，然后在建的时候将二者打通形成现在的大体格局。从面上来看，它是通过了政策允许，办了建房证、土地证，又在自己家办农家乐，有正规的经营执照，因此是合法合规的。但实际上是在打农家乐政策的“擦边球”，其宅基地面积超标是显而易见的。

杨氏在申报农家乐的时候，还是要和村里、街道讲“好话”的，这当然得上下打点。按照现在的游戏规则，总得万字开头。在调查中还反映，现在想申报农家乐都不太可能了。目前，该村已经形成了农家乐协会，负责本地农家乐的年检、卫生执照、工商执照、营业执照以及税费等手续，每年也得有2000元左右。当然其收入也不菲，一般十几万元一年还是有的，但也有的只有几万元收入，甚至还有的搞不下去了，自然破产。

在国家政策方面，“不支持、不鼓励”是这些农家乐老板们的共同看法。也有的反应是村集体主要领导们的不作为，不为民请命、不积极申报、不去争取项目资金等，从而导致基础设施落后、交通不便、农家乐整体状况不容乐观等状况，而且还导致整个产业链不长、收益不很大等问题。但从土地市场视角来看，这些农家乐是有违规搭建问题的；但从老百姓角度来看，这是人家谋生的一种方式，用自家地提供服务，勤劳经营，合法纳税，何错之有？

四　结语

上述三种状况在我国城市郊区非常普遍，具有一定代表性。从土地隐形市场角度分析，第一种情况属于征而未用，导致土地闲置。这既有经济发展方面的原因，比如在基础设施尚未配套之前，企业不愿入驻；也有政府征地过度的原因，即在城市扩张过程中，政府偏好于大量征收土地，以至于经常滥用征地权，有的甚至调整土地规划以适应其征地冲动；还有就是制度滞后、法律漏洞和管理不善等原因，比如有的开发商拿地后借机囤地、炒卖地皮，不惜寻租以求长期闲置。第二种情况属于私搭乱建，导致规划失效。这是城郊最活跃的土地隐形市场，通常以出租屋、仓库、厂房、小产权房等形态出现。一方面，在城镇化进程中，这些城郊区的土地已很难持续耕种；另一方面，在法不责众的心理预期下，丰厚的经济回报诱使着农民想方设法“种房”出租。第三种情况属于触法搭建，导致土地利用粗放。在农民长久生计与土地资源粗放利用的选择中，“不鼓励、不支持”成为现时段政府的理性选择，这也导致政府土地管理中的柔性执法行为颇为盛行。作为城乡土地政策失效的产物，上述现象有着其深刻的社会根源，最为根本的可归结于政府垄断下的利益失衡与管理失效问题。

小城镇建设中的土地隐形市场

2013 年 7 月 15 日晚

一

昨日回老家，连日来难得休息一宿，今日早早地联系了良镇领导，还好，周一办事比较顺利，相约于 10 点。

座谈会在镇长办公室，可巧先来了一拨为民请命的村干部，我们在一旁默默地听着。

现实的问题是：在良镇交通要道两侧有 10 多亩耕地抛荒了 10 多年，咋办？

按国土法，这很简单：将弃耕承包地收回村集体！但说来容易，做来难！普天之下，究竟有几亩土地被村集体收回过?!

红衣村支书深谙此理，将难题抛给乡镇领导：抛荒耕地收回去是不可能的，但乡镇领导知晓后也不能不着急。因为交通要道上的抛荒耕地可不是闹着玩的，万一哪天哪个上级领导心情大好要过来视察视察工作，说不定就“中大奖”了。可是，这些抛荒耕地多年未种，野草丛生，加之基础设施严重失修，即便是用机械化的耕种方式也是难以获取经济效益的。于是，红衣村支书盘算着，提出将抛荒耕地变为池塘，然后进行发包，这样可能会有些经济效益；同时，在社会主义新农村建设背景下，还可能争取点鱼塘水利设施修缮的国家专项拨款来支持。当然，作为博弈方，还得将问题说严重些，争取点乡镇政府的经费支持。

一同来的还有联系该片区的党委委员和分管农业的副镇长，面对这三个人的讨论，要镇长一时定夺，还真有些困难：由耕地变为渔业用地，破坏了耕地表层结构，这不是绕着弯子改变耕地用途吗？这群坑爹的兔崽子，老子也先打套太极拳看看吧——具体做法此处暂且略去。

二

良镇在本县是经济较为发达的乡镇，应该说是享受到了改革开放的阳光普照。这里曾经是一个土地非常贫瘠的地方，穷则思变的良镇人四处奔波，在郴州、衡阳、中山、佛山等地发展都比较好。外来务工经济的良好发育带来了较为充裕的资金回乡，有效推动了地方经济的发展。加之，良好的区位优势，奠定了良镇在小城镇建设中应有所作为、大显身手的县域经济发展格局。

然而，小城镇的快速发展离不开土地的城镇化。这种经济发展所带来的巨大土地需求与政府规划编制下土地供给有限之间的矛盾日益突出，成为当代中国小城镇建设中的两难问题之一。不少地方的小城镇土地建设模式被上级政府叫停，因为土地粗放利用不是政府所愿看见的，集体小产权房又是政府很揪心的。可是，GDP 绩效模式下的地方政府理性又在或明或暗地助推着土地隐形市场的兴盛。

我们所能看到的良镇，是一个经过了小打小闹的规划了的乡镇，仔细探究才发现，这是一个在市场推动下的个体经济发展和繁荣的必然结果。在街道两旁，门面、房子都还是有点小规模的，整个镇区建成面积约有 80 亩。调查后才发现，他们想做个规划，但仅仅这个规划费就要价 60 万元，这笔资金不是一般乡镇政府所能承受的。但现有格局的表面良序，还是离不开当地发迹者的资金回乡。仅仅如此，恐怕还不行。这个地方共同的致富心理还是起到了一定作用，至少地方领导是希望这个地方富起来的，从建设用地指标争取就可见一斑。在 2006—2020 年的土地修编中，他们争取到了 158 亩的预留建设用地指标，为该镇近年来的快速发展起到了推波助澜作用。

在社会主义新农村建设背景下，良镇的集体建设用地使用总体不错，比如，在云河等村落遭遇洪水洗礼后，进行了就近安置，集中布局。还通过老湾改造，违规用地整治，劣地、未利用地的使用等措施，推进了集体建设用地利用效率的提升，在一定程度上缓解了农村集体建设用地的供需矛盾。但仅仅如此，显然是不够的。他们在实践探索中，又在思考着如何解读中国现行土地制度，如何在实践中有所为有所不为，多地的调研经验发现，这种思辨是十分必要的。

将原来的公共事业单位的乡镇建设用地进行了改建、扩建、重建或搬迁，如卫生院、汽车站等，共用了10多亩地，而这又涉及相关区域面积内的商品房开发问题，显然这里存在一个建设用地隐形市场。同时，当地村民或村集体与开发商联合建房，这里的小产权房销售也还比较走俏。实际上，这就隐藏着一个法不责众的土地隐形市场形成机理。在具体操作中，还存在着一些历史遗留的土地问题，如何清理非法的建房问题等，这些往往又与国家政策法律及市局工作条例密切相关。按照经验，一般过了8—9年，就会有一次清理运动。此时可以将以前一些不合法的但又普遍存在的土地非法利用问题进行集中处理，即通过补办正规的税费手续后就合法化了。

土地确权：中国土地隐形市场显形化的第一步

2013年7月16日晚

今天天气晴好，出发前经过一阵联系，无果。

小规模地，径直奔向××区政府。

找到国土分局，经过一阵“谋划”，走进了地籍科。又是一番解释寒暄，终于幸运地被接待了。

在地籍科长的引导下，对地籍科有了大概的了解，我们的重心立即转向集体土地的确权问题。

基于中国城乡土地一体化市场建设的需要，也是中国土地隐形市场显形化的第一步，土地确权的重要意义不容置疑。2011年5月6日，国土资源部、财政部、农业部三部委联合发文，要求在2012年年底完成土地确权登记工作。正是在这种强大的政治压力下，各地方政府于2012年开始了土地确权登记工作，但是到年底的时候，大部分地区的确权工作只做到了村组层面，且只局限于集体农用地。对集体建设用地、宅基地的确权登记工作基本上还没有起步，其推进阻力早已超出了三部委发文时的预期。

2013年伊始，中央一号文件出来了，明确要求：“用5年时间基本完成农村土地承包经营权确权登记颁证工作，妥善解决农户承包地块面积不准、四至不清等问题。加快包括农村宅基地在内的农村集体土地所有权和建设用地使用权地籍调查，尽快完成确权登记颁证工作。农村土地确权登记颁证工作经费纳入地方财政预算，中央财政予以补助。”

在××区范围内，2012年有100多个村进行了土地确权工作试点，但到现在都还没有发证，因为省厅已要求暂缓发证。在对塘村进行确权试点的过程中，出现了不少问题。诸如地籍权属不清、来源不明、界限不确定、依据不充分等问题大量凸显，尤其是集体建设用地和宅基地问题，变得异常激烈。在城郊，很多违规用地正在产生巨大的经济收益，农民根本就不愿意确权登记；在其他地方，由于土地确权给农民带来了一个明确的信号，即未来的土地收益预期必将大增，这样很多闲置农用地、权属有争议的宅基地问题都开始显形化，导致确权发证工作推进异常困难。基层的阻力也非常大，难怪村支书无奈地说：“我马上就要退休了，我没有这个能力来化解这些纠纷，也不想在我退休前将村民激怒，最后将我赶下台。这个确权登记工作你们就再缓一缓吧，留给我的下一任去办吧。”

在集体建设用地和宅基地确权试点中，更是费力不讨好：一是农民不买账。在这些城郊，到处都是违规搭建、一户多宅，你要给他按国家宅基地标准进行登记的话，他们又嫌面积少了，以后补偿的时候要吃亏；你要给他据实登记，他又担心这些超标建筑在登记之后会惹来麻烦。这些农民左右都感觉到很为难，无形中加大了确权登记工作的难度。当然，真正需要抵押贷款的人，倒是很欢迎这个政策，但毕竟这只是少数人的心声。二是村组不愿干。很多集体建设用地都是历史遗留问题，闲置在那，不好确定，一旦确权，反而将问题显形化了，招致更多的反对声。在塘村，就存在集体林场问题没办法解决的状况。三是政府预算压力大。单就村组界测定就要1万—2万元/平方千米，在塘镇110平方千米的试点测定中就花了190多万元。另外，还要涉及调查、入户等费用（1栋宅基地的测定费就要100多元），这些费用加总起来至少要4万—5万元/平方千米。区财政是没办法一下子拿出这么大的一笔开支来，工作开展自然就会很难。我们需要思考的问题是，有没有必要专门拿出这笔经费来推进宅基地的确权发证工作？这种费力不讨好的工作所带来的收益在哪？如果收益不大，是否意味着这是一项劳民伤财的坏政策。

实践工作者认为，对集体农用地来说，还是有必要推进的，这对于以后的农村经济发展和产业转型等将作些前瞻性的基础性的工作；但对宅基地来说，现在似乎没有多少必要性，因为在城郊是一种费力不讨好的活，在边缘山区，农民一般也没怎么过度使用宅基地指标，对其限定也就没多少实际含义。正是基于这些考虑，湖南省国土资源厅在推进过程中要求暂缓发证。

由此可见，要推进城乡土地市场一体化建设何其艰难！但这一步或迟或早都是必须要走的，这也是三部委联合发文的初衷，尽管当时可能还没有意识到这种复杂性和长期性。

走出中国纷繁复杂的土地隐形市场

2013年7月17日晚

中国土地隐形市场，纷繁复杂，“禁不止、管不死”。

单从国有土地的行政划拨来看，到现在依然存有大量隐形交易。“看你们学校马路两旁的门面出租，不都是这样吗？现在各个高校都如此，你能怎么办呢？”对这些国有行政划拨用地隐形市场很难根本清理整顿的，只能对划拨地实施收费管理，在实际操作中这些款项还不好收缴。因为各个高校都是如此，又有一定历史基础，有时还必须柔性执法。

对城郊来说，农地隐形市场更是普遍现象，到处都是农民建的房子。在农民看来，现有承包地基本上不能耕种，只能种房子出租或买卖，赚点生活费；但从政府看来，以后征地拆迁的压力就大了，所以政府的立场是需要加大力度整治的。土地隐形市场作为城乡土地政策失效的产物，有着其深刻的社会根源，但最为根本的还是一个政府垄断下的利益失衡与管理失效问题。

从现实来看，如何防范与整治上述土地隐形市场行为，依然困扰着政府及国土部门。在基层乡镇国土部门来看，他们没有执法权，只有县市区一级的国土分局才有一定的执法权，但也要法院立案判决后强制拆除。这个过程是漫长的，与其等待法院起诉判决，还不如实施柔性执法，更何况现在农民维权意识越来越强，执法成本也是越来越高。同时，他们也很难有效发现那些正在修建的房子是否建在违法用地上，尽管每年都要通过卫星监查（今天我们调研的时候，××区国土中心所正在对比核实2012—2013年的疑似违法用地情况）。因为在执法部门发现的时候，他们的房子早就建好了，于事无补。如果他们及时巡逻，那也不现实，首先就会遇到人手不够的问题。实际上，管理部门已将这种巡查和发现违规建筑的权利交给了城管队伍，这又形成了职能的交叉，最后可能都在相互推诿责任。另外，在现行的考核体制下，基层乡镇国土所发现违法用地的动力不足，有时为了保全自己，往往会将那些土地隐形市场问题束之高阁。还有，就是在现行制度框架下，漏洞百出，给人操作的空间太大了，导致诸多的“寻租”腐败问题。

作为中国经济社会转型时期的产物，土地隐形市场是在快速的经济发展与国土开发利用不相适应的情况下迸发的，不尽合理的土地制度、不太协调的土地政策、严重滞后的土地规划等纠缠在一起诱发了规模宏大的中国城郊土地隐形交易。这既要用发展的眼光来看待，以城镇化、工业化为主线，推进中国土地产权制度改革的深入，也要用系统的思维来谋划，分领域、分步骤、有针对性地推进中国土地隐形市场步入显形化发展轨道，还要结合当前的现状，强化管理，严格执法，重点打击，各个击破，形成中国土地市场发展良序。

附录五　调查纪实（下）

浔龙河：小城镇建设中的集体经营性建设用地隐形市场

2015 年 1 月 23 日

学校早已放假，我们 23 日却还要开个学科工作会。不过，也正好碰了个头，可以一起中午出发。同学们早上就已经过去了，我们几个就直接奔往果园镇双河村会合了。

说起去这个地方还真是一波三折。去年暑假我们就准备去的，当时也是约了好多次，还是经长沙县国土局陈科长特意推荐的，结果约好时间的时候我们的学生都回家去了！这一拖就是半年多。这次也是约了好几次才约好的，结果上午 10：30 还要开会。不过还好，我们可以选择在下午进行。

确切地说，这还真是个非去不可的地方！因为在湖南省 2014 年的农村集体经营性建设用地入市试点中，只有长沙县和资兴市在列。在我们所研究的范围内只有长沙县入列，且长沙县也就只有果园镇的双河村一个试点！除了去，我们似乎别无选择。

在村部，两支队伍如期会合。

乍一看，这是一个比较"现代化"的村部，基础设施及配套都还不错，村部卫生室的生意也不错，同学们正好抓紧机会给他们发放问卷。不远处，是一处正在建设的村民集中居住安置小区；而村部前坪是一块已经平整好了的地块，据村民反映，这个地方原来是一所小学，现在平整后面积有所扩大，准备引进一所民办学校，也就是由村里的公益性建设用地变为经营性建设用地。从浔龙河生态规划项目鸟瞰图中可知，这是一个正在打造的新型小城镇，或许也正随着挖掘机轰隆隆的作业声冉冉兴起！

在里面转悠了一圈，党建工作做得还不错，村务公开也比较透明。打听下后才知接待我们的场所不是在这里，于是继续往东北方向走去，蜿蜒前行几公里才找到他们的会所。从这一路看起来，似乎比前面显得更静谧，更生态，更有乡村的范儿。

在这里，我们初步感受到了小城镇建设中的"浔龙河开发模式"。

谈起这个模式，是首先接待我们的徐助理（湖南浔龙河投资控股有限公司董事长助理）。可他并未一开口就急于介绍浔龙河生态示范点项目，而是从当前中央土地政策的"三权分离"（即管住所有权、稳定承包权、放活经营权）出发，谈及如何通过土地问题进行破题的重要意义及其迫切性，认为问题的关键是通过土地融资贷款来盘活土地资源并促使其价值显现，具体途径乃是通过农地承包经营权流转、宅基地永久性使用权置换以及集体经营性建设用地入市"三同"交易的改革探索，来推进土地资源的资本化。然后，才谈及他们的浔龙河生态示范点项目建设情况，认为这既是在前瞻性地落实中央的土地"三权分离"精神，也是在务实性地推进新型城镇化中留住乡愁，还是在探讨性地为国家土地改革提供新样本、新经验和新思路。

应该说，这就是一个土地撬动资本的小城镇开发模式。

在柳支书到场后，一开场就是从当前中国快速推进的城镇化问题入手。一方面，在各种贪大、求规模、上档次的造城运动中，形成了诸多"鬼城"；另一方面，工商资本低成本地拿地行为，导致了对农村资源的剥夺，农民"被上楼"现象突出。这些伪城镇化问题又主要源于户籍制度、人口制度、教育医疗制度、社会保障制度等制度性的阻碍，因此若是通过有偿回收等方式让农民自愿放弃土地，以此推进农民进镇，尤其是在中西部地区实现就近城镇化，则显得非常必要和迫切。他们的"浔龙河模式"就是在这种背景下形成的。

具体到浔龙河生态示范点项目中，通过规划布局，共有 14500 亩地，其中 4500 亩为建设用地，其余的为流转过来的农用地（10000

亩）。在这4500亩建设用地中，有3500亩属于国有出让用地，其余1000亩为集体建设用地，含公益性用地（约200亩）、村民集中居住用地（472亩）和集体经营性建设用地（300多亩）。

其用途主要表征为：在10000亩的流转农用地中，基本农田主要是用于种植水稻、蔬菜、油菜等，对于一般农田则主要是种植花卉苗木；至于3500亩的国有出让用地，主要是通过政府征地进行转化并进行土地招拍挂来获取，以此用来建设乡村度假农庄和农产品加工厂，以及大力发展小城镇地产和乡村地产等；在1000亩集体建设用地中，约200亩的公益性建设用地主要是用于建设道路、广场、公园等，472亩的宅基地（原宅基地772亩）主要用于农民集中居住点用地（节约用地大约300亩），还有300多亩的集体经营性建设用地主要用于公共经营性项目，如私立医院、民办学校、加油站、商场等。

其高明之处主要在于有备而来：一是具有前瞻意识，早在2010年来时就开始进行确权登记，还自己掏了40多万元和几个月时间才落实；二是有了多方关照，在长沙市委书记联系挂靠下，现已成为省级“重点工程”“两型社会建设示范项目”“新型城镇化示范项目”“土地增减挂钩异地置换试点项目”“产权制度改革试点村”“集体经营性建设用地入市流转试点村”以及住建部“智慧型社区建设示范项目”等；三是在土地混合利用方面，有了自己的想法。

乡镇企业改制过程中的土地隐形市场

2015年1月28日

连日来，天气急剧变冷，今儿还下着小雨，“童鞋”们的调查问卷似乎也有些做不动了。上午经过了一番酝酿，又是一番思想斗争，最后咬咬牙，还是决定下午到坪塘老工业基地去。

其实，在2014年暑期“三下乡”社会实践课题研究中，我们已经去过了一次；早在4年前，我们还经常在那里转悠，那时还刚从望城县划归到岳麓区来。就老百姓而言，自然是满满的希望和期冀，甚至嘴角还挂着几分荣耀感：坪塘大道就要开通了，汽车西站的公交车就要来了，潇湘大道快要南拓了，我们很快就是市中心了！议论最多的恐怕就是，A 村要征地了，B 组要拆迁了，C 家要发财了……

然而，在去年的暑期调查中，似乎已经感觉不到当初的那股新鲜劲和荣耀感，取而代之的却是一种无名的沮丧和落寞：坪塘大道开通了，但汽车西站的公交车并未如期而至；潇湘大道南拓了，但还未到中心老街区就转向了；潇湘南大道东线也是未到老街区就戛然而止，留下了一条坑坑洼洼的砂石黄泥路向南去；中心老街区大抵还是 4 年前的模样，只是在老街区入口处的街道两旁多了几道老百姓自建门面被拆后的建筑痕迹……

甚至还有些愤怒的声音：大多数地已经被征收了，但其收益似乎没有预期的多，这种落差还进一步地被土地征收过程中的补偿不公、增值收益分配不均、部分干部工作方法简单、民众参与度不够、信息公开度不够等问题累积放大，也就是通常所说的征地矛盾被凸显了，有些还被激化了，从而形成了部分民怨。

这种声音在本次调查中也并未间断过：一个鲜活的例子是，同村组同地段的拆迁补偿中，首期签合同的农户，得到的补偿款只有 19 万元左右，尔后的补偿款在逐渐上升，最后一个签合同的“钉子户”则得到了 80 多万元，前后相差竟达 60 多万元！这种明显的不公平感自然是在农户心里长期发酵，并负面激励着征地过程中的“钉子户们”不断冒出，这在某种程度上也诱发了对政府的不信任感，民怨自在其中。另一例则是源于村干部们的“贪污”行为，老百姓虽然拿不出直接证据来证明某某村干部是怎么贪污村组集体资产或是在土地征收过程中进行寻租的，但要相信老百姓的眼睛是雪亮的：毕竟在一个村组，你家有几个壮丁，劳动收入如何，还是能算出个八九不离十的。你这当了几年村干部，工资也只有这么多，怎么就能突然冒出一栋从地到天的多层自建楼房呢?!

或许，国家的反腐思路在未来几年里应该也必须转向房地产业?!果如此，那土地腐败问题无疑将成为重中之重。或许，土地反腐将成为全面深化改革时期解开中国土地谜局的一把金钥匙。

这次之所以选择再次去坪塘进行实地调研，主要是因为这里的乡镇企业较多。官方数据显示，该镇大约有 1800 多家企业入驻，其中镇办企业 28 家，在建材、化工、建筑、包装等方面都自成体系。因此，可以认为，该镇在集体经营性建设用地入市流转试点问题上，应该是有迫切需求的。我们的问卷设计即如此。

所调查的几家企业均已私有化。

典型案例分析：待价而沽的岳麓区××机械厂

该厂成立于 20 世纪 60 年代，算是长沙地区一家老字号机械加工企业。其前身是坪塘镇机械厂，占地面积约为 9 亩。在 1998 年的乡镇企业改制过程中，被厂内员工易某（坪塘人氏）承包买断，改名为××机械厂，其时的土地属性仍为农村集体建设用地。随着土地价值的不断凸显，精明的易某于 2004 年进一步地将厂房用地一次性地“买”了下来。其时，国家土地政策较为宽松，地方土地管理并不规范，无须招拍挂等手续，也不用国家去征地变性，易某只要稍加运作，通过向当时的望城县国土局补交土地税费就能轻而易举地将土地收入囊中，并使之合法化。2008 年，坪塘镇在新一轮行政区划调整中，被划入了岳麓区，该厂也正式改名为岳麓区××机械加工有限公司。

到目前为止，该公司经营效益一般，但易某看中的不是公司的经营收益，而是这块厂地！规划显示，该厂地已经被纳入潇湘南大道边的绿化区。易某等待的正是该块土地被政府早点征收或高价出让，但是谈判皆无果。调查中员工透露，有企业愿出价 2000 万元，但还是没有成交。从地段位置来看，该厂地处潇湘南大道和潇湘南大道东线的会合处，可谓黄金位置，是难得的宾馆酒店落地处。我们推测，或许易某等待的是农村集体经营性建设用地与国有土地“同地、同权、同价”政策的落地实施。这样，该地就可以顺利地进行商业开发（商品房除外）。从政府征地来看，一个绿化带的征地赔偿价再高估计也高不到 1000 万元；不过，从征地的日程表来看，一直要拖延到 2016

年以后才有可能落地实施。或许，这就给了地主议价谈判的时间以及土地不断升值的空间，也就给了地主待价而沽的资本和信心。

从当前的状况来看，该公司的经营收益已经居于其次。2014 年，老练的易某将厂房转租给了岳阳来的老员工盛某，由其任厂长，租期两年，租金为 5 万元/年。目前，有固定员工 4—5 人，平时还会根据接单情况雇用部分临时工，主要做的是制药厂的机械配件类产品。客观地说，如果缺少这些厂房设备，易某在与政府征地的谈判中似乎也难以捞到更多的好处。因此，这也是一个不错的谈判筹码，不能让其闲置。

从土地属性来看，该企业用地属于典型的农村集体经营性建设用地，可以进行出让、转让、出租、转租等。在坪塘的诸多乡镇企业中，厂房和土地的情况大抵如此。由此，形成了一个乡镇企业改制过程中的土地隐形市场：乡镇企业因经营效益不好而改制，或破产，其土地性质虽然是属于集体经营性建设用地，但基本上还是被乡镇或是县区的国土部门所控制，通过补交点相关税费就可以“合法化”了，易某正是这样从原望城县国土局“买”下来的；而经过行政区划变更之后，这种隐形市场行为更是难以追责了，只能是让其成为历史遗留问题，默认其作为存量的“合法”地位。

看来这些隐形市场行为早就有了现实土壤，比起现行的农村集体经营性建设用地入市试点，可要早出 10 多年啊！

我们何不就地取经?!

乐活一日游

2015 年 1 月 30 日至 2 月 1 日

29 日，早早地准备了出发，目标锁定在开慧村，沿途再做点问卷调查，顺便呼吸一下乡村负氧离子。

一　沙坪湘绣文化广场

开车的李师傅建议我们先走沙坪去看看湘绣一条街，那里的湘绣企业很多，具有潜在的调研价值。

湘绣历史悠久，沙坪正是中国湘绣的主要发源地。也正是沙坪湘绣的举足轻重地位，使这里从来就不平静，不仅是商家必争之地，也是政绩 GDP 下的风水宝地。从行政区划变更就可见一斑：1995 年，沙坪乡并入捞刀河镇；1996 年，捞刀河镇由长沙县划至开福区；2013 年，撤销捞刀河镇，分设沙坪街道办事处和捞刀河街道办事处。

数据显示，沙坪社区土地总面积 2967.45 亩，其中耕地面积 1273.8 亩，占比不到一半，农业退居其次，基本上是自给自足。作为名副其实的“中国湘绣之乡”，该地规模生产湘绣企业就有 26 家（年产值在 500 万元以上），还有系列湘绣配套企业数十家，小型的家庭式湘绣企业则遍及整个社区。

为了有效整合湘绣资源，早在 10 年前，湖南省乡镇企业局就将沙坪湘绣列入了全省选定的主导发展产业的专业乡镇之一；2006 年，湘绣被列入首批国家级非物质文化遗产保护名录；2008 年，湘绣产业园项目建设得以启动，并被纳入了长沙市 100 个重点帮扶企业之中；2009 年，又被纳入了长沙市“两帮两促”活动的重点帮扶范围；2010 年，进一步被确定为开福区推进城乡一体化发展新农村建设示范点；等等。同时，辅以商业开发模式，推动湘绣产业和旅游业的发展，将其打造成为旅游休闲、文化产业、健康养生的综合旅游景区和颇具江南水乡特色的风情小镇。据悉，未来还将规划辛追广场、绣球广场、女红广场、驿站广场、七夕广场和湖湘大戏台等，使之成为长沙的重要旅游地标以及北城片区的首要商业综合体。

从调查来看，沙坪湘绣产业园项目的基本格局已经成型，含沙坪老街的整治与改造、湘绣文化广场建设（35.13 亩）、汉沙公路、撇洪渠、沙坪新街建设和湘绣产业园建设（350 亩）等。我们主要是在湘绣文化广场做问卷，该广场含沙坪湘绣博物馆（2610 平方米，约 3.9 亩）、湘绣演艺中心和旅游接待中心（1680 平方米，约 2.52 亩）、湘绣大师的工作室、湘绣经营场所（10000 平方米，约 15 亩）。据业主反映，她们的经营场所是在 2010 年以 3000 元/平方米左右的价格买下来的，当时是耕地变更使用属性后划拨过来的，并未进行土地征收和农地补偿。若如此，则该文化广场的用地性质应该是农村集体经营性建设用地。但从其购买价格来看，若考虑到这里的城郊地理位置劣势等因素，似乎可以与国有建设用地不相上下。或许，相关部门在操作中早就在试行中央的“同地、同价、同权”政策了。

从长沙市开福区捞刀河镇政府沙坪湘绣产业园一期项目挂牌（5800 万元）来看，该地一期项目占地 27 亩，主要包括湘绣博物馆、展示大厅、接待中心、销售门店和停车场。其“用地手续将通过建设客运站的方式进行办理，湘绣文化广场的建设享受产业发展以及非物质文化遗产保护等相关政策的支持，从而在土地出让及税费方面享受优惠，在投资回报方面，通过产权出让（谁投资，谁受益），经营权出让及政府回购（先由投资商垫资建设，政府分期回购后再对外租赁）等方式以保证投资商的利益。”

由此看来，这块地的变性是存有疑问的，恐怕也应纳入集体经营性建设用地隐形市场范畴，即便是有理有据的，也应该是属于打政策“擦边球”性质的。

本来，我们还准备去沙坪街道办事处向国土部门工作人员做进一步咨询，怎奈转了几圈还是没有找到地方；加之，时间紧迫，上午还得赶到开慧村，也就放弃了深度调查。现在看来，这一课似乎是不能少的。

一路直奔圣毅园……

二　圣毅园：现代农庄之殇

早在 2009 年的暑期“三下乡”时，我们就曾特意考察过这个当时号称华中地区乃至全国最大规模土地流转的现代农庄。当时的感觉是基础设施配套落后，路途遥远，区位劣势明显，虽然北面的环山（黑麋峰之南）具有一定的旅游开发价值，但奔波到此消费的代价也应不低，其性价比远不如我们前面路过的沙坪社区。值得一提的是，我们当时一大拨人在那里搞调查，时临晌午还找不到吃饭的地方，就顺便找了一户人家给做中餐，结果人家只收了我们一张人民币，足见这还是一个民风淳朴、富裕程度不高的边远乡村。

其时的圣毅园，头上顶着“全国农产品深加工产业基地”“省级农业产业化龙头企业”“湖南省社会主义新农村建设示范点”“长沙市农村土地流转综合配套改革示范点”等光环，正雄心勃勃致力于打造“全国五星级现代农庄”，创新传统农业发展模式，且赋予了为社会主义新农村建设和农村土地流转积累经验及铺开新路子的历史责任，声势不可谓不浩大。

前来参观者不乏中央领导、省委书记、市县党政“一把手”，也有不少省内外专家、学者、民间组织等慕名而来，圣毅园现代农庄也由此赚足了世人眼球，董事长周猷庚也顺利加封为“2009 年中国农村十大致富带头人”。

然而，资本市场是残酷的，“三农中国”之下的现代农庄依然是脆弱的，更何况圣毅园的资金并非雄厚，擅长的并非农业，区位远非优势。

这些，或许早已决定了这个贪大图强、勇于冒进的现代农庄的未来命运。

在当年的调查中，其危机就已潜伏着，这从其核心区喜忧参半的农户声音中依稀可见。一部分年老的农户希望这个在建筑业上发了财的孩子能回家做点贡献，给家乡带来新气象；另一部分年老的农户则认为，没地种了也没事做，闲着反而不自在，天天打麻将也不是个路。在年轻人中，反对的居多。印象最为深刻的是一个中年男丁的告诫：“他这摊子铺得太大了，基础设施还这么差，很快就会搞不下去的，你等着看就是！”

后来的事实也印证了深刻男的话。2010 年，周猷庚很快就陷入了资金链断裂的窘境，承诺每年 10 月 30 日前一次性结清老百姓的耕地租金（650 斤稻子/亩），也逐渐开始拖欠；然后，又陷入了拆东墙补西墙的困境，在 2011 年，还因民间借贷案纠纷被起诉；进而又出现了流转耕地的抛荒等问题……

今天，我们经过这里的时候，特意去转悠了一会儿。入口处的圣毅园牌坊依然在寒风中矗立着，但旁边的宣传栏却一直没有更新过，内容显示的仍是几年前的十七届三中全会精神，页面也有些发黄了。按理说，周边的耕地应该是长满了油菜，可我们看到的却是冬日的荒凉。

走进圣毅园大院，保安非常警觉地跟着进来。在说明来意之后，保安进行了解释，说是快到年底了，员工们昨天就已经放假回家了，要我们春节后再来考察。放眼看去，会所正门紧锁，我们从侧门走了进去，入口处居然成了一个家用小厨房。在会所的正中央，依然是若干年前的规划鸟瞰图，也正是这个模型图曾经忽悠了多少省内外官员学者前来考察。听到我们的议论声，从会所里走出了几个好奇的男的，原来他们是前来催债的，可是又见不着周董，只好住在这里天天等。正当我们准备前去继续交谈和参观时，警觉的保安将我们委婉地截住了，并再三叮嘱我们春节后再来学习考察。

走出会所，顺便到旁边的几家农户做了点问卷调查。或许是近邻关系，问及农庄的事情，老百姓的回答似乎有些回避。出来后，看到路口不远处，有一个村民集中居住安置点的施工现场。该项目是2011年由长沙市发改委立项投资的。据说，这些农民集中居住示范项目的总投资额高达337亿元。或许，这是周老板可以有所作为的地方。

想当初，周氏帝国下的圣毅园梦正是将其打造成为集生态农业、农产品深加工、生态旅游“三位一体”的现代农庄。可残酷的现实却在不断地敲击着这个脆弱的“三位一体”梦，显然，“三位一体”在这里是玩不转的！

或许，在生态旅游的旗号下还可以想方设法打点政策“擦边球”，以顺利进军地产业。其内核无非就是农地非农化。当下之中国，各路资本皆是打着各种旗号入驻农村的，通过各种方式绑架地方政府以顺利将土地变性，进而为房地产商业开发模式大行其道。可惜，在圣毅园这个区位优势并不凸显的地方，从近期来看，不管是进行房地产商业开发，还是乡村别墅群建设，抑或是乡村旅游、会所经济等都是没有多大市场的。于是乎，其经营之手必然要伸向政府，即通过各种名目来套现政府的农业补贴金等。应该说，这一模式在基础设施完好、经营规模不大的地方，可以做到屡试不爽，但是这两个前提在圣毅园都是难以存在的。为此，它既要为基础设施等公益事业埋单，又要为大规模流转过来的土地埋单，而那些补贴显然是杯水车薪，于事无补。加之企业从原先擅长的建筑领域转型于自己并不擅长的农业领域，显然是有些冒险，其管理和服务多少也需要个适应过程，这些问题集中积压起来，难免不会导致整个企业不陷入崩溃。

尽管周董或许也是带着为家乡人民办实事的良好愿望而来的，其前期高昂的策划费用所带来的效应无疑也是成功的，但是慢熟的现代农庄和漫长的农业投资回报周期是无法容忍贪大图强、勇于冒进的工商资本行为的。这里固然有资本家的个性缺点或投资决策失误等因素诱致，但是更多地应归属于当前社会心态浮躁下的资本与权贵相结合的驱动因素，任何无视于中国农村土地产权结构、农业发展规律和农民生活状态的城市资本逐利行为或国外农庄模式移植都将走向衰亡。

圣毅园现代农庄的破败有其必然性。

三　板仓小镇：烙上小产权房隐形市场印痕

赶到板仓小镇，已然中午时分。

对这个“初恋小镇”，我们似乎并不陌生。“红色开慧，绿色板仓”的宣传定位似乎能给人一种特有的亲切感，或许是因其红色文化底蕴而略显厚重，或许是因其在一定程度上迎合了现代都市逆城镇化思潮而略显清新。

走进这个小镇，它已拥有了“城乡一体化示范乡镇、全国环境优美乡镇、全国百个红色旅游基地、国家级 4A 风景旅游区”等多个头衔。虽说开发年度并不久远，但各项配套都还做得不错，大有“栽好梧桐树，引得凤来栖”的架势。现在势头正劲，地方政府欲将其打造成为集红色旅游、生态观光、休闲度假、商贸流通于一体的湘北“经贸重镇、旅游强镇、文化名镇、生态美镇”。

如果对照上午路过的圣毅园，这里似乎有着不可比拟的交通优势、不可复制的红色文化资源以及不可多得的政府人文关怀，因而也就出现了冰火两重天的发展迹象。即便如此，若是没有土地及其价值发现，我们也很难想象这个沉寂近百年的红色小镇竟能神奇般地发迹，居然只用了六七年时间！

在这里，东边是京珠高速入口处，西边有 107 国道经过，离星沙只有 30 分钟车程，显然具备了土地增值的先天区位优势；而现代都市的喧嚣与工作繁忙，恰又给城郊娱乐、休闲、旅游、度假等生活方式的兴起带来了新的机遇，显然其成功的宣传定位正迎合了这种需求。即便如此，若是没有政府及其政策的支持，我们也是很难想象其土地将如何增值，又将如何撬动地方经济发展的。

官方资料显示，2007 年，杨开慧纪念馆开建，历时 3 年，总投资约 3000 万元，建筑占地约 14 亩，景区占地约 96 亩；2009 年，原开慧乡被列入长株潭两型社会实验区试点范围，具有先行先试政策优势；2010 年，被列入长沙市城乡一体化示范乡镇，每年都可以获得 1000 万元的项目引导资金用以推进其城乡一体化建设，还有 100 万元专项资金以作规划编制用；2011 年，撤乡设镇，同年被列入湖南省国土资源厅土地管理制度创新试点，这也为其土地价值实现提供了必要的创新空间和制度保障。

事实上，在促推板仓小镇繁荣的背景下，县国土局还特批了 300 亩的农村集体经营性建设用地指标。或许，这一指标就送给了湖南人瑞局投资管理有限公司，以此引进 8.3 亿元的投资，打造斯洛特组团的老年公寓。我们当前所能看到的骄阳路临街门面（含板仓民俗商业街和葛家山组团商业街）及系列农庄会所（如慧润乡村旅游，集体经营性建设用地 3 亩；乐活生态山庄，国有建设用地 424 亩，流转集体土地 100 亩）、农村商贸文化综合体（国有建设用地 16.75 亩，已建成了湖南省首家农村现代商贸物流综合体，用地 13.5 亩）、商住两用型商业中心斯洛特水街（70 亩）、桂花树坡商业街（116 亩）等莫不是与试点区的土地政策相关。正是有了较为宽松的土地政策，才能真正有效地引进企业投资入驻，比如汉硕国际管理学院（约 800 亩，投资约 2.79 亿元）、“骄阳天下”养老养生产业园（约 12000 亩，其中国有土地 3000 亩，流转集体土地 9000 亩，投资约 150 亿元）、国艺影视基地（1500 亩，投资约 15 亿元）、板仓国际露营基地（1800 亩，投资约 800 万元）、铁皮石斛高技术产业示范园（1200 亩，投资约 1.8 亿元）、板仓国际水稻文化产业园（3560 亩，2 亿元）、金山粮油优质稻种植加工产业园（861 亩，投资约 1 亿元）、长沙慧泽园种植基地（1100 亩，投资约 800 万元）等。

最为耀眼的莫过于“城乡一体化示范乡镇”下的用地创新权！在这块城乡统筹试验区上，他们从2010年开始就搞起了“市民下乡集中居住项目”，并利用土地增减挂钩政策推动了“农民集中居住项目”建设，有效置换了农民宅基地，以作商用。在现行土地管理法规下，农民宅基地只能在村集体经济内部流转；可是作为村民，本身就可免费获得一块宅基地，那在村内哪个村民还愿意通过流转去有偿获得宅基地呢？而城市居民虽然具有旺盛的宅基地交易需求，但是受限于非农户口却又不能到农村去买地，所以，这种交易只能在“隐形市场”中形成。可是，对农民来说，在土地资产没有变现前就只能是一堆“死”资产“有”在那里，无法形成有效供给；而“隐形交易”又存在着法律制度和实际操作的风险，因此，这种貌似保护老百姓的土地制度，实际上却窒息了农村宅基地的交易需求，供需双方都被窒息了。

板仓小镇的“市民下乡集中居住项目”，就是通过城市居民转户口到开慧镇来，成为其村民，从而获得在农村集体经济内部购买宅基地的资格。其高明之处，在于将城市居民户口转为农村户口，这是现行政策没有明确规定的缺口，从而打个政策“擦边球”，成功绕过了现行的土地管理法，实现市民下乡购置房产的愿望。

虽然说，后来国土资源部对诸如此类的市民下乡购置房产问题严令禁止，但是对板仓小镇而言，为了促进一方经济发展和繁荣，自是可以利用手里握着的几种先行先试武器，继续游走在法律的边缘，更何况还是在国土资源部的严禁之前试点的。当然，从现行的后果来看，这是一个非常典型的小产权房隐形市场问题。

具体到板仓小镇，前期共规划了4个市民下乡集中居住点，从现实操作来看，只有开慧村段老组的自在村项目落了地，规划占地面积314亩，94户独栋别墅。在2010年的时候，开卖价约为15万元/亩，还特邀请到张丹丹来做形象大使并购房。现在，这里的地价大概涨到了25万元/亩。至于另外3个还未建起来的试点，估计在现行政策下是很难再实施了。

客观来说，该项目是由地方政府推动起来的，在土地收益分配时自然要占大头，但总收益也不过 4500 万元，与前期大量的基础设施建设投入来看，这笔收入也仅仅是填补一下漏洞而已；后续还要进行拆迁、补贴等（当时给老百姓的林地补贴价是 30 万元/人），估计地方政府也没办法去赚多少钱，更何况这土地本身还是属于集体土地性质。

就老百姓的林地补贴而言，这对没有宅基地在此范围内的老百姓来说，突然来了个 30 万元/人，当然是很高兴的事；但是对有住房在此范围内的老百姓来说，要进行腾笼换鸟，将他们搬到“农民集中居住点”去，这个意见可就比较大了。所以，至今仍有部分百姓没有实现腾地，问题也就搁置在那了。

就政府而言，也有好心办坏事的时候。在此项目推进中，政府为了推进地方经济发展，快速积聚人气，竟然没设门槛就让市民获取农村户口，似有操之过急或不当之嫌。若是更为理性点，应设置户口获取门槛，比如，只有在引进 50 万—100 万元的资金进行基础设施等项目建设后，才可获取村民资格，这也可缓解一下政府资金输入的压力，给地方更多经济发展活力。我们在考察时，就看到过一处堤坝垮了没人修的状况。这或许，并不是设计者当初所能虑及的。

游走长潭株

2015 年 2 月 6 日晚

天气晴好，满满的一车，八点准时出发。

一 长沙市：暮云

第一站，原长沙县暮云镇（现天心区南托街道）的牛角塘村，沿 107 国道两旁到处都是棚户区，我们在一建材物流市场处下车。在随处的调查中，便可知老百姓有怨言，主要是集中于该建材物流市场的征地补偿款分配不公问题：“租赁用地约 50 亩，其中一个组 20 来亩，另一个组 30 来亩，当时（2007 年）是按 2 万元/亩左右的价格进行补贴（60 号令标准）。其实，老百姓并没有多少受益，由此还引发了多次冲突，但也没什么用。你看现在我们既不能种地，又不能种菜，也没什么收益，怎么办?! 这个建材物流市场，当时还是个汽修厂（工业用地），后来转了几次手，就是现在的样子（商服用地），租金就与我们没什么关系了!”

顺此思路，我们找到了暮云工业园区管委会，他们并不具体负责这些土地管理问题。转而走进南托街道国土分局，看样子还是刚挂牌不久。运气不错，很快就接洽上了，办事员业务娴熟，实践经验丰富，能深入浅出地道出其个中渊源：“长沙市征地拆迁补偿办法 60 号令与 103 号令之间的区别太大了，给老百姓的补偿标准是不一样的，这个补偿时间又滞后，物价还在涨，老百姓的怨言确实到处是! 这样的情况在全国都很普遍。你看在城郊，拆迁费用就很高，问题也是最多的!”

关于国家集体建设用地政策问题，当前最为重要的是要进行土地确权颁证，我们现在已经确权到村组，下一步怎么走还不清楚，主要是看省厅的文件精神。原来就存在林地确权确定不下去的情况，这些问题现在还搁置在那里。我们这边还算是有 8000 多亩建设用地指标，老百姓要建房还是可以的，但比以前要麻烦多了。因为现在采取的是规划、建设、公安、林业、国土等多部门联合审批制度，国土部门是最后才审批的。虽然，这与国家简化行政审批程序相悖，但在实际操作中又不得已而为之，这应该还是顶层设计的问题吧。再比如国家基本农田红线问题，在 107 国道两边基本不能种地，污染很严重，老百姓只好抛荒；而这里的地皮却又很贵，容易诱发老百姓将这些抛荒农地变性，用作建设用地，这些都是很迫切需要解决的问题，不去制止就要被追责，去制止老百姓又有怨言。所以，许多政策执行起来就容易走样。比如，就像咱农村低保制度一样，在执行过程中走了样：一个“五保户”，家里只有一个低保人口，也就只能补偿一个人的低保；但若是一个七口之家来享受低保，那就有七个人来拿，这就可以套取国家更多的低保资金。从村里来看，推荐后者当然要好些，但是这对“五保户”是不公平的，你说村干部怎么办呢?

其实，这些集体建设用地中的问题到处存在。有的进行了土地整理，基本上没什么代价，主要就是为了套取国家资金补贴，这里的利润空间很大。有的进行休闲开发，可以打政策“擦边球”，利用3%的建设用地配套建宾馆会所；也有的进行变相入市，如西湖村的滑雪场，就是租用集体的两安用地，显然是改变了土地使用属性，但是后来居然还通过拍卖办理了手续（这里肯定有猫腻），也就合法化了。还有的通过补交出让金之类的从而合法化，如打着文化建设项目的牌号拿地，之后再搞点商品房配套，虽然不能对外销售，但还是可以在内部职工中消化。我们的国土资源厅也就搞过集资建房问题，当然现在已经不许搞了，以前还是很普遍的。甚至还有的是直接违规操作，如长沙理工大学云塘校区附近的老百姓，看到住房收益大增，就从原来的6层楼房增建到10层，这很容易导致原来的地基承受不起负荷而出安全事故，等等。

对于农村集体建设用地入市问题，我认为有很大的必要性。在农村，空心村问题凸显，一户多基、小户大基情况很多，还有分户新建问题也比较凸显，这些已经存在的老宅基地，政府又不能收回，老百姓又不能卖，你说怎么办？这对边远地区的农村来说，可以让它进入市场流转。对于城郊来说，这种必要性就更大。其实，对地方土地财政是有好处的，可以收取部分税费填补，还少些麻烦；不流转啊，就把老百姓的土地固化了，我们不能这样画地为牢。从这些年的土地财政来看，地方与中央都是按三七开收益分成的，尽管地方拿得少，但是征地的冲动还是很大的，所以通过增加税收的渠道还是可行的。

二 湘潭市：昭山

乡镇企业入市流转的需求很大：按照现在这个地段的市价，大概要100万—200万元/亩，一个10亩地的乡镇企业就可以获得2000万元的资金，你看这是哪来的好事！要是入市流转的话，程序也要简单些，县级政府就可以直接批准。当然，这对地方财政还是有一定影响的，但还是要看长远点。总的来说，这个入市流转还是要好些，更加直接些，也省事些。

从流转方式来看，不宜太复杂，只能限于使用权流转，要是入股的话，就怕以后纠纷多。我们这边107国道边上就有蛮多国有企事业单位，按原来的规定，内部员工是可以在本地的集体土地上买块地建房的，那时候是按 30 多元/平方米（1996—2003 年）的费用进行收取的，这就可以直接获得一块划拨土地，然后用这个费用去补偿村里农民（大概是 1 万多元/亩），这样建房后就有了土地证，另外补交几块钱一平方米就可以获得房产证。也有些职工家境不宽裕，像那些拖儿带女的（3—4 个子女）就没有交这个钱，也就没有办证了，当然也就没有土地使用权了。到现在纠纷很大，遇到要拆迁了就更麻烦。

集体经营性建设用地入市要是做增量的话，村里就会有很多人进入，现在村里有钱的人多得很！这对现在的国有土地价格冲击就会很大，所以政策制定问题就很关键。

现在也有些是在打政策的“擦边球”，有的利用临时用地（2 年一批）持续补办手续，就可以一直做下去。还有的生态山庄，自己说是农用地，但实际上是建设用地，这些老板与地方的关系都复杂，讲不清，我们也不好办。你讲要对他们的违规用地行为进行处罚，是可以的，但是不好操作。还有的是采取以罚代用，我们这里就有几个企业取得了土地使用权，然后在土地不够用的时候，就找关系增加部分集体土地。你看高速公路管理局的冯伟林就出了事，我们这边只能通过政府平台公司进行股权收购。

中餐过后，继续分头行动。

跨过铁路线，进入一家老字号的国营企业——湖南农药厂（1950 年开建，后来发展成为一个国家大型二档企业；经过 20 世纪 80 年代的国企改革后，于 1993 年成为一家上市公司，名为湖南南天实业股份有限公司）的职工住处。它正处于京广铁路线与长株潭城际铁路线之间，是一个典型的夹心地带，共有六处独立楼栋，红墙青瓦，大树林立，东南庭 8 个单元、东北庭 6 个单元，西庭 3 栋外加一处独立楼栋。楼层不高，大都是三层，只有公厕可用。乍一看，就知道这是在见证着某种历史文化。原来这就是 20 世纪 70 年代的国企职工用房！望着那些似有开裂痕迹的钢架混凝结构房，叹一声，遥想当年，这应是一方乐土！

然而，这个风光一时的国家大型二档企业，在 1980—1990 年的国企改革号召下不得不进行艰难的转型！1993 年按现代企业发展模式上市成功，发行了社会公众股，1997 年又发行了法人股。在工业化革命下，这家依托农业发迹起来的国企不得不继续改制，尤其是在 20 世纪 90 年代末的国企职工下岗狂潮中，这家“国”字号不得不卷入其中！

实际上，一踏进这个院子，即刻就被几个抱团烤火的老爹爹老大妈怔住了：叼着烟，嗑着瓜子，聊聊天，看似悠闲，实则寒碜，满脸舒而不展，似乎在诉说着什么……

靠上前，递支烟，欣然接受，话匣子很快就被打开了——这里似乎是一座活火山！

“我们现在是‘上无片瓦，下无寸土’……”

“我是 40 年的工龄，买断了，只给了不到 4 万元！单位没给社保，现在每年就靠着 1500 元的养老保险生活。”

“我是没有买断，现在是 230 元钱一个月；养老保险是 1800 元一年，还是近两年才提上来的，以前还没有这么多。”

“厂子倒闭十多年了，当时这里住得满满的，大概有 200 来户，现在的话也还有 150—160 户，一直就住在这里。走出去的不多，当时还年轻点的，就出去打工了，只有个别打工发了点财，大部分就混碗饭吃。我们没地方去，也没什么事做，年纪大了也不会做什么事啦。”

“我家孩子在外面打工，也没赚什么钱，过年还是会回来，就住这里。”

“你看这堵墙是隔壁村民起的，我们到哪建房?！哪有钱去外面买房?！”

原来，这就是曾经风光一时的国企下岗工人的现代真实生活写照！

看着城际铁路旁的拆迁楼和不远处的安置房建设，心中直嘀咕：这些是不是又在制造着一个个几十年后的“眼前的国企职工宿舍”?！

在去往株洲的路上，心中一片茫然……

三　株洲市：田心

非常顺利地到了市国土局，开始还在担心进不了门，毕竟我们是没有提前预约的。可结果多少还是有些让人意外：不仅进了门，还得到了较好的接待，对我们的咨询是有问必答，对我们所需要的资料和文件也都是倾力提供，甚至还有个急着要出去办事的科长和另一个急着赶材料还要周末加班的副科长都放下手头的活儿来给我们耐心解答！

通过交谈，大致了解了下株洲市集体建设用地使用权抵押登记的基本情况："抵押试点是有了，市里有文件，但是没有一个实例出现！""大家现在都是在买国有土地，贷款额度也多些。用集体土地抵押，价格上不去，还有风险问题。万一经营不善，可能导致农民失地失业失房！"

"当前最重要的还是确权颁证。先要确权，我们2015年准备做一个乡的宅基地和建设用地的试点，开展房地一体不动产确权登记。""我们现在已将所有权确定到组，但尚未登记发证，外业已做完。南宁的确权是全部登记，我们这里就不能去完全照搬。因为这会导致以后的征地拆迁补偿异常艰难！我们的思路是先确权，再做其他的流转工作。这方面我们株洲也是全省最早的，但是省厅没有要求发证，至于什么时候我们也不知道，我们只是把外业做完，做好前期工作，力争在2016年完成。""宅基地工作非常细，涉及很多方面，如地价测算，交易平台搭建问题等。"

"至于你们要说的农村集体经营性建设用地入市的必要性，我们感觉在国家土地大法没有变化，或者没有进行顶层设计的情况下，去进行某些单项改革实施，操作起来就很困难。实际上，这边的乡镇企业入市的迫切需求性并不强，倒闭后土地闲置的还是很多。在城郊，还是有一些想流转而不能流转的，如学校、医务室、食品站、废弃工厂、砖厂等。有时间建议你们可以去周边县区看看，尤其是株洲县，我们市区也有一些。"

面对这个全省首先进行集体建设用地抵押登记的试点区，本以为可以大有收获，可没想到居然没有一个实际案例支撑！

只好去实地感受下，想到石峰田心这个“中国电力机车的摇篮”，我们的目标很快就被锁定了。

这里的中小企业确实不少，在田心村还有不少私家作坊，即利用自己宅基地房进行生产作业。遗憾的是没有深入调查，对企业主的想法了解并不多。但在系列问卷调查中，还是能感受到老百姓是有很大怨言的！和其他地方一样，主要是来自政府的征地拆迁、补偿分配不公以及囤地不用等问题。印象深刻的是在我们准备离开的时候，一位个头不高的老爹爹，精神矍铄，对本地的土地制度变迁了如指掌，从新中国成立不久的土改开始，由初级社到高级社，再到人民公社，然后到改革开放后以组为单位的定亩定产量（700 斤谷/人·年）的家庭联产承包责任制，最后到现在的征地拆迁争议和矛盾。从他的解读中，我们正在感受着某种历史的不公集中在他的身上：“我到省里反映过，也没什么用！从旧社会到土改，这块山这些地都是我家的，我还有土改证的！后来的人民公社，这一切就归公了，按当时的农业 60 条、工业 70 条，建立了三级所有制，那时至少还能兼顾国家、集体和个人之间的利益；在家庭联产承包责任制之后，也只是所有权与使用权分离，我们还有自留山、自留土种菜和饲养；但是现在一征收，说没了就没了，有没有证也还不知道呢！这就是我家的房子，你再看看那边的村部大楼啰！”

放眼过去，夜幕下的那栋若隐若现的大楼确实非同一般！

对农村集体经营性建设用地入市问题，老百姓知道得并不多，尤其是土地抵押，很多老百姓都表示不知道，对村组干部也有一种明显的不信任感，至于农村集体经营性建设用地入市流转的必要性，对他们来说似乎已经不重要了。

时间过得很快，夜幕早已降临，霓虹灯下似乎也问不出更多的东西，只能用心感觉着现实与想象的巨大差别，其实土地政策的制定与实践又何尝不是呢?!

从今日调查过的三地来看，虽然各有不同，但总体而言老百姓的想法大抵都有一些共同的地方，即在征地拆迁及其补偿问题上，都是矛盾重重，化而不解！

或许，这并不是我们调查的初衷，但是问题就在那里！

金融资本、社会资本与文化资本的深度融合与共生：来自浏阳市农房抵押贷款的实践调查

2015 年 7 月 18 日初稿
2015 年 8 月 4 日定稿

又是一年暑期“三下乡”的社会实践活动，重复着同样的过程和同样的环节，或许速度与激情早已不再，但是在不一样的时间和不一样的地点带着不一样的同学做着不一样的项目，似乎也有着不一样的心情和不一样的理由支撑着继续前行，或许这就是浏阳市农房抵押贷款让人着迷的地方吧。

一　房产局接待中不乏社会资本积累

在每次调研环节，我们都要与地方政府部门进行正式或非正式的座谈或交流，有些时候是提前一个礼拜与对方进行衔接，往往是基于熟人关系而进行，即发挥着指导老师们的社会资本效力；不过，更多的时候是直接跑到对方办公室去进行“碰运气”式的座谈调研。在今年的浏阳市农房信贷考察中，我们准备对相关部门采取后面一种方式。不过，这次“碰运气”行动发生在调研前一天：临近下午五点半，我们在网上找到了浏阳市房地产管理局的办公室电话，顺便打了一个过去，是一个女同志接的，在说明基本情况之后，这位热情的女同志很快地帮我们联系到了办公室主任付同志；而这位年轻的付主任接过电话后，很快地就请示了局领导，得到的回答多少有些意外：“我们领导很重视您的调查！非常欢迎您的到来！”同时，为我们的调研作了专门安排：“我们的一个分局局长、一个分管产权登记的主任和一个负责汇报材料的业务科主任将与您进行会谈，午餐就在我们食堂，特为您一行安排个工作餐。”

在第二天的实践考察中，何局长亲自到楼下迎接我们。上午的座

谈会一直进行到十二点，太扎实了！欧阳主任陪我们聊了一个多小时；江主任的汇报材料是精心准备的，还有纸质档印发给我们；何局长的基层经验是丰富的。

同时，为了做好下午的调研安排，付主任中午都还在忙着：一方面要安顿我们休息，另一方面又要帮我们联系浏阳市农村商业银行，这样就一直忙到下午1：30；何局长也没闲着，为我们安排了与浏阳市工业园区的座谈会对接；在后续的工业园区座谈会中，负责接待的宋所长还是专门从下面的一个分所点大汗淋漓地赶过来的！

这种礼遇是我们始料未及的。

或许，“我们只是做了点基层的服务工作，虽然在农地产权实践探索中积累了一些经验，但更多的还是要靠你们的理论指导和智力支持！”欧阳主任轻松地说。

答案只能在内容之外了。

也许，这就是浏阳市基层政府部门在漫长的农房抵押贷款过程中所积累的另一种超然经验：更加注重社会资本的积累效用。

所谓社会资本，就是指“投资在社会关系中并希望在市场上得到回报的一种资源，是一种镶嵌在社会结构之中并且可以通过有目的的行动来获得或流动的资源”（Lin Nan，2001）。在经济学家看来，社会资本是指促进或帮助获得市场中有价值的技能或特点的人之间自然产生的社会关系（Loury，1977，1980），它包括隐含的知识、网络的集合、声誉的累积以及组织资本，在组织理论语境下，它可以被看作是处理道德陷阱和动机问题的方法（Stiglitz，1999）。

对于一个中部内陆省份的县级市来说，在20年前就能够如此大胆地进行着农房产权登记和抵押贷款的实践工作，而且能游走在现行土地管理法边缘地长期维系下来，还取得不菲的成绩，并能得到中央和省级政府的默许，到现在已获得国家土地制度入市改革试点，的确是不容易，更确切地说是需要气魄和智慧的，因此，不注重社会资本积累肯定是不行的。

毫无疑问，面前的这个特定群体并不能为基层政府部门给出满意的理论指导和智力支持，但是，这群生活在信息化时代的调研员们，还是有一些发声的机会的，尤其是作为一个群体出现在“三下乡”实践活动中，还是能散发出一定的正能量的。对于一个刚刚进入国家试点梯队的地方县市来说，他们多年积累的经验和做法也需要被认知、被理解。调研员们的到来，或许也是一个机会，可能是现在，也可能是未来，但对于社会资本积累来看，需要放长线。当然，能受到如此礼遇，也不能仅仅局限于此。但至少还是可以从一个侧面说明，他们是积极主动的，而且是一个充满激情和富有战斗力的队伍，其管理者更是充满智慧的。

客观地说，他们的工作也很具体，尤其是面对基层群众的现实困境和服务需求，在无形中促成了他们更加务实的业务取向和人性化操作方式。在江主任的汇报中得知，他们的经验之一就是创新服务方式，比如为农房产权登记开办“绿色通道”，通过基层房管所的设置，从而结束了农民“进城办证”历史等；在人性化处置房产问题上，虽然也发生过不少农屋抵押的不良贷款问题，但是在20年来的操作实践中并没有真正地处置过一个农户的农屋，他们认为民生问题更要体现人文关怀，政府或银行不宜落井下石。可以认为，这是在真正地培植社会感恩基因，实际上也就是一种长期的社会资本积累方式。

二 农商行座谈中不乏文化资本亮点

下午的座谈会三点一刻开始，一直到四点半，接待的是一个颇为年轻的风险部经理。座谈会从浏阳市农村商业银行发展的专题纪录片开始，这也是上个月（6月16日）戴道晋副省长到浏阳市调研农房抵押融资改革试点情况时，他们专门制作的。

在刘经理的介绍下，我们座谈了一个多小时。别看这个才毕业五六年大学生，但谈吐起来还真不简单，对浏阳市农商行的各个商业网点布局、各个片区发展等情况还真如数家珍。座谈获悉，浏阳市农商行，作为一家本土化的金融蓝领，市场占有率非常高，大约有70%的浏阳人选择了该行，其中，城区六成以上、农村九成以上的商户在该行开户往来，到2014年年底，做了130多亿元的小额贷款（截至2016年年底，单就农房抵押贷款就做到了46.35亿元），被省联社评为风险等级一A级，被中国银监会监管评级评价为二级行。

最能让我们着迷的当然是其金融主打产品：农房抵押贷款融资。在浏阳市的农房抵押贷款中，抵押品主要有三种类型：一是农户的房屋抵押，土地性质是农村集体建设用地中的宅基地；二是农户的厂房抵押，土地性质是农村集体经营性建设用地；三是农户的门面或商住房抵押，土地性质是征地补偿安置后的预留集体建设用地或其他隐形方式变现的集体建设用地。早在1998年，他们就开始了农屋抵押贷款融资探索，经过了17年的历史沉淀，逐渐形成了特有的浏阳市农商行信贷文化。也正是源于这种本土化信贷文化资本的长期积累和历史沉淀，从而成就了他们在浏阳市域的农村金融霸主地位，梳理其经验大致有：

（一）秉持共生理念，敢于创新

共生是包括对立与矛盾在内的竞争和紧张的关系中，建立起来的一种富有创造性的关系（黑川纪章，1996）。浏阳市农商行的前身是浏阳农村信用合作社，在经济改革和银行业转型过程中，选择了继续服务于地方经济发展与县域“三农”资金需求，并在共生共荣理念下谋求发展，敢于创新。这又集中表现在农屋抵押贷款融资实务方面的创新。

故事发生在20世纪末，其时农地并不具备抵押功能，可农户的资金需求又很旺盛，供求矛盾何以化解?！于是，他们选择了与地方县级政府合作。虽然，国家上位法并不允许，中央政府也未曾给出多少政策支持，但是，在地方县级政府的努力下至少还能争取到省一级政府部门的默许，这在当时的经济发展背景下，应该算是一种难能可贵的合作共赢结果！正是有了地方政府的默许、支持与合作，他们就可以在农屋抵押问题上继续探索和前行，进而抢占了浏阳市需求最为旺盛的农村信贷市场，并成为名副其实的县域金融蓝领。具体而言，他们在实际操作中，发现并发展了自己的业务和定位，他们依托农屋抵押贷款，进一步地将业务拓展到农房、林权、采矿权等抵押贷款，以及整借零还集镇住房贷款和规模农户、商户、企业联保贷款等品种，并积极地将自己打造成为县域范围内“农民朋友的贴心银行、社区居民的亲情银行、中小企业的伙伴银行”，也逐渐摸索出了一条由银行信贷风险有效管控与服务地方经济发展的信贷资金需求相结合的政企民合作共生之路。

就在世界经济危机蔓延的2008年，他们还特地推出了“政府主导、银行联动、村组推进、农户参与”四位一体的支农富民新机制，即通过点对点的入户活动，对农户进行信息采集、评级和差别化授信，并与信用村镇创建结合，将服务延伸到“最后一公里”，实施了无抵押担保的信用贷款，从而为地方经济发展和县域“三农”资金需求注入了一剂强心针，同时也是在积极建构并有效促进了“银、政、农”共赢共处的和谐关系。

从数据来看，确实也做到了多赢共生的效果。1999年，浏阳市的花炮产业产值、利润和税收分别为25.5亿元、2.1亿元和2亿元，到2012年年底，则分别达到172.8亿元、30.7亿元和10.7亿元；浏阳市也由昔日的国家级贫困县跃升为全国百强县，城乡居民收入更加殷实，幸福指数大大提高；对农商行来说，更是一个大赢家，存款、贷款和利润分别增长到1999年的9.43倍、9.89倍和326.23倍，综合实力大大提升，已稳居全省农信系统的首位，从而获得了“全国农村中小金融机构最佳服务三农贡献奖”“长沙市纳税贡献奖”等奖项。

（二）培育诚信基因，勇于担当

在20世纪90年代，花炮之乡的浏阳市，中小微企业发展非常迅速，产生了大量的信贷资金需求，尤其是农民家庭作坊式花炮厂的资金需求非常旺盛。然而，农民却很少能到正规金融机构贷款，因为没什么值钱的抵押物。正是在这种被抑制的旺盛资金渴求下，1995年，浏阳市政府尝试着进行农屋抵押贷款。1998年，当时的浏阳农村合作银行接手了这一烫手山芋。要知道，在20世纪90年代中后期，正是中国银行业转型的重要时期，先前诸多面向农村市场的银行信贷机构都在纷纷撤离。因此，能坚持做下来的自然是一种责任、一种担当。

在后续的农屋抵押贷款实践中，他们务实地选取了本土化的制度建设，积极挖掘、培育和弘扬浏阳市域范围内的社会诚信基因和感恩基因。比如，在与地方政府合作推出农屋抵押贷款的第二年，他们就开始尝试与地方政府一道推进金融安全区的创建活动。具体来说，他们通过诚信宣传教育、清收公职人员拖欠贷款、法院开展金融案件专项执结行动、不诚信企业与个人“黑名单”曝光、限制“老赖”高消费等举措（湖南省农村信用联社联合调查组，2013），从而积极营造良好的社会诚信生态和公民道德氛围。

（三）注重服务定位，敢“接地气”

定位是最具革命性的营销观念（菲利普·科特勒），而创建一个有利的定位即战略（迈克尔·波特）定位，实际上也就是生产力。正是深谙此理，浏阳市农商行将其战略定位于“立足县域、服务三农”，并将经营定位于“小额分散、稳健经营”。在操作实务中，他们依托农屋抵押贷款，采取了系列“接地气”的做法。比如，不良贷款问题一直以来都是银行业最为头疼的问题，浏阳市农商行在实践过程中则采取了广泛而细密的布点方式，将业务授信布点入驻到村落，并将个人诚信、信用村镇创建等相结合，并根据贷款用户信用等级、经营状况来确定其贷款期限（一般以一年以内的短期为主）和利率（一般在基准利率上上浮50%），从而有效地管控了风险。尽管如此，到2013年6月底，他们在农房抵押贷款方面还是有0.64亿元的不良贷款，占比为1.84%，约为平均水平的2.02倍（湖南省农村信用联社联合调查组，2013），特别是在近两年，由于内需市场和出口市场都不怎么景气，金融信贷市场中的恶性竞争、价格战等均不同程度地存在，这些也客观地导致了不良贷款率的上升。不过，在长期的“三农”服务实务中，他们似乎也并不着急，有着自己的一套拿法。比如，今年在处理不良贷款问题时，他们就采用了打包处置方式，通过小范围的内部员工招标，进行打包追债等处置方式，既可挽回银行巨额亏损，又可调动员工积极性，还能做到差别化地处理实际信贷问题，可谓一箭三雕。

（四）强调务实进取，做出特色

“务实”“进取”是浏阳市农商行企业文化的一部分，在这种信念下，他们将目标锁定在浏阳市金融市场中的蓝领位置，从业务量来看确实是做到了。截至2013年6月底，他们的农房抵押贷款客户达到1.16万户，累计发放的客户达到9万户次，其中，浏阳市七成以上的花炮企业是通过他们的农房抵押贷款获得了信贷支持；他们的农房抵押贷款余额达34.86亿元，约占该行贷款量的三成，累计发放的农房抵押贷款达到312.7亿元。与之相随的是其特色业务也得到了肯定，比如，连续多年被评为浏阳市服务“三农”和支持地方经济发展先进单位，连续6年保持监管评价“二级”行，等等。

（五）坚守道德底线，务实放贷

在长期的农屋抵押贷款实践中，他们发现，一旦农户无力偿还本息后，非要硬逼着农户走向法律程序对抵押农屋进行拍卖，实际上也没有多少操作意义。对银行来说，或许在法理上可以获得一些经济回报，但实际上将失去更多，毕竟这是一种有违“居者有其屋”的民生问题！更何况农屋在现行法律下只能在本村居民之间进行交易，一般是没有市场的，在现行的乡规民约下也不太可能有人来接手的（当然，若是厂房抵押，那还是有可能的）。座谈中获知，浏阳市农商行在实际操作层面并没有采取这种落井下石的举措，而是采取了坚守道德底线的做法，迄今为止，尚未发生过一例拍卖农户住宅的事情，他们说以后也不会有。面对这种法理上的“正义”与操作上的“无义”两者之间的诘难，他们最终采取了更加务实的放贷办法，即通过制度建设积极培育社会诚信基因和感恩基因，由此推进信贷业务稳妥发展。

在操作实务中，他们也发现“农房抵押只是形式，实质上是无抵押担保的信用贷款。”于是，“我们建立了自己的信贷网络体系，对每个信贷客户都有诚信记录，在授信管理中也有我们自己的特色：对于5万元以下的信贷根本不用做联保，只要把握市场准入就OK了，这与我们浏阳市的经济发展基础密切相关；对于短期贷款，往往是与农户家庭具体情况高度相关的，这我们一般都能够了解入微，并考虑到后续偿还，比如有的信贷农户就在××厂做事，而这个厂又是我们的信贷客户，这时厂里可以在该信贷农户的工资中按比例进行扣除以偿还其贷款。因此，这个工厂对我们的还贷是有贡献的，我们就可以增加它的授信度。同时，我们还专门针对客户的忠诚度和信贷往来情况进行建模打分，计算其贡献度，等等。”刘主任如是说。不难看出，这种巧用客户诚信的环环相扣模式，可以算作是“借助自身信用或声誉拉客户行为”的升级版，它的确可以在一定程度上稳定优质客户，督促诚信“边缘”客户，从而有效地规避或积极地防控着信贷风险。

客观地说，他们的做法实际上是一种将乡规民约式的非正式制度与现代商业银行风险管控的正式制度相融合并注重制度实施效力的一种本土化授信贷款模式，正体现了道格拉斯·诺思所说的制度效率：制度是由一系列正式约束、社会认可的非正式约束及其实施机制所构成。

三　各民意调查中不乏金融资本需求

一天的时间安排得非常紧凑，早上7：40左右出发，沿途经过洞阳镇，看人来人往，是个不错的调查区域，于是下车进行了将近一个小时的问卷调查（当然不能太久，因为10：00还要与房产局领导座谈）。中午我们也只能是小憩一下（12：25—13：25），一点半从房产局准时出发。由于浏阳这边下午上班时间一般是在3：00左右，我们还有一个多小时的时间空当，于是就近调查，对城郊接合部的农户和城市新建社区的临街商户及过往农民工进行了系列问卷调查，先后又选了两个点。在对工业园区进行座谈后，已是傍晚六点时分，我们又就地对园区部分农户进行了半个小时的问卷调查。之后，又马不停蹄地赶往北盛镇，草草地吃了个晚餐，顺便对这个浏阳市中小微企业密集镇区的沿街进行了又一个小时的问卷调查，真正赶往回来的路时，已经是晚上8：40多了，回到学校已过10点。这一天，真可谓风尘奔波却又紧张有序啊！消受着这种名副其实的披星戴月时光，新生代的小同学们也是有苦难言啊！

连同前一天在永安镇的定点调查，我们一共调查了6个点，发放并收回了150份有效问卷。其中，永安镇53份，北盛镇37份，市区和工业园区24份，洞阳镇21份，其他乡镇15份。数据中，没有贷款经历的农户人数居多，有96个，占样本总述的64.00%；有过贷款经历的农户只有54个，占相对少数（占比为36.00%）。问卷调查统计显示，81个农户选择了愿意进行农地抵押贷款，占总样本的比例为54.00%；48个农户选择了不愿意，占总数的32.00%；另外，还有

21 个农户表示不清楚，占比为 14.00%。在愿意进行农地抵押贷款的农户地域分布中，洞阳镇最高，约为 61.90%；然后是北盛镇，为 56.76%；市区和工业园区，大约只有 54.17%，略高于本次调查的抽样平均意愿水平；而其他乡镇的意愿水平为 53.33%，略低于样本平均意愿水平。这些情况大抵反映了该市农户对信贷资金需求的地域分布状况，基本上是与其经济发展或中小微企业密集状况相对称的，即经济发展条件相对较好的乡镇或中小微企业密集的乡镇，对农房抵押贷款的资金需求相对更强烈些，当然对金融资本的信贷需求量将会更大些。

一个例外是永安镇，统计显示其意愿水平仅为 49.06%，表现为最低。一个可能的解释是，这与我们的调查对象选取有关。因为在前一天的入户调查中，我们在永安镇的城镇辖区范围内只做了 8 份问卷（这与今天调查的对象选取颇为相似，实际上这 8 份问卷中就有 6 份选择了愿意，其意愿水平占比为 75.00%，显然是远高于总样本平均水平的），其余的问卷是逐渐深入到永安镇城镇范围外的各个村落农户家庭的，因此这些数据更能体现一般农户家庭的务农资金信贷需求状况，其资金需求显然没有前述街道经商农户、就近就业的农民工或中小微企业主那么强烈，所体现出来的意愿水平自然就会更低些。换言之，地处城镇化区域的农户信贷资金需求自然是要高于尚未城镇化区域的。

总体来看，调查数据所反映的农户意愿选择是较为客观的，大多数农户还是具有信贷资金需求的，尤其是地处城镇化影响较深区域的农户，信贷资金需求更为强烈。在问卷调查中仅以农地抵押贷款为意愿的选择项中，就有 54% 的农户是持肯定态度的，由此也就可窥见当地农户信贷资金需求之一斑。倘若将现行的农房抵押贷款政策执行和农商行的实施机制的效力发挥到理想状态，那么农户们持肯定态度的选择项将会进一步增加。因为在实地访谈中，各个点都不同程度地存在着农户们对该制度及其实施中的抱怨声音或与其预期中的偏差反应。实际上，在当地经济良好发展态势下，工资待遇和消费水平都明显地偏高（与长沙市区有得一比），大多数农户都认为用自家农房抵押贷款个3万—5万元的资金，是没什么大不了的事情，或者说是低风险的事情，他们早已习以为常，因此，我们也可以冠之为浏阳市农户信贷资金需求的新常态。

四　利益角逐下的理性选择与社会反思

依托农房抵押贷款，有效服务地方“三农”，积极推进县域经济发展，做实做特“花炮之乡”的企业名片，浏阳市各政府部门更加注重自身的社会资本积累，浏阳市农商行等更加大胆地将金融资本推向广大农村腹地，而农户们传统的文化道德资本在各利益主体长期以来收益最大化的角逐下得以持续利用，并成为新一轮锦标赛中的道德高地，于是乎，金融资本、社会资本与文化资本走向融合也就具有了必然性。其中，农房抵押贷款只是一个载体，源于自下而上的民意驱动，不经意间已承载了几代人的共同努力或智慧结晶；毫无疑问，政府部门是理所当然的策划者和推动者，需要不断地积聚社会资本合力，这也是其必须面对的现实课题或者说是最为理性的选择；就金融资本而言，当然是无法改变其贪婪面孔的，只是在这里被一次次地挤进了墙角，脱胎换骨之后便举起了诚信道德大旗，由此一路引吭高歌。面对农房抵押贷款这一全新课题，他们也找到了共同目标，描绘了美好蓝图，并达成了新的妥协：文化道德资本便成为一面可资利用的新旗帜，稍加修饰或包装便能产生持久功效，且屡试不爽，在现时代下更是熠熠生辉。

实际上，在与农户们进行面对面的交谈时，并没有像浏阳市农商行或房产局所描述的那么美好，当然也不似黑板经济学假设推理中的种种迹象。不过，大抵还是能在一定程度上反映其民间资本需求旺盛的现实以及由于长期以来的农屋抵押贷款给这个县域经济社会发展所赋予的一种特有活力及其沉淀的文化道德资本的若隐若现。

就上述问卷数据统计来看，17个有过贷款经历的农户（占比为31.48%）却不愿意选择农房抵押贷款，在一定程度上反映了该项政策实施并未带来政策制定者所设想的效果。在问及“您对农房贷款的相关政策及服务的满意程度”时，只有10.67%的农户选择了非常满意，略低于不满意者（12.67%）的比例，选择一般满意者约有

30.00%，占比最高的选择则是不清楚（38.67%），还有8.00%的农户选择了无所谓。在问及“您认为农房贷款的贷款手续是否麻烦”时，选择“非常麻烦”“比较麻烦”“一般”“不麻烦”“很方便”“不清楚”的农户人数分别为18人、48人、57人、15人、10人和2人，只能说农户基本上认可了这种贷款手续的基本程序（“一般”选项的占比为38%），但是持负面态度的（66人，占比为44.00%）还是要远高于持正面态度的（25人，占比为16.67%）。这些数据足以说明政策试验制定者的美好蓝图并未按预期进行，相反对政策试验执行者的房产局和农商行的行为认知还存在着较大偏差，在较大程度上折射了传统农民对正式制度在心理上所存在的不信任感较强，抑或是制度实施在现实环境中被扭曲了。

从房产局来看，他们能较好地贯彻地方县级政府的旨意并能积极拓展业务，能比较务实地将地方经济发展中的资金需求缺口与土地制度创新纳入服务范围，并在1995年就开始依托当时的中心镇和较大乡镇设立了13个驻镇房管所，积极地开展着农房产权登记和交易工作，这在当时是具有较强的开拓性和创新性的工作，实非易事，应该说也是比较“接地气”的。但是，在后续的探索及尝试中，在步伐和胆略方面仍一直地受困于上位法之不变，却没有真正看到一股自下而上的暖流，即已经做起来的农房抵押信贷操作过程中的文化道德资本涌动的真正功效，实为憾事。倘若沿着这条非正式制度的变迁之路继续前行，应该可以做得更好更精彩些。一个“接地气”的且能时刻站在农户立场上思考问题的政府部门，应该是会有办法的，至少是可以将这群颇有微词的农户们引向一个更积极的场域去思考问题。

从农商行来看，主要还是以资本增值收益最大化为基本取向的商业行为。虽然他们说是为了实现农村普惠金融，但是真正能受益的农户只是少数。从我们的调研样本数据中也可窥见一斑，仅仅只有54人，即占比为36.00%的农户才有过贷款经历，能用农房抵押贷款的比例当然要更低。对那些真正想贷款的农户来说，未必就能如愿以偿，毕竟还有不少农户手上根本就没有去办理过房产证，调查中就有不少农户反映他们手上只有建房许可证，这在银行操作实务中是没办法进行抵押贷款的。而房产局的解释是，这些农户大多数是拿了建房许可证超标准地违规违法建房，国土所是不可能给办理集体土地使用权证的，因此房产证也就不可能办下来。

浏阳市农房抵押贷款之所以能取得较好的阶段性成果，在很大程度上归因于金融资本和社会资本输入后能与文化资本进行缓慢融合，并将诚信道德等非正式制度进一步落到实处，即在不断彰显时代主流价值观的同时更加注重非正式制度的实施机制建设。随着国家级农村集体经营性建设用地入市试点工作的逐步开展，浏阳市这块实践了近20年的农房抵押贷款试验田中已然根植了某种道德文化软约束力，或者说已经形成了某种程度的路径依赖。因此，在后续的试验中还得继续朝着这个方向前行，必要时还得进一步强化这种软约束的作用机制，赋予其更多的道德文化意蕴。

任何打着国家级入市试点的幌子，恶意积聚自身社会资本、大肆放任工商资本入侵农村的行为都将无一例外地把既有的文化道德资本存量肆意践踏掉，并最终将农户们送上试点制度的对立面。任何土地改革试点都不能以掠夺农户土地、消灭旧式农民为隐形代价，我们必须在金融资本、社会资本和文化资本的深度融合中寻找一条共生之道。

注重文化道德基因的根植性并不断孕育其共生性是一个可以预期的方向。

参考文献

一　中文类

（一）书籍

[1] ［美］埃里克·弗鲁博顿、［德］鲁道夫·芮切特：《新制度经济学：一个交易费用分析范式》，姜建强等译，上海三联书店 2006 年版。

[2] ［美］安德鲁·马斯－科莱尔、迈克尔·D. 温斯顿、杰里·R. 格林：《微观经济学》，刘文忻等译，中国科学出版社 2001 年版。

[3] ［美］奥利弗·威廉姆森：《市场与层级制：分析与反托拉斯含义》，蔡晓月等译，上海财经大学出版社 2011 年版。

[4] ［美］奥利弗·威廉姆森、西德尼·温特编：《企业的性质：起源、演变和发展》，姚海鑫等译，商务印书馆 2008 年版。

[5] ［美］保罗·萨缪尔森、诺德豪斯：《经济学》，萧琛主译，人民邮电出版社 2008 年版。

[6] 曹振良等：《土地经济学概论》，南开大学出版社 1989 年版。

[7] ［美］查尔斯·沃尔夫：《市场或政府——权衡两种不完善的选择》，谢旭译，中国发展出版社 1994 年版。

[8] ［美］丹尼斯·C. 缪勒：《公共选择理论》，杨春学等译，中国社会科学出版社 1999 年版。

[9] 樊勇明、杜莉等编著：《公共经济学》，复旦大学出版社 2015 年版。

[10] 国土资源经济研究院编：《经营性土地使用权出让》，中国方正出版社 2004 年版。

[11] 郭小聪：《政府经济学》，中国人民大学出版社 2010 年版。
[12] 韩俊：《中国农村土地问题调查》，上海远东出版社 2009 年版。
[13] 何・皮特：《谁是中国土地的拥有者？——制度变迁、产权和社会冲突》，林韵然译，社会科学文献出版社 2008 年版。
[14] 洪名勇：《马克思土地产权制度理论研究——兼论中国农地产权制度改革与创新》，人民出版社 2011 年版。
[15] 胡亦琴：《农村土地市场化进程中的政府规制研究》，经济管理出版社 2009 年版。
[16] 黄小虎：《土地与社会主义市场经济》，中国财政经济出版社 2008 年版。
[17] 蒋省三、刘守英、李青：《中国土地政策改革：政策演进与地方实施》，上海三联书店 2010 年版。
[18] [美] 科斯、哈特、斯蒂格利茨等著，[瑞] 拉斯・沃因、汉斯・韦坎德编：《契约经济学》，李风圣主译，经济科学出版社 2003 年版。
[19] [美] 雷利・巴洛维：《土地资源经济学——不动产经济学》，谷树忠等译，北京农业大学出版社 1989 年版。
[20] 李涛：《中国土地市场：运行机制、宏观调控和绩效评价》，经济科学出版社 2012 年版。
[21] 林毅夫：《制度、技术与中国农业发展》，上海三联书店、上海人民出版社 1994 年版。
[22] 罗光强、曾福生：《现代经济学高级教程》，中国经济出版社 2008 年版。
[23] [英] 迈克尔・波拉尼：《个人知识：迈向后批判哲学》，许泽民译，贵州人民出版社 2000 年版。
[24] [美] 曼昆：《经济学原理》（上），梁小民译，机械工业出版社 2005 年版。
[25] 曲福田、谭荣：《中国土地非农化的可持续治理》，科学出版社 2010 年版。
[26] [美] R. 库特、T. 尤伦：《法与经济学》，上海三联书店 1994

年版。
[27] [日] 小林良彰:《公共选择》,杨永超译,经济日报出版社1989年版。
[28] [英] 亚当·斯密:《国民财富的性质和原因的研究》,唐日松等译,华夏出版社2008年版。
[29] 杨小凯:《发展经济学——超边际与边际分析》,张定胜、张永生译,社会科学文献出版社2003年版。
[30] 袁庆明:《新制度经济学》,中国发展出版社2005年版。
[31] 张合林:《中国城乡统一土地市场理论与制度创新研究》,经济科学出版社2008年版。
[32] 张慧芳:《土地征用问题研究——基于效率与公平框架下的解释与制度设计》,经济科学出版社2005年版。
[33] 张曙光:《博弈:地权的细分、实施和保护》,社会科学文献出版社2011年版。
[34] 张五常:《佃农理论——应用于亚洲的农业和台湾的土地改革》,易宪容译,商务出版社2002年版。
[35] 张五常:《经济解释》,易宪容等译,商务印书馆2000年版。
[36] 张五常:《五常学经济》,中信出版社2010年版。
[37] 张晓山、李周主编:《中国农村改革30年研究》,经济管理出版社2008年版。
[38] 赵阳:《共有与私用——中国农地产权制度的经济学分析》,生活·读书·新知三联书店2007年版。
[39] 中华人民共和国农业部:《中国农业发展报告1995》,中国农业出版社1995年版。
[40] 周其仁:《湄潭:一个传统农区的土地制度变迁》,载文贯中《中国当代土地制度论文集》,湖南科技出版社1994年版。

(二) 期刊

[1] 曹泮天:《宅基地使用权隐形流转的制度经济学分析》,《现代经济探讨》2013年第4期。
[2] 陈洪博:《城镇土地使用的双轨制及隐形市场》,《经济研究》

1992 年第 3 期。

[3] 陈梅英、郑荣宝、王朝晖:《土地资源优化配置研究进展与展望》,《热带地理》2009 年第 5 期。

[4] 陈锡文:《当前我国农村改革发展面临的几个重大问题》,《农业经济问题》2013 年第 1 期。

[5] 董兴志:《市场经济条件下隐形市场显形化探析》,《商》2012 年第 21 期。

[6] 樊纲:《灰市场理论》,《经济研究》1988 年第 8 期。

[7] 范怀超、陈涛:《城市隐形土地市场探讨》,《国土经济》1997 年第 4 期。

[8] 丰雷、蒋妍、叶剑平:《诱致性制度变迁还是强制性制度变迁?——中国农村土地调整的制度演进及地区差异研究》,《经济研究》2013 年第 6 期。

[9] 付青山、沈富春:《关于新时期土地隐形交易若干问题的分析与对策思考》,《国土资源导刊》2006 年第 6 期。

[10] 管清友、郝大明:《第四轮圈地潮袭来》,《资本市场》2013 年第 4 期。

[11] 郜永昌:《城市化进程中土地隐形市场法律规制研究》,《求索》2007 年第 10 期。

[12] 贺雪峰:《深圳土地利用的僵局与困境》,《中国老区建设》2013 年第 2 期。

[13] 黄少安:《关于制度变迁的三个假说及其验证》,《中国社会科学》2000 年第 4 期。

[14] 黄少安:《制度变迁主体角色转换假说及其对中国制度变革的解释——兼评杨瑞龙的“中间扩散型假说”和“三阶段论”》,《经济研究》1999 年第 1 期。

[15] 黄少安:《中国经济制度变迁的事实对“制度变迁主体角色转换假说”的证实》,《浙江社会科学》1999 年第 1 期。

[16] 黄贤金、尼克·哈瑞柯、鲁尔特·卢本、曲福田:《中国农村土地市场运行机理分析》,《江海学刊》2001 年第 2 期。

[17] 黄小虎:《关于农村非农用地进入市场问题》,《中国农村经济》1995 年第 2 期。

[18] 黄小虎:《进一步推进土地行政管理体制改革》,《红旗文稿》2009 年第 15 期。

[19] 黄中显:《集体土地"隐形"市场的法律对策》,《经济与社会发展》2006 年第 12 期。

[20] 冀县卿、黄季焜:《改革三十年农地使用权演变:国家政策与实际执行的对比分析》,《农业经济问题》2013 年第 5 期。

[21] 贾生华、张娟锋:《土地资源配置体制中的灰色土地市场分析》,《中国软科学》2006 年第 3 期。

[22] 金俭:《浅论土地隐形市场的法制化》,《法治论丛》1994 年第 3 期。

[23] 兰宜生:《国际灰市场的发展及其影响》,《国际贸易问题》2001 年第 4 期。

[24] 雷和平、刘永发:《城镇土地隐形市场亟需整顿》,《农业经济问题》1992 年第 7 期。

[25] 李怀:《制度生命周期与制度效率递减——一个从制度经济学文献中读出来的故事》,《管理世界》1999 年第 3 期。

[26] 李晓、徐友全:《集体建设用地隐性流转问题研究》,《中国土地》2005 年第 9 期。

[27] 刘圣欢:《集体所有制土地向城市房屋用地转换的制度分析》,《经济体制改革》2001 年第 6 期。

[28] 刘淑春:《改革开放以来中国农村土地流转制度的改革与发展》,《经济与管理》2008 年第 10 期。

[29] 刘晓英、南灵:《城市土地隐形市场的浅要分析》,《特区经济》2005 年第 11 期。

[30] 罗迎新:《我国土地隐形市场的现状、危害及其对策》,《嘉应大学学报》1995 年第 4 期。

[31] 倪绍祥、刘彦随:《区域土地资源优化配置及其可持续利用》,《农村生态环境》1999 年第 2 期。

[32] 聂辉华:《交易费用经济学:过去、现在和未来——兼评威廉姆森〈资本主义经济制度〉》,《管理世界》2004 年第 12 期。
[33] 钱忠好、马凯:《我国城乡非农建设用地市场:垄断、分割与整合》,《管理世界》2007 年第 6 期。
[34] 钱忠好、牟燕:《中国土地市场化改革:制度变迁及其特征分析》,《农业经济问题》2013 年第 5 期。
[35] 钱忠好、牟燕:《中国土地市场化水平:测度及分析》,《管理世界》2012 年第 7 期。
[36] 孙玉奎:《试探"隐形"土地交易》,《长白学刊》1992 年第 5 期。
[37] 唐丽娟:《浅析城市土地隐形市场状况及整改措施》,《交通科技与经济》2005 年第 1 期。
[38] 唐莹、王玉波:《土地财政驱动农村建设用地入市程度及区域调控政策》,《经济地理》2016 年第 2 期。
[39] 汪晖:《城乡结合部的土地征用:征用权与征地补偿》,《中国农村经济》2002 年第 2 期。
[40] 王万茂:《市场经济条件下土地资源配置的目标、原则和评价标准》,《自然资源》1996 年第 1 期。
[41] 王玉波:《农村建设用地入市影响土地财政区域效应》,《经济地理》2016 年第 5 期。
[42] 王玉堂:《灰色土地市场的博弈分析:成因、对策与创新障碍》,《管理世界》1999 年第 2 期。
[43] 文枫、鲁春阳、杨庆媛等:《农村集体建设用地流转研究进展》,《地理科学进展》2011 年第 9 期。
[44] 文贯中:《市场机制、政府定位和法治——对市场失灵和政府失灵的匡正之法的回顾与展望》,《经济社会体制比较》2002 年第 1 期。
[45] 吴晓燕、周京奎、王伟:《土地隐形流转、福利损失与市场模式选择——一个不对称信息框架下的博弈分析》,《广东商学院学报》2011 年第 1 期。

[46] 吴易风:《产权理论: 马克思和科斯的比较》,《中国社会科学》2007 年第 2 期。
[47] 谢正峰、董玉祥:《我国城市土地优化配置研究演进与展望》,《经济地理》2011 年第 8 期。
[48] 徐勇:《地租理论与土地调控》,《河南广播电视大学学报》2007 年第 4 期。
[49] 杨继瑞、任啸:《农地“隐形市场化”: 问题、成因与对策》,《经济纵横》2002 年第 4 期。
[50] 叶玉国:《论土地隐形市场的表现、成因、危害和对策》,《杭州大学学报》1992 年第 4 期。
[51] 易健雄:《论隐形市场行为及其影响》,《重庆理工大学学报》(社会科学) 2011 年第 1 期。
[52] 张鹏:《奥运隐形市场行为基本法律问题辨析》,《体育科技文献通报》2009 年第 5 期。
[53] 张琦:《关于中国土地市场化的思考》,《经济研究参考》2006 年第 83 期。
[54] 赵森、何远山:《城市经济中的土地隐形市场初探》,《石油大学学报》1995 年第 3 期。
[55] 中央党校课题组:《当前我国征地制度存在的主要问题及对策建议》,《发展研究》2009 年第 4 期。
[56] 周建设:《埋伏式营销》,《企业管理》2005 年第 12 期。
[57] 周玲、杨钢桥:《土地隐形市场的经济学分析》,《国土资源科技管理》2004 年第 1 期。
[58] 周其仁:《农地产权与征地制度——中国城市化面临的重大选择》,《经济学》(季刊) 2004 年第 1 期。
[59] 周雪光:《“关系产权”: 产权制度的一个社会学解释》,《中国社会学研究》2005 年第 2 期。
[60] 朱国华、李雪静:《隐形市场显形化理论研究: 以衍生品市场为例》,《财贸经济》2008 年第 2 期。
[61] 朱明芬、常敏:《农用地隐形市场特征及其归因分析》,《中国

农村经济》2011 年第 11 期。

[62] 朱有志、向国成:《中国农地制度变迁的历史启示》,《中国农村经济》1997 年第 7 期。

(三) 学位论文

杜法峥:《天津市河北区土地隐形市场治理研究》,硕士学位论文,天津大学,2005 年。

(四) 报纸

[1] 林毅夫:《有效市场也需要有为政府》,《金融时报》2013 年 11 月 27 日。

[2] 降蕴彰:《闲置宅基地入市试点在即　合规小产权房有望转正》,《经济观察报》2013 年 5 月 31 日。

[3] 吴喆华:《张家界以森林公园为名违规建设高尔夫球场:政府支持土地廉价》,《中国广播网》2013 年 6 月 29 日。

(五) 辑刊

刘宪法:《"南海模式"的形成、演变与结局》,《中国土地制度变迁的案例研究》2010 年第 8 期。

二　英文类

(一) 著作

[1] Jeffrey C. Williams, *The Economic Function of Futures Markets*, London: Cambridge University Press, 1986.

[2] N. Gregory Mankiw, *Principles of Economicis*, Chicago: The Dryden Press, 1998.

[3] William A. Niskanen, *Bureaucracy and Representative Government*, Chicago: Aldine - Atherton, Inc., 1971.

(二) 期刊论文

[1] Benabdallah S., Wright J. R., "Multiple Subregion Allocation Models", *Journal of Urban Planning and Development*, *ASCE*, Vol. 1, 1992.

[2] Demsetz. H, "Towards a Theory of Property Rights", *American Economic Review*, Vol. 5, 1967.

[3] Edward Vassallo, Kristin Blemaster and Patricia Wemer, "An International Look at Ambush Marketing", *Intellectual Property Journal*, Vol. 22, 2009.

[4] George C. S. Lin and Samuel P. S. Ho, "The Sate, Land System, and Land Development Processes in Contemporary China", *Annals of the Association of American Geographers*, Vol. 95, No. 2, 2005.

[5] Loren Brandt, Scott Rozelle and Matthew A. Turner, "Local Government Behavior and Property Rights Formation in Rural China", *Journal of Institutional and Theoretical Economics*, Vol. 2, 2004.

[6] P. O. Sullivan, P. Murphy, "Ambush Marketing: The Ethical Issues", *Psychology & Marketing*, Vol. 15, 1998.

[7] Shouying Liu, Michael Carter and Yang Yao, "Dimensions and Diversity of Property Rights in Rural China: Dilemmas on the Road to Further Reform", *Worid Development*, Vol. 26, 1998.

[8] Tomlin C. D., Johnston K. M., "An Experiment in Land Use Allocation with a Geographic Information System", *Technical Papers ACSM - ASPRS Annual Convertion*, 1998.

[9] T. Thien Thu, R. Perera, "Intermediate Levels of Property Rights and the Emerging Housing Market in Ho Chi Minh City, Vietnam", *Land Use Policy*, Vol. 28, 2011.

[10] Wei Hu, "Household Land Tenure Reform in China: Its Impact on Farming Land Use and Agro - Environment", *Land Use Policy*, Vol. 3, 1997.

后 记

本书是在我博士学位论文研究基础上修改而成。

八年前，开始转向“三农问题”研究，主要源于导师朱有志教授的哲学人生判断。

犹记得，第一次见面时的鸿蒙启智：“学术者，先学人、再学术、孜孜以求是也”、“经济管理学研究者，三部曲也：一是读经济管理学思想史、学说史，了解各个学派流派的核心思想，要总体把握，培养宏观思维；二是西方经济管理学的基本原理要熟透，这是根基厚的根本；三是读经济管理学原著，湖南农业大学10本书的要求太少了，博士就得博览群书，从原著中汲取营养，包括各种思想产生的方式和语言表达的风格，只有形成了专业思想并能运用专业术语表达，才能慢慢地成为专家，否则，与一般的工作者、政府官员和教书匠就没有本质区别。”

尚在博士学习阶段的第一年后暑假，就急着毕业论文开题，当时沿着既有的研究路径，在区域经济学的视角下选择了“长株潭共生型城市群的理论与实践研究”为题。恩师朱有志教授看完开题报告后，只说了一句话：“农业经济管理学的博士，自然要在‘三农问题’中有所作为，你再慢慢思考吧！”经过一年的漫长思索，在“三农问题”的摸爬滚打中选择了“中国土地制度效率研究”为题，算是沿着既有路径的延伸；老师看后连续追问了三个问题：“制度效率怎么界定？怎么量化？研究创新点在哪里？”在看出我的支吾后，老师还是迅速签了字，时临中午，则亲自下厨炒了几个小菜安慰：“你还是可以做点东西的，不要为了毕业而毕业，我也不能打击你的积极性，你再慢慢思考吧！”在又一年的学习与思考中，发现这种制度效率的突破依然充满着无限期待。另一人生导师龙兴海教授则教导说：“你总得在中国土地问题中找个具体的问题去研究吧!”或许是长时期的困惑，或许是灵感的顿悟，就在年底朱老师的学术 Party 中不经意的一句智慧开启，催生了“中国土地隐形市场研究”的想法，其时也得到了诸多学术前辈认可。又经过一阵子酝酿，一个全新的“中国城镇化进程中的土地隐形市场研究”就这样产生了。时间已然跨越到 2013 年，人生导师龙兴海教授却在痛苦的疾病中度过了最后的艰难岁月，这种鲜活的伦理学人思考也是我辈人生之中难得的思想顿悟和智慧开启之源！龙教授就在弥留之际还在关心我：“该开始写作了。”在后续的理论研究与实践调查中，我又将题目进行了反复微调，从而确定了本书题目——“中国土地资源配置中的隐形市场研究”。或许，理论与实践的长期探索也需某种人生际遇之交会方生顿悟！

作为一个科学问题，土地隐形市场要如何界定？缘何产生？是否有规可循？公共政策又将如何引导或管控？

带着这些问题，查阅各种资料，发现既有研究少之又少，且时间久远。学界曾掀起过第一轮土地隐形市场研究热潮，那还是发生在 20 世纪 90 年代初，主要是针对国有划拨土地市场不规范交易行为；尔后，相关研究出现断崖式暴跌，零星研究未有实质性突破。时至今日，既有研究显得理论解释相对乏力，社会实践调查和定量分析也是相对不足，这与日益活跃的土地隐形市场交易现状是极不相称的，尤其是在现行公共政策陷入“既不能一味地限制又不敢放任自流”的尴尬时更是期待学术支持。鉴于此，通过理论梳理和实践调查来破解现实难题显得尤为迫切。

作为产权制度的畸形儿，中国土地隐形市场有其存在的历史必然性，它主要发生在改革开放以来的土地制度改革及其制度变迁之中，也必将随着制度的创新及其变迁而消逝。从现时段来看，存有土地市场发育不完全、治理结构不完善、制度环境不确定等因素影响，这也正是党的十八届三中全会以来所重点关注的政府与市场关系问题，因此从资源配置视角进行理论切入是个不错的选择。

借鉴于威廉姆森关于社会分析四个层次的划分逻辑，建构了土地资源市场化配置效率追求中的新制度经济学解释框架，通过系统考察中国土地资源配置市场化进程中的治理结构效率和制度环境效率状况，发现曾经有效率的制度安排或契约设计正逐渐成为无谓损失之源，土地隐形市场正隐匿于其中；进一步研究还发现，土地市场治理结构中的隐形市场出现因应了政府的双层垄断性，土地市场制度变迁中的隐形市场出现因应了产权制度的内在规定性，城乡建设用地隐形市场的出现因应了土地管制中的政府失灵。客观看待土地隐形市场，它既在微观、中观和宏观层面对土地有形市场造成了消极影响，也在一定程度上反映了市场经济的内在需求而成为诱发土地制度创新或变革的动力之源。循此思路，中国土地资源市场化配置效率追求中的隐形市场显形化路径优化可从宏观维度的一阶效率、中观维度的二阶效率和微观维度的三阶效率的卡尔多—希克斯改进中体现，即在制度环境优化、治理制度优化和资源利用效率改进中寻找各自交易成本节约的最大化；同时，需要注重土地隐形市场的双重效应，通过诱致性的制度改进和强制性的制度规制及其动态转换协同，使其步入正负向激励组合效用最大化的制度诱导路径；最后，结合我国土地资源管理操作实际，应注重情理与法理的路径依赖，通过柔性执法和刚性执法的细分，使其步入土地行政刚柔相济的分层分类实施路径。

同时，结合中国土地隐形市场的发育状况及其管控实际，本书通过系统的文本梳理和“接地气”式的社会实践考察，对土地隐形市场及其现实形态进行了梳理、界定和划分，并对其特殊地域范围内的土地隐形市场形成机理进行了实证验证。从农户视角出发，基于 147 份有效的入户调查问卷，运用 Logistic 模型对长沙市郊集体建设用地隐形市场的现实形态及其形成机理进行了深入探究，结果表明，在影响农户隐形流转意愿的诸多因素中，文化程度和房租收益对模型产生了负相关的显著影响，宅基地处数和集体建设用地流转满意度对模型产生了正相关的显著影响。分析认为，长沙市郊集体建设用地隐形市场的形成具有明显的自发性和倒逼性、典型的市场驱动性和利益诱致性、普遍的文化调适性和积淀性。因此，现行公共政策的制定实施，应尊重农民权益和农户意愿，注重其文化水平提升并加强宣传教育，分层分类化解存量集体建设用地隐形市场交易行为，整治管控增量集体建设用地和宅基地隐形市场交易行为。

博士毕业后，又马不停蹄地从事博士后研究工作。其间，获得了国家社会科学基金一般项目、湖南省优秀博士后培养项目等立项资助，为开展更为深入更“接地气”的后续研究工作提供了经费保障。研究视阈主要集中于长株潭城郊集体建设用地隐形市场的基本形态、生成机理、形成规律等方面的实证性研究，也从更具地域特色的土地制度改革试点现状、公共政策引导和制度创新等方面进行了相对深入的调查思考，特别是结合党的十八届三中全会、近四年的中央一号文件、党的十九大报告等中央精神进行了全新的思考，对相关内容进行了修改、补充和完善，并最终定稿。

一路走来，向人生际遇中的导师朱有志教授、龙兴海教授、王良健教授、谢炳庚教授、罗能生教授等表示衷心的感谢！由衷地感谢湖南农业大学曾福生教授、罗光强教授、刘纯阳教授、李明贤教授、龙方教授、朱方长教授等诸多老师给我授业解惑和辛勤耕耘之恩！感谢湖南商学院诸多领导和同事的关爱和帮扶！感谢博士学位攻读期间诸多同门和同学的相遇和互助之情！感谢诸位导师家人长时期的鼓励和支持！感谢诸多亲朋好友不断地激励和鞭策！感谢我的学生团队在烈日炎炎或风雪飘零中所做出的实证调查和艰辛劳动！感谢论文送审和答辩期间诸位专家教授的批评和指正！感谢本书出版过程中中国社会科学出版社的侯苗苗女士、王斌先生等提出的宝贵意见和付出的辛勤劳动！最后，需要感谢的是，我的家人在我学习、写作和修改期间的理解、慰藉和帮助，以及我国计划经济和市场经济及其转型下的阳光沐浴和漫漫土地制度改革实践探索精神的指引！

2017 年 11 月于净雾斋